国际贸易原理

许 蔚 主 编

李媛娜 周 蕾 副主编

ZHEJIANG UNIVERSITY PRESS

浙江大学出版社

前　　言

　　浙江树人大学国际经济与贸易专业依托浙江省重点学科(A)国际贸易学、浙江省"十二五"优势学科应用经济学,以复合应用型人才培养为宗旨,围绕区域产业发展对人才的需求制定培养方案,通过建立"立体式"课程体系、"全方位"校研政企合作模式开展人才培养改革,2010年被评为国家特色专业,2012年被评为浙江省"十二五"优势专业。本书是"21世纪高等学校经贸管理系列应用型教材"之一,是国家特色专业、省优势专业建设的成果,也是国际经济贸易专业教师们多年来教学研究的结晶。

　　国际贸易学是经济学的重要分支学科,它通过研究国际货物和服务交换的产生与发展、国际贸易利益的形成与分配,揭示国际货物和服务交换的特点与运行规律。它的主要研究内容包括国际分工、国际贸易的关系、国际贸易政策与措施及其对国际贸易的影响,等等。

　　本教材力求做到从中国社会主义市场经济建设的实际出发,充实当代国际贸易发展的最新内容,做到内容新颖,结构合理,重点突出,具有较强的系统性和逻辑性,注重技能训练,简明扼要,易于自学。本教材具有以下几个特点:

　　(1)理论体系完整,涵盖了国际贸易的基本理论与政策。

　　(2)内容新颖,生动可读,前瞻性较强。本教材结合当前国内外的经济形势,引用了最新的国际贸易数据和资料,增加了许多专栏和案例,尽可能地反映国际贸易领域和我国对外贸易发展的前沿成果,兼顾了教材的基础性和前沿性。力求以较新的视角阐述国际服务贸易、国际技术贸易、跨国公司及其直接投资等越来越突出的经贸问题,以期能将国际贸易的最新知识介绍给学生。

　　(3)技能导向,强调应用性。本教材尝试从应用型本科高校经济贸易类专业人才培养目标和从业标准的视角,注重案例引导和知识的拓展。针对应用型本科高校学生的特点,力求以案例代替说理,引导案例和应用案例专业性、针对性强;每章均有与课程相关的背景知识和拓展知识,偏重实用性,便于学生自学;习题注重能力培养和锻炼。

　　(4)难度适宜,适合应用型本科院校的学生使用。突出实践性和可操作性。本教材从外贸实际出发,做到语言简明扼要,通俗易懂。同时对相关知识做出一定的提炼和总结,以突出应用本科人才培养办学理念及教学定位。

　　(5)便于教学使用。每章均有"学习要点及目标""本章关键术语""专栏""思考题"和"推荐阅读书目",可以帮助学生抓住各章的重点,有助于学生更好地理解教材内容,不仅适合老师的教学,而且也方便学生课后的预习和复习。

　　本教材由许蔚担任主编,负责全书的设计与统稿;李媛娜和周蕾担任副主编。具体编写任务分工如下:许蔚负责第一、五、六、八、九章,李媛娜负责第三、十、十一、十二章,周蕾负责

第二、四、七章。

　　本教材在编写过程中参阅、印证了国内外大量的文献资料,书中未能一一注明,在此谨表歉意并致谢忱。由于我们的学术和文字水平有限,书中难免有疏漏和错误之处,恳请读者批评指正。

编　者

2015 年 3 月

目　　录

第 1 章 导 论

【学习要点及目的】

通过本章的学习,了解国际贸易的含义,国际贸易的产生与发展;掌握国际贸易的分类与基本术语,理解国际贸易的特点以及与国内贸易的差异,为以后的学习奠定初步基础。

【本章关键术语】

国际贸易(International Trade);对外贸易(Foreign Trade);贸易差额(Balance of Trade);对外贸易量(Volume of Trade);对外贸易依存度(Degree of Dependence on Foreign Trade)

1.1 国际贸易的产生与发展

1.1.1 国际贸易的含义

国际贸易是指世界各个国家(或地区)在商品和劳务等方面进行的交换活动。它是各国(或地区)在国际分工的基础上相互联系的主要形式,反映了世界各国(或地区)在经济上的相互依赖关系,是由各国(或地区)对外贸易的总和构成的。由于国际贸易研究中涉及的理论、政策措施等问题,并不是只存在于不同国家之间,而且也存在于不同地区之间,故有的经济学家从广义的或一般的角度研究国际贸易理论问题时,把国际贸易和地区间贸易联系起来。

1.1.2 国际贸易的产生

国际贸易是在人类社会生产力发展到一定的阶段时才产生和发展起来的,它是一个历史范畴。国际贸易的产生必须具备两个基本的条件:一是要有国家的存在,二是产生了对国际分工的需要,而国际分工只有在社会分工和私有制的基础上才可能形成。这些条件不是人类社会一产生就有的,而是随着社会生产力的不断发展和社会分工的不断扩大而逐渐形成的。

1.1.3 国际贸易的发展

1. 奴隶社会的国际贸易

在奴隶社会,自然经济占主导地位,其特点是自给自足,生产的目的主要是为了消费,而不是为了交换。奴隶社会虽然出现了手工业和商品生产,但在一国整个社会生产中显得微不足道,进入流通的商品数量很少。同时,由于社会生产力水平低下和生产技术落后,交通工具简陋,道路条件恶劣,严重阻碍了人与物的交流,对外贸易局限在很小的范围内,其规模和内容都受到很大的限制。

奴隶社会是奴隶主占有生产资料和奴隶的社会,奴隶社会的对外贸易是为奴隶主阶级服务的。当时,奴隶主拥有财富的重要标志是其占有多少奴隶,因此奴隶社会国际贸易中的主要商品是奴隶。据记载,希腊的雅典就曾经是一个贩卖奴隶的中心。此外,粮食、酒及其他专供奴隶主阶级享用的奢侈品,如宝石、香料和各种织物等也都是当时国际贸易中的重要商品。

奴隶社会时期从事国际贸易的国家主要有腓尼基、希腊、罗马等,这些国家在地中海东部和黑海沿岸地区主要从事贩运贸易。我国在夏商时代进入奴隶社会,贸易集中在黄河流域沿岸各国。

对外贸易在奴隶社会经济中不占有重要的地位,但是它促进了手工业的发展,奴隶贸易成为奴隶主经常补充奴隶的重要来源。

2. 封建社会的国际贸易

封建社会时期的国际贸易比奴隶社会时期有了较大的发展。在封建社会早期,封建地租采取劳役和实物的形式,进入流通领域的商品并不多。到了中期,随着商品生产的发展,封建地租转变为货币地租的形式,商品经济得到进一步的发展。在封建社会晚期,随着城市手工业的发展,资本主义因素已孕育生产,商品经济和对外贸易都有较快的发展。

在封建社会,封建地主阶级占统治地位,对外贸易是为封建地主阶级服务的。奴隶贸易在国际贸易中基本消失。参加国际贸易的主要商品,除了奢侈品以外,还有日用手工业品和食品,如棉织品、地毯、瓷器、谷物和酒等。这些商品主要是供国王、君主、封建地主和部分富裕的城市居民享用的。

在封建社会,国际贸易的范围明显扩大。亚洲各国之间的贸易由近海逐渐扩展到远洋。早在西汉时期,中国就开辟了从长安经中亚通往西亚和欧洲的陆路商路——丝绸之路,把中国的丝绸、茶叶等商品输往西方各国,换回良马、种子、药材和饰品等。到了唐朝,除了陆路贸易外,还开辟了通往波斯湾以及朝鲜和日本等地的海上贸易。在宋、元时期,由于造船技术的进步,海上贸易进一步发展。在明朝永乐年间,郑和曾率领商船队七次下"西洋",经东南亚、印度洋到达非洲东岸,先后访问了30多个国家,用中国的丝绸、瓷器、茶叶、铜铁器等同所到的国家进行贸易,换回各国的香料、珠宝、象牙和药材等。

在欧洲,封建社会的早期阶段,国际贸易主要集中在地中海东部。在东罗马帝国时期,君士坦丁堡是当时最大的国际贸易中心。公元7—8世纪,阿拉伯人控制了地中海的贸易,通过贩运非洲的象牙、中国的丝绸、远东的香料和宝石,成为欧、亚、非三大洲的贸易中间商。11世纪以后,随着意大利北部和波罗的海沿岸城市的兴起,国际贸易的范围逐步扩大到整个地中海以及北海、波罗的海和黑海的沿岸地区。当时,南欧的贸易中心是意大利的一些城市,如威尼斯、热那亚等,北欧的贸易中心是汉撒同盟的一些城市,如汉堡、卢卑克等。

综上所述,资本主义社会以前的国际贸易是为奴隶主和封建地主阶级利益服务的。随着社会生产力的提高,以及社会分工和商品生产的发展,国际贸易不断扩大。但是,由于受到生产方式和交通条件的限制,商品生产和流通的主要目的是为了满足剥削阶级奢侈生活的需要,贸易主要局限于各洲之内和欧亚大陆之间,国际贸易在奴隶社会和封建社会经济中都不占有重要的地位,贸易的范围和商品品种都有很大的局限性,贸易活动也不经常发生。那么,15 世纪的"地理大发现"及由此产生的欧洲各国的殖民扩张则大大发展了各洲之间的贸易,从而开始了真正意义上的"世界贸易",而到了资本主义社会国际贸易才获得广泛的发展。

3. 资本主义时期的国际贸易

15 世纪末期至 16 世纪初,哥伦布发现新大陆,瓦斯哥达·加成从欧洲经由好望角到达亚洲,麦哲伦完成环球航行,这些地理大发现对西欧经济发展和全球国际贸易产生了十分深远的影响。大批欧洲冒险家前往非洲和美洲进行掠夺性贸易,运回大量金银财富,甚至还干起买卖黑人的罪恶勾当,同时还将这些地区占为本国的殖民地,妄图长久地保持其霸权。这样,既加速了资本原始积累,又大大推动了国际贸易的发展。西班牙、荷兰、英国之间长期战火不断,目的就是为了争夺海上霸权,讲到底,就是要争夺殖民地和国际贸易的控制权。可见,国际贸易是资本主义生产方式的基础,同争夺海运和国际贸易的霸权相呼应,这些欧洲国家的外贸活动常常具有一定的垄断性质,甚至还建立了垄断性外贸公司(如英国的东印度公司)。

17 世纪中期英国资产阶级革命的胜利,标志着资本主义生产方式的正式确立。随后英国夺得海上霸权,意味着它在世界贸易中占据主导地位,这就为它向外掠夺扩张铺平了道路。18 世纪中期的产业革命又为国际贸易的空前发展提供了十分坚实而又广阔的物质基础。一方面,蒸汽机的发明使用开创了机器大工业时代,生产力迅速提高,物质产品大为丰富,从而真正的国际分工开始形成。另一方面,交通运输和通信联络的技术和工具都有突飞猛进的发展,各国之间的距离似乎骤然变短,这就使得世界市场真正得以建立。正是在这种情况下,国际贸易有了惊人的巨大发展,并且从原先局部的、地区性的交易活动转变为全球性的国际贸易。这个时期的国际贸易,不仅贸易数量和种类有长足增长,而且贸易方式和机构职能也有创新发展。显然,国际贸易的巨大发展是资本主义生产方式发展的必然结果。

19 世纪 70 年代后,资本主义进入垄断阶段,此时的国际贸易不可避免地带有"垄断"的特点。主要资本主义国家的对外贸易被为数不多的垄断组织所控制,由它们决定着一国对外贸易的地理方向和商品构成。垄断组织输出巨额资本,用来扩大商品输出的范围和规模。它们又互相勾结,建立起国际联盟组织,共同瓜分势力范围。如果说自由竞争时期的国际贸易活动还在推动资本主义生产方式发展的话,此时资本主义国际贸易则完全是为了攫取高额垄断利润,为了更有效地争夺原料产地、商品市场和投资场所。正因为这样,从全球范围来看,总的说国际贸易的范围和规模在不断扩大,国际贸易越来越成为各国经济发展的重要因素。

1.1.4 第二次世界大战后的国际贸易

两次世界大战之间,资本主义世界爆发了三次经济危机,战争的破坏和空前的经济危机使世界工业生产极为缓慢,在 1912—1938 年的 25 年间,世界工业生产量只增长了 83%;同时,这一时期贸易保护主义显著加强,奖出限入措施交互推进,螺旋上升,给国际贸易的发展设置了层层的人为障碍。因此,两次世界大战期间,国际贸易的扩大过程几乎处于停滞状态。1913—1938 年,世界贸易量只增长了 3%,年增长率为 0.7%,世界贸易值反而减少了

32%。而且这一时期,国际贸易的增长更为明显地落后于世界工业生产的增长,许多国家对对外贸易的依赖性降低了。

在这一时期,国际贸易的地理格局发生了变化。第一次世界大战打断了各国间特别是欧洲国家与海外国家间的经济贸易联系,使欧洲在国际贸易中的比重下降,而美国的比重却有了较大的增长。亚洲、非洲和拉丁美洲经济不发达国家在国际贸易中的比重亦有所上升。但在这一时期,欧洲国家仍然处于国际贸易的控制地位,因为两次世界大战间的经济危机和超保护主义政策措施在限制欧洲各国间贸易的同时,鼓励和扩大了欧洲对其他国家的贸易。

两次世界大战之间,国际贸易商品结构的特点表现为初级产品和制成品上。在1913—1938年的初级产品贸易中,食品和农业原料所占的比重都下降了,而燃料和其他矿产品所占比重均有增加。制成品贸易结构的突出变化是重工业品贸易所占比重显著增加和纺织品贸易比重下降。金属和化学品的国际贸易比重也有所增加,但其他轻工产品贸易比重则下降了。制成品贸易日益从消费品贸易转向资本货物贸易,半制成品贸易也稍有增加。

第二次世界大战后,世界经济又一次发生了巨大变化,国际贸易再次出现了飞速增长,其速度和规模都远远超过了19世纪工业革命以后的贸易增长。从1950年到2000年的50年中,全世界的商品出口总值从约610亿美元增加到61328亿美元,增长了将近100倍。即使扣除通货膨胀因素,实际商品出口值也增长了15倍多,远远超过了工业革命后乃至历史上任何一个时期的国际贸易增长速度。而且,世界贸易实际价值的增长速度(年平均增长6%左右)超过了同期世界实际GDP增长的速度(年平均增长3.8%左右)。这意味着国际贸易在各国GDP中的比重在不断上升,国际贸易在现代经济中的地位越来越重要。

第二次世界大战后,国际贸易领域出现了两个不同于以前的特征:服务贸易的快速发展和电子商务的广泛应用。二战后,伴随着第三次科学技术革命的发生,各国,尤其是发达国家产业结构不断优化,第三产业急剧发展,加上资本国际化和国际分工的扩大和深化,国际服务贸易得到迅速发展。发达国家服务业占其国内生产总值比重达2/3,其中美国已达3/4,发展中国家服务业所占比重也达1/2。发达国家服务业就业人数占其总就业人数比重达2/3,发展中国家的这一比重达1/3。随着服务业的发展,其专业化程度日益提高,经济规模不断扩大,从而效率不断提高,为国际服务贸易打下了坚实的基础。在国际贸易商品结构不断软化的过程中,国际贸易的交易手段也发生着变化。特别是20世纪90年代,随着信息技术的发展,信息、计算机等高科技手段在国际贸易上的应用,出现了电子商务这种新型的贸易手段,无纸贸易和网上贸易市场的发展方兴未艾,已经引起了全球范围的结构性商业革命。有人声称,没有EDI,就没有订单。据统计,EDI使商务文件传递速度提高81%,文件成本降低44%,文件处理成本降低38%,由于错讯造成的商贸损失减少40%,市场竞争能力则提高34%。利用国际互联网络的网上交易量也呈逐年上扬的势头。据国际电信联盟统计称,1996年因特网交易总额为20亿~30亿美元,1998年增长至500亿美元。

随着历史的演进,科学技术的发展,国际贸易无论是其总量、规模,还是结构、形式都将逐步改变。

1.2 国际贸易的分类与基本术语

1.2.1 国际贸易的分类

1. 按商品形态分

按商品形态不同,国际贸易可以分为有形贸易和无形贸易。

(1)有形贸易。有形贸易(Tangible Goods Trade)是指买卖那些看得见、摸得着的具有物质形态的商品(如粮食、机器等)的交换活动。为了便于统计和分析,联合国秘书处于1950年公布了《国际贸易标准分类》(Standard International Trade Classification,简称SITC)。1960年、1975年、1985年还分别对其作过三次修订。在这个标准分类中,把有形商品分为10大类(Section)、67章(Division)、261组(Group)、1033个分组(Sub-group)和3118个项目(Item)(见表1-1)。SITC几乎包括了所有的有形贸易商品。每种商品都有一个五位数的目录编号。第一位数表明类,前两位数表示章,前三位数表示组,前四位数表示分组,五位数一起表示某个商品项目。例如,活山羊的标准分类编号为001.22。其中,0表示类,名称为食品及主要供食用的活动物;00表示章,名称为主要供食用的活动物;001表示组,名称为主要供食用;001.2表示分组,名称为活绵羊及山羊;001.22表示项目,名称为活山羊。

表 1-1　联合国 1950 年《国际贸易标准分类》

大类编号	类别名称
0	食品及主要供食用的活动物
1	饮料及烟草
2	燃料以外的非食用粗原料
3	矿物燃料、润滑油及有关原料
4	动植物油脂
5	未列名化学品及有关产品
6	主要按原料分类的制成品
7	机械及运输设备
8	杂项制品
9	没有分类的其他商品

【专栏 1.1】

HS Code 编码

HS于1988年1月1日正式实施,每4年修订1次。世界上已有200多个国家使用HS,全球贸易总量98%以上的货物都是以HS分类的。HS的总体结构包括三大部分:归类规则；类、章及子目注释；按顺序编排的目与子目编码及条文。这三部分是 HS 的法律性条文，具有严格的法律效力和严密的逻辑性。HS 首先列明 6 条归类总规则，规定了使用 HS 对商品进行分类时必须遵守的分类原则和方法。HS 的许多类和章在开头均列有注释（类注、章注或子目注释），严格界定了归入该类或该章中的商品范围，阐述 HS 中专用术语的定义或区分某些商品的技术标准及界限。

HS 采用六位数编码，把全部国际贸易商品分为 21 类，97 章。章以下再分为目和子目。商品编码第一、二位数码代表"章"，第三、四位数码代表"目"（Heading），第五、六位数码代表"子目"（Subheading）。前 6 位数是 HS 国际标准编码，HS 有 1241 个四位数的税目，5113 个六位数子目。有的国家根据本国的实际，已分出第七、八、九位数码。

在 HS 中，"类"基本上是按经济部门划分的，如食品、饮料和烟酒在第四类，化学工业及其相关工业产品在第六类，纺织原料及制品在第十一类，机电设备在第十六类。运输设备在第十七类，武器、弹药在第十九类等。HS"章"分类基本采取两种办法：一是按商品原材料的属性分类，相同原料的产品一般归入同一章。章内按产品的加工程度从原料到成品顺序排列。如 52 章棉花，按原棉——已梳棉——棉纱——棉布顺序排列。二是按商品的用途或性能分类。制造业的许多产品很难按其原料分类，尤其是可用多种材料制作的产品或由混合材料制成的产品（如第 64 章鞋、第 65 章帽、第 95 章玩具等）及机电仪产品等，HS 按其功能或用途分为不同的章，而不考虑其使用何种原料，章内再按原料或加工程序排列出目或子目。HS 的各章均列有一个起"兜底"作用，名为"其他"的子目，使任何进出口商品都能在这个分类体系中找到自己适当的位置。

资料来源：http://www.itdu.com.cn。

（2）无形贸易。无形贸易（Intangible Goods Trade）是指买卖一切不具备物质形态的商品的交换活动，例如运输、保险、金融、文化娱乐、国际旅游、技术转让、咨询等方面的提供和接受。无形贸易可以分为服务贸易和技术贸易。一般来说，服务贸易（Trade in Services）是指提供活劳动（非物化劳动）以满足服务接受者的需要并获取报酬的活动。为了便于统计，世界贸易组织的《服务贸易总协定》把服务贸易定义为四种方式：①过境交付，即从一国境内向另一国境内提供服务；②境外消费，即在一国境内向来自其他国家的消费者提供服务；③自然人流动，即一国的服务提供者以自然人的方式在其他国家境内提供服务；④商业存在，即一国的服务提供者在其他国家境内以各种形式的商业或专业机构提供服务。技术贸易（International Technology Trade）是指技术供应方通过签订技术合同或协议，将技术有偿转让给技术接受方使用。有形贸易与无形贸易有一个鲜明的区别，即有形贸易均需办理海关手续，其贸易额总是列入海关的贸易统计，而无形贸易尽管也是一国国际收支的构成部分，但由于无须经过海关手续，一般不反映在海关资料上。但是，对形成国际收支来讲，这两种贸易是完全相同的。

2. 按商品流向分

按商品的流向不同，国际贸易主要可以分为出口贸易、进口贸易和过境贸易。

（1）出口贸易。出口贸易（Export Trade）是指一国把自己生产的商品输往国外市场销售，又称输出贸易。如果商品不是因外销而输往国外，则不计入出口贸易的统计之中，如运往境外使馆、驻外机构的物品，或者携带个人使用物品到境外等。

（2）进口贸易。进口贸易（Import Trade）是指一国从国外市场购进用以生产或消费的商品，又称输入贸易。如果商品不是因购入而输入国内，则不计入进口贸易。同样，若不是因购买而输入国内的商品，则不称进口贸易，也不列入统计，如外国使领馆运进自用的货物，以及旅客携带个人使用物品进入国内等。

（3）过境贸易。过境贸易（Transit Trade）是指某种商品从出口国经由第三国输往进口国销售，对第三国来说，这项贸易就是过境贸易。在过境贸易中，又可分为直接过境贸易和间接过境贸易。直接过境贸易是指货物进入过境国境内后不存放海关仓库而直接运往进口国；间接过境贸易是指货物进入过境国境内后存放仓库，然后再运往进口国。在过境贸易中，由于本国未通过买卖取得货物的所有权，因此，过境商品一般不列入本国的进出口统计中。

（4）复出口。复出口（Re-export）是指从国外输入的商品，没有在本国消费，又未经加工就再出口，称作复出口或复输出。如进口货物的退货、转口贸易等。

（5）复进口。复进口（Re-import）是指输往国外的商品未经加工又输入本国，则叫作复进口或再输入。产生复进口的原因，或者是商品质量不合格，或者是商品销售不对路，或者是国内本身就供不应求。从经济效益考虑，一国应该尽量避免出现复进口的情况。

（6）净出口（Net Export）和净进口（Net Import）。一国在某种货物上，既有进口也有出口，如出口量和值大于进口量和值，则称净出口；反之，进口量和值大于出口量和值，则称净进口。

3. 按贸易关系分

按贸易关系不同，国际贸易可以分为直接贸易、间接贸易和转口贸易。

（1）直接贸易。直接贸易（Direct Trade）是指商品直接从生产国（出口国）销往消费国（进口国），不通过第三国转手而进行的贸易，这两国之间的贸易称为直接贸易。

（2）间接贸易。间接贸易（Indirect Trade）是指商品从生产国销往消费国中通过第三国转手的贸易。对生产国和消费国来说，开展的是间接贸易；而对于第三国来说，则进行的是转口贸易。

直接贸易和间接贸易的区别是以货物所有权转移是否经过第三国（中间国）为标准，而与运输方式无关。直接贸易可以是生产国的商品通过第三国转运至消费国，间接贸易可以是生产国的商品直接运往消费国。

（3）转口贸易。转口贸易（Entreport Trade）是指本国从货物生产国进口商品后，再出口至消费国的贸易，本国的贸易就称为转口贸易。转口贸易中的货物运输可以有两种方式：一种方式是转口运输，即货物从生产国运入本国后，再运往消费国；另一种方式是直接运输，即货物从生产国直接运往消费国，而不经过本国。

【专栏 1.2】

新加坡的转口贸易发展

新加坡是个以贸易立国的国家，对外贸易在其经济中占有极其重要的地位。20 世纪 60 年代，新加坡以转口贸易为主，当时转口贸易占其出口总额的 93.8%，主要从马来西亚、印尼、泰国等邻国进口锡、橡胶、咖啡、胡椒、棕油等产品，经加工转口至西方国家；同时，从欧、美、日进口机械设备和其他工业制成品,转口至东南亚国家。60年代中期以后,转口贸易地位逐步下降,本国生产的劳动密集型产品(如纺织品、服装、电子产品、金属制品、食品、塑料制品、皮革等)出口迅速上升。70年代中期,本国产品出口已占总出口量的60%。在其70年代末开始的"第二次工业革命",致力于出口产品的升级换代,资本、技术密集的高附加值的产品出口比重迅速上升。经过30年的努力,新加坡对外贸易飞速发展,对外贸易额从1965年的20.25亿美元增加到1994年的1938亿美元,年平均递增17.03%。70年代是新加坡对外贸易高速发展的时期,进出口贸易年均增长率分别达到24.6%和28.20%。进入90年代,又以年均20%左右的速度递增,新加坡已跻身世界第十三大贸易国。

目前,新加坡主要出口成品油、化工产品、飞机部件、电子计算机、半导体零配件、通信设备、钻油平台、医疗设备、纺织品等。进口的主要商品是原油、石油产品、机械设备、电力设备、光学仪器、农产品等。

新加坡一向采取被称为"门户开放"的分散贸易对象的政策,贸易伙伴遍布全球160多个国家和地区,主要贸易伙伴为美国、东盟、日本、欧盟、中国等。1992年,新加坡的十大贸易伙伴中7个在亚洲,亚洲占其进出口总额的60%以上。新加坡还是东南亚的重要转口贸易站,虽然由于本国制成品出口迅猛增长,转口贸易比重大幅下降,但绝对数量仍有增长,特别是由于马来西亚、印尼、泰国等国家新兴工业的兴起,带动新加坡转口贸易的激增。因此,新加坡作为东南亚主要转口贸易基地的地位仍在不断增强。

中国与新加坡有着悠久的贸易往来,特别是中国实行改革开放后,两国经贸关系又有了新的发展。1995年,双边贸易额达68.99亿美元,在中国对外贸易中占2.46%,新加坡成为中国第七大贸易伙伴。新加坡是中国轻纺、粮油、食品、土特产品出口的传统市场。近年来,五金矿产、机电仪器产品及饲料出口呈增长态势,因而初级产品所占比重下降,机电设备有较大幅度上升。中国从新加坡进口的主要商品有橡胶、石油化工产品、机电仪器产品等,其中机电仪器产品有较大增长。

资料来源:www.csc.mofcom-mti.gov.cn。

4. 按运输方式分

按货物运输方式,国际贸易可以分为陆路贸易、海路贸易、空运贸易、多式联运贸易和邮购贸易。

(1)陆路贸易。陆路贸易(Trade by Roadway)是指采用陆上交通工具如火车、汽车和管道等运送货物的贸易,它经常发生在内部大陆相连的国家之间。

(2)海路贸易。海路贸易(Trade by Seaway)是指采用海上交通工具如各种船舶运送货物的贸易,它是国际贸易最主要的运输方式。当前,世界贸易中的货物有2/3以上是通过海路运输方式运送的。

(3)空运贸易。空运贸易(Trade by Airway)是指采用航空器具运送货物的贸易,适合鲜活、贵重或急需商品的运送。

(4)多式联运贸易。多式联运贸易(Multimodal Transport Trade)是指海、陆、空各种运输方式相结合的货物运送方式,国际物流"革命"促进了这种方式的贸易。

(5)邮购贸易。邮购贸易(Trade by Mail Order)是指采用邮政包裹的方式运送货物的贸易,适用于样品传递和数量较少的个人购买等情况。

5. 按清偿工具分

按清偿工具不同,国际贸易可以分为自由结汇贸易和易货贸易。

(1)自由结汇贸易。自由结汇贸易(Free-Liquidation Trade or Cash Trade)指的是以国际货币作为清偿手段的国际贸易,又称现汇贸易。能够充当这种国际支付手段的,主要是美元、英镑、马克、法郎和日元这些可以自由兑换的货币。

(2)易货贸易。易货贸易(Barter Trade)是指以经过计价的商品作为清偿手段的国际贸易,又叫换货贸易。它的特点是,进口与出口直接相联系,以货换货,进出基本平衡,可以不用现汇支付。这就解决了那些外汇匮乏国家开展对外贸易的困难。加上现在各国之间经济依赖性加强,有支付能力的国家有时也不得不接受这种贸易方式,因此,易货贸易在国际贸易中十分兴盛,大致已接近世界贸易额的 1/3。

必须注意,倘若两国间签订了贸易支付协定,规定双方贸易经由清算账户收付款,则一般不允许进行现汇贸易。因此,从清偿工具的角度看,这是一种特殊形式的国际贸易。

1.2.2 国际贸易的基本术语

1. 对外贸易与国际贸易

对外贸易亦称"国外贸易"或"进出口贸易",是指一个国家(地区)与另一个国家(地区)之间的商品和劳务的交换。国际贸易是人类社会发展到一定历史阶段的产物,是指世界各国(地区)之间进行的商品交换。

对外贸易与国际贸易都是指越过国界所进行的商品交换活动。从这一点说,两者是一致的。但是它们也有明显的区别,前者是着眼于某个国家(地区),即一个国家(地区)同其他国家(地区)之间的商品交换;后者是着眼于世界范围,即世界上所有国家(地区)之间的商品交换。

2. 对外贸易总值与对外贸易量

当我们用某种货币,通常是美元来表示贸易规模时,称贸易值或贸易额。当我们用某种物理量,比如用数量、重量、容积、面积、体积等计量单位来表示贸易规模时,称贸易量。商品的计量单位各不相同,难以得出一个总的贸易量,于是人们使用一个替代办法,即以某年的价格为不变价格,计算出各年的进出口商品价格指数,用各年的进出口贸易值除以该年的进出口商品价格指数,就得到以不变价格计算的贸易值,它可以近似地代替贸易量。这样就可以把价格因素造成的贸易值变化消除掉,知道实际进出口商品量是增加还是减少了。曾经有过这样的例子,一国实际进出口商品量是上升的,但由于进出口商品价格下跌,该国的进出口贸易值反而下降;或者一国实际进出口商品量增加不多,但由于进出口商品价格大涨,该国的进出口贸易值却呈现出很高的增长率。

(1)对外贸易总值(Value of Foreign Trade)是指一定时期(通常是一年)内该国出口贸易值和进口贸易值之和,通常用本国货币或国际货币美元来计量。联合国发布的世界各国对外贸易总值是以美元表示的。各国在统计有形商品时,出口额以 FOB 价格计算,进口额以 CIF 价格计算。

(2)世界贸易总值(Value of International Trade)是以货币表示的世界各国对外贸易值的总和。由于一国的出口必定是另一国的进口,如果把世界的进口总值和出口总值相加,就会重复计算。因此世界贸易总值是一定时期(通常是一年)内世界各国出口商品用 FOB 价计算之和。

(3)对外贸易量(Volume of Trade)是剔除了价格变动因素影响后反映国际贸易或一国对外贸易的实际数量的一个指标。在计算时,以固定年份为基期而确定的价格指数去除报告期的贸易额,即可得到相当于按不变价格计算(剔除价格变动影响)的贸易额,该数值就叫报告期的贸易量。

3. 对外贸易差额

对外贸易差额(Balance of Trade)是指一个国家在一定时期(如 1 月、1 季、1 年等)的出口总值与进口总值相比较的差额。通常分为以下三种情况:

(1)贸易顺差(Trade Surplus)是指出口总值大于进口总值,又称出超,通常以正数表示。

(2)贸易逆差(Trade Deficit)是指进口总值大于出口总值,又称入超,通常以负数表示。

(3)贸易平衡,是指出口总值等于进口总值的情况。

贸易差额表明一国对外贸易收支状况,是影响一国国际收支状况的重要因素之一。原则上讲,长期入超与长期出超对一国的对外贸易和国民经济发展都是不利的。贸易差额的产生,一般说来主要是受一国政治、经济发展的情况所制约。其次,人为地改变进口或出口政策,也会导致一国对外贸易差额的变化。解决贸易差额的方法,一是简单地采用增加进口或出口,或减少进口或出口;另一方法是运用经济手段(如关税、税收以及补贴等)控制贸易差额的变化。

4. 总贸易体系与专门贸易体系

(1)总贸易(General Trade)是以国境为标准统计的进出口贸易。凡因购买输入国境的商品一律计入进口,凡因外销输出国境的商品一律计入出口。总贸易可以分为总进口和总出口。总进口是指一定时期内(如一年内)跨国境进口的总额。总出口是指一定时期内(如一年内)跨国境出口的总额。将这两者的总额相加,即总进口和总出口之和,称作总贸易额。世界上某些国家,如英国、日本、加拿大、澳大利亚等,采用总贸易方式来统计。

(2)专门贸易(Special Trade)是以关境为标准统计的进出口贸易。凡因购买输入关境的商品一律计入进口,凡因外销输出关境的商品一律计入出口。专门贸易可以分为专门进口和专门出口。专门进口是指一定时期内(如一年内)跨关境进口的总额,专门出口是指一定时期内(如一年内)跨关境出口的总额。专门贸易(Special Trade)额就是专门进口额与出口额的总和。这样,外国商品直接存入保税仓库(区)的一类贸易活动不再列入进口贸易项目之中。显然,专门贸易与总贸易在数额上不可能相等,但两者都是指一国在一定时期时(如一年)对外贸易的总额。世界上某些国家,如美国、法国、意大利、德国、瑞士等,采用专门贸易方式来统计。

各国都按自己的统计方式公布对外贸易的统计数据,并向联合国报告。联合国公布的国际贸易统计数据一般注明总贸易或专门贸易。过境贸易列入总贸易,不列入专门贸易。

5. 对外贸易商品结构和国际贸易商品结构

(1)对外贸易商品结构,是指一定时期内一国进出口贸易中各种商品的构成,即某大类或某种商品进出口贸易与整个进出口贸易额之比。

(2)国际贸易商品结构,是指一定时期内各大类商品或某种商品在整个国际贸易中的构成,即各大类商品或某种商品贸易额与整个世界出口贸易额相比,以比重表示。

为便于分析比较,世界各国和联合国均以联合国《国际贸易商品标准分类》(SITC)公布的国际贸易和对外贸易商品结构进行分析比较。

一国对外贸易商品结构可以反映出该国的经济发展水平、产业结构状况、科技发展水平等。

国际贸易商品结构可以反映出整个世界的经济发展水平、产业结构状况和科技发展水平。

6. 对外贸易地理方向与世界贸易地位

(1)对外贸易地理方向(Direction of Foreign Trade)又称对外贸易地区分布或国别结构,是指一定时期内各个国家或区域集团在一国对外贸易中所占有的地位,通常以它们在该国进出口总额或进口总额、出口总额中的比重来表示。对外贸易地理方向指明一国出口商品的去向和进口商品的来源,从而反映一国与其他国家或区域集团之间经济贸易联系的程度。一国的对外贸易地理方向通常受经济互补性、国际分工的形式与贸易政策的影响。

(2)国际贸易地理方向(Direction of International Trade)亦称"国际贸易地区分布"(International Trade by Region),用以表明世界各洲、各国或各个区域集团在国际贸易中所占的地位。计算各国在国际贸易中的比重,既可以计算各国的进、出口额在世界进、出口总额中的比重,也可以计算各国的进出口总额在国际贸易总额(世界进出口总额)中的比重。

由于对外贸易是一国与别国之间发生的商品交换,因此,把对外贸易按商品分类和按国家分类结合起来分析研究,即把商品结构和地理方向的研究结合起来,可以查明一国出口中不同类别商品的去向和进口中不同类别商品的来源,具有重要意义。

7. 对外贸易依存度

对外贸易依存度是指一国进出口总值在其国内生产总值中的比重,也称对外贸易系数。由于对外贸易分为出口和进口两部分,对外贸易依存度也相应地可分为出口依存度和进口依存度。用公式表示为:

$$出口依存度 = X/GDP \times 100\%$$
$$进口依存度 = M/GDP \times 100\%$$
$$对外贸易依存度 = (X+M)/GDP \times 100\%$$

式中 X 为出口总值,M 为进口总值。一国的外贸依存度越高,表明该国经济对国际贸易的依赖程度越大。一般来说,实行开放政策的国家相对于闭关锁国的国家,其外贸依存度会比较高;小国家的外贸依存度会比大国家高一些。由于进口值不是该国国内新创造的价值,因此人们更重视使用出口依存度这个指标,即用该国出口值甚至是净出口值占同期 GDP 的比重来表示该国经济对外部经济的依赖程度。

由于各国经济的发展水平不同,对外贸易政策的差异,国内市场的大小不同,导致各国的对外贸易依存度有较大的差异。目前,世界各国和地区的对外贸易依存度均呈上升趋势。这是因为各国和地区的经济发展相互影响、相互依赖日益加强。

1.3　国际贸易与国内贸易的差异

国际贸易和国内贸易一样,是社会生产与社会消费之间一个不可缺少的环节,具有很多共同之处。例如,它们都是商业活动,都处于社会再生产过程中的中介地位;它们的交易过程相似;它们都符合商品经济的基本规律等等。但是另一方面,由于国际贸易所处的环境与所接触的对象不尽相同,两者间还是有很大差异。国际贸易与国内贸易的共同点在于:(1)国际贸易是国内贸易发展到一定程度、市场范围超越国家边界的结果。国内贸易和国际贸易的基本内容都是商品和劳务的交换,国际贸易从事着国家间的商品和劳务的交换,国内贸易是国内进行的商品和劳务的交换。(2)货物都是从生产者向消费者转移。国内贸易和国际贸易虽然活动范围不同,但商品流通运动的方式完全一样。无论国际贸易还是国内贸易,都是类似的商业活动,处于社会再生产过程中的中介地位。(3)进行交易的技术过程大同小异。国际贸易与国内贸易的基本职能一样,都是商品交换,即做买卖。国际贸易与国内贸易都包括交易准备、交易磋商、合同订立、合同履行等主要环节,只是国际贸易比国内贸易在具体程序和细节上更为复杂。(4)国际贸易与国内贸易的经营目标均是通过交换取得更多的经营利润或经济利益。贸易或者流通具有资源配置的功能,但在正常情形下,通过贸易配置资源必须以利润或利益为基础。

国际贸易和国内贸易的不同点如下。

1.3.1　各国的语言不同

在各国间进行贸易活动,首先会遇到语言的差异,为使交易顺利,必须采用一种共同的语言。当今国际贸易中最通行的商业语言是英语。其次,一些较大的语种如汉语、德语、法语等也有较高的使用频率,在有些地区英语的使用还不普遍,因此也有必要掌握一些地区性的语言。

1.3.2　各国的法律及风俗习惯不同

不同的国家有不同的商业法律、风俗习惯、宗教信仰,这些都会使国际贸易的难度增加。进行市场调研、商务洽谈、签约、处理贸易纠纷,都会遇到以上问题,而从事国内贸易就不存在此类问题。

1.3.3　各国的贸易政策不同

世界上每个国家的贸易政策都是为本国经济发展服务的,而不同的贸易政策之间相互会有影响。对此,国际贸易也会因不同的经济形势、不同的政策变化而变化。贸易政策主要包括进出口管理政策、关税政策等,从事国际贸易活动必须研究这些政策。

1.3.4　各国的货币制度不同

在多种货币流通的国际贸易活动中,各国货币制度的差异、国际金融市场的动荡和所使用的货币汇率的波动,都会对当事人的经济利益带来冲击和影响。在国际市场上买卖商品,一般要使用各国所普遍接受的货币作为支付手段,如美元、欧元、日元、英镑等。在交易双方签有支付协议的条件下,双方也可以互相以对方国家的货币作为支付手段。由于汇价依各国采取的汇率制度、外汇管理制度而定,使国际汇兑比较复杂。

1.3.5　国际贸易的风险大于国内贸易

由于国际贸易的跨国、跨地区特点,使得国际贸易远比国内贸易的风险大。在国际贸易中,买卖双方的交易数量大、金额多,且货物需要经过长途运输,因此在国际贸易活动中可能产生的风险很多。比较常见的有以下几种:

(1)信用风险。在国际贸易活动中,买卖双方自商务洽谈开始,要经过发盘、还盘、确认、订约、履约等多个环节。在此期间,买卖双方的财务状况可能会发生变化,危及合同履行,出现信用风险。

(2)价格风险。对于某些国际市场价格波动较大的商品,在双方签约之后,货价可能会上涨或下跌,对买卖双方造成风险。由于国际贸易的交易规模大,因此价格风险更大。

(3)商业风险。在国际贸易中,货样不符、交货期延误、单证不符等问题,进口商往往拒收货物,从而给出口商造成商业风险。

(4)汇兑风险。在国际贸易中,买卖双方中很可能有一方要以外币计价。如果外汇汇率不稳定,信息不灵,就会出现汇兑风险。

(5)运输风险。国际贸易中的货物一般都要经过长途运输,必然会受到各种自然灾害、意外事故和其他风险的影响。

(6)政治风险。一些国家的政治形势不断变化,贸易政策法令不断修改,常常会使交易者承担因政治变动带来的风险。

【专栏 1.3】

外贸商人必须具备的品质

重商主义最著名的代表人物,英国的托马斯·孟早在 17 世纪就指出作为外贸商人必须具备如下的品质:"1. 他应该擅长书法、算术和会计……同时他还要精通各种租船合同、提单、发票、汇票和保险单等的规则和形式。2. 他应该知道一切外国,尤其是与我们有贸易关系国家的各种度量衡与各种货币,……3. 他应该知道各种商品向某些国家并从这些国家输出或输入时应缴纳的关税、通行税、一般关税、各种征课、护卫费以及其他费用。4. 他应该知道各个国家有哪些商品是绰有余裕的,有哪些货物是缺少的,同时也应了解这种货物的供应情况怎样,它们是从哪里来的。5. 他应该了解并密切注意从一个国家用汇票寄款到另一个国家的汇兑率,……6. 他应该知道在某些国家有哪些货物是禁止出口或禁止进口的,……7. 他应该知道根据什么运价与条件在他的船上装运货物,并应将他往来于国际和国家间的冒险事业加以保险。……8. 他应该知道建造和修理船舶所必需的各种材料的好坏和它们的价格,以及各种做工的好坏……9. 他应该(因为在不同的时候,有时要以一种商品做买卖,有时要以另一种商品做买卖)对于一切货物或商品,一概具备相当的、即使不是完全的知识,就像是各行各业的内行。10. 他应该从他在海上航行的经验里学得航海技巧。11. 既然他是个旅行家,有时要住在外国,他就应该能说几种语言,并留心观察外国王公们的经常收入与支出,以及他们的海陆实力,他们的法律、风俗、政策、礼节、宗教、技术等等,同时还能为祖国的利益着想,随时将这些问题提出报告。12.最后,虽然这样的一个商人无须是一个颇有学问的学者,但他(至少)也须在青年时代学好拉丁语,这将使他在其他一切的努力上有更强的能力。"

资料来源:托马斯·孟:《英国得自对外贸易的财富》,袁南宇译,商务印书馆1959年版。

【思考题】

1. 何谓国际贸易?
2. 国际贸易的产生需要具备什么样的条件?
3. 国际贸易有哪些分类?
4. 什么是对外贸易依存度? 它反映的是什么内容?
5. 与国内贸易相比,国际贸易的复杂性体现在哪里?

【本章推荐书目及网上资源】

1. 佟家栋.中国对外贸易概论.北京:首都经贸大学出版社,2006.
2. 于志达.国际贸易地理概论.天津:南开大学出版社,2006.
3. 中华人民共和国国家统计局网站,http://www.stats.gov.cn.
4. 中国国际贸易发展网,http://www.itdu.com.cn.
5. 中国国际贸易促进委员会网站,http://www.ccpit.org.

第 2 章　国际贸易理论

【学习要点及目的】

通过本章的学习,了解重商主义对外贸易理论的基本内容;掌握绝对优势理论、比较优势理论及其发展,要素禀赋理论、新要素贸易论、产品生命周期理论的主要内容及评价;理解里昂惕夫悖论、产业内贸易理论及新兴古典贸易理论的基本内容。

【本章关键术语】

国际分工(International Division of Labour);重商主义(Mercantilism);绝对优势(Absolute Advantage);比较优势(Comparative Advantage);要素禀赋(Factor Endowment);产品生命周期(Product Life Cycle);产业内贸易理论(Intra-industry Trade)

2.1　国际分工

2.1.1　国际分工的产生和发展

国际分工是指超越了国家界限的专业化分工,是社会分工的延伸和发展。社会分工是社会生产力发展到一定阶段的产物,是商品经济的基础。当各国国民经济内部分工冲破了国界并广泛发展时,又出现了国际分工。国际分工是国际贸易和世界经济联系的基础。

国际分工和社会分工当然有相同的方面,即它们都是劳动分工,都是劳动生产率提高的原因和结果。但是它们又有不同之处:第一,形成的历史时期不同。社会分工出现于原始社会时期,并存在于其他社会经济形态。国际分工则形成于资本主义大机器工业时代;第二,商品交换方式不同。前者的商品交换表现为国内贸易,后者的商品交换受到种种限制,一般来说还不能自由地进行;第三,受制约的价值规律不同。国内社会分工的商品交换受国内价值规律所制约,而国际分工的商品交换受制于国际价值规律,两种价值规律的内涵和作用不尽相同。

国际分工的产生和发展是一个漫长的历史过程,是社会生产力不断发展提高的必然产物。在原始社会末期,特别是在奴隶社会和封建社会时期,虽然社会分工继续不断地有所发展,但总的来讲,生产力发展水平比较低,自然经济占着统治地位。此时的国内贸易尚不够发达,只有一些地方性的交易场所,国际贸易更是小规模的和低水平的。因此,各国的社会分工要演进到国际分工的条件并不成熟,邻近国家之间出现少量的国际分工,完全是一种偶然的局部性的现象。

15 世纪末和 16 世纪初的地理大发现以后,国际贸易活动开始迅速扩大,手工业生产向工场手工业生产过渡,促进了资本主义国际分工的形成,当时欧洲殖民主义者在拉丁美洲、非洲和亚洲建立的种植园,就是早期资本主义的国际专业化生产,它产生了宗主国与殖民地之间国际分工。

从 18 世纪中期英国产业革命的兴起到 19 世纪中期其他几个主要资本主义国家的产业革命的大致完成,则是资本主义国家之间国际分工真正形成的时期。在这一百年里,这些国家机器大工业的建立和发展,导致它们的生产力水平巨大发展和社会分工的极大进步。随之而来的交通运输和通信事业的迅速进步,又为大大推动国际贸易的发展提供了必要的工具。这样,经济活动必然超越国界和民族的局限,终于把各国的商品生产活动纳入国际分工的轨道,从而出现了真正的国际分工格局。正如马克思所说,由于机器和蒸汽机的应用,分工的规模已使大工业脱离了本国基地,完全依赖于世界市场、国际交换和国际分工。

19 世纪末和 20 世纪初,新的科学技术革命推动资本主义国家的生产力又有新的迅速增长。新的工业部门的建立和发展,带来了经济结构和产业结构的变化。资本进一步积聚和集中,导致生产规模的急剧扩大和生产组织的重大变化,资本主义开始进入垄断阶段。垄断资本主义为了攫取高额利润,不仅扩大对外贸易活动,而且开始对外输出资本,使得资本主义生产和交换日益国际化。其结果是,宗主国与殖民地之间、发达工业国与初级产品生产国之间的经济联系愈益加深,终于形成了资本主义的国际分工体系和世界经济体系。

第二次世界大战以后,第三次科技革命的深刻影响、世界政治经济形势的巨大变化,促使传统的国际分工格局发生了很大变动。一系列独立的发展中国家崛起,使得原来以宗主国与殖民地之间经济联系为主的国际分工形式几乎不复存在。许多社会主义国家参与国际经济活动,对国际经济联系的内容和实质产生重要影响。这些都使战后的国际分工具有新的特征。例如,发达国家之间的工业分工迅速发展,同一工业部门内部的国际分工日趋加强,一些发展中国家进入工业制成品的分工行列,国际经济活动的范围和形式日益多样化,等等。特别是跨国公司的产生和发展,更使生产和资本的国际化有了极大发展。这些都赋予战后国际分工新的内容和形式。

20 世纪 90 年代后,世界经贸格局呈现出众多新的特点和趋势。例如,整个世界的经济热战替代往昔的政治冷战,合作与协调已成为世界经济活动的主流,世界贸易活动随着乌拉圭一揽子协议的达成而迅猛发展,区域性的经济一体化形式蓬勃发展等等,这一切将推动生产和资本的国际化进入一个新的阶段,从而预示着全世界的国际分工必将进一步宽化和深化。

可见,国际分工的形成和发展是科学技术革命和社会生产力发展的必然结果,它对世界经济活动产生了重大影响。反过来,世界经贸活动的不断深化又进一步推动国际分工往更高的层次和更深的程度上发展。而各国在国际分工中的地位和作用,又取决于其本身的生产力水平及其对外经贸战略。因此,国际分工一方面促进了世界经济的发展,代表着一种进步的历史趋势,另一方面又成为资本主义发达国家进行剥削和掠夺的工具,以往的国际分工过程就是它们霸占商品市场、原料产地和投资场所的过程。尽管战后国际分工的特点和形式已有很大不同,但目前国际经济旧秩序并未根本改变,剥削、掠夺和不平等依然是当今国际分工的重要性质和内容。对此我们不能视而不见。因此,我们一方面必须积极参与国际分工,并以此来推动本国的经济发展和国际经济地位的提高,另一方面又应当采取恰当的策略步骤和切实可行的措施,坚决地改变当今仍不平等的国际分工格局,同其中的掠夺性行为展开斗争。

2.1.2　影响国际分工的因素

1. 社会生产力水平

社会生产力是开展国际分工的决定性因素,没有它的不断发展,就谈不上国际分工的必要和可能。生产力水平的高低又决定着一个国家在国际分工体系中的地位和作用。发展中国家大多生产力水平较低,科技能力较落后,原先主要只能生产初级产品和劳动密集型产品,在国际分工中明显处于从属地位。反之,发达资本主义国家凭借其先进的科技水平和雄厚的经济实力,占据着国际分工体系的支配地位。生产力的不断发展还导致国际分工日益多样化和细分化,例如出现了"三来一补"、合作经营,车间内部工种、工序、工艺的细化的国际分工。生产力的发展状况也决定着国际分工中的产品构成。随着社会生产力不断提高,世界贸易总额中的比重,从最初的以初级产品为主,发展到战后以工业制成品为主,再演进到当今技术贸易有了迅速发展和无形贸易已占相当份额。因此,一国要提高自身在国际分工中的地位,首先要立足于本国经济实力的不断进步。

2. 国际生产关系的性质

这是指以生产资料所有制为基础的,各国在世界物质资料的生产、分配、交换和消费中的各种经济关系。它决定国际分工的性质。社会主义性质的国际分工具有互助互利的基本特点,而资本主义国际分工则必然存在剥削、掠夺和不平等交换。从当今的世界经济体系来看,依然存在着多种生产关系(包括前资本主义生产关系),但资本主义生产关系占据主导地位。因此,当今国际分工体系的主要方面仍属于资本主义性质。但同时要看到,以发展民族经济为旨的南方(发展中国家)经济与北方(发达国家)经济的分工,以及南南之间的国际分工,从国际生产关系的角度而言,都已具有新的内涵和特点,不能笼统地一概而论。

3. 上层建筑

政府、军队和各种组织机构等具有能动的反作用于上层建筑的力量。其对国际分工也产生了深远的影响。发达国家至今对各种重要的国际经济组织(如世界银行、世界贸易组织、国际货币基金组织)拥有很大的控制权或影响力。例如,美国在世界银行所掌握的投票权足以否定一切重要的借贷项目,并且一直控制着该组织的行政管理权(历任行长均为美国人)。这样,发达国家有时利用这类经济组织来影响一些国家在国际分工中的作用,如项目贷款只用于初级产品部门,易于造成发展中国家的畸形经济结构;有时采用贸易保护主义政策来削弱和打击贸易对手尤其是发展中国家,试图人为地改变后者在国际分工格局中的地位和作用;有时则干脆运用封锁、禁运、制裁或断绝经济贸易关系等手段来对付某个国家,妄图强行割断该国的国际经济联系,从外部环境方面延缓其经济发展。

4. 自然因素

这主要是指各种各样的自然资源,如气候、土地、矿藏等。它是进行经济活动的重要物质基础,因而国际分工活动也离不开它。尽管科学技术的进步使得自然因素的作用相对下降,但它仍然对国际分工具有重要影响。赞比亚被誉为"铜矿之国",有的东南亚国家有"橡胶之国"的美称,大多是由资源、气候等自然条件带来的。最典型的要数一些中东石油输出国家(如沙特阿拉伯等)。它们原来并无成熟的工业体系和农业生产,仅仅凭借地下蕴藏的石油资源,不仅成为高收入发展中国家(沙特因而成为国际货币基金组织的常任董事国),而且在国际分工格局中拥有颇令人瞩目的影响,20世纪70年代两次石油危机的爆发即为一例。同样,日本这个资源相当贫乏的经济大国,必然比别的国家更加依赖国外市场,从而尤为注重国际分工的意义和作用。可见,自然因素对国际分工影响和制约非但不能忽视,有时甚至对某些国家具有决定性的作用。

5. 跨国公司

从第二次世界大战后的情况看,新的科技革命和跨国公司的出现,深刻影响着国际分工的进一步发展。新科技革命极大地改变着社会物质生产状况,促进新的生产部门和新产品不断涌现,因而它仍是作为一种社会生产力影响着国际分工。而跨国公司以新的经济组织形式直接对国际分工产生重大作用,完全是战后新出现的重要因素。跨国公司资产雄厚,规模巨大,控制着国际市场上的不少重要行业。它们的子公司遍及世界各地,利用不同国家和地区的有利条件分工合作生产,然后集中装配或实行专业化分工,并同许多国家的有关厂商保持较固定的供求关系。简言之,分布全球的子公司完全是跨国公司这个总工厂的生产车间甚至生产小组。这无疑是促使传统国际分工格局发生重大变动的直接原因之一。

上述因素决定或影响着现行国际分工体系的种种特点,以及各国在国际分工中的地位和作用。发展中国家只有发挥或解决上述因素的优势方面或不利条件,才可能扭转自己在国际分工中的不利地位,并改变不合理的现行国际分工格局。

2.1.3　国际分工对国际贸易的作用

当今世界的国际分工基本上有三种类型,即发达国家与发展中国家之间的、发达国家之间的、发展中国家之间的国际分工。这些分工类型的特点各不相同,世界各国参与国际分工的情况也有很大差异,但它们参与的方式基本上有如下三种:

(1)垂直型。这种类型的国际分工表现在国际贸易上是指进口原料和出口工业制成品,或者是出口原料和进口制成品。例如,日本身为富裕的经济大国,资源却极其贫乏,其进口额中原料占80%以上,而工业制成品却占出口的90%,这是十分典型的"垂直型"。中东石油输出国则主要出口原油,交换回所需的大部分制成品,它们参与国际分工的方式同样属于"垂直型"。

(2)水平型。这主要是指经济发展水平相同或相似的国家之间的生产专业化和协作。例如,欧洲联盟内部15个国家之间的分工合作,就是属于这种类型。

(3)混合型。这是指将垂直型和水平型相混合的国际分工方式,其中以德国最为典型。它与发展中国家的分工是"垂直型",从中得到了自己所需的大部分原料和其他初级产品;它与发达国家开展的国际分工则是"水平型",特别是在欧盟内部平行进行的生产联合和专业化分工,都给其经济发展带来很大好处。

2.2　重商主义对外贸易理论

重商主义是资本主义原始积累占统治地位的经济思想和政策体系。对国际贸易的系统研究,开始出现于重商主义经济学时代。这个时代开始于 15 世纪末,盛行于 16 世纪至 17 世纪上半叶,从 17 世纪下半叶开始走向衰落,先后在意大利、西班牙、葡萄牙、荷兰、英国、法国、德国、俄国等国家实行。

在 15 世纪,随着西欧各国生产力的发展,商品经济日益发达,交换的目的已从以互通有无为主变成了以积累货币财富为主。当时积累财富的主要手段是获取黄金,而当时西欧本身黄金的开采和储备已很有限,迫切需要通过国际贸易和对外掠夺来满足西欧国家对黄金的需求。而 15 世纪末 16 世纪初的一系列地理新发现给西欧人创造了积累黄金的机会。重商主义正是在这样一个时代背景下产生和发展起来的。

重商主义的发展可分两个阶段。从 15 世纪到 16 世纪中叶为早期重商主义,16 世纪下半期到 18 世纪为晚期重商主义。无论早期还是晚期重商主义,都把货币看作是财富的唯一形态,都把货币的多寡作为衡量一国财富的标准。在他们看来,国内市场上的贸易是由一部分人支付货币给另一部分人,从而使一部分人获利,另一部分人受损。国内贸易的结果只是社会财富在国内不同集团之间的再分配,整个社会财富的总量并没有增加,而对外贸易可以改变一国的货币总量。重商主义认为一国可以通过出口本国产品从国外获取货币从而使国家变富,但同时也会由于进口外国产品造成货币输出从而使国家丧失财富。因此,重商主义对贸易的研究主要集中在如何进行贸易,具体来说,怎样通过鼓励商品输出、限制商品进口以增加货币的流入从而增加社会财富。重商主义者的这些思想实际上只是反映了商人的目标,或者说只是从商人眼光来看待国际贸易的利益,因此,这种经济思想被称为"商人主义"或"重商主义"。

对怎样能够做到多输出少进口,晚期的重商主义与早期的观点有所不同。早期重商主义强调绝对的贸易顺差,即出口值超过进口值,他们主张多卖少买或不买并主张采取行政手段,控制商品进口,禁止货币输出以积累货币财富。早期重商主义者的这种思想被称为货币差额论。

与早期重商主义不同,晚期重商主义重视的是长期的贸易顺差和总体的贸易顺差。从长远的观点看,认为在一定时期内的外贸逆差是允许的,只要最终的贸易结果能保证顺差,保证货币最终流回国内就可以。

从总体的观点看,他们认为不一定要求对所有国家都保持贸易顺差,允许对某些地区的贸易逆差,只要在对外贸易的总额保持出口大于进口即可。因此,晚期重商主义的思想被称为贸易差额论。

晚期重商主义者为了鼓励输出实现顺差,积极主张国家干预贸易。重商主义者提出了一系列政策以鼓励本国商品出口限制外国商品进口。其中不少政策迄今仍被许多国家使用。如"出口退税",即当商品出口时,国家全部地或部分地退还商人原先缴纳的税款;当进口商品经过本国加工后重新输出时,国家则退还这些商品在进口时所交付的关税。"奖励出口",即国家颁发奖金,奖励出口本国商品的商人。这实际上也是一种出口补贴。晚期重商主义者还积极鼓励扩大出口商品的生产,扶植和保护本国工场手工业的发展。"关税与非税壁垒",即对输入本国的外国商品课以高额关税或者禁止进口本国不需要的商品,以达到保护本国工业和保持贸易顺差的目的。"进口替代",通过扩大国内耕地面积来自己生产原来需要进口的作物,等等。

晚期重商主义的杰出代表者之一是英国的托马斯·孟(Thomas Mun,1571—1641)。

他在 1621 年写成但在他死后 20 多年才得以出版的著作《英国得自对外贸易的财富》中,全面系统地阐述了重商主义的思想。通过重商主义的各种政策主张,我们可以看到,重商主义者的基本错误在于认为国际贸易是一种"零和游戏",一方得益必定是另一方受损,出口者从贸易中获得财富,而进口者则减少财富。这种思想的根源是他们只把货币当作财富而没有把交换所获得的产品也包括在财富之内,从而把双方的等价交换看作一得一失。

尽管重商主义的贸易思想有不少错误和局限性,但他们提出的许多重要概念为后人研究国际贸易理论与政策打下了基础,尤其是关于贸易的顺差逆差进一步发展到后来的"贸易平衡""收支平衡"概念。重商主义关于进出口对国家财富的影响,对后来凯恩斯的国民收入决定模型亦有启发。更重要的是,重商主义已经开始把整个经济作为一个系统,而把对外贸易看成这一系统非常重要的一个组成部分。

2.3 绝对优势贸易理论

亚当·斯密(Adam Smith,1723—1790)是西方古典经济学的主要奠基人之一,也是国际贸易理论的创始人,是倡导自由贸易的带头人。亚当·斯密花了将近 10 年的时间,于 1776 年写出了一部奠定古典政治经济学理论体系的著作《国民财富的性质和原因的研究》(*Inquiry into the Nature and Causes of the Wealth of Nations*),简称《国富论》(*The Wealth of Nations*)。在这部著作中,斯密第一次把经济科学所有主要领域的知识归结成一个统一和完整的体系,而贯穿这一体系的基本思想就是自由的市场经济思想。

1776 年正是英国资本主义的成长时期,英国手工制造业正在开始向大工业过渡,英国产业的发展,在很大程度上受到了残余的封建制度和流行一时的重商主义的限制政策的束缚。处在青年时期的英国资产阶级,为了清除它前进道路上的障碍,正迫切要求一个自由的经济学说体系为它鸣锣开道。《国富论》就是在这个历史时期,负有这样的阶级历史任务而问世的。此书出版以后,不但对英国资本主义的发展直接产生了重大的促进作用,而且对世界资本主义的发展也产生了重要影响,没有任何其他一部资产阶级的经济著作曾产生那么广泛的影响,有些资产阶级学者把它奉为至宝。可是,历史很快就把它的局限性和缺点错误显示出来。在这部书出版后将近一百年的 19 世纪七八十年代,资本主义经济已开始逐渐由自由竞争阶段进入垄断阶段,从此,亚当·斯密强调的自由而又自然的体制已经失灵了,再往后不到半个世纪时间,第一个社会主义国家登上了历史舞台,被斯密所强调的资本主义的永恒性就遭到彻底否定。

在《国富论》中,亚当·斯密通过对国家和家庭进行对比来描述国际贸易的必要性。他认为,既然每个家庭都认为只生产一部分他自己需要的产品而用那些他能出售的产品来购买其他产品是合算的,同样的道理应该适用于每个国家。

斯密首先从劳动分工开始论述国际贸易问题。他认为,国民财富的增长有两条途径:一是提高劳动生产率;二是增加劳动数量。其中前者的作用尤其大,而劳动生产率的提高则主要取决于分工。以制针为例。每个工人单独劳动时,一日绝对制不成 20 枚,说不定连 1 枚也造不出来。但经过较精细的分工后,一人一日竟可制成 4800 枚针,劳动效率提高了百余倍。这表明,劳动生产率的极大提高正是来自分工的作用。同样,一国内部的劳动分工原则也应适用于各国之间。据此,他得出结论,国际贸易应该遵循国际分工的原则,使各国都能从中获得更大的好处。

一国内部的劳动分工原则也适用于各国之间,那么,国际分工如何进行呢? 他强调,国际分工的基础是在各自占有优势的自然禀赋中后天获得的有利条件。前者是指导致自然赋予的有关气候、土壤、矿产、地理环境等方面的优势。一个国家在生产某些特定商品时,或许有非常巨大的自然优势,使得其他国家无法与之竞争。后者是指通过自身努力而掌握的特殊技艺,或称之为技术。各国应当按照各自的优势进行分工,然后交换各自的商品,从而使得各国的资源、劳力、资本都得到最有效的利用。相反,不注意发挥优势进行生产,只能导致国民财富的减少。譬如,苏格兰可以用暖房栽培葡萄,然后酿出上等美酒,但成本要比国外高 30 倍。如果苏格兰禁止一切外国酒进口而自己来生产,那就十分荒唐可笑。

亚当·斯密所讲的优势实际上是绝对优势或绝对利益,意在说明为了更多地增加国民财富,一国应该专业化生产和出口那些本国具有绝对优势的商品,进口那些本国具有绝对劣势,即外国具有绝对优势的商品。所以通常称之为“绝对优势理论”(Absolute Advantage)。一国的自然优势和后天获得的优势又总是体现为生产某产品的成本优势,即该国生产特定商品的实际成本绝对地低于其他国家所花费的成本,因此这个理论又称“绝对成本说”(Absolute Cost)。

根据绝对优势贸易理论,各国应该专门生产并出口其具有“绝对优势”的产品,不生产但进口其不具有“绝对优势”的产品。那么,怎样确定一国在哪种产品上具有绝对优势呢?

绝对优势的衡量有两种办法:

(1)用劳动生产率来衡量,即用单位要素投入的产出率来衡量。产品 j 的劳动生产率可用 (Q_j/L) 来表示,其中 Q_j 是 j 产品的产量,L 是劳动投入。一国如果在某种产品上具有比别国高的劳动生产率,该国在这一产品上就具有绝对优势。

(2)用生产成本来衡量,即用生产 1 单位产品所需的要素投入数量来衡量。单位产品 j 的生产成本(劳动使用量)可用 $a_{L_j}=L/Q_j$ 表示。如在某种产品的生产中的要素投入低于另一国,该国在这一产品上就具有绝对优势。

为了进一步理解“绝对优势”贸易理论,我们用一个例子来说明。

我们假设有两个国家“英国”和“法国”,两国都生产两种产品“小麦”和“布”,但生产技术不同,劳动是唯一的生产要素。在国际分工发生前,英、法两国各自生产小麦和布两种产品,所消耗的劳动力数量如下(见表 2-1)。

表 2-1　国际分工前

	小麦		布	
	劳动力(人)	产量(吨)	劳动力(人)	产量(匹)
法国	100	50	100	20
英国	150	50	50	20
合计	250	100	150	40

按照判断绝对优势的方法,我们判断两国各自具有绝对优势的产品。

从劳动生产率的角度说,法国生产小麦的劳动生产率,即每人生产小麦的数量是 0.5

吨,英国生产小麦的劳动生产率,即每人生产小麦的数量是 0.33 吨,法国生产小麦的劳动生产率高于英国,所以法国在小麦的生产上具有绝对优势。法国生产布的劳动生产率是 0.2 匹,英国生产布的劳动生产率是 0.4 匹,英国生产布的劳动生产率高于法国,所以英国在布的生产上具有绝对优势(见表 2-2)。

表 2-2 两国的劳动生产率

	小麦(人均产量)Q_j/L	布(人均产量)Q_j/L
法国	0.5	0.2
英国	0.33	0.4

从生产成本的角度来说,法国生产小麦的成本,即生产 1 吨小麦所需投入的劳动力数量是 2 人,英国生产小麦的成本,即生产 1 吨小麦所需投入的劳动力数量是 3 人,法国生产 1 单位小麦的成本低于英国,所以法国在小麦的生产上具有绝对优势。法国生产布的成本,即生产 1 匹布所需投入的劳动力数量是 5 人,英国生产布的成本,即生产 1 单位布的生产成本低于法国,所以英国在布的生产上具有绝对优势(见表 2-3)。

表 2-3 两国的生产成本

	小麦成本(a_u)	布成本(a_u)
法国	2	5
英国	3	2.5

通过两种方法确定两国各自具有的绝对优势的产品是一致的,所以按照绝对优势贸易理论,法国应该专业化生产小麦,英国应该专业化生产布。进行国际分工后,两国各自生产的商品数量如表 2-4。

表 2-4 国际分工后

	小麦		布	
	劳动力(人)	产量(吨)	劳动力(人)	产量(匹)
法国	200	100		
英国			200	80
合计	200	100	200	80

两国进行专业化分工后,法国专门生产小麦,英国专门生产布,法国将其所有的劳动力资源 200 人用于生产小麦,可生产 100 吨小麦;英国将其所有的劳动力资源 200 人用于生产布,可生产 80 匹布。所以,在同样的劳动投入情况下,小麦的生产总量并没有变化,但布的生产总量由原来的 40 匹增加到 80 匹。因此,从世界范围来看,虽然技术条件等并没有变化,而仅仅是由于开展了国际分工,两国都专业化生产其具有绝对优势的产品,使世界范围内的总产量增加了。现假定国际市场上按照 1 吨小麦换 1 匹布的交换比例开展国际贸易,则交换后两国各自可供消费的两种商品的数量如表 2-5。

表 2-5　开展国际贸易后

	小麦(吨)	布(匹)
法国	50	50
英国	50	30
合计	100	80

按照 1 吨小麦：1 匹布的交换比例开展国际贸易后,虽然两国小麦的消费数量没有发生变化,但布的消费数量都增加了。这说明,两国按照绝对优势理论进行专业化生产并开展国际贸易,对英、法两国都有好处,使两国可供消费的商品数量都增加了。

亚当·斯密还论述了自由贸易所带来的好处,概括说来,大致有三个方面:第一,互通有无,交换多余的使用价值。就是说,把本国多余的商品输出国外,换回本国无法生产或生产不足的商品,满足了双方需要。第二,增加社会价值,获取更大利益。由于各国的社会劳动生产率参差不齐,商品价值的货币表现自然不尽相同,这样,通过对外贸易得到的某些商品的数量会超过本国所可能生产的,从而节省了本国的劳动力或增加了使用价值。第三,互惠互利,共同富裕。一国从对外贸易中得到的主要利益在于输出了本国消费不了的剩余货物,因此,即使两国贸易平衡,由于都为对方的剩余货物提供了市场,双方还是都获得利益。所以对外贸易具有共同利益,而不是一方得利,一方受损。不难看出,亚当·斯密关于国际分工和国际贸易利益的分析基本上是正确的。他对国际贸易的产生原因首先作了理论探讨,同样应予肯定。同时,他指出,国际贸易可以是一个“双赢”的局面而不是一个“零和游戏”。可以说,斯密把国际贸易理论纳入了市场经济的理论体系,开创了对国际贸易的经济分析。但绝对优势贸易理论的局限性很大,因为在现实社会中,有些国家比较发达,有可能在各种产品的生产上都具有绝对优势,但是贸易仍然在两类国家之间发生,而另一些国家可能不具有任何生产技术上的绝对优势,而斯密的理论无法解释这种绝对先进和绝对落后国家之间的贸易,从而暴露出他的理论具有明显的缺陷和不足。

【专栏 2.1】

亚当·斯密

亚当·斯密于 1723 年生于苏格兰法夫郡(County Fife)的克考第(Kirkcaldy)。斯密自小博览群书,在 14 岁时就进入了格拉斯哥大学(Glasgow University)学习。他选定了人文科学的方向,在逻辑、道德哲学、数学和天文学方面都成绩斐然。1740 年,他又进入牛津大学深造,闭门苦读了 6 年。由于某些政治事件的原因,斯密不得不于 1746 年回到克考第。之后,他经常到爱丁堡作讲演,内容涵盖法学、政治学、社会学和经济学。这时,斯密开始对政治经济学表现出了特殊的兴趣。

到了 18 世纪 50 年代,斯密提出经济自由主义的基本思想。从 1751 年开始,斯密在格拉斯哥大学连续任教 12 年,先后讲授逻辑学和道德哲学(即社会科学),颇受学生欢迎。在这段被他称为“一生中最幸福的时期”中,斯密参加了政治经济学俱乐部活动(被称为“俱乐部人”),而且,他每年总要到爱丁堡待上两至三个月,宣扬他的经济自由思想。他曾在讲演中说道:“应该让人的天性本身自然发展,并在其追求自己的目的和实施其本身计划的过程中给予它充分自由……"

1759 年,斯密发表了他的第一部科学巨著《道德情操论》。这部著作标志着他的哲学和经济思想的形成。反封建的平等思想在他的学说中占据显著地位,他否定了宗教道德和"天赋道德情操论",而代之以另一抽象原则——"同情心"。在《道德情操论》创作的过程中,内在的兴趣和时代的需要(发展格拉斯哥工商业)使斯密沉湎于政治经济学的研究之中。在 1762—1763 年的讲稿里,他提出了一系列出色的唯物主义思想,在讲稿的经济学部分中,已出现了在《国富论》中得到发展的思想萌芽。

1765—1766 年在法国巴黎期间,斯密批判性地借鉴重农主义学派,沿着英国传统的道路,在劳动价值论的基础上创立了自己的经济理论。同法国唯物主义伦理学的重要代表爱尔维修结识后,斯密又将其关于新伦理的思想用于政治经济学,创造了关于人的本性和人与社会相互关系的概念,成了古典学派观点的基础。斯密通过"经济人"这一概念,提出了一个具有重大理论意义和实际意义的问题:关于人的经济活动的动因和动力问题。而"看不见的手"这一提法指出了客观经济规律的自发作用。斯密又把利己主义和经济发展自发规律相结合,提出了自然秩序这一概念。这是他放任主义政策的原则和目的。当他最后写作《国富论》之时,竞争和自由已成为他的经济学的基石,作为一条主线贯穿于整部《国富论》之中。

1767 年春,斯密回到克考第开始写作。1776 年 3 月,《国富论》在伦敦出版并在其后被翻译成多种语言。斯密在著作中坚定地提出经济自由主义,重新定义了价值、劳动分工、生产过程、自由贸易、制度发展、天赋人权、政府的作用和资本的作用。书中所提出的尖锐的社会、政治问题很快引起了广大读者的注意。斯密将其渊博的学问、深刻的洞察力和别具一格的幽默贯注于这部著作之中。《国富论》无疑是政治经济学史上最引人入胜的著作之一。当时一位有名的学者指出,这不仅是一篇经济专题论文,而且是"一本描述时代的非常有趣的书"。

斯密成名后,曾在海关工作,但大部分时间还是致力于精炼修改他的这部著作。1790 年 7 月,斯密逝世于爱丁堡,享年 68 岁。

资料来源:海闻、P. 林德特、王新奎著:《国际贸易》,上海人民出版社 2003 年版,第 50—51 页。

2.4　比较优势贸易理论

2.4.1　比较优势理论

亚当·斯密之后的另一位著名的古典经济学家是大卫·李嘉图(David Ricardo,1772—1823)。其贸易学说是他整个经济理论中的一个重要组成部分。大卫·李嘉图所创立的著名的"比较优势贸易理论"(Comparative Advantage Doctrine),奠定了国际贸易理论演进的重大基础,以后一个多世纪的有关研究很大程度上都是对其理论的补充、发展和修正。李嘉图在其代表作《政治经济学及赋税原理》(1817)一书论证了以"比较优势贸易理论"为中心的国际贸易理论。

作为英国古典经济学的完成者,李嘉图考察国际贸易产生的原因同亚当·斯密一样,也是从论述个人的分工和专业化开始,而且也明确指出,国际分工和国际交换活动应该根据各国的自然优势和后天获得的优势来进行。所不同的是,斯密讲的优势是指绝对优势即生产成本绝对低于别国,而李嘉图心目中的优势则是一种相对的优势,也就是比较优势。李嘉图反对把国际贸易产生的原因和基础建立在各国绝对优势的差别上,认为这种理论无法解释所有产品都不具有绝对优势的国家同样要参与国际交换的现实。

那么,什么是比较优势呢?某种商品所具有的比较优势可以用相对劳动生产率、相对生产成本或者机会成本三种方法来确定。

(1)用产品的相对劳动生产率来衡量。相对劳动生产率是不同产品劳动生产率的比率,或两种不同产品的人均产量之比。用公式表示则可写成:

产品 A 的相对劳动生产率(相对于产品 B)=产品 A 的劳动生产率(人均产量:Q_A/L)/产品 B 的劳动生产率(人均产量:Q_B/L)

如果一个国家某种产品的相对劳动生产率高于其他国家同样产品的相对劳动生产率,该国在这一产品上就拥有比较优势。反之,则只有比较劣势。

(2)用相对成本来衡量。所谓"相对成本",指的是一个产品的单位要素投入与另一产品单位要素投入的比率。用公式表示:

产品 A 的相对成本(相对于产品 B)=单位产品 A 的要素投放量(aL_A)/单位产品 B 的要素投放量(aL_B)

如果一国生产某种产品的相对成本低于别国生产同样产品的相对成本,该国就具有生产该产品的比较优势。

(3)一种产品是否具有生产上的比较优势还可用该产品的机会成本来衡量。

产品 A 的机会成本=减少的 B 产量(ΔQ_B)/增加的 A 产量(ΔQ_A)

李嘉图指出,从个人之间的分工来看,每个人都可以拥有生产某种产品的比较优势。例如,在制鞋和帽两方面甲都比乙强,不过制帽只比乙强 1/5,而制鞋要比乙强 1/3,甲的更大优势在制鞋,乙的更小劣势是制帽。所以,甲专门制鞋而乙专门制帽,然后双方通过交换都能得到更多的鞋和帽。这就是说,尽管乙在两方面都具有绝对劣势,但那种绝对劣势较小的商品生产(制帽)实际上就是他能得到"比较利益"的相对优势。因此,贸易活动中的相对优势既是指更大的绝对优势,或较小的绝对劣势。这种优势是由生产商品所耗费的劳动的相对差异带来的,反映了它在生产成本上的相对差异,所以又称为"比较成本说"(Comparative Cost Doctrine)。李嘉图进一步强调,这种优势标准其实更加适用于国际贸易。这是因为,劳动、资本、资源等生产要素不可能轻易地在国与国之间随意流动,经济处于绝对劣势的国家既不会也不可能把它们的居民全部移送到富国,它们唯有正视本国实情,通过国际分工与贸易来增加本国财富,所以发挥相对优势是至关重要的。对此,他举了一个有名的例子。

假设英国和葡萄牙都生产毛呢和葡萄酒,但两国生产两种产品的劳动生产率不同。每单位产品所耗费的劳动量如表 2-6 所示。

表 2-6　国际分工前

	一单位毛呢	一单位酒
葡萄牙	90 人/年	80 人/年
英国	100 人/年	120 人/年

如果按照斯密的绝对优势贸易理论,两国似乎没有进行国际贸易的可能性。现在,让我们按照上述的方法来确定两国各自所具有的比较优势的商品。

(1)用相对劳动生产率来衡量。葡萄牙毛呢的相对劳动生产率是 0.89,酒的相对劳动生产率是 1.125;英国毛呢的相对劳动生产率是 1.2,酒的相对劳动生产率是 0.83。由此可见,英国毛呢的相对劳动生产率较高,所以英国在毛呢的生产上具有比较优势;葡萄牙酒的相对劳动生产率较高,所以葡萄牙在酒的生产上具有比较优势,如表 2-7 所示。

表 2-7　两国生产商品的相对劳动生产率

	毛呢	酒
葡萄牙	0.89	1.125
英国	1.2	0.83

(2)用相对成本来衡量。葡萄牙毛呢的相对成本是 1.125,酒的相对成本是 0.89;英国毛呢的相对成本是 0.83,酒的相对成本是 1.2。由此可见,葡萄牙酒的相对成本较低,所以葡萄牙在酒的生产上具有比较优势;英国毛呢的相对成本较低,所以英国在毛呢的生产上具有比较优势,如表 2-8 所示。

表 2-8　两国生产商品的相对成本

	毛呢	酒
葡萄牙	1.125	0.89
英国	0.83	1.2

(3)用机会成本来衡量。葡萄牙生产毛呢的机会成本是 1.125,生产酒的机会成本是 0.89;英国生产毛呢的机会成本是 0.83,生产酒的机会成本是 1.2。由此可见,葡萄牙生产酒的机会成本低于英国,所以葡萄牙在酒的生产上具有比较优势。英国生产毛呢的机会成本低于葡萄牙,所以英国在毛呢的生产上具有比较优势,如表 2-9 所示。

表 2-9　两国生产商品的机会成本

	毛呢	酒
葡萄牙	1.125	0.89
英国	0.83	1.2

由此可见,三种方法的结论是相同的,都能确定两国各自具有的比较优势的产品。然后,两国开展国际分工,专门生产其具有比较优势的产品,即葡萄牙专门生产酒,英国专门生产毛呢。其结果如表 2-10。

表 2-10　国际分工后

	毛呢	酒
葡萄牙	/	(90+80)÷80=2.125
英国	(100+120)÷100=2.2	/

葡萄牙专门酿酒而英国专门生产毛呢的情况下,两国的一年劳动总量,即葡萄牙的(90
＋80)人/年和英国的(100＋120)人/年,就能生产比分工前更多的产量。具体地说,正如表
2-10 所示,葡萄牙生产出 2.125 单位酒,比原先总共的 2 单位多出(2.125－2)＝0.125 单位
酒;英国生产出 2.2 单位毛呢,比原先的 2 单位增加(2.2－2)＝0.2 单位毛呢。显然,按照
比较优势进行国际分工,一定的劳动总量就能创造出更多的财富或使用价值。现在假定国
际市场上按照 1 单位毛呢换 1 单位酒的比例进行交换,则交换后两国各自消费的两种商品
的数量如表 2-11。

表 2-11 分工后贸易利益

	毛呢	酒
葡萄牙	1.1 单位	1.025 单位
英国	1.1 单位	1.1 单位

至于两国从贸易中获得利益的多寡,则取决于这两种商品的国际市场交换比率。李嘉
图假定这里的交换比率为 1 单位毛呢与 1 单位酒相交换。按照这一贸易条件,如果葡萄牙
用 1.1 单位酒与英国 1.1 单位毛呢相交换,两国所得的贸易利益可用表 2-11 表示。即葡萄
牙增加(1.1－1)＝0.1 单位毛呢和(1.025－1)＝0.025 单位酒,英国增加(1.1－1)＝0.1 单
位毛呢和(1.1－1)＝0.1 单位酒。

可以看到,李嘉图的"比较优势贸易理论"不仅论述了国际贸易能够互惠互利,而且阐明
这种国际贸易利益具有适用于所有国家的普遍意义。更重要的是,他指明了取得国际贸易
利益的关键所在,那就是在自由贸易条件下扬长避短、发挥自己的相对优势。这是其国际贸
易理论的核心思想,它准确地概括出国际贸易的基本原则,极具启迪意义。

必须指出,李嘉图的"比较优势贸易理论"是个简化了的理论模式,有着许多重要的假定
作为前提条件。大致说来,主要有如下八条:①世界上只有两个国家,它们只生产两种产品。
此即所谓的两个国家、两种产品模型或 2×2 模型;②两种产品的生产都只有一种要素投入:
劳动;③两国在不同产品上的生产技术不同,存在着劳动生产率上的差异;④给定生产要素
的供给量,要素可以在国内不同部门之间流动但不能在国家之间流动;⑤规模报酬不变;
⑥完全竞争市场;⑦无运输成本;⑧两国之间的贸易是平衡的。

以上八个假设条件对准确理解"比较优势理论"十分重要。

李嘉图实际上还提出了国际价值论问题。他是一个比较彻底的劳动价值论者,但又认
为价值规律的国际作用与国内交换不同。依他所见,国内商品的价值是由社会必要劳动时
间所决定的,但国际贸易中两种商品的交换比率决定于两种产品的比较优势即比较成本。
因此,国际商品交换虽然对交换双方都有利益,却可能是不等量劳动的交换,它反映出两国
生产力发展水平的差异。他的这些论述给后人如何正确决定国际交换比例和建立科学的国
际价值论,留下了经久不衰的讨论话题。

李嘉图的"比较优势贸易理论"不仅在历史上起着重要的进步作用,而且对西方贸易理
论产生了广泛深远的影响。进行国际贸易要扬长避短、将劣势转为优势的思想,也显然具有
很大的现实意义。不过,单纯强调取得比较利益主要是一种静态的微观的分析,而出于整
体利益和长远发展的考虑,有些外贸活动(如进口生活必需品、对外援助等)并不能把经济利

益放在首位,因此,不加分析地对待比较成本说,也是不恰当的。

【专栏 2.2】

大卫·李嘉图

大卫·李嘉图于 1772 年出生于英国伦敦一个富有的交易所经纪人家庭。他所受的学校教育不多,14 岁就开始跟随父亲在交易所做事。后来,他因婚姻和宗教问题与父亲脱离关系,自己经营交易所,干得非常成功。十年之后就拥有了 200 万英镑的财产。功成名就后,他利用空闲时间学习了自然科学。1799 年李嘉图在巴黎逗留期间偶然得到一本《国富论》,成为这本书的一个真正"赞赏者"。同时当时英国脱离金本位制的特定环境使李嘉图对政治经济学产生了很大的兴趣。最终,他在分析、批判前人经济理论的基础上,结合时代提出的问题,将经济理论推上了一个新的阶段。

李嘉图对国际贸易理论有开创性的贡献。他是贸易自由的坚决支持者。在他的主要著作《政治经济学及赋税原理》中,李嘉图以一个有关国际贸易的一般理论支持了自己的观点。该理论包括了比较优势学说,该学说或许可以说是政治经济学中最广泛地为人所接受的"真理"。在《政治经济学及赋税原理》的《论对外贸易》一章中,他对苏格兰和葡萄牙的外贸进行了研究,用精彩的例子"葡萄酒"和"棉布"说明了比较成本,并得到了贸易的结果会使贸易参与国更加富裕的结论,即后来所谓的比较优势原则。这个基本思想在后来被无数经济学者引用并发展。他还从比较耗费原则得出了与他的在贸易自由条件下和谐发展国际经济关系理论相适应的结论。

终其一生,李嘉图都以严谨的思维、数学逻辑性和精确性著称。他是古典政治经济学的集大成者。他发展了斯密的工资、利润和地租的观点。1817 年 4 月,他的名著《政治经济学及赋税原理》出版。该书包含了他丰富的经济思想,在经济史上有着很重要的地位。1819年,他成为一名议员,积极参与讨论银行改革、税收提议等问题,并成为伦敦政治经济学俱乐部的奠基人。

资料来源:海闻、P. 林德特、王新奎著:《国际贸易》,上海人民出版社 2003 年版,第 57—58 页。

2.4.2　比较优势贸易理论的发展

古典国际贸易理论主要是指亚当·斯密和李嘉图的学说,它们的核心思想是自由贸易和比较利益。两位古典经济学派大师提出和阐发的自由贸易学说,始终得到绝大多数西方学者的赞成和拥护。"比较优势贸易理论"不断地得到补充、发展和修正,从中演化出许多新的理论学说。下面所涉及的一般是 20 世纪 30 年代以前提出的理论内容。

1. 相互需求说

约翰·穆勒通常被看作是"最后一个古典主义者",他也自称为斯密、李嘉图的追随者。由于李嘉图没有阐明国际商品交换比率究竟如何确定以及贸易利益将怎样分配的问题,也未考虑需求因素对国际贸易的重要影响,于是约翰·穆勒在其代表作《政治经济学原理》(1848)中做了进一步的阐述,提出了他的"相互需求学说"(Reciprocal Demand Doctrine)。

【专栏 2.3】

约翰·穆勒

约翰·斯图尔特·穆勒(John Start Mill,1806—1873),是自李嘉图后英国政治经济学界的另一位主要人物。他的父亲詹姆斯·穆勒是一位著名的经济学家,李嘉图的密友。老穆勒十分重视对儿子的早期教育,据约翰·穆勒自传称,他 3 岁起学希腊语,7 岁左右读柏拉图的对话,8 岁学拉丁文,11 岁读父亲写的《印度史》,13 岁学完经济学。他的经济学的学习是在与父亲的散步中完成的。每天清晨,老穆勒带着儿子一起散步,将李嘉图的经济理论说给儿子听,要求儿子回去后做好笔记,交给自己审阅,提出意见,再进行修改。后来,这本笔记成为有名的《经济学纲要》(1821)。

约翰·穆勒 17 岁到东印度公司工作,直到 1858 年。1830 年,他开始撰写政治经济学论文。1843 年出版了《逻辑学体系》(A System of logic),这本书树立了他作为思想家的名望。1848 年,他的代表作《政治经济学原理》(Principles of Political Economy)出版。这本书辞藻华丽,体系严谨,没有古典经济学著作中那些晦涩难懂的词句,由此受到学术界的推崇,在很长时间内成为西方国家主要的经济学教科书。这本被西方经济学界称为"主流古典政治经济学最后一本伟大的教科书",经过两次修订,1852 年发行第三版。1859 年,穆勒的《论自由》(On Liberty)问世,这本书同样受到学术界的推崇。1865—1868 年,他担任威斯敏斯特议员,此后仍不知疲倦地著述,直到弥留之际,他才说:"我的工作已经做完了。"

约翰·穆勒生活的年代正是英国工业革命蓬勃开展及完成、社会经济环境发生巨大变化的时期。英国不仅废除了《谷物法》,而且经济也从拿破仑战争后的衰退中恢复;工业革命带来的各种制度的改革,尤其是货币和银行制度的改革均已完成;《济贫法》已修订到足以促进劳动力自由转移的地步。工业革命基本完成的英国正在积极地对外进行经济扩张,这一切都使穆勒在经济增长的预期上比李嘉图要乐观得多。但是,穆勒接受了马尔萨斯人口论中有关"劳动阶级"的实际工资增加额会被人口迅速增长额吞噬的看法,除了指望劳动阶级能自动地限制人口增长、国家制定公平分配经济增长成果的分配政策外,他还积极地推崇古典经济学家的自由贸易与比较优势论。为了解决国际分工的利益分配问题,他提出了相互需求论。

资料来源:彭福永主编:《国际贸易》,上海财经大学出版社 2002 年版,第 55—56 页。

同李嘉图一样,约翰·穆勒也认为:国际交换的产生基于两国比较成本的差别;国际贸易的利益表现在可以进口廉价的商品,节约本国的劳动力,并且促进全世界的生产效率的提高;价值规律在国际交换中的作用又明显不同于国内。他进一步认为,国际商品的价值取决于为了得到该商品所需支付给外国的本国商品的数量。换言之,外国商品的价值由国际贸易条件所决定。为此,他明确提出了"国际价值"概念,并第一个做了详尽的考察。约翰·穆勒的国际贸易理论主要是关于国际价值论的分析。但是,穆勒的所谓国际价值是指国际交换中商品的交换价值或交换比率,实际上就是贸易条件。其理论涉及的是物质产品的分配问题,即讨论国际贸易利益问题,并不研究劳动所创造的价值有否增加的问题。

穆勒讨论了国际商品交换比率的上下限问题。他举了一个有名的例子来说明(见表 2-12)。假定英国每生产 10 码毛呢所消耗的劳动和生产 15 码麻布的相等,德国每生产 10 码毛呢所消耗的劳动则等于生产 20 码麻布的耗费劳动。这样 10 码毛呢在英国换到 15 码麻布，在德国则可换到 20 码麻布，即两种商品的国内交换比率分别是 10 码毛呢：15 码麻布和 10 码毛呢：20 码麻布。按照比较成本说，英国出口毛呢，德国出口麻布。如按 10：15 交换，全部利益都归德国；按 10：20 交换，利益全归英国。显然在这两种情况下，必有一方对贸易失去兴趣。所以，只有当英国用 10 码毛呢换到 15 码以上的麻布和德国用少于 20 码的麻布换到 10 码毛呢，即两国都分享到贸易利益时，英德双方才可能进行交换。10 码毛呢交换到的麻布介于 15 码与 20 码之间，是双方贸易得以发生的限定范围。这表明，国际交换比率的上下限是由两国国内交换比率所决定的。

表 2-12　两国分工前等量劳动的产出情况

	英国	德国
麻布	15 码	20 码
毛呢	10 码	10 码

那么，10 码毛呢到底能换回多少码麻布呢？穆勒认为，双方消费者对对方商品的需求确定了这种实际的贸易条件。例如在一个讨价还价的市场中，两国先以 10 码毛呢换 17 码麻布开始。按照这个交换比率，英国愿用 1000×10 码毛呢换进 1000×17 码麻布，德国愿用 1000×17 码麻布换进 1000×10 码毛呢。此时双方的需求正好吸收掉对方的供给，于是它们会按 10：17 的比例继续进行贸易。然而，如果英国认为 10：17 的比例太高，将麻布的需求量降低为 800×17 码，而只出口 800×10 码毛呢。而德国对毛呢的需求量没有变化，只好提高毛呢的价格（即用多于 17 码的麻布换取 10 码毛呢）来吸收尚未获得的（1000×10—800×10）=200×10 码毛呢。于是，双方的需求再一次与对方的供给相等，双方将继续按新的贸易条件（10：18）把贸易进行下去。

再假定发生相反的情况，即英国感到 10：17 的交换比率十分合算，想购买 1200×17 码麻布。可是在这种价格水平下，德国没有充分满足英国的需求。于是麻布的价格开始上涨，即 10 码毛呢的价格跌至 17 码麻布以下。同时，两者的交换比率将不断地自行调整，直至双方的需求又一次吸收掉对方的供给时为止。可见，两种商品的贸易条件是根据双方消费者需求情况的变动自行调整的，实际贸易条件就是使双方进出口都达到均衡时的那种交换比率。换句话说，实际贸易条件就是均衡贸易条件，它是由两国的相互需求决定的。

穆勒又进一步指明了相互需求对国际贸易利益的影响。国际贸易利益的大小取决于贸易交换比率的范围的大小。两国国内交换比率的差异越大，可能获得的贸易利益也越大。这种贸易利益在两国之间分配的多寡，则决定于具体的交换比率。如上所述，10：17 的比例将使英国多获利益。10：16 的比例对德国更为有利。同时这个具体交换比率（即均衡贸易条件）又决定于两国各自对对方商品需求的相对强度。外国对本国商品的需求强度越是大于本国对外国商品的需求强度，实际贸易条件就越接近外国的国内交换比率，这个比率会使贸易利益的分配对本国越是有利。反之亦然，上述内容就是穆勒的相互需求学说，用他自己的提法，叫作"国际需求方程式"或"价值法则"。

穆勒明确论证了国际贸易条件变动的范围和贸易利益分配各为多少，对完善和发展比较利益论不失为一个重要贡献。力图从需求方面深化有关的认识和分析，本身也是不可取的。

但是,商品价格虽然受到供求关系的重要影响,毕竟不能脱离劳动价值论的基础,因而穆勒所解释的比较利益和国际价值背离了劳动价值论的方向,并产生重大的错误影响。

2. 多个国家多种商品的贸易模型

李嘉图"比较优势贸易理论"的修正,实质上是从另一方面对它进行补充和发展。这种修正主要是修改"比较成本说"的假定前提条件,分析比较利益在新的理论假定下是如何产生和分配的。首先系统修改这些假定条件的,是美国学者弗兰克·陶西格(Frank Tatissig,1859—1940)的《国际贸易》(1927)一书,以后别人又做了进一步的阐述发挥。这里先介绍对两个国家两种商品假定的修正,即多个国家和多种商品的贸易模型。

西方经济学者们认为,李嘉图假定国际贸易由两个国家从事两种商品交换所构成的做法有明显的缺陷。它首先不符合国际贸易的实际情况。同时,它未能指明比较利益原则可以适用于更广泛的范围。比方说,两国的两种商品的成本比例都一样,它们之间的贸易便无从发生。但在多国贸易的情况下,因为它们商品的成本比例会与其他很多国家不同,比较利益原则就会起作用。同样,在多种商品的情况下,两国的某些商品必然会各具比较优势,互利贸易就会随之发生。所以,多种商品和多国贸易假定能更全面地反映出"比较利益说"的适用性。为了分析方便,该假定的阐述一般分为多个国家交换两种商品和两个国家交换多种商品这两类情况。

(1)多个国家两种商品的贸易模型

先看多个国家交换两种商品的贸易。假设美、英、法三国都只生产毛呢和小麦,并且彼此交换,它们的比较成本可见表 2-13。

表 2-13　各国商品价格

	美国	法国	英国
小麦单价	1.00(美元)	1.00(法郎)	2.00(英镑)
毛呢单价	3.00(美元)	2.00(法郎)	2.00(英镑)
小麦相对价格	1/3	1/2	1
毛呢相对价格	3	2	1

在表 2-13 中,两种商品的各国价格由各国的货币量表示,各国小麦的相对价格是本国小麦单价与本国毛呢单价之比。同理,毛呢的相对价格是本国的毛呢单价与本国小麦单价之比。小麦的相对价格即为能交换到的毛呢数量,所以小麦相对价格也就是其相对成本。如表 2-13 所示,1 单位的小麦能交换到的毛呢量,在美国是 1/3 单位,在法国是 1/2 单位,在英国是 1 单位。这意味着,在美国增产 1 单位小麦仅仅减少 1/3 单位毛呢的生产,比在英、法两国生产小麦要合算(即机会成本最低),显示美国具有生产和出口小麦的相对优势。同样,英国则具有生产和出口毛呢的相对优势,因为毛呢的相对价格表明,在英国增加 1 单位毛呢生产只少生产 1 单位小麦。而在法国和美国分别要少生产 2 单位和 3 单位的毛呢。将各国小麦的相对成本从低到高排列:

美国小麦的相对成本＜法国小麦的相对成本＜英国小麦的相对成本

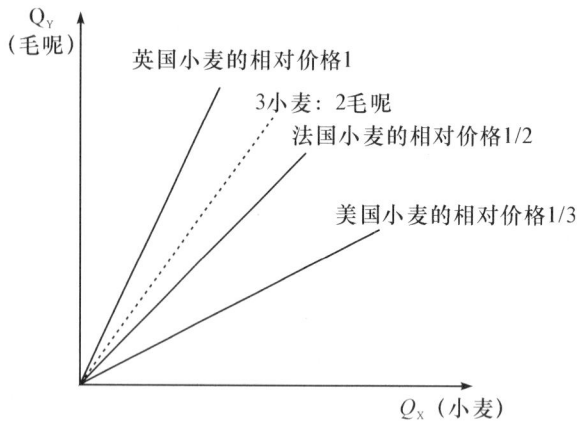

图 2-1　互利贸易区

　　三个国家将出口什么、进口什么则取决于国际市场上小麦的相对价格,而国际市场上两种商品的相对价格又取决于整个世界对这两种产品的供给与需求(见图 2-1)。当国际市场上小麦的相对价格确定之后,小麦的相对生产成本低于国际市场上的小麦相对价格的国家就会生产和出口小麦并进口毛呢。现假定国际市场上小麦的相对价格是 1/2,则美国将向英国出口小麦,英国将向美国出口毛呢。而此时,法国的贸易地位比较独特。它的国内交换比率(2 小麦：1 毛呢)处在英美两国互利贸易区内,一般总会参与国际贸易,但当英美两国的贸易条件恰好也是 1 单位小麦交换 1/2 单位毛呢即等于法国国内交换比率时,法国则会被排除在贸易之外。至于法国的相对优势和贸易流向则要决定于实际的贸易条件。假定在 2 小麦：1 毛呢的贸易条件下,英国小麦的需求强度增加,导致新的贸易条件为 3：2(见图 2-1 虚线所示),比较接近英国国内交换比率,使美国的贸易地位得到改善。由于新的贸易条件介于英法两国国内交换比率之间,表明法国出口小麦具有贸易利益(1 单位小麦在国内只换到 1/2 单位毛呢,在国外能换到 2/3 单位毛呢),于是法国将同美国一道向英国出口小麦。反过来,如果美国对毛呢的需求强度增加,英国取得较前有利的贸易地位,新的贸易条件就会介于美法两国国内交换比率之间。此时法国占据相对优势的反而是毛呢,于是它又将同英国一道向美国出口毛呢。可见,法国在自己比较成本差异为既定的情况下,它的相对优势和贸易流向很大程度上是由英美两国的相互需求所决定的。

　　(2)两个国家多种商品的贸易模型

　　再看两个国家交换多种商品的贸易。假定美国和加拿大都生产十种商品,按照比较成本说,美国和加拿大各自应该生产并出口哪些产品,进口哪些产品呢?

　　用 aL_i 来表示美国生产第 i 种产品的单位成本(劳动投入),aLi^* 为加拿大生产第 i 种产品的单位成本。为了确定这两个国家在生产哪些产品上具有比较优势,我们将美国和加拿大生产这些产品的相对劳动生产率从高到低排列起来,如表 2-14。但是如何确定美国和加拿大将生产和出口哪些商品呢?

表 2-14　美国与加拿大相对劳动生产率排序

美国(顺序)	商品	加拿大(顺序)
1	A	10
2	B	9
3	C	8
4	D	7
5	E	6
6	F	5
7	G	4
8	H	3
9	I	2
10	J	1

我们知道,当一国生产某种产品的成本低于另一国时,该国将生产和出口这种产品。令 W 为美国的小时工资率, W^* 为加拿大的小时工资率,则两国的工资率之比,工资就是 W/W^* 。商品总是在生产成本最低的地方进行。在美国,生产产品 i 的成本是 $W \times aL_i$ 。在加拿大,生产产品 i 的成本是 $W^* \times aL_i^*$ 。在下列情况下,美国将出口 i 商品,即 $W \times aL_i < W^* \times aL_i^*$ 或改写为 $aL_i^*/aL_i > W/W^*$,任何符合 $aL_i^*/aL_i > W/W^*$ 条件的产品将在美国生产,而任何符合 $aL_i^*/aL_i < W/W^*$ 条件的产品将在加拿大生产, $1/aL_i$ 为美国的劳动生产率, W/W^* 为美国工资相对比率,也就是说,当美国生产某种商品的相对劳动生产率大于美国的相对工资率时,美国在生产这种产品上具有比较优势,美国将专业化生产和出口这种产品。

按照上述的基本思路,可以由简到繁,进一步推出许多国家生产千万种商品的贸易格局。这表明,比较优势理论同样适用于多个国家多种商品模式,可以概略地解释贸易的构成和流向。

3. 不完全竞争假定

李嘉图关于完全竞争的假定是一种理论抽象,至多只适用于很少一些标准化产品(主要指农产品)。国际贸易中的普遍现象则是不完全竞争,它具有多种类型:完全垄断,即只有一个卖者;寡头垄断,即只有少数几个生产相同或类似产品的卖者;垄断竞争,即有很多生产那些既有差别又能互相代替的产品的卖者;由上述类型所衍生的国际贸易垄断、国际商品协议等形式。既然不完全竞争的类型不同,它对国际贸易的影响也就不尽相同。这里仅列举几个主要方面。

(1)垄断利润的影响

按照西方经济学的说法,传统贸易模式假定市场是完全竞争的,在完全竞争市场上,生产者只能接受给定的市场价格,即超额利润为零,但实际则不然。考虑到边际收益递增,大厂商往往比小厂商更具有优势,市场趋于由一家或几家控制,市场相应地演变为不完全竞争的市场。而在不完全竞争条件下,生产者却占有相当大的市场份额或者拥有为数众多的固定主顾,从而在一定限度内可以控制商品价格。就是说,生产者在不完全竞争市场上可以控制价格和产量,进而获取和保持超额利润或垄断利润。但这一来,商品价格无法如实反映一国商品的比较成本的优势或劣势。本来在完全竞争条件下,商品价格等于边际成本和平均成本(包括资本家所得的"正常利润"),国际商品价格的差异便充分反映出一国比较成本的优势或劣势。而不完全竞争市场上的商品价格高于它的边际成本和平均成本,这导致商品价格势必扭曲一国相对优势的程度甚至颠倒优势的位置。一国比较成本的优势缺乏清晰度,国际贸易便无法充分展开,国际贸易量自然不会达到应有的发展水平。

不完全竞争的市场有两个鲜明特征:一个是同行业中只有为数不多的几家厂商,它们是价格的决定者而不是价格的接受者;另外一个是各厂商生产的产品互有差别,即具有异质性。按照垄断程度的高低,不完全竞争的市场可以划分为完全垄断、寡头垄断和垄断竞争等三种形式。一般而言,完全垄断的市场罕见,寡头垄断不多,垄断竞争最为普遍。对寡头垄断的一般分析是个复杂且有争议的领域,因为寡头垄断中厂商的价格政策是相互依存的。厂商制定价格不仅要考虑消费者的反应,而且要考虑竞争对手的反应。而这些反应又决定于竞争对手对其他厂商行为的预期。这样,问题就归结为每个厂商都试图推测其他厂商策略的复杂博弈。因而,我们在此主要讨论已在国际贸易中得到广泛运用的垄断竞争模型。

在垄断竞争的市场条件下,每个厂商所生产的产品是不同质的,存在着差别,但这些有差别的产品之间具有较高的替代性。这样,每个厂商面对的需求曲线不像完全竞争条件下那样是弹性为无穷的水平线,而是向右下方倾斜的(见图 2-2)。

(2)规模经济的影响

完全竞争要求一个行业有许多小企业共同生产,当然不可能有很大规模的企业出现。然而,适度的大规模生产却能带来许多经济上的节约,即促使商品单位成本递减。这是因为,大规模生产既可充分发挥企业内部各种生产要素的效能(即内部经济),又能广泛利用企业外部所提供的有利条件(即外部经济),从而导致单位成本递减。这种成本递减意味着商品价格降低,从而增加获利性贸易的机会。显然,这种情况下的国际贸易是完全竞争条件下所不及的。

(3)技术进步的影响

完全竞争下的小企业无法考虑技术进步。但垄断或寡头生产者实力雄厚,为了追逐高额利润,他们在一定限度内会进行技术创新以提高生产效率、降低单位成本。可见它对国际贸易的影响同规模经济一样,具有积极的推动作用。

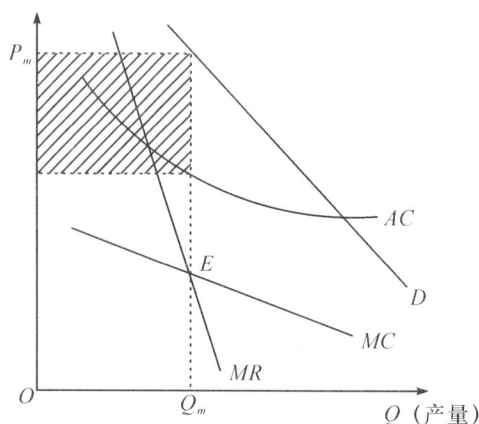

图 2-2 垄断竞争下的生产和定价

说明:在垄断竞争条件下,厂商为增加销售额,就必须降低价格,因而该厂商的边际收益曲线(MR)低于其需求曲线(D)。如果只生产一种或少数几种产品,厂商在生产中会面临规模报酬递增,其平均成本线(AC)是向下倾斜的;同时由于 AC 下降,则厂商的边际成本曲线(MC)低于 AC。在垄断竞争条件下,厂商的最优产出水平由 $MR=MC$ 的点 E 给出。垄断利润等于阴影长方形的面积,即等于价格(P_m)与平均成本(AC)之差乘以产量(Q_m)。

（4）非价格竞争的影响

国际市场上还广泛进行着非价格竞争，它的主要形式有产品差别和广告宣传等。产品差别既是质量、效能、商标等的不同，又是包装、款式等的不同，还是销售条件和地点、经营方式甚至服务态度等的不同。不完全竞争条件下的企业都力图在这些方面使自己的产品与众不同，以吸引更多的消费者。所以，同价格竞争只能接受现有的需求不同，这类非价格竞争采用各种手段（如帮助消费者了解现有产品和新产品、增加产品的花式种类、方便顾客购买、大力加强售后服务等）把潜在的需求变成现实的需求，即能创造需求。所以，它扩大国际贸易的作用是显而易见的。

总之，不完全竞争对国际贸易的影响既有限制性的，也有扩张性的或者中性的，因而缩小或扩大国际贸易都有可能性，绝不能一概而论。不过，追逐高额利润毕竟是垄断企业的主要动力，其对国际贸易的实际有害作用，我们仍不能掉以轻心。

2.5　要素禀赋理论

2.5.1　要素禀赋理论

1. H-O 定理

李嘉图的比较成本说在其诞生一个世纪以后，遭遇到严重的理论挑战。著名的瑞典经济学家俄林接受他的老师伊·菲·赫克歇尔的基本论点和大致思路，撰写出一部重要的现代国际贸易理论著作《地区间贸易和国际贸易》（1933）。在这部被称颂为做出开创性研究的著作中，俄林系统阐发了生产要素禀赋学说（Theory of Endowment），用以说明国际贸易的起因和影响，这就形成后人所称作的赫克歇尔—俄林学说（简称 H-O 学说或模型）。俄林因此于 1977 年获得诺贝尔经济学奖。

俄林首先创立了区域贸易学说。他认为，地区是进行贸易的最初的基本单位，地区间贸易的发展才演化成国际贸易。这里地区的划分不是人为的，其划分标准是生产要素的天然禀赋。所谓生产要素禀赋，指的是生产要素的供给状况。例如有的地区劳动力充裕，有的地区资本量雄厚，有的地区土地资源丰富。同样是自然资源丰富或自然条件良好，矿藏、水源、气温、湿度、日照、降雨等方面又会有众多差别。总之，不同地区的生产要素的供给状况或者说生产要素比例有着明显的差别，地区间贸易就是在这种基础上展开的。就全世界而言，一个大地区可以包括若干个国家，一个小地区又可以只是一个国家的一部分。因此，国际贸易实际上是区域贸易的组成部分。但是，国际贸易毕竟不同于区域贸易的其他形式，因为各国之间的贸易障碍最多，它们的货币制度、国家利益和国内经济发展特点各自不同，这些都使国际贸易具有其特殊性。因此，国际贸易是最为重要的贸易方式。

依据上述分析，俄林较严密地阐发了要素禀赋说。他明确指出，商品价格在国家之间的绝对差异是产生国际贸易的直接原因。当同种商品在不同国家里用同种货币表示的价格不同时，商品从价低的国家输往价高的国家，只要价格差额大于运输成本等费用，这种贸易对双方都有利益，即能够得到的商品都比自己生产的更多。不过他强调，虽然国际贸易的产生起因于商品价格在国家之间的绝对差异，但它真正能发生的话，还须具备重要的前提条件，即贸易双方商品的国内价格比例必须不同。这是因为,没有这种商品的相对价格差异,就无比较优势可言,国际贸易自然无从发生。他又进一步指出,商品相对价格不同是由生产要素的相对价格不同所决定的。很清楚,商品价格的国际差异来自各国生产成本的差异。生产同种商品,有的花费较多的成本,有的则用较少的成本,前者的价格就会高于后者。

那么,如何衡量生产成本的大小呢?俄林认为,这是商品生产所支付的要素费用即要素报酬所决定的。支付工资、利息、地租的货币额越多,意味着所花费的生产成本就越高。简言之,商品价格的不同取决于生产要素价格的不同,所以,反映商品比较优势的相对价格的差异自然来自生产要素的国内价格比例的不同。这可用表 2-15 加以说明。这里必须注意,俄林通常采用两个国家使用两种生产要素(劳动和资本)生产出两种商品进行贸易的分析模式,即 2×2×2 模型。同时为了更明了地说明问题,他还假设两国生产的物质条件或技术系数都一样,即生产要素的密集性相同。此外,俄林仍继承李嘉图的大多数假定。

表 2-15　两国两商品生产成本一览

		(1)技术系数		(2)要素价格		(3)成本
		劳动(A)	资本(C)	工资(W)	利息(I)	$P = W \cdot A + I \cdot C$
日本	纺织品	0.75	0.25	40(日元)	200(日元)	P=80(日元)
	机器	0.25	0.75	40(日元)	200(日元)	P=160(日元)
美国	纺织品	0.75	0.25	1(美元)	1(美元)	P=1(美元)
	机器	0.25	0.75	1(美元)	1(美元)	P=1(美元)

如表 2-15 所示,美国和日本都用劳动和资本两种要素生产纺织品和机器。假定单位劳动的价格(工资 W)和单位资本的价格(利率 I)在日本分别为 40 日元和 200 日元,在美国分别为 1 美元。再假定两种商品的要素密集性在两国都一样,纺织品为 0.75：0.25,机器为 0.25：0.75。这样,纺织品和机器的单位价格在日本分别为 80 日元和 160 日元,在美国分别为 1 美元。由此可知,日本纺织品的相对价格较低(用 2 单位纺织品换 1 单位机器),美国机器的相对价格较低(1 单位机器换 1 单位纺织品),它们分别是该国具有相对优势的产品。于是日本的纺织品和美国的机器相交换,彼此都得到贸易利益。很显然,两种产品的相对价格不同是由生产要素的国内相对价格不同所带来的。日本的劳动价格相对便宜,于是劳动密集型产品(如纺织品)的成本较低和价格较低。它的资本价格相对较昂贵,则资本密集型产品(如机器)的成本和价格就较高。美国的情况恰好相反。

那么,为什么日本的劳动价格相对便宜而美国则是资本价格相对便宜呢?在俄林看来,尽管生产要素的价格受到其供求双方的影响,但要素的供给是主要的。因此,他强调指出,一国生产要素价格的高低是由它的生产要素禀赋的不同所引起的。一国某种生产要素的供给丰裕,该要素在该国的价格相对便宜,一国某种要素稀缺,该要素在该国的价格相对昂贵。必须指出,生产要素的丰裕是个相对的概念,意指要素的供给相对需求而言比较充足,相对他们要素的供给而言也更为充足。它不能简单用绝对数值加以衡量,可采用两种定义。一种是价格定义,若一单位某种生产要素的价格低于其他要素的价格,则称该要素丰裕;另一种是实物定义,用生产要素供给的实物量表示,如一单位劳动拥有资本量很多,说明资本丰裕。所以,日本的劳动力丰裕导致其劳动价格相对便宜,美国的资本量丰裕造成其资本价格相对便宜。俄林进而得出结论,在每一个地区,应该进口那些昂贵生产要素占较大比重的商品,而出口那些便宜生产要素占较大比重的商品。可见,生产要素禀赋的不同既决定了各国的相对优势和贸易格局,又是进行国际贸易的基本原因。

【专栏 2.4】

赫克歇尔

　　赫克歇尔(Eli F. Heckscher,1879—1952)于 1879 年出生于瑞典斯德哥尔摩的一个犹太人家庭。1897 年起,在乌普萨拉大学(Uppsala University)学习历史和经济,并于 1907 年获得博士学位。毕业后,他曾任斯德哥尔摩大学商学院的临时讲师;1909—1929 年任经济学和统计学教授。此后,因他在科研方面的过人天赋,学校任命他为新成立的经济史研究所所长。他成功地使经济史成为瑞典各大学的一门研究生课程。

　　他对经济学的贡献主要是在经济理论上的创新和在经济史研究方面引入了新的方法论——一种定量研究方法。赫克歇尔通过对史料提出更广泛的问题或假定,进行深入的批判性研究,从而在经济史和经济理论两个方面架起了桥梁,并把两者有机地结合起来。他是瑞典学派的主要代表人物之一。

　　资料来源:海闻、P. 林德特、王新奎著:《国际贸易》,上海人民出版社 2003 年版,第 79—80 页。

【专栏 2.5】

贝蒂尔·戈特哈得·俄林

　　贝蒂尔·戈特哈得·俄林(Bertil Gotthard Ohlin,1899—1979)于 1899 年 4 月出生于瑞典南方的一个小村子克利潘(Kiippan)。他于 1917 年在隆德大学获得数学、统计学和经济学学位。1919 年在赫克歇尔的指导下获得斯德哥尔摩大学(University of Stockholm)工商管理学院经济学学位。1923 年在陶西格(Taussig)和威廉斯(Williams)的指导下获得哈佛大学文科硕士学位。1924 年在卡塞尔(C)assal 的指导下获得斯德哥尔摩大学博士学位。1925 年任丹麦哥本哈根大学经济学教授,5 年后回瑞典在斯德哥尔摩大学商学院教学,1937 年在加利福尼亚大学任客座教授。俄林最为著名的工作是他对国际贸易理论的现代化处理,并由此获得 1977 年的诺贝尔经济学奖。

　　他的研究成果主要表现在国际贸易理论方面,1924 年出版《国际贸易理论》,1933 年出版其名著,即美国哈佛大学出版的《地区间贸易和国际贸易》,1936 年出版《国际经济的复兴》,1941 年出版《资本市场和利率政策》等。俄林受他的老师赫克歇尔关于生产要素比例的国际贸易理论的影响,并在美国哈佛大学教授威廉斯(T. H. Williams)的指导下,结合瓦尔拉斯和卡塞尔的总体均衡理论进行分析论证,在《地区间贸易和国际贸易》中最终形成了他的贸易理论。因此,俄林的国际贸易理论又被称为赫克歇尔—俄林理论。

　　钟昌标:《新编国际贸易教程》,化学工业出版社 2010 年版,第 42 页。

2.5.2　生产要素禀赋理论的拓展

　　自从要素禀赋理论提出以来,经济学家们就开始对其进行拓展。在所有拓展中,最有意义同时影响较大的,是一系列基于要素禀赋理论的"定理"的提出与阐发。除了赫克歇尔—俄林的理论"定理化"之外,经济学家们还提出并归纳了一些重要的定理。与基本理论本身联系密切的定理主要有三个:两个是关于商品价格变动与要素价格变动之间关系的定理,一个是关于要素禀赋变化及其影响的定理,分别称为斯托尔帕—萨缪尔森定理、要素价格均等化定理与雷布琴斯基定理。这些定理是在要素禀赋理论的基础上进一步分析国际贸易的影响和后果,是 H-O 学说的又一重要内容,有些人称为广义的要素禀赋说。

1. 斯托尔帕—萨缪尔森定理

按照 H-O 定理推断,国际贸易首先会促使两国同一种商品价格趋于一致。封闭经济下本国较为便宜的商品受到外国较高价格刺激而大量出口,价格随之上升;本国原来较为昂贵的商品受到较为便宜的进口货冲击而价格下降。如果不考虑运输成本与贸易壁垒因素,国际贸易带来的最终情形便可想而知:两国同一种商品的价格均等化。由于商品价格是由要素相对价格决定的,因此就会产生一个问题:商品相对价格的上述变化对要素相对价格会产生怎样的影响呢?

现以商品 X(假定它是资本密集型产品)相对价格上升为例,考察一下商品相对价格变动是如何影响要素价格的。在完全竞争条件下,生产要素在每一部门的报酬等于其边际产品价值,即等于其边际产出与商品价格的乘积。在均衡条件下,生产要素在所有部门的报酬应当是相同的。此时,如果商品 X 的相对价格上升,那么 X 部门的资本和劳动报酬与 Y(假定它是劳动密集型产品)部门就不再保持一致,X 部门的资本和劳动可以获得比 Y 部门更多的报酬,于是资本和劳动就会从报酬低的 Y 部门流向报酬高的 X 部门。由于 X 部门是资本密集型的,所以,X 部门生产扩张需要相对较多的资本与较少的劳动相匹配。但由于 Y 部门是劳动密集型的,Y 部门只能释放出相对较少的资本和更多的劳动。于是在生产要素重新配置过程中,对资本新增加的需求(X 部门生产增加所需的资本)超过了资本新出现的供给(Y 部门所释放的资本),而劳动新出现的供给则超过了对劳动新增加的需求,从而在要素市场上,资本价格将会上涨,而劳动价格将会下跌。

随着生产要素价格的重新调整,每个部门中的厂商在生产中所使用的资本—劳动比率也将发生变化。由于资本变得相对越来越昂贵,劳动变得相对越来越便宜,所以每个部门的厂商都会调整其要素使用比例,尽量多地使用变得便宜了的劳动,来替代一部分变得昂贵了的资本。最后,每个部门所使用的资本—劳动比率都要低于 X 相对价格变化之前的要素使用比例。

由以上分析可知,X 相对价格上升导致它所密集使用的生产要素——资本名义价格上升,以及另一种生产要素——劳动名义价格的下降。但要素名义价格的变化说明不了要素实际价格的变化,只有将要素名义价格的变化与商品价格的变化加以对比之后,才能确定要素实际价格的变化。在均衡状态下,劳动和资本的价格分别为:

$$W = P_x \times MP_{LX} = P_Y \times MP_{LY} \tag{2.1}$$

$$r = P_x \times MP_{KX} = P_Y \times MP_{KY} \tag{2.2}$$

上面两个表达式表示在均衡条件下,资本和劳动的价格是如何决定的。其中 W、r 分别代表劳动、资本的价格(或报酬);MP_{LX}、MP_{LY} 分别表示劳动在 X、Y 两个部门中的边际产出,MP_{KX}、MP_{KY} 分别表示资本在 X、Y 两个部门中的边际产出。由(2.1)和(2.2)两式,可以得到:

$$W/Px ===MP_{LX}/P_Y=MP_{LY} \qquad (2.3)$$
$$r/Px=MP_{KX}/P_Y=MP_{KY} \qquad (2.4)$$

上述各等式的左边均表示要素的实际价格和报酬,即各生产要素的名义价格或报酬若分别用于购买 X、Y 商品时,所能够买到的 X、Y 的数量。上述表达式表明,要素的实际报酬等于其边际生产力。由于在规模收益不变的条件下,生产要素的边际生产力只取决于两个要素的使用比例,与两个要素投入的绝对量没有关系,因此,商品相对价格的变化对要素实际收入的影响只取决于两种商品所使用的要素比例的变化。当 X 的相对价格上升时,X、Y 两个部门所使用的资本—劳动比率均下降。由(2.3)、(2.4)两式可知,r/Px、r/PY 均上升;而 W/Px、W/PY 均下降,即 X 相对价格上升后,资本的实际价格或报酬上升,劳动的实际价格或报酬下降。

从以上分析可以得到一个重要结论:某一商品相对价格的上升,将导致该商品生产中密集使用的要素的实际价格或报酬上升,并使另一种生产要素的实际价格或报酬下降。这个思想最初是由美国经济学家斯托尔帕(W. F. Stolper)和萨缪尔森两人共同阐发并论证的,因此被归纳为斯托尔帕—萨缪尔森定理(The Stolper-Samuelson Theoren)。

由斯托尔帕—萨缪尔森定理可以引申出另一个重要结论:国际贸易会提高一国丰裕要素所有者的实际收入,降低稀缺要素所有者的实际收入,原因在于贸易后一国出口商品相对价格上升。根据 H-O 定理,一国出口商品实际上是在间接地出口其丰裕要素。按照斯托尔帕—萨缪尔森定理,出口商品价格的上升将导致该国丰裕要素实际报酬上升,稀缺要素实际报酬下降。这一结果的重要涵义在于:国际贸易虽然可以改善一国整体的福利水平,但这种福利水平的分配在不同要素拥有者之间是有差别的,贸易会对一国要素收入分配格局产生实质性影响。

2. 国际贸易与要素价格均等化

斯托尔帕—萨缪尔森定理的进一步发展,便是要素价格均等化定理。这一定理的基本涵义是:随着自由贸易的发生,两国间产品的价格将趋于均等,并将使得两国间要素的价格也趋于均等。

要素价格均等化的逻辑过程,可以借助一张简单的表格予以描述。参见表 2-16。

表 2-16　要素价格均等化的过程

	A 国	B 国
生产要素禀赋状况	资本相对丰裕、劳动相对稀缺	劳动相对丰裕、资本相对稀缺
贸易前生产要素价格	资本相对便宜、劳动相对昂贵	劳动相对便宜、资本相对昂贵
两种产品 X 和 Y	X 是资本密集型产品	Y 是劳动密集型产品
贸易前两种产品价格	X 产品在 A 国相对便宜	Y 产品在 B 国相对便宜
贸易后	出口 X 产品、进口 Y 产品	出口 Y 产品、进口 X 产品
贸易对产品价格的影响	X 产品的价格相对上升、Y 产品的价格相对下降	Y 产品的价格相对上升、X 产品的价格相对下降
	两国 X 产品及 Y 产品的价格达到一致	
贸易与两国生产结构	X 产品的产量增加、Y 产品的产量减少	Y 产品的产量增加、X 产品的产量减少

续表

	A 国	B 国
贸易与两国生产要素需求	资本密集型的 X 产品产量增加,导致资本需求增加快于劳动需求增加;劳动密集型的 Y 产品产量减少,导致资本需求减少较少,而劳动需求减少较多。结果:资本需求增加,劳动需求减少。	劳动密集型的 Y 产品产量增加,导致劳动需求增加较多,资本需求增加较少;资本密集型的 X 产品产量减少,导致资本需求减少较多,而劳动需求减少较少。结果:劳动需求增加,资本需求减少。
贸易与两国要素价格	资本的价格相对上升,劳动的价格相对下降	劳动的价格相对上升,资本的价格相对下降
	在一定条件下,两国资本及劳动的价格达到一致	

贸易开始前,由于两国要素禀赋存在差异,因而两国的要素价格不一致。随着贸易发生,原来 A 国相对价格较低的 X 商品,由于对方国家的需求,其相对价格趋于上升。依据前面的分析,X 商品所密集使用的生产要素——资本的价格上涨,而劳动的价格将下跌。于是,原来在 A 国比较廉价的资本现在变得不那么廉价了,而原来在 A 国比较昂贵的劳动现在也因贸易变得不那么昂贵了。在 B 国,则出现相反的情况,原来比较昂贵的资本现在变得不太昂贵了,原来比较廉价的劳动现在也不那么廉价了。

随着贸易的开展,两国 X、Y 商品各自的相对价格差异会不断缩小,并最终达到均等。在这个过程中,两国各自的丰裕要素的价格不断上升,稀缺要素的价格不断下降。随着商品价格的拉平,两国要素价格也将达到均等。

当然,要素价格均等化的实现是有严格条件的。萨缪尔森在其《再论国际要素价格均等》(1949 年)一文中认为,讨论要素价格均等化的实现必须以下列条件为前提:(1)不变的产出物,即贸易发生前后两国生产同样两种产品,如粮食和纺织品。(2)不变的要素投入与同一且不变的技术,就是说生产每种商品都使用土地和劳动这两种生产要素,两国生产每种商品的技术水平一样。(3)不同的要素密集度,即两种商品的要素密集度不同,一种是土地密集型的,另一种是劳动密集型的。(4)不变的要素供给,即两国要素禀赋状况不变。(5)没有贸易壁垒与运输成本,商品在国家间完全自由流动,但生产要素在国家间完全不流动。

需要强调指出的是,要素价格的均等是以商品价格的均等为先决条件的。在现实中,由于运输成本和一些贸易壁垒的存在,各国的商品价格难以达到一致,因此国家间要素价格均等化在现实中一般难以实现。另外,要素价格均等化还要求生产技术条件必须完全一致,这也是一个比较苛刻的条件。

要素价格均等化理论指出,自由贸易不仅会使商品价格均等化,而且会使生产要素价格均等化,从而两国的所有工人都能得到同样的工资率,所有的土地都能得到同样的土地报酬率,所有的资本都能得到同样的收益率,而不论两国生产要素的供给和禀赋状况有任何差别。任何人为的贸易障碍都会阻止要素价格均等化的实现,导致要素价格均等化的停滞或反向运动。对进口竞争性产品的保护会提高该部门密集使用的生产要素所有者的收入,这也为贸易保护行为提供了一种解释。

3. 雷布琴斯基定理

赫克歇尔—俄林理论最初是以不变的要素禀赋为前提的,即假定一国要素禀赋固定不变。事实上,这一假定与现实有些脱节,因为在现实世界中,一国的要素禀赋是可以改变的。通常来说,一国人口和劳动力的数量会随时间而增长。同样,通过资本积累,一国的资本存量也会增加。各类生产要素数量的变化可能导致生产要素比例的变化,而要素禀赋变化以及由此引起的要素比例变化究竟会对产出产生怎样的影响,则是后来的经济学家们探讨的另一个重要问题。1955 年,英籍波兰经济学家塔德乌什·雷布琴斯基(Tadeusz Rybczynski)发表了一篇题为《要素禀赋与相对商品价格》的论文,就这一问题进行了深入探讨,引出了一个定理,这便是以其姓氏命名的雷布琴斯基定理(Rybczynski Theorem)。按照这一定理,在商品价格不变的前提下,如果一种生产要素增加,会导致密集使用这种生产要素的产品的产量增加,同时导致另一种产品即非密集地使用该要素的产品的产量减少。

假定某国拥有劳动和资本两种生产要素,生产劳动密集型产品 X 和资本密集型产品 Y 两种产品。在商品价格不变的情况下,该国的劳动数量增加,则该国劳动密集型产品 X 的产出将增加,而且增加的比例将超过要素增长的比例,同时另一种产品 Y(资本密集型产品)的产出将减少。

上述推断,可借助埃奇沃斯盒状图来证明,如图 2-3 所示。XKY_0L_0 是一个埃奇沃斯方盒,K 代表资本,L 代表劳动。X 产品是劳动密集型产品,Y 产品是资本密集型产品。A 点是从 X 到 Y 契约线上的一个均衡点。当劳动供给从 L_0 增加到 L_1 时,B 点成为 X 到 Y 契约线上的一个新的均衡点。

假定商品价格不变,那么要素价格必须不变。但只有在两种商品生产中资本—劳动比率以及劳动和资本的生产率都保持不变的条件下,才能使要素相对价格不变。为了保证资本—劳动比率不变,同时在劳动增加后资本和劳动都不存在闲置,那么 B 点应该在 XA 射线上,而且 Y_0A 与 Y_1B 是平行的。

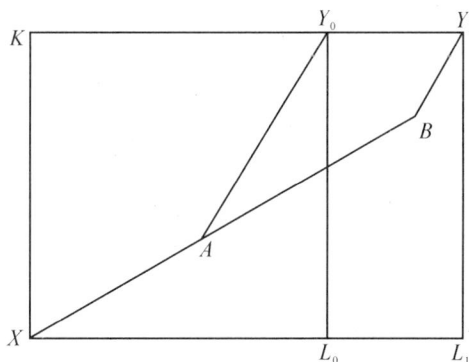

图 2-3　雷布琴斯基定理的证明①

从图 2-3 中可以看出,劳动增加后,劳动密集型的 X 产品的产量明显增加了,而资本密集型的 Y 产品的产量却下降了。这种情况之所以发生,是因为劳动要素供给的增加使得资

---

①　说明:A 点是从 X 到 Y_0 契约线上的一个均衡点。当劳动供给从 L_0 增加到 L_1 时,B 点成为从 X 到 Y_1 契约线上的一个新的均衡点,B 点在 XA 射线上,而且 Y_0A 与 Y_1B 是平行的。当劳动增加后,劳动密集型的 X 产品的产量明显增加了,而资本密集型的 Y 产品的产量却下降了。

本要素相对变少了。如果假定生产技术保持不变,则该国只能通过增加 X 产品的生产来维持一个与劳动要素供给增加之前完全相同的 K/L,以便使这两种生产要素的相对价格保持不变,并使比较优势保持不变。

综上所述,H-O 学说从要素禀赋即供给状况的角度出发,坚持相对利益说,阐明了比较成本为什么能够以及如何决定相对优势,解决了李嘉图未曾深入研究的问题。该学说着重用经济结构说明国际贸易的原因、流向和格局,并立足于要素配置合理化的思想来强调自由贸易的必要性和重要性,亦有重要的借鉴意义。但是,它抛弃劳动价值论,又不揭示资本主义国际分工和交换的实质和内在动力,其庸俗性质依然明显,忽略需求对国际贸易的作用,也使它存有理论缺陷。

2.6 里昂惕夫之谜

第二次世界大战以后,随着经济计量方法等检验手段的发展,西方学者纷纷从不同角度用经验资料来验证李嘉图的比较优势说和赫克歇尔—俄林学说。一些国际贸易的理论学家似乎证实了李嘉图理论的有效和正确。但是,关于赫克歇尔—俄林学说的验证则出现复杂情况,不少经验性工作非但未能证明该学说的有关命题,反而得出完全相对立的结论,其中最著名的是里昂惕夫的研究。

20 世纪 50 年代初,瓦西里·里昂惕夫(Wassily Leontief,1906—1999)运用他首创的投入产出分析法,试图验证赫—俄学说。他根据 1947 年美国 200 种产业部门的出口产品和进口产品的资料,编制了美国的投入产出表。他假设美国减少出口品生产和进口品的数值都为 100 万美元,然后考察它们各自的资本与劳动的比率有何影响,即当出口减少时,将有多少数量的资本和劳动会多余,而当进口替代商品生产增加时,资本和劳动的需求量会如何增加。按照赫—俄学说,一国出口的是密集使用本国丰裕的生产要素所生产的商品,进口的是密集使用本国稀少的生产要素所生产的商品。一般认为美国是个资本丰裕的国家,它应该出口资本密集型商品,进口劳动密集型商品。因此,里昂惕夫期望他的验证将表明,出口产业部门将有相对多的资本量被释放出来,而进口替代产业部门会需求较多的劳动量。可是,他所发现的恰好是完全相反的结果(见表 2-17)。

表 2-17　美国进出口商品的人均资本量

	1947 年		1951 年	
	出口品	进口替代品	出口品	进口替代品
资本(美元)	2550780	3091339	2256800	2303400
劳动(人/年)	181.31	170.00	173.91	167.81
人均资本量(美元)	14015	18184	12977	13726

从表 2-17 中可以看到,在 1947 年,美国出口每 100 万美元的商品,在国内使用资本2550780 美元,劳动力 182 个,即每个工人耗用的资本量为 14015 美元。同时,美国每进口100 万美元商品的国内替代品,则用 3091339 美元资本和 170 个劳动力,即每个工人耗用的

资本量为 18184 美元。这样,在每 100 万美元的商品中,进口品与出口品之间人均资本量的比值为 1.30(18184÷14015)。这意味着,美国出口的是劳动密集型商品,进口则为资本密集型商品。里昂惕夫后来又用 1951 年的有关资料再次验证,所得结果(进口品与出口品之间的人均资本量比值)是 1.06(13726÷12977),仍然同生产要素禀赋说的推论相矛盾。于是,里昂惕夫所得的验证结果被称为"里昂惕夫之谜"(Leontiel Paradox)。

"里昂惕夫之谜"的出现引起国际贸易理论界的很大震动。一些学者采用投入—产出法又对其他一些国家进行验证,得出了互相矛盾的研究结果。例如,日本是一个劳动要素丰裕的国家,却出口资本密集型产品,进口劳动密集型产品。但仔细的分析显示,它向欠发达国家出口资本密集型产品,对美国和西欧出口的则为劳动密集型产品。又如,对原民主德国的验证证实了赫—俄学说的结论。还有,关于加拿大和印度对外贸易的研究结果表明,它们都向美国出口资本密集型产品,进口劳动密集型产品。可见,里昂惕夫之谜有着一定的普遍性。这样,围绕如何解释里昂惕夫之谜的问题,西方学者们提出了各种各样的理论见解。

2.6.1　需求偏好论

有人认为,生产要素禀赋的差异确实决定了一国的比较利益,促使其出口那些密集使用丰裕生产要素所生产的商品,不过需求偏好状况可能会抵消这种作用。如果一国的需求状况特别偏好那些密集使用了本国丰裕生产要素所生产的商品,这就可能使得这类物质数量上十分丰富的商品相对需求而言却是稀少的,因而它此时就会改变原先的贸易结构,进口而不是出口该类商品。因此,美国尽管是一个资本丰富的国家,如果它对资本密集产品相对说来有很高的国内需求,则完全可能进口这类商品。可见,单是根据进出口商品的生产要素数量资料,并不能对要素禀赋说做出任何推论。应该说,这种说法在理论上能够解释"里昂惕夫之谜",但它未能找到多少经验证据予以支持,因而没有被人们所接受。

2.6.2　劳动高效率论

里昂惕夫自己有种解释,美国工人的劳动效率远远高于其他国家(大约达到别国的 3 倍),如果美国的劳动供给按照劳动效率的高低加以调整,即现有的劳动量乘以 3 倍,那么,美国实际是一个劳动相对丰富、资本相对稀缺的国家。所以里昂惕夫之谜的出现就不足为怪了。至于美国劳动效率高,是因为工人所受的文化教育和职业培训较好、企业管理水平高以及具有较强的进取精神。他还用美国出口产业部门的工资高于进口替代产业部门的工资作为事实证据。但是,这种基于劳动熟练程度有差别的解释,违背了赫—俄学说中劳动同一性的假定,又夸大了美国工人的劳动效率(别人证明至多是 1.2~1.25 倍),反而真正接受的人也不多。

2.6.3　要素密集度倒转论

有人认为,由于生产要素的价格在每个国家是不相同的,那么,在一组要素价格下,商品 A 相对商品 B 而言是资本密集型的,而在另一组要素价格下,商品 A 却变成了劳动密集型的。这就是说,判断一种商品究竟属于哪一种要素密集型产品并没有绝对的标准。例如,农产品在美国被看成是资本密集型的商品,而在广大经济落后国家则是劳动密集型的产品。

这就是要素密集度的倒转。这样,美国进口的商品本来明明是劳动密集型产品,但在美国国内可能属于资本密集型的,从而在美国人心目中造成一种错觉,似乎进口品以资本密集型为主。这种解释明确否定赫—俄学说关于一种商品总是以某种要素密集型方法所生产的假定,实际上指明了它的重大缺陷,具有一定的说服力。然而,该解释面对着大量与其相矛盾的事实,仍然未能令人信服地证实要素密集度倒转具有普遍性,因此有些人认为它还是没有能用要素禀赋不同来解开此谜。

2.6.4 自然资源缺乏论

有人提出,决定一国生产能力的生产要素,除了劳动和资本外,还有自然资源。里昂惕夫的验证明显忽略了自然资源投入。各国自然资源的种类和数量有很大不同,例如美国就是大量矿产和木材的进口国。如果美国严重依赖几种自然产品(如原油、纸浆、铜、铅以及其他金属矿产)的进口,而这些产品还是使用大量非人力资本的资本密集型产品,那么里昂惕夫之谜就能得到解释。里昂惕夫本人也讲过,倘若自然资源行业不包括在计算范围之内,美国进口资本密集型商品和出口劳动密集型商品的情形便不复存在。可见,他实际上是支持这个解释的。还有人按照里昂惕夫的计算方法,发现里昂惕夫之谜并不存在于美国同日本、西欧之间的贸易,却存在于同加拿大等自然资源丰富国家的贸易中。这似乎也给用美国缺乏自然资源作为理由来解释里昂惕夫之谜的做法提供了某些支持。但是这种解释的适用范围其实十分有限,因为美国毕竟没有长期地严重依赖国外自然资源,该解释未免有无的放矢之嫌。

2.6.5 关税结构论

有学者指出,里昂惕夫之谜是美国的关税结构所造成的。美国政府出于政治需要和集团利益的考虑,对那些雇用大量不熟练和半熟练工人的劳动密集型产业,采取了较严厉的保护贸易政策。它运用关税政策限制和阻碍劳动密集型商品进口,从而人为地增加了进口商品中资本密集型的比重。里昂惕夫是依据实际的进口构成来计算的,这里已包含着关税结构带来的后果。如果实行自由贸易的话,美国就会进口比现在更多的劳动密集型商品。这种见解注意到贸易政策对国际贸易格局的明显影响,但没有能具体计量这种保护究竟多大程度上促成了里昂惕夫之谜,因而它只是部分地解释了此谜。

综上所述,里昂惕夫对赫—俄学说的验证,不仅开创了用投入—产出法这类经验手段检验理论假说的先河,大大推动了国际贸易的实证研究,而且第一个指明该理论学说与事实相悖逆,从而促进了战后各种各样贸易理论和见解的涌现。可见,里昂惕夫之谜的发现已成为战后国际贸易发展的基石。对该谜的种种解释,也没有从根本上否定赫—俄学说,而只是试图改变该学说的某些理论前提以适用实际情况。这表明,比较利益说仍是这些理论解释的内核。

【专栏 2.6】

瓦西里·里昂惕夫

瓦西里·里昂惕夫(Wassily Leontief,1906—1999)美国经济学家,1906 年出生于俄国彼得堡。1921 年,进入列宁格勒大学,1925 年获文学硕士学位;其后赴柏林大学,1928 年获经济学博士学位。1927—1928 年,他任苏联基尔大学世界经济研究所副研究员;1928—

1929 年,他在中国南京任中国政府铁道部顾问;1931 年赴美国,执教哈佛大学,1932—1933 年任讲师,1933—1939 年任助理教授,1939—1946 年任副教授,1946—1953 年任经济学教授。期间,他曾于 1941—1947 年,1953—1975 年任亨利·李政治经济学讲座教授。1961—1965 年任美国劳动部兼职总顾问;1943—1945 年,任美国战略情报局兼职经济顾问、俄国经济科科长;1961—1962 年,任联合国秘书长裁军经济和社会后果顾问小组顾问;1966 年后,任美国商务部兼职总顾问;1970 年,他成为英国科学院通讯院士,同年荣获联邦德国伯纳德—哈姆斯经济学奖,并当选为美国经济协会会长。1973 年,他获得诺贝尔经济学奖;1974 年成为美国全国科学院院士;1975 年,成为意大利全国科学院院士、美国东西方协调委员会委员;1975—1980 年,任美国环境保护局执行委员会委员;1976 年,任英国科学促进协会 F 组主任;1977 年,任美国文理研究院研究员;1978 年,任和平研究组织委员会委员;1980 年后,任美国技术评价委员会兼职总顾问、国家安全委员会委员、联合国开发计划署顾问。

里昂惕夫在学术上的主要贡献是提出投入—产出分析法,并将这一分析方法运用于国际贸易理论分析中。其代表作有:《1919—1939 年美国的经济结构(*The Structure of the American Economy*)》,(1941),《对美国经济结构的研究》(*Studies in the Structure of the American Economy*)(1953),《投入—产出经济》(*Input-output Economics*)(1977),以及论文《非差分曲线在对外贸易分析中的应用》(*The Use of indifference Curves in the Analysis of Foreign Trade*)(1933),等等。

钟昌标:《新编国际贸易教程》,化学工业出版社 2010 年版,第 54 页。

2.7 新要素贸易论

如果说有关里昂惕夫之谜的种种解释主要是为了维护赫—俄学说的适用性,那么,另外一些学者针对战后国际贸易的新情况、新特点,又提出不少比较新颖的理论,则直接修正和发展了赫—俄学说。其中一部分人仍然沿袭使用生产要素禀赋差异来论述国际贸易的传统做法,但同时赋予生产要素以新的内涵,扩大了它的应用范围。由此而产生的新理论统称为"新要素贸易说",它主要有以下几种。

2.7.1 人力技能论

这种理论认为,赫—俄学说关于劳动同一性的假定不符合实际,因为一国的人力资源是由教育水平、劳动熟练程度、职业、生活方式各不相同的人们所组成,同本国的经济发展状况关系密切,所以各国的人力结构并不一样,不可能提供同质的劳动。劳动的技术熟练程度有不同的等级,熟练劳动和专门技术不应该同非熟练劳动相提并论,它们是一种"人力技能",以它们为主创造的是技能密集型产品。按照这样的区分,美国、瑞典、联邦德国等发达资本主义国家拥有相对丰富的人力技能,即熟练劳动在劳动总量中的比例占 50% 以上,而印度一类较贫穷的国家的非熟练劳动占多数。进一步的经验研究也表明,前一类国家趋向于出口技能密集型产品,而后一类国家则出口非熟练劳动密集型产品。例如,美国出口产品所使用的熟练劳动的比例显然要比进口替代产品的高,进口产品则是非熟练劳动的比例较大,可见人力技能也可单独作为一种生产要素。

同物质资本一样,创造人力技能也需要通过储蓄和投资来形成,所以人力技能实际上可以看成是人力投资。具体地说,劳动者的素质很大程度上取决于向劳动者的健康、教育、职业训练等方面的投资,劳动力投资上的差异造成了人力技能以及技术禀赋的差异。换言之,一国向劳动力花费的投资越多,所造就的人力技能就越多越高。而熟练劳动者可以不断取得较高的收入,国家也因人力技能而获得更多的财富。

显然,把创造人力技能当成一种人力资本,指明教育、文化、卫生、公共福利等方面的投资是形成一国人力技能禀赋进而获得国际贸易比较利益的极其重要源泉,有助于合理地解释里昂惕夫之谜。但严格地说,这种理论只是对生产要素禀赋说的进一步扩展,还没有独特的理论创新。

2.7.2 研究与开发论

这个理论强调的是"研究与开发"作为一种新的生产要素,对于国际贸易比较利益具有重要作用。"研究与开发"要素是指经济发展过程中用于研究和开发各种各样新项目、新技术、新产品的投资,它通常用一种新形成的产品中有关研究开发的指标加以衡量。从战后发达国家的情况来看,它们高度重视研究与开发的投资,使得该要素成为迅速推动经济发展的重要决定力量。例如,有人根据研究开发费用占销售总额的比例和科研技术人员在全部在职人员中的比例等指标,分析了美国 19 个产业的有关资料以及同出口的关系。研究结果表明,其中五个高技术水平的产业在这方面十分突出,其研究开发费用占 19 个产业的89.4%,科学家和工程师占 85.3%。值得强调的是,它们只占 19 个产业销售量的 39.1%,但其出口量却占 72%。这显示出美国是个研究与开发占优势的国家,而研究与开发密度高的产品必然就是知识密集型或技术密集型的产品,因而它能据此取得国际贸易的比较利益。

2.7.3 技术差距论

1959 年,美国经济学家波斯纳(M. A. Ponser)首先运用技术创新理论修正赫克歇尔—俄林模式,提出了技术差距论。

这种理论认为技术是一个独立的生产要素,因为它改变土地、劳动和资本在生产中的相互比例关系,提高这三者的生产率。因此,同人力技能、研究与发展等要素一样,技术进展也决定着一国生产要素禀赋状况及其在国际贸易中的比较利益。可见,该理论同样是对赫—俄学说的补充和扩展。不过该理论是在上述理论的基础上发展的,技术进展是过去对研究与开发工作进行投资的结果,所以强调技术进展对国际贸易比较优势的决定作用,实际上也是强调"研究与开发"要素的作用。

技术进展一般有两种方式:一种是发现新的更富效率的方法来生产现有的产品;另一种则是发明出崭新的产品或改进现有的产品。在第一种方式下,技术进展提高了要素的生产率,同时又导致各国之间出现技术差距;在第二种方式下,获得新技术的国家能够出口新产品,并在一段时间里垄断出口优势。简言之,技术进展使得一国能享有特殊的贸易利益。之所以会这样,是因为一种新技术从创新国转移到其他国家存在一个时差即"仿效差距"。一种新产品进口后,本国消费者认识到它是国内商品的完全替代品从而对其产生需要,会有一段时间间隔,这称为"需求差距"。从新产品进口后到本国生产者意识到它的竞争性威胁,进而模仿生产加以抵制,也会有一段时间间隔,这又称"反应差距"。正是需求差距与仿效差距之间的时间差异,决定着国际贸易的可能性和国际贸易利益的大小。这就是说,技术创新国将新产品出口到需求差距比仿效差距更短的国家,就能获得贸易利益,需求差距越短(即反应差距越长),创新国的贸易利益就越多。可见,技术差距是技术创新国在国际贸易中占据相对优势乃至出口垄断优势的症结所在。

一般说来,需求差距总比反应差距要短,所以创新国能够得到贸易利益。反应差距的长短取决于规模经济、关税、运费、国外市场规模、收入弹性和收入水平等因素。如果创新国从新产品的大规模生产中取得了规模经济(即因生产规模适度而带来的生产节约),并且关税和运费较低,进口国的收入水平和收入弹性较低而市场又较狭小,那么就有利于继续保持创新国的出口优势。反之,进口国的反应差距就会缩短,创新国的贸易利益相应减少。

2.7.4　其他要素论

此外,有些人还主张将信息、管理、创新也作为独立的生产要素来对待。他们的研究取得了一定的进展。例如,认为信息是一种无形资源,能够创造价值并进行交换,它同有形资产相结合同样影响着一国的比较优势。这样,如何及时地、准确地获得大量的信息,已成为在国际贸易中能否取胜的关键。所以信息也构成国际贸易活动的一项重要内容。关于这些"现代生产要素"的分析虽然都未成系统,但提供了值得注意和研究的新见解。

2.8　产品生命周期理论

在许多西方学者看来,用技术差距来解释技术要素对国际贸易的重要性,还没有清楚地说明仿效差距的具体演变过程,也未指明技术进展所创造的新产品会对国际贸易产生哪些影响。为了解答这些问题,1966 年,美国经济学家弗农(Vernon Raymand)在其《国际投资和产品生命周期中的国际贸易》一文中,建立了国际贸易的产品生命周期理论,分析了产品技术的变化及其对贸易格局的影响,并提出了"产品生命周期理论",直接解释美国制成品出口的周期性变化以及贸易模式的动态变化。此后许多经济学家如威尔斯(L. T. Wells)、赫希哲(Hirsch)等对该理论进行了验证,并进一步充实和发展了这一理论,如图 2-4 所示。

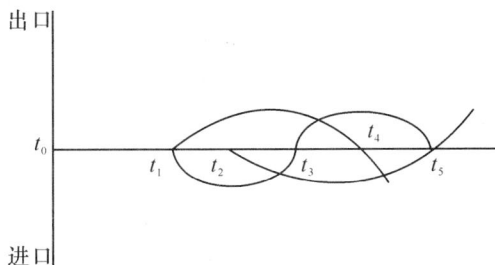

图 2-4　产品生命周期

按照这个理论,一个新产品的生命周期要经历三个阶段:新产品阶段、成熟阶段、标准化阶段。

在第一阶段,产品仍属新颖,技术上是新发明。美国垄断着某种新产品。由于生产一种新的高级产品需要进行大量的研究和开发,而美国拥有雄厚的科学技术力量,重视研究与开发的投资,人力资本也十分丰富,所以它在新产品开发上占有优势。而国外对这一项新技术知之不多,而且国外生产者起而仿效生产新产品会有个时滞过程。因此,美国此时垄断着新产品的生产和销售,满足国内外消费者的需求。

在第二阶段,技术已经成熟,生产过程比较标准化,成熟的生产技术也随着产品的出口而转移,外国生产者开始仿制新产品。美国新产品在国外打开销路后,吸引了发达国家的大量消费者。随着新产品日趋成熟,生产过程逐渐稳定和完善,生产成本会有所下降。但是,从美国进口要支付运费和交纳关税,又花费大量的科研开发费用,加之劳动力成本特别高,这使得从美国进口的价格比本国生产同类产品要高。于是在本国仿制新产品后,美国产品因为处于价格竞争劣势,只能逐步退出这些发达国家市场,它的出口市场开始缩小。

在第三阶段,技术已不再是什么新颖的和秘密的,生产过程标准化了。此时劳动力成本则成为决定产品是否有比较优势的主要因素。原来的发明国(美国)既更新换代了技术上的比较优势,又缺乏生产要素配置上的比较优势,不得不开始进口,而发展中国家丰富的劳动力资源呈现出不可比拟的比较优势。于是,该产品的生命周期在美国结束。

但是,这种产品的周期在其他发达国家仍继续着。当它们大量出口该种产品时,有一些后起的国家也会开始仿制它们的产品,进而同它们展开各种市场的竞争,即按照产品生命周期不断地演进,直到它们的市场也被后起国家的同类产品所占据为止。总之,新产品的传播和其进出口的消长犹如海涛奔腾,一浪又一浪地向前推进。

必须看到,产品生命周期理论是一种动态的理论,产品在不同的阶段和不同的情况下会有各自的特点。从产品的要素密集程度来看,会随产品在其生命周期中演进而有规则地变化。在第一阶段即新产品时期,产品的设计和生产都须改进和完善。需要科学家、工程师和高技术熟练工人的大量劳动,此时的产品属于技能或技术密集型。在产品即将或已经进入增长的时期(主要是第二阶段),产品创新国已经采用大规模生产的方式来制造该产品,即转入正常的生产阶段,相应地,要素投入也转而主要使用半熟练劳动,产品的生产改变为资本密集型。等到产品成熟时期即第三阶段,其特点表现为在技术不变的条件下长期生产,劳动技能相对变得不重要,产品的资本密集程度自然较前更高。

从产品的需求状况来看,整个生命周期也发生有规则的变化。在新产品时期,生产者数目很少,产品缺乏相近的替代品,又主要满足高消费水平的需要,所以产品的价格昂贵,其需求面狭窄。到了产品增长时期,市场不断扩大,参与竞争的生产者大量增加,生产成本也趋于下降,此时只有降低价格才能放大产品销路。这样,比较便宜的价格又刺激了该产品的需求。进入产品成熟时期后,该产品已经标准化,各国的技术差距拉平,大规模生产已普遍化,于是生产者之间展开激烈的价格竞争。

从不同类型国家的相对优势来看,它们在产品生命周期的各个阶段也有不同特点。第一种类型是以美国为代表的最发达国家。它们工业先进,技术力量雄厚,资本和自然资源相对丰富,国内市场广阔。因此,它们研制新产品有明显优势,生产该产品也获益甚多。第二类是较小的发达国家,它们同样有丰富的人力资本和科技力量,国土虽小而经济发达。但是它们国内市场狭小,过分依赖出口,致使其生产优势到了产品增长时期就减少,进入成熟阶段更是完全丧失。因此,它们主要适合于研究开发新产品。第三类是经济后起的国家。它们拥有相对丰富的熟练劳动,资本比技能和科研力量还相对丰裕,因此生产成熟产品占有优势。况且成熟产品的国际市场比较健全,出口也比较容易。可见,不同国家应该只生产那些在生命周期中处于本国具有相对优势阶段的产品。

总之,产品生命周期学说把产品的生命运动过程同赫—俄学说相结合,说明了比较利益是一个动态的发展过程,它随着产品生命周期的变化从一种类型国家转移到另一种类型国家,因而不存在一国能永远具有相对优势的产品。显然,它比传统的贸易理论前进了一大步,而且可以用来解释工业品的国际贸易格局,它对我们确定进出口贸易的方向和重点,同样颇具启发意义。

在该学说的基础上,20 世纪 70 年代又出现了一种解释原料贸易格局的原料产品周期理论。它指出,原料生命周期恰好同产品生命周期相反:在原料生产的"生命"初期,发展中国家占据很重要地位,是原料的净出口国;在原料生命的后期,原料生产的优势逐渐转移到发达国家,其原因在于,发达工业国家用高级技术不断生产出原料的合成替代品。具体地说,原料周期可以划分为三个阶段。第一阶段是派生需求上涨,因为某种产品的需求量大量增加,引起有关的原料需求随之猛涨,从而导致原料价格大幅度上升。第二阶段进入需求和供给来源出现替代的时代。由于天然原料的供给出现了越来越多可供选择的来源,生产者会用较便宜的替代品来替换天然原料。于是原料价格的上涨速度会减缓,甚至出现实际的下降。第三阶段则是研究与开发起着重大作用,最终导致了人工合成替代品的广泛使用,并发现了节约使用原料的重要方法,从而天然原料的重要性进一步下降。该理论实际上还告诉人们,一国的技术进步可以代替天然原料的国际贸易活动,因此,全球天然原料供给的完全耗竭并不意味着它的供给全部断绝,现时天然原料的世界市场价格必然随着人工合成原料或其他替代品的广泛出现而不断下降。不难看出,这些论述同样富有借鉴参考作用。

2.9　产业内贸易理论

20 世纪 60 年代以来,国际贸易的发展产生了新的特点,即绝大多数国际贸易是在要素禀赋相似的国家之间进行,而且大部分贸易具有在同一产业内进行的性质,甚至还出现相同产品的互相买卖。此外,战后国际贸易虽有巨大发展,但对资源重新配置和收入分析的变化不见得有很大影响,这些都是传统贸易理论无法给予解释的,不少人先后对此作了探讨分析。70 年代中期,格鲁贝尔、劳艾德、克鲁格曼等人进一步系统地阐述了产业内国际贸易理论,并指出产业内贸易发生的主要依据是产品的异质性、规模经济、需求偏好,引起西方国际贸易理论界的广泛兴趣。

所谓产业内贸易,是指一国同时存在着进口和出口同类产品的贸易活动,或者说贸易两国彼此买卖着同一产业所生产的产品。同类产品是那些消费上能够互相替代而生产上又投入相近或相似的生产要素的产品,它还有同质和异质的区分。同质产品是指性质完全一致因而能够完全相互替代的产品,如同样的水果、砖等。国际贸易中出现同质产品的买卖,往往来自如下原因:第一,许多原材料(如黄沙、水泥等)单位价值低而运输成本相对很高,消费者应该尽可能靠近原料供应地来获得它们。所以一国可能同时进口和出口大宗原材料。第二,一些国家和地区(如新加坡、中国香港)大量开展转口贸易,其许多进出口商品的形式自然基本不变。第三,由于一些产品(如水果、蔬菜)具有季节性特点,一个国家会有时进口而有时出口这类商品。第四,某些商品的价格被人为地扭曲(如国家干预导致某些国家一些商品的国内价格明显低于世界市场价格),为了利润极大化,私人企业便同时进出口一些同样的商品。第五,出于经济合作或特殊技术条件的需要,有些国家也进行某些同质产品的交易。这些同质产品贸易只要加入运输成本等一类因素的分析,都仍然能用赫—俄学说加以说明。因此,异质产品贸易分析是产业内贸易理论的主要内容。

按照产业内贸易理论,异质产品是那些不能完全互相替代的产品。在人们日益追求生活质量的时代里,在科技进步的作用下,出口产品要真正能跻身于世界市场,已不再是依赖其生产要素禀赋的优势,而在于凭借它的某些特色来满足消费者的欲望,因此同一类商品也会有异质性。例如同样是轿车,它们的牌号、款式、性能以及销售服务都可能有所不同,它们都是具有异质性的同类产品。应该看到,正是这种异质性构成了产业内贸易的基础。如果一国消费者对外国产品的某种特色产生了需求,它就可能出口和进口同类产品。比方说,美国轿车豪华舒适,日本轿车轻便省油,两国都有一部分人需求对方轿车的特色,于是两国就同时进口和出口轿车。可见,生产要素禀赋相同或相似的国家之间同样可以进行贸易活动。这样,产业内贸易理论就解释了赫—俄学说所无法说明的战后国际贸易的重要特点。

然而,既然产业内贸易并不来自要素禀赋的差异,那么这种贸易利益又来自何处呢?该学说认为,规模经济是获取产业内贸易利益的来源。一个国家享有规模经济的优势,它的成本就是随着产量增加而减少,从而得到了生产的优势。这样它的产品在贸易活动中的竞争能力必然大大提高,占据贸易优势,取得贸易利益。规模经济的优势可以分为两种:就静态意义而言,它是指由于延长生产期、减少机器设备的闲置期、缩短原材料和制成品的库存期、提高劳动者的技术熟练程度等导致单位产品成本大大卜降。从动态的角度看,它是指随着生产者的生产经验不断积累而带来越来越多的经济优势,很显然,只要两个国家在两种具有异质性的同类产品生产上各有规模优势,它们就可能发生产业内贸易并且各自获得利益。

产业内贸易理论对发达国家之间大力发展工业制成品贸易做出比较符合实际的分析,指明它的产生原因和重要特点,弥补了赫—俄学说的缺陷和不足。应该说这是贸易理论的一大突破。偏好相似理论深入研究需求结构对国际贸易形成和发展的影响,也提供了一种新的思路。把规模经济视作贸易利益的来源,对分析国际贸易格局也有现实作用。但是,产业内贸易理论只是补充而非取代比较利益学说。

【专栏 2.7】

保罗·克鲁格曼

保罗·克鲁格曼(Paul Krugman 1953—)于 1953 年出生于一个美国的中产阶级家庭,父亲是个保险公司的经理。他在纽约的郊区长大,童年时代喜爱看科幻小说,曾梦想成为一名心理或历史学家。当他成为一名著名的经济学家后,他诙谐地说:"有趣的思想与有趣的生活经验丰富关系甚微。"

保罗·克鲁格曼于 1974 年毕业于耶鲁大学。在大学期间主修经济,但他只上了经济学必修课,选的更多的是历史课。克鲁格曼在经济学领域第一次向传统作出挑战是在 1973 年春天。当时著名经济学家威廉·诺德豪斯(William Nordhaus)举行了一个关于能源和自然资源的讲座。克鲁格曼写了一篇论文,表明汽油的长期需求富有价格弹性,这一观点与当时流行的观点恰好相反。克鲁格曼对经济问题的深刻理解引起了诺德豪斯的关注。大学毕业后,在诺德豪斯的推荐下,克鲁格曼进入麻省理工学院(MIT)攻读博士学位。在 1977 年取得经济学博士学位之后,便直接去耶鲁大学任教,从此开始了他作为专业经济学家的研究生涯。

克鲁格曼的成名是在 1978 年。他当时写了一篇关于国际贸易的论文(即《规模报酬递增、垄断竞争和国际贸易》,于 1979 年发表于《国际经济学杂志》),并于当年 7 月在美国国民经济研究局(NBER)的研讨会上宣读。参加这个会议的都是当时国际上最有影响的经济学家。当他刚开始宣读论文时,人们没有加以注意。然而,随着克鲁格曼一步一步地展开他的分析,大厅渐渐地安静了下来,人们开始专心地倾听克鲁格曼的演讲。他的这篇论文奠定了国际贸易理论新的分析框架,从而也使克鲁格曼一夜成名了。克鲁格曼回忆道:"那是我生命中最美好的 90 分钟。"

克鲁格曼是一个不安于现状、不断向自己及社会挑战的经济学家。1982 年 8 月,他成为总统经济顾问委员会的主要成员,对一系列的传统毫不客气地提出挑战。由于他的这种坦率和自身与政界的不融合,一年后便重新回到学校做学者。此后,他与海尔普曼(Elhanan Helpman)合写了《市场结构与对外贸易》,他所撰写的一系列具有真知灼见的经济学著作(包括已经翻译成中文的《流行的国际主义》、《汇率的不稳定性》、《地理和贸易》等)在经济学界和政界产生了强烈反响。

克鲁格曼对于国际经济学的贡献主要包括:第一,突破了传统的国际贸易理论,对战后大量出现的工业国家之间和同行业之间的贸易作出了解释。通过引进微观经济学中的产品差异、垄断竞争、规模经济等原理,克鲁格曼不仅为国际贸易理论建立了一个新的分析框架,而且将经济学基本原理与国际贸易中的新思路有机地结合了起来,从而为当代国际贸易理论的发展作出了开创性的贡献。第二,克鲁格曼分析了国际贸易中的寡头竞争行为,为战略性贸易政策的研究奠定了基础。与传统的贸易政策不同,战略性贸易政策有时不仅可以保护国内市场,也可以促进出口。政府对某些产业的有限保护有助于该产业获得规模经济,降低成本,提高竞争力。但是,作为负责的经济学家,克鲁格曼还对战略性贸易政策做了许多实证研究,结果表明这种政策所获得的总体收益是很有限的。因此,克鲁格曼在分析了战略性贸易政策可能带来的益处后又指出了由此产生的问题。他认为,相比之下,自由贸易仍是最好的政策选择。第三,克鲁格曼还在汇率和发展中国家债务等问题上独有建树,其中最主要的贡献是关于汇率的"目标区域"理论,主张汇率的有限浮动等。

由于克鲁格曼在国际经济学领域中的杰出贡献,他于 1991 年获得了两年一次颁发给 40 岁以下的美国杰出经济学者的约翰·贝茨·克拉克奖。2008 年获诺贝尔经济学奖。

资料来源:海闻、P. 林德特、王新奎著:《国际贸易》,上海人民出版社 2003 年版,第 183—184 页。

【专栏 2.8】

行业内贸易实例:1964 年北美汽车贸易协定

20 世纪 60 年代后半期,美国和加拿大之间汽车贸易的发展是一个特别明显的行业内贸易的例子,它清晰地展现了规模经济在促进国际贸易提高双方利益中的作用。虽然本案例与我们的研究不完全匹配,但它显示了我们提出的基本概念在现实生活中是有用的。

1965年以前,加拿大和美国的关税保护使加拿大成为一个汽车基本自给自足的国家,进口不多出口也少得可怜。加拿大的汽车工业被美国汽车工业的几个厂商所控制。厂商发现,在加拿大大量建立分散的生产体系比支付关税要划算。因此,加拿大的汽车工业实质上是美国汽车工业的缩版,大约为其规模的1/10。

但是,这些美国厂商在加拿大的子公司也发现小规模带来的种种不利。一部分原因是加拿大的分厂比其在美国的分厂要小;但重要的原因可能是美国的工厂更加"专一"——集中精力生产单一型号的汽车或配件。而加拿大的工厂则不得不生产各种各样不同的产品,以至于工厂不得不经常停产以实现从一个产品项目到另一个产品项目的转换,不得不保持较多的库存,不得不减少采用专业化的机器设备等等。这样,加拿大汽车工业的劳动生产率比美国的要低大约30%。

为了消除这些问题,美国和加拿大政府通过努力在1964年同意建立一个汽车自由贸易区(附有一些限制条件)。这一举措使汽车厂商得以重组生产:这些厂商在加拿大各子公司大力削减其产品种类。例如,通用汽车削减了其在加拿大生产的汽车型号的一半。但是,加拿大的总体生产及就业水平并没改变。加拿大一方面从美国进口自己不再生产的汽车型号,另一方面向美国出口加拿大仍生产的型号。在自由贸易前的1962年,加拿大出口价值1600万美元的汽车产品,然而却进口了5.19亿美元的汽车产品。但是到1968年,这两个数字已分别成为24亿美元和29亿美元。换而言之,加拿大的进口和出口均大幅度增长。贸易所得是惊人的。到70年代初,加拿大汽车工业的生产效果已可与美国的同行相媲美。

【思考题】

1. 什么叫国际分工?它对国际贸易有什么作用?
2. 国际贸易与国际分工之间是什么关系?
3. 哪些因素影响着国际分工的发展?试举例说明。
4. 简述亚当·斯密的国际贸易理论。
5. 李嘉图的比较成本说有什么重大意义?试联系实际加以说明。
6. 具体举例说明新要素贸易说同赫—俄学说的关系。
7. 产品生命周期说对我们有什么启发意义?
8. 简述产业内贸易理论的主要内容及其特点。

【本章推荐书目及网上资源】

1. 亚当·斯密.国民财富的性质和原因的研究.郭大力,王亚南译.北京:商务印书馆,1997.
2. 大卫·李嘉图.政治经济学及赋税原理.北京:商务印书馆,1972.
3. 迈克尔·波特.竞争优势.北京:华夏出版社,2002.
4. 保罗·克鲁格曼.克鲁格曼国际贸易新理论.北京:中国社会科学出版社,2001.
5. 中国经济学教育科研网,http://www.cenet.org.cncn.
6. 经济学阶梯,http://www.gjmy.com/Index.html.

第 3 章　世界市场与世界市场价格

【学习要点及目的】

通过本章的学习,要求重点掌握:世界市场的特点,世界市场的主要交易方式,以及当代世界市场发展的趋势;了解国际价值和价格的关系;掌握不等价交换的概念及其形成的原因、贸易条件的概念及其计算;了解影响世界市场价格的基本因素。

【本章关键术语】

世界市场(World Market);商品交易所(Commodity Exchange);拍卖(Auction);包销(Exclusive Sales);代理(Agency);招标(Invitation to Tender);投标(Submission of Tender);电子商务(E-business);加工贸易(Processing Trade);补偿贸易(Compensation Trade);世界市场价格(International Price);贸易条件(Terms of Trade)

3.1　世界市场的发展与构成

3.1.1　世界市场的含义

世界市场是世界各国进行商品、服务和要素交换的领域,是世界各国之间各种交换关系的总体。世界市场是国际分工的表现,国际分工是世界市场的基础。世界市场是在国内市场的基础上发展起来的,但是世界市场不是各国国内市场的总和。各国国内市场具有其独立性,世界市场和国内市场是通过对外贸易联系起来的。

3.1.2　世界市场的形成及其标志

世界市场是与资本主义生产方式密切联系在一起的,随着地理大发现而萌芽,随着第一次产业革命而发展,伴随着第二次产业革命后国际分工体系的建立而最终形成。

1. 萌芽时期(16 世纪初至 18 世纪 60 年代)

国际贸易虽然在公元前就已经出现,但在相当长的历史时期内,由于社会生产力水平低下,商品经济落后,交通不发达,因而并不存在世界性的市场。15 世纪末至 16 世纪初的地理大发现将隔绝的大陆、大洲通过贸易手段联系起来,使得国家之间的交换扩展到更广阔的地理范围,区域性市场逐渐扩大为世界市场。新的世界市场不仅包括欧洲原有的区域性市场,而且包括亚洲、美洲、大洋洲和非洲的许多国家和地区。马克思和恩格斯曾经指出:"美洲的发现,绕过非洲的航行,给新兴的资产阶级开辟了新的活动场所。东印度和中国的市场、美洲的殖民化、对殖民地的贸易、交换手段和一般商品的增加,使商业、航海业和工业空前高涨。"这一阶段,世界市场中处于支配地位的是前资本主义的商业资本。这是萌芽时期世界市场的主要特点。

2. 迅速发展时期(18 世纪 60 年代至 19 世纪 70 年代)

从 18 世纪 60 年代到 19 世纪 70 年代,英国和欧洲其他国家先后进行了产业革命,建立起机器大工业,资本主义生产方式成为占统治地位的生产方式,世界市场进入迅速发展的时期。

第一次产业革命后建立起大机器工业,它对世界市场的发展与形成起着决定性的作用。大机器工业不仅需要一个不断扩大的世界销售市场,也需要日益扩大的原料供应来源,使市场交换的商品种类日益增多,促进了工业和人口不断向城市集中,形成众多的工业中心和生活消费品中心,扩大了世界劳动市场。大机器工业为各国经济的密切联系提供和改善了交通运输和通信工具。总之,大机器工业产生的客观结果,导致国家之间的商品交换从地域范围到商品范围都发生了根本的改变。越来越多的国家和地区被纳入国际分工和交换的范畴,相关国家的国内市场相互连接,其经济都不同程度地与外部世界发生着联系。

这一阶段,世界市场的范围不断扩大,中欧、东欧、中东以及印度洋沿岸的广大地区都成为世界市场的组成部分,南太平洋和远东的澳大利亚、日本和中国等也开始进入世界市场。世界市场上的主要经济贸易联系存在于发达国家与落后国家之间,发达国家用工业制成品去交换落后国家的食品与工业原料是世界市场主要的商品交换方式,这时期的工业制成品主要是纺织品和钢铁制品。

但是,由于这一时期的世界绝大部分地区,包括欧洲的大部分国家,经济仍然以农业为主或属于纯粹的农业经济,只有英国是典型的工业经济。也就是说,这一时期的世界市场中,自然经济还没有被完全打破,商品经济、商品交换还没有成为绝大多数国家的经济必然组成部分,资本主义生产方式、资本主义制度的国家性质还没有真正确立,世界市场还没有形成,但是国家之间的经济联系正在变得密切起来。

3. 形成时期(19 世纪 80 年代至 20 世纪初)

19 世纪末 20 世纪初,发生了第二次科技革命。这次科技革命,一方面促进了社会生产力的极大提高,使工农业生产迅速增长和交通运输业发生了革命性的变革,大大改变了世界的经济面貌,国际分工进一步发展。同时,资本主义生产关系由自由竞争向垄断阶段的过渡,资本输出成为资本主义国家的重要经济特征。资本输出使生产社会化和国际化逐步实现,并与商品输出相结合,从而加强和扩大了世界各国间的商品流通。这一阶段,国际贸易把越来越密的经济网铺到了整个地球的各个角落,世界各国从经济上互相联结起来了。这样,在世界历史上第一次实现了一个统一的世界市场。

世界市场形成的标志如下。

(1)多边贸易和多边支付体系的形成

在多边贸易和多边支付体系下,各国不再需要保持与每一个贸易伙伴国的贸易平衡,而是寻求对一些国家的贸易顺差冲抵对另一些国家的逆差,最终保持总贸易量的基本平衡。

由于国际分工的发展,西欧大陆和北美一些经济发达国家从经济不发达的初级产品生产国购买越来越多的原料和食物,出现了大量的贸易逆差。与此同时,英国继续实行自由贸易政策,从西欧大陆和北美的新兴工业国输入的工业品持续增长,经常呈现大量的逆差。但英国又是经济不发达国家工业品的主要供应国,呈现大量的贸易顺差。这样,英国就用它对经济不发达国家的贸易顺差所取得的收入来支付对其他经济发达国家的贸易逆差。而经济不发达国家又用对西欧大陆和北美的贸易顺差来弥补对英国的贸易逆差。这便形成了以英国为中心的多边贸易支付体系。以 1910 年为例。该年度,英国对印度有 6000 万英镑的顺差,对中国有 1300 万英镑顺差,这些顺差加上英国对日本、澳大利亚、土耳其的贸易顺差才可以冲抵英国对美国、西欧大陆和加拿大总数达到 12000 万英镑的贸易逆差。

多边贸易和多边支付体系为所有贸易参加国提供购买货物的支付手段;同时,使国际上债权债务的清偿、利息、红利的支付能够顺利完成,有助于资本输出和国际上短期资金的流动。

（2）国际金本位制度的建立与世界货币的形成

世界市场的发展与世界货币的形成是紧密联系在一起的。在这一时期,建立了国际金本位制度。它也是世界多边贸易和支付体系发挥作用的货币制度。这个制度的作用,主要表现在两个方面:一是给世界市场上各种货币的价值提供一个互相比较的尺度,并能使各国货币间的比价（汇率）保持稳定;二是给世界市场上各国的商品价格提供一个互相比较的尺度,从而使各国的同一种商品的价格保持一致,把各国的价格结构联系在一起。黄金被最后确立为世界货币,是世界市场形成的标志,是资本主义生产方式和交换方式国际化的表现,也是本时期世界市场的基本特征之一。

国际金本位制度的建立顺应了世界市场形成的要求,世界货币的产生是各国生产与交换国际化的表现与结果。在形成的世界市场上,世界货币发挥着价值尺度、支付手段、流通手段、贮藏手段的职能,其中最重要的是作为支付手段平衡国际收支差额。

（3）资本主义的各种经济规律制约着世界市场的发展

资本主义社会中各种固有的规律,诸如基本经济规律、经济发展不平衡的规律、价值规律等在世界市场上居于主导地位,制约着世界市场的发展。

世界市场上商品价格的波动,主要受供求关系影响,所有影响供求关系的因素都会影响相应商品的世界市场价格,如生产厂商数目的变化、预期的影响、经济周期的影响、消费者需求的变化等。

世界市场价格形成机制的建立和运行说明各国的国内市场已经成为世界市场的有机组成部分,统治各国国内市场运行的价值规律已经演化为国际价值规律,在世界市场上发挥作用,世界市场价格取代了国内市场价格,竞争过程在世界范围的扩展使得同一商品在世界市场上趋于拥有同一的价格。

（4）形成了比较健全固定的销售渠道

在这一阶段,大型的固定的商品交易场所建立并获得极大的发展,各类大宗贸易商品的专业性交易所和综合交易所、国际拍卖市场、国际博览会、展销会纷纷建立;航运、保险、银行和各种专业机构日益健全;比较固定的航线、建设完备的港口、码头设施投入运行。这一切都使世界市场能够有效地发展。

3.1.3　当代世界市场的构成

1. 参与国家

根据联合国贸易和发展会议的分类法,参加世界市场活动的国家主要有三大类:发达国家、发展中国家、东南欧和独联体国家。

2. 订约人

订约人是世界市场活动的主体,按照活动的目的和性质可分为三类。

(1)公司

公司是指那些追求商业目的的订约人,它们在工业、贸易、建筑、运输、农业、服务等方面以谋利为目的而进行经济活动。

(2)企业主联合会

企业主联合会是企业家集团的联合组织,它们与公司的区别是其活动目的不是获取利润,而是代表企业,往往是某一行业企业的利益,游说政府以形成对其有利的政策和措施,同时为企业采购、生产、销售、出口等提供信息及咨询服务,为企业扩大出口、开拓世界市场服务。如日本的一些同业行会在产品出口方面行使协调的职能,主要是价格方面的协调,避免提供同类产品的企业在同一市场展开过于激烈的竞争,从而有损日本企业的利益。企业主联合会通常以联盟、协会的形式存在。

(3)国家机关和机构

国家机关和机构只有在得到政府授权后才能进入世界市场,从事外贸业务活动。世界市场上的国家机构可以分为三种类型:一是作为直接的采购方,在世界市场采购货物和服务,属于政府采购;或直接作为卖方提供商品与服务,如通过商品输出方式提供的经济和军事援助。二是政府专门设立的干预机构,通过在世界市场上买进和卖出商品调整市场供求关系,以影响市场价格。三是政府设立的促进出口机构,其部分职能是帮助企业获取市场信息,甚至直接帮助企业达成交易。

3. 交易对象

世界市场的交易对象分为有形商品(货物)和无形商品(服务)两大类。货物按照《联合国国际贸易标准分类》共分为 10 大类、67 章、261 组。服务按照世界贸易组织的分类,共有 12 大类,包括商务服务、通信服务、建筑和相关工程服务、分销服务、教育服务、环境服务、金融服务、健康服务、旅游服务、娱乐文化和体育服务、运输服务、其他服务。

4. 国际商品市场的形式

(1)有固定组织形式的国际商品市场

有固定组织形式的国际商品市场,是指在固定场所按照事先规定好的原则和规章进行商品交易的市场。这种市场主要包括商品交易所、拍卖、博览会和展览会等。

1)商品交易所

商品交易所是世界市场上进行大宗商品交易的一种特殊交易场所,是一种有组织的商品市场。商品交易所与普通市场不同,其经营活动是根据交易所法和交易所规定的条例进行。商品交易所的交易一般有以下特点:①必须在规定的时间与地点进行;②必须在交易所内直接进行交易;③通常是根据商品的品级标准或样品进行交易。成交后,无须交割实物,卖方只是把代表商品所有权的证件转让给买方。

交易所交易的商品主要是大宗初级产品,如谷物、棉花、食糖、油料、黄麻、橡胶、羊毛、茶叶、可可、咖啡、有色金属等。国际上有 50 多种农产品和原料是在交易所进行交易的,其成交额约占世界出口贸易额的 15% ~ 20%。世界性的商品交易所每天的开盘、收盘价格,及全天的最高和最低价格均被刊登在世界重要的报刊上,作为市场价格的指示器。一般来说,世界性商品交易所的价格被公认为是世界市场价格的重要参考数据,对世界市场价格产生重要的影响。

世界上最大的交易所在纽约和伦敦。目前,商品交易所交易的专业化程度非常高,不同交易所集中于不同商品的大宗交易;有色金属交易主要集中在伦敦、纽约、新加坡等地的交易所;天然橡胶交易主要集中在新加坡、伦敦、纽约、吉隆坡等地的交易所;可可豆交易主要集中在纽约、伦敦、巴黎、阿姆斯特丹等地的交易所;谷物交易主要集中在芝加哥、伦敦、利物浦、鹿特丹、安特卫普、米兰等地的交易所;食糖交易主要集中在伦敦、纽约等地的交易所;咖啡交易主要集中在纽约、伦敦、利物浦、鹿特丹、汉堡、阿姆斯特丹等地的交易所;棉花交易主要集中在纽约、新奥尔良、芝加哥、利物浦、亚历山大、圣保罗、孟买等地的交易所;生丝交易主要集中在横滨、神户等地的交易所。

【专栏 3.1】

纽约商品交易所

现在的纽约商品交易所(The New York Mercantile Exchange, Inc.)是由 The New York Mercantile Exchange(NYMEX)和 The Commodity Exchange, Inc(COMEX)于 1994 年合并组成,是全球最具规模的商品交易所。纽约商品交易所地处纽约曼哈顿金融中心,与纽约证券交易所相邻。该交易所在纽约的商业、城市、和文化生活中扮演着重要的角色。它为金融服务业以及工业联盟提供了成千上万的工作岗位,并且通过其自身成立的慈善基金会支持市内社区的文化和社会服务项目,拓展其为大都市的慈善事业所作出的努力。它的交易主要涉及能源和稀有金属两大类产品,但能源产品交易大大超过其他产品的交易。交易所的交易方式主要是期货和期权交易。到目前为止,期货交易量远远超过期权交易量。

2008 年 3 月 17 日纽约商品交易所与芝加哥商业交易所集团达成协议,芝加哥商业交易所集团以股票加现金的方式实现对后者的收购,涉及资金约 94 亿美元。

根据纽约商品交易所的界定,它的期货交易分为 NYMEX 及 COMEX 两大分部。

NYMEX 负责能源、铂金及钯金交易。在 NYMEX 分部,通过公开竞价来进行交易的期货和期权合约有原油、汽油、燃油、天然气、电力,有煤、丙烷、钯的期货合约,该交易所的欧洲布伦特原油和汽油也是通过公开竞价的方式来交易的。在该交易所上市的还有 e-miNY 能源期货、部分轻质低硫原油和天然气期货合约,在能源市场中作为一种有效的参与手段为小投资者和商人提供了机遇。合约通过芝加哥商业交易所的 GLOBEX 电子贸易系统进行交易,通过纽约商业期货交易所的票据交换所清算。

其余的金属(包括黄金)归 COMEX 负责,有金、银、铜、铝的期货和期权合约。COMEX 的黄金期货交易市场为全球最大,它的黄金交易往往可以主导全球金价的走向,买卖以期货及期权为主,实际黄金实物的交收占很少的比例;参与 COMEX 黄金买卖以大型的对冲基金及机构投资者为主,他们的买卖对金市产生极大的交易动力;庞大的交易量吸引了众多投机者加入,整个黄金期货交易市场有很高的市场流动性。

资料来源:凤凰网财经,http://finance.ifeng.com/company。

在交易所进行的商品交易分为实物交易和期货交易两种。实物交易可以是现货交易,也可以是未来交货,都以卖方交货、买方付款完成合约。期货交易是指对买卖双方签订的在将来一个确定时间按照确定的价格买卖某种商品的期货合约的交易。目前,商品交易所进行的交易中 80％属于期货交易。

商品交易所的期货交易按照目的的不同主要有两类:一是投机,即在期货市场上以获取价差收益为目的的期货交易行为。投资者根据自己对期货价格变动的判断,不断地买入或卖出期货合约,通过价差获取较高利润。二是套期保值,这是以回避现货价格风险为主要目的的期货交易行为。具体做法是:在现货市场上买进(或卖出)某种商品的同时,在期货市场上卖出(或买入)同种、同量商品的期货合约,以抵消或限制由于价格波动对现货造成的风险。套期保值的目的不为获利,只在避险。按照套期保值的形式,套期保值可分为买期保值与卖期保值两种。

【专栏 3. 2】

期货投机

"投机"一词用于期货、证券交易行为中,并不是贬义词,而是"中性词",指根据对市场的判断,把握机会,利用市场出现的价差进行买卖从中获得利润的交易行为。投机者可以"买空",也可以"卖空"。投机的目的很直接——就是获得价差利润。但投机是有风险的。

根据持有期货合约时间的长短,投机可分为三类:

第一类是长线投机者,此类交易者在买入或卖出期货合约后,通常将合约持有几天、几周甚至几个月,待价格对其有利时才将合约对冲;

第二类是短线交易者,一般进行当日或某一交易节的期货合约买卖,其持仓不过夜;

第三类是逐小利者,又称"抢帽子者",他们的技巧是利用价格的微小变动进行交易来获取微利,一天之内他们可以做多个回合的买卖交易。

投机者是期货市场的重要组成部分,是期货市场必不可少的润滑剂。投机交易增强了市场的流动性,承担了套期保值交易转移的风险,是期货市场正常运营的保证。

资料来源:MBA 智库百科,http://wiki.mbalib.com。

期货交易作为一种独特的交易方式,与现货交易存在较大的区别。其特点主要体现在以下几个方面:

第一,交易的标的物。现货交易,无论是即期交易还是远期合同交易,交易标的物都是实物,所以现货交易又称实物交易;而期货交易的对象不是具体的实物商品,而是由交易所制订的一纸"标准化的期货合约"。

第二,交易对象的范围。现货交易可以用于市场上的所有商品;而用于期货交易的商品范围较窄,一般以可以标准化和耐储存的初级产品为主。具体地说,能够以期货形式交易的商品应符合四个条件:一是具有价格风险;二是经营者有转嫁风险的需求;三是商品耐储耐运;四是商品的规格和质量等级容易划分。

第三,成交的形式。现货交易一般分散进行,并无特定的场所,交易双方多以面谈的方式协商议定交易条件,交易合同内容无需公开;而期货交易是通过经纪人在期货交易所内以公开、公平的方式进行交易,交易价格经过公开竞价敲定,双方达成交易信息是公开的,任何场外交易、私下交易(如私下对冲)都是无效和非法行为。

　　第四,履约方式。在实物交易中,无论是现货交易,还是远期交易,交易双方都要履行买卖合同所规定的义务,即卖方按合同规定交付实际货物,买方按规定支付货款。而在期货交易中,履行期货合约不一定要通过实际交割货物来进行,只要在期货合约到期前,即交易所规定的该合约最后交易日期前,交易者做一笔方向相反、交割月份和数量相等的期货交易,就可以解除其实际履行合同的义务。值得注意的是,绝大多数期货交易并不涉及货物的实际交割。在美国,期货交易中实际货物交割的数量只占整个交易量的很小比例,约5%以下。

　　第五,交易关系。在现货交易中,达成交易的双方必须直接承担合同责任关系;而在期货交易中,期货合约交易的双方分别与清算所建立合同关系,他们之间并无直接的合同责任关系。

　　第六,交易目的。现货交易中,交易双方以买卖商品为目的,除了出现不可抗力和极为特殊的原因,一般必须进行实物交割;而期货交易的参加者是以套期保值、规避风险或风险投资为目的,一般不进行实物交割,而是在到期之前进行对冲,以取得差价。

　　2)拍卖

　　国际商品拍卖是指经过专门组织的、在一定地点定期举行的市场。在拍卖中出售的商品在拍卖前,买主须进行验看。在商品拍卖后,拍卖的举办人、卖主,对商品的质量都不接受任何索赔。

　　以拍卖方式进入世界市场的商品,大多数为品质不易标准化,易腐烂不耐贮存,生产厂家众多,产地分散或需要经过较多环节才能逐渐集中到中心市场上进行交易的商品。国际拍卖的商品主要有:毛皮、原毛、鬃毛、茶叶、烟草、蔬菜、水果、花卉、观赏鱼、热带木材、牲畜(主要是马)、工艺品、地毯、黄金等。一些国家的政府在处理库存物资或海关及其他机构处理罚没货物时,也常采用这种交易方式。

　　进行拍卖的商品都有自己的拍卖中心。例如:

　　水貂皮:纽约、蒙特利尔、伦敦、哥本哈根、奥斯陆、斯德哥尔摩、圣彼得堡。

　　羊羔皮:伦敦、圣彼得堡。

　　茶叶:加尔各答、伦敦、科伦坡、科钦。

　　烟草:纽约、阿姆斯特丹、不来梅、卢萨卡。

　　花卉:阿斯米尔、昆明。

　　蔬菜和水果:安特卫普、阿姆斯特丹。

　　马匹:多维尔、伦敦、莫斯科。

【专栏 3.3】

阿斯米尔鲜花拍卖市场

　　荷兰最大的鲜花拍卖市场——阿斯米尔鲜花拍卖市场(Flower Auction Aalsmeer),也是世界上最大的鲜花交易市场,世界上有80%的花卉产品来自阿斯米尔鲜花拍卖市场的交易。对许多花商而言,阿斯米尔可以说是花卉王国的首都城市。阿斯米尔鲜花拍卖市场的商业大楼也是世界上最大的建筑物。这里每天平均拍卖1400万朵的鲜花与100万株的盆栽植物,相当于8千个苗圃每年共生产约30亿朵的鲜花与4亿株的盆栽植物。

　　在这里,热络的交易总是从清晨就开始,为的就是希望世界各地的人们都能看到娇嫩的花朵最新鲜的样子。先进的拍卖过程,先进的高科技与有效率的拍卖方式,是使得荷兰鲜花交易如此蓬勃的原因。除了荷兰本身的花农外,国外超过 1500 家的花农现在也将他们的产品通过荷兰销售到世界各地。所以,在荷兰交易的鲜花与盆栽植物,有超过 75% 都是出口到其他国家的。荷兰的鲜花拍卖过程相当独特、有趣。拍卖钟的指针会持续地由较高的价钱开始往低价格旋转,直到有买家按下按钮,指针停止的价格即是销售的价格。然后,得标的买家通过麦克风告知所需要的数量。所有的花卉产品中,以玫瑰的交易量最大,其次当然是郁金香,再次之则是菊花。

　　资料来源:冯跃、夏辉主编:《国际贸易理论、政策与案例分析》,北京大学出版社 2012 年版,第 57 页。

　　拍卖按照出价方式的不同有以下几种基本类型:

　　①荷兰式拍卖。亦称减价拍卖,它是指拍卖标的的竞价由高到低依次递减直到第一个竞买人应价(达到或超过底价)时击槌成交的一种拍卖。减价式拍卖通常从非常高的价格开始,有时没有人竞价,这时,价格就以事先确定的数量下降,直到有竞买人愿意接受为止。减价拍卖最大的优点在于成交过程特别迅速,尤其是使用表盘式无声拍卖方式,使拍卖过程机械化、电子化,使交易速度大大加快。

　　②英格兰式拍卖。也称增价拍卖,是指在拍卖过程中,拍卖人宣布拍卖标的的起叫价及最低加幅价,竞买人以起叫价为起点,由低至高竞相加价,最后产生最高应价者,拍卖人以公开表示成交的方式宣告成交。此种拍卖方式拍卖现场竞价很为激烈,增价幅度大,竞争加价的特征明显。

　　③密封递价拍卖。又称招标式拍卖,采用这种方法时,先由拍卖人公布每批商品的具体情况和拍卖条件等,然后由各竞买人在规定时间内将自己的出价密封递交拍卖人,以供拍卖人进行审查比较,决定将该货物卖给哪一个竞买者。这种方法不是公开竞买,拍卖人有时要考虑除价格以外的其他因素。有些国家的政府或海关在处理库存物资或没收货物时往往采用这种拍卖方法。

　　3)博览会、展览会

　　国际博览会又称国际集市,是开展国际贸易和经济交流的重要场所。主办国将自产商品带到博览会展出,同时也邀请其他国家参加或展出,借此宣传和推销商品,促进国际贸易的发展。它是由区域性的集市发展演变而成的一种定期定点的展销市场。国际博览会有综合性和专业性两种。综合性的博览会是各种商品均可展出与交易,专业性的博览会只限某些商品的展出与交易。展览会一般是不定期举办的,它与博览会的区别在于只展不销,通过展览会促成会后的交易。

　　世界上已有数百个城市举行定期或不定期的国际博览会。世界著名的国际博览会有英国的伦敦,法国的巴黎、里昂,德国的莱比锡、法兰克福、慕尼黑、科隆、汉诺威,美国的纽约、芝加哥和旧金山,奥地利的维也纳,意大利的米兰、热那亚,瑞士的日内瓦、巴塞尔,波兰的波兹南,捷克的布尔诺,比利时的布鲁塞尔,荷兰的乌得勒支,克罗地亚的萨格勒布,西班牙的马德里,加拿大的蒙特利尔,日本的大阪、神户和东京,澳大利亚的悉尼,巴拿马的巴拿马城,叙利亚的大马士革,阿尔及利亚的阿尔及尔,智利的圣地亚哥,哥伦比亚的波哥大,中国的广州市等。

【专栏 3.4】

中国进出口商品交易会(广交会)

中国进出口商品交易会,又称广交会,创办于 1957 年春季,每年春秋两季在广州举办,迄今已有 56 年历史,是中国目前历史最长、层次最高、规模最大、商品种类最全、到会采购商最多且分布国别地区最广、成交效果最好、信誉最佳的综合性国际贸易盛会。

广交会出口展区由 48 个交易团组成,来自全国两万四千多家资信良好、实力雄厚的外贸公司、生产企业、科研院所、外商投资/独资企业、私营企业参展。

广交会以进出口贸易为主,贸易方式灵活多样,除传统的看样成交外,还举办网上交易会,开展多种形式的经济技术合作与交流,以及商检、保险、运输、广告、咨询等业务活动。来自世界各地的客商云集广州,互通商情,增进友谊。

资料来源:中国进出口商品交易会(广交会)官方网站。

(2)没有固定组织形式的国际商品市场

除了有固定组织形式的国际市场外,通过其他方式进行的国际商品交易,都可以纳入没有固定组织形式的国际市场。这种市场大致可以分为两大类:一类是单纯的商品购销;另一类是与其他因素结合的商品购销形式,如三来一补、招标投标、易货贸易、租赁贸易等。

5. 国际商品销售渠道

销售渠道是指商品从生产者到消费者手中所要经过的环节。其作用是:沟通生产与销售;节约企业推销商品所需要的人力和时间;为贸易各方提供各种方便;化解企业商品生产后的风险;满足消费者的不同需要。

世界市场上的销售渠道通常由三个部分构成:①出口国的销售渠道,包括生产企业或贸易公司本身。②出口国与进口国之间的销售,包括贸易双方的中间商。③进口国国内的销售渠道,包括经销商、批发商和零售商等。

6. 国际运输与信息网络

运输网络是由铁路运输、公路运输、水路运输、航空运输、管道运输等共同组成。

国际贸易中各种商业信息获取源包括企业内部信息网络、企业外部信息网络。企业外部信息网络是由诸多的结点构成,这些结点包括商业性信息提供机构、政府设立的贸易促进机构、政府部门(使馆商务处)、各种媒体、互联网等。

3.2　世界市场的交易方式

世界市场上根据交易双方的标的和支付能力的情况,形成了不同的交易方式。这些方式主要包括:单纯的商品购销、包销、代理、寄售、招标与投标、期货交易、加工贸易、补偿贸易等。

3.2.1 单纯的商品购销

单纯的商品购销方式是指交易双方不通过固定市场而进行的商品买卖活动,它是通过买卖双方独立洽商而进行的。相当部分的货物贸易都属于单纯的商品购销。

这种方式的通常做法是买卖双方自由选择交易对象;洽商商品的品质、规格、数量、价格、支付、商检、装运、保险、索赔、仲裁;在相互意见一致的基础上签订成交合同。这种交易方式是世界市场上最为普遍的交易方式。

3.2.2 包销

包销又称独家经销,是指出口商与国外经销商达成包销协议,在一定时间内,把指定商品在指定地区的独家经营权授予该经销商,经销商则承诺不经营其他来源的同类或可替代的商品。通过包销协议,双方建立起一种稳定的长期的买卖关系,而具体的每一笔交易,则以包销协议为基础,另行订立买卖合同。

包销方式具有以下特点:

售定性质,即包销方式下,交易双方的关系是买卖关系,货物由包销人购买,双方对销售的产品在确定价格后,各自承担市场价格涨落和经营中的各种风险,即自负盈亏。

独家经营权,即包销方式的买方享有在一定期限内在指定地区的独家销售权利。这是它与逐笔销售方式的区别。

签订包销协议,包销协议是包销交易方式的关键,它通过在包销货物范围、包销地区、包销数量或金额、包销专营权、作价方法、包销期限等方面进行规定,确立出口人与包销人在包销交易方式进行贸易过程中的权利和义务。

【专栏 3.5】

包销合同受干扰引起纠纷案

G 省医保进出口公司经营一种"雪莲"牌专治牛皮癣的中成药出口已有数年历史,并于 20 世纪 90 年代初,逐渐使该商品在马来西亚打开市场销路,在当地市场上颇受使用者欢迎。1990 年马来西亚一家经营药品的 TW 公司经理在广交会上向 G 省医保进出口公司提出包销该商品的意向。而后,再次专程来华与医保进出口公司商谈包销事宜。最后双方于 1991 年签订一项为期两年的"雪莲"牌牛皮癣口服液包销合同。包销地区限马来西亚,包销数量每年 2 万盒每盒 10 瓶,每盒 CIF 巴生港 10 美元,一年总金额为 20 万美元,药品于每季度的第一个月内发送 5000 盒,TW 公司开即期信用证,凭货运单据结汇。第一年 TW 公司超额 5 万美元完成包销任务。不料到 1992 年第二季度 TW 公司来电称:现在在滨海城一带发现有从我国 G 省运去的同牌号相同商品在市场上销售,从而影响其营业额和侵犯其专卖权。TW 公司认为我方违约,由此而造成的损失,他保留索赔权,一旦查明损失后即向我方提赔,并要求 G 省医保进出口公司迅速答复。

G 省医保公司接电立即回电称:该公司自签订包销合同后从未与马来西亚的任何第三方发生过销售该药品的行为。并请 TW 公司进一步查明该药品的出处和真伪。不久 TW 公司复电称:药品是真的,据滨城海关透露该药品确系来自 G 省某某出口公司。

据此,医保公司向生产该药品的生产厂家了解到,自 1992 年 1 月份以来购买此药品的已不只是医保进出口公司一家。由于该药品在国际市场上走俏,其他具有进出口经营权的公司也纷纷组织出口。由于医保进出口公司当初与厂家并没有包销合同,所以生产厂家有权敞开销售,同时这种商品又不属于许可证、配额的管理范围,谁组织出口都行。这样一来就把医保公司置于尴尬境地。

在当初此药品尚无人经营出口时,是医保进出口公司一家惨淡经营,经过数年的努力才在国外市场打开局面,因为当时只有他一家出口,所以才敢与 TW 公司签订包销合同,万万没想到,当局面打开后,国内其他出口公司也插足国外市场。照此下去,必然会影响到合同的执行,也无怪乎 TW 公司提出抗议。

至此,G 省的医保公司除一面向 TW 公司进行解释和谋求某种妥协方案外,一方面求助于 G 省外贸主管部门协调此事。

在有关部门的干预下,最后有关公司为了顾全大局统一对外,维护医保公司的声誉,在医保公司包销合同期满前,暂不向马来西亚出口该商品,医保公司合同期满也不再向该公司签订包销合同。至于生产厂家 1992 年已生产出来的销售给其他出口公司的该商品由医保公司统一收购。

在上述妥善处理的基础上,医保公司又与马来西亚 TW 公司商妥如 TW 公司 1992 年的销售额少于 1991 年的 25 万美元,其差额部分由医保公司按 10% 的比例给予补贴,如销售额达到或超过 25 万美元则医保公司不向 TW 提供任何补贴。此难题总算得到各方的谅解而妥善解决。

资料来源:MBA 智库百科,http://wiki.mbalib.com。

3.2.3 代理

代理的种类繁多,作为国际贸易交易方式的代理是指销售代理。在代理交易方式下,出口商与国外的代理商达成协议,由出口商作为委托人,授权代理人推销其产品、代理委托人签署买卖合同,或办理与交易有关的其他事宜。代理人根据委托人的授权进行活动所产生的权利和义务,直接对委托人产生效力。

1. 代理的特点

双方的关系是委托人和代理人的关系,代理人只能在委托人的授权范围内,代表委托人从事商业活动,履行合同义务的双方是委托人和当地客户。

代理人不承担销售风险和费用,不需要垫付资金,通常依照帮助达成交易的数额提取佣金,而无论交易盈亏与否。

2. 代理的种类

根据委托人授予代理人权限的不同,销售代理可分为下列几种:

总代理(General Agent)。是委托人的全权代表。在指定地区内,代表委托人从事销售活动和其他范围广泛的商务活动。

独家代理(Exclusive Agent or Sale Agent)。在代理协议规定的时间、地区内,对指定商品享有专营权的代理人,即委托人不得在以上范围内自行或通过其他代理人进行销售。

一般代理(Agent)。指不享有独家代理专营权的代理商,委托人可同时委托若干个代理人在同一地区推销相同商品。

3. 独家代理协议

规定有专营权的代理协议,即为独家代理协议。其主要内容如下:

双方的基本关系。出口方与代理商之间的关系是委托代理关系。代理人应在委托人授权范围内行事,并应对委托人诚信忠实。委托人对代理人在上述范围内的代理行为,承担民事责任。

代理的商品、地区和期限。委托人对代理人的授权中,应明确说明代理销售商品的类别和型号,独家代理则必须明确其业务的地理范围,并约定代理协议有效期限,或者规定中止条款。

专营权。在上述范围内,委托人承诺所指定的独家代理为唯一同买主进行交易的中间商,若委托人与买主直接发生交易,仍应按交易金额向独家代理支付佣金。是否授予专营权是独家代理与一般代理的主要区别。

佣金条款。代理协议中必须规定佣金率、支付佣金的时间和方法。佣金率可与成交金额或数量相联系。

最低成交额。独家代理通常承诺最低成交数量或金额。若未能达到该数额,委托人有权中止协议或按协议规定调整佣金率。

商情报告。代理人有义务向委托人定期或不定期提供商情报告,以使委托人了解当地的市场情况和代理人的工作业绩。能否提供合理的商情报告是考核代理人的重要依据。

3.2.4 寄售

寄售(Consignment)是指货主为了开拓国际市场,先将货物运往国外寄售地,委托当地的代销人按照寄售协议规定的条件,替货主进行销售,在货物售出后才收回货款,并支付代销人代垫费用和佣金。

寄售方式具有以下特点:

货主与代销人之间不是买卖关系,而是委托与受托的关系,代销人并不获取货物的所有权,只是赚取佣金的受托人。这一点与代理相似,但又有区别。最主要的区别是代理人在从事授权范围的事务时,可以用委托人的名义,也可以用自己的名义,但代销人只能以自己的名义处理代销协议中规定的事务,而且同第三方从事的法律行为并不能直接对委托人产生效力。由此可见,寄售既不同于包销,又与一般的代理业务有区别。

寄售是由货主先将货物运至寄售地,然后再寻找买主,因此,它是凭实物进行的现货交易。买主看货成交,付款后即可提货,大大节省了交易时间,减少了风险和费用,为买主提供了方便。

货物在售出前的所有权仍属货主。在寄售方式下,虽然货主把货物运交给国外的寄售人,但货物的所有权和风险并未转移,仍然属于货主。一方面代销人不能侵犯货主的所有权,另一方面货物发生的风险,除非因代销人的过失造成,否则仍由货主承担。如发生代销人破产的情况,任何债权人不得对寄售货物进行处置,货主有权收回寄售货物。

3.2.5 招标投标

招标、投标是国际贸易中一种常见的贸易方式。它常用在国家政府机构、国有企业或公用事业单位采购物资、器材或设备的交易中,国际工程承包也多采用这种交易方式。

招标是指招标人发布招标公告,说明计划采购的商品或服务的名称、规格和数量,或是计划兴建项目的标准和要求,邀请投标人按照一定的程序在规定时间内、规定的地点进行投标,最后选择对招标人最有利条件达成交易的行为。

投标是指投标人应招标人的邀请,根据招标公告的规定条件,在所规定投标的时间内向招标人递盘的行为。

招标和投标是一种贸易方式的两个方面。招投标业务的基本程序包括招标前的准备工作、投标、开标、评标、决标及中标、签约等几个环节。

招标与一般的交易方式相比,主要有以下三个特点:(1)招标是由参加投标的企业按照招标人所提出的条件,一次性递价成交的贸易方式,双方无须进行反复磋商。(2)招标是一种竞卖的贸易方式。(3)招标是在指定的时间和指定的地点进行的,并事先规定了一些具体的条件,因此,投标必须根据其规定的条件进行,如不符合其条件,则难以中标。

【专栏 3.6】

单方面撤销投标文件致损案

A 公司拟参与叙利亚某公司的采购招标以推销某商品。三月份,A 公司购买了叙利亚商人的全套招标文件。文件规定:投标截止日期为当年的 6 月 30 日。为了中标,经过一个多月的努力,A 公司按要求编制出投标文件并于 4 月下旬寄出,同时按招标文件的规定交纳了投标保证金两千美元。5 月中旬,国内市场生产该商品的原材料大幅度涨价,A 公司投标文件中所报价格明显偏低。如果中标会给公司造成很大损失。叙利亚商人以标书已送达为由,拒不接受 A 公司的要求,经多次协商未果。6 月中旬,该原材料价格仍在上涨,鉴于按原报价不可能与叙利亚商人交易。6 月下旬,A 公司被迫通知叙利亚商人,宣布撤销原投标文件。结果,叙利亚商人没收了 A 公司交纳的投标保证金两千美元。

此次交易历时三月有余,公司不仅一无所获,而且损失了保证金,同时给公司信誉也带来了不良影响。

资料来源:MBA 智库百科,http://wiki.mbalib.com。

3.2.6　补偿贸易

1. 补偿贸易的概念

补偿贸易是指在信贷的基础上进口设备,然后以回销产品或劳务所得价款,分期偿还进口设备的价款及利息。

早期的补偿贸易主要用于兴建大型工业企业。如当时苏联从日本引进价值 8.6 亿美元的采矿设备,以 1 亿吨煤偿还;波兰从美国进口价值 4 亿美元的化工设备和技术,以相关工业产品返销抵偿。后期的补偿贸易趋向多样化,不但有大型成套设备,也有中小型项目。20 世纪 80 年代,波兰向西方出口的电子和机械产品中,属于补偿贸易返销的占 40%～50%。

2. 补偿贸易的分类

按照偿付标的不同,补偿贸易大体上可分为三类。

（1）直接产品补偿

即双方在协议中约定，由设备供应方向设备进口方承诺购买一定数量或金额的由该设备直接生产出来的产品。例如，一方引进生产录音机的生产线，在投产后，用生产的录音机偿还生产线的贷款，这种用直接产品进行补偿，又称为产品返销。这种做法的局限性在于，它要求生产出来的直接产品及其质量必须是对方所需要的，或者在国际市场上是可销的，否则不易为对方所接受。

（2）其他产品补偿

当所交易的设备本身并不生产物质产品，或设备所生产的直接产品非对方所需或在国际市场上不好销时，可由双方根据需要和可能进行协商，用回购其他产品来代替。

【专栏 3.7】

补偿贸易中返销商品质量不合格被退货案

1990 年某市某工业部门采取补偿贸易的方式从美国加州 CF 公司进口一套制造集装箱的流水线，价值 975 万美元，偿还期为 5 年，计利本金逐年偿还而递减，年利率为 3%，其中 875 万美元由引进方用加工集装箱的工费偿还，每年为输出方加工 5000 个标准箱，每个箱子的加工费为 350 美元，一年的加工费为 175 万美元，5 年共为 875 万美元，其余 100 万美元用间接产品偿还，即由引进方按输出方来样生产工作鞋（即大头皮鞋），每年提供一万双，每双作价为 CIF 旧金山 20 美元，5 年共计 100 万美元。

集装箱的生产，根据合同规定，由输出方派人员监造、验收，故每次如数运出，均无问题，唯独工作鞋第一批出口 3500 双，即遭到美方退货。理由是：皮鞋式样与来样不符，是指皮鞋上用于系带的金属圈与来样不符。原样的扣眼是双边，并压有花边，而我方生产的皮鞋上的扣眼为单边无花纹。美方坚决要求退货，我方解释这并非我方故意省料，而是生产人员的疏忽所致，为了弥补这一缺陷，我方宁愿每双少算 1 美元，并保证以后的产品与原样一致，但美方不予合作，坚决退货，其他没有商量。最后我方只好同意退货，结果除造成来回费用及利息损失近 5000 美元外，又因这批大头鞋在国内也不好销，长期积压损失惨重。

资料来源：MBA 智库百科，http://wiki.mbalib.com。

（3）劳务补偿

这种做法常见于同来料加工或来件装配相结合的中小型补偿贸易中。具体做法是：双方根据协议，由对方代为购进所需的技术、设备，货款由对方垫付，我方按对方要求加工生产后，从应收的工缴费中分期扣还所欠款项。

上述三种做法还可结合使用，即进行综合补偿。有时，根据实际情况的需要，还可以部分用直接产品或其他产品或劳务补偿，部分用现汇支付等等。

3. 补偿贸易的特点

补偿贸易属于货物买卖性质，但与一般货物买卖有所区别。其特点如下：第一，它是建立在信贷基础之上的贸易方式。这是构成补偿贸易的前提条件。第二，它是进口和出口相结合的贸易方式。无论是从供应方还是引进方来看，他们既是出口方又是进口方。供应方必须承诺回购产品或劳务，这是构成补偿贸易的必备条件。

4. 补偿贸易的作用

(1)补偿贸易对设备技术进口方的作用

企业通过补偿贸易引进设备技术,可解决其缺少资金进行设备更新和技术改造的难题,从而使产品得以升级换代增强市场竞争能力(包括国际市场和国内市场)。设备技术进口方将产品返销,在抵偿设备技术价款的同时,也利用了设备出口方在国外的销售渠道,使产品进入国外市场。

以补偿贸易方式引进的设备技术,往往并不十分先进,甚至是二手设备。但如果产品能够运销且市场前景良好,设备价格合理,则对发展中国家增加产品出口,扩大国内就业机会,提高地区经济发展水平仍是有利的。

(2)补偿贸易对技术出口方的作用

出口方在提供信贷的基础上,扩大设备和技术的出口。出口方出于转移产业的需要,通过补偿贸易方式将产业转移至发展中国家,既获得了转让设备和技术的价款,又从返销商品的销售中获取利润,可谓是一举两得。

3.2.7　加工贸易

加工贸易是指企业从境外进口全部或部分原材料、零部件、元器件、包装材料等,经过加工和装配后,将半成品或成品出口到境外的交易形式。

1. 加工贸易的基本形式

(1)进料加工

进料加工又叫以进养出,指用外汇购入国外的原材料、辅料,利用本国的技术、设备和劳力,加工成成品后,销往国外市场。这类业务中,经营的企业以买主的身份与国外签订购买原材料的合同,又以卖主的身份签订成品的出口合同。两个合同体现为两笔交易,它们都是以所有权转移为特征的货物买卖。进料加工贸易要注意所加工的成品在国际市场上要有销路。否则,进口原料外汇很难平衡,从这一点看进料加工要承担价格风险和成品的销售风险。

(2)来料加工

来料加工通常是指加工一方由国外另一方提供原料、辅料和包装材料,按照双方商定的质量、规格、款式加工为成品,交给对方,自己收取加工费。有的是全部由对方来料,有的是一部分由对方来料,一部分由加工方采用本国原料和辅料。此外,有时对方只提出式样、规格等要求,而由加工方使用当地的原、辅料进行加工生产。这种做法常被称为"来样加工"。

2. 加工贸易的积极作用

(1)对于承接方的作用:

第一,克服本国生产能力有余而原材料不足的矛盾。第二,开发劳动力资源,增加就业机会并繁荣地方经济。第三,有利于引进国外先进的技术和管理经验,促进外向型经济的发展。

(2)对于委托方的作用:

第一,降低产品成本,增强其产品在国际市场上的竞争力。第二,有利于委托方所在国家的产业结构调整。如一些工业发达国家通过委托加工贸易方式,将一些劳动密集型产品的生产转移到发展中国家。

3. 加工贸易在我国的发展

加工贸易在我国占据着举足轻重的地位。我国加工贸易开始于 1978 年,1981 年进入加工贸易发展的起步期。如今我国加工贸易已经成为全球产业制造链的组成部分,对我国对外贸易发展有着决定性影响。

1979 年我国政府针对加工贸易,在《关于发展对加工装配和中小型补偿贸易办法》中对我国来料加工业务进行了相关规定,这一时期我国来料加工业务迅速发展。因此在这个时期,我国加工贸易的状况是:出口增长比较平稳,并且以来料加工为主要方式。

进入 20 世纪 90 年代以后,我国加工贸易进入快速发展与规范管理阶段。在此阶段,来料加工持续稳步发展,而进料加工比重得到迅速上升。但在这一时期,我国市场秩序由于国内经济体制转轨的加快出现了一定程度的混乱,我国加工贸易在迅速高度发展的同时也出现了一系列管理上的问题,国家相关部门开始针对加工贸易状况做出相应调整,让其步入正轨。我国加工贸易进出口值得到不断提高,加工贸易产品结构也得到不断优化,机电产品占全国加工贸易进出口总值的 70%,高新技术产品占我国加工贸易进出口总值的 40%。

随着科技水平的提高、国际分工的发展、跨国公司投资的增加,加工贸易成为我国主要的贸易方式。加工贸易的快速发展对我国的对外贸易以及社会经济的发展做出了非常大的贡献。它不但缓解了就业压力,并在引进技术、利用外资、促进产业结构升级以及经济增长等各方面起着非常重要的作用。

但随着加工贸易的快速发展和规模的不断扩大,许多问题随之暴露出来。例如,产品增值率低、区域分布不平衡、技术水平落后、缺少自主创新能力等。随着国际分工的深入和全球生产技术的革新,我国原先的加工贸易已经不能适应全球经济的高速发展,应该努力将加工贸易提升到价值链的高端,促进加工贸易的转型升级。这正是我国加工贸易当前面临的重要任务。升级主要是指由附加值低的产品向附加值高的产品升级,由劳动密集型产品向技术资本密集型产品升级由产业价值链低端向高端升级;转型主要指由东部向中西部地区转移,由外资企业为主向内资企业转移。

【专栏 3.8】

加工贸易仍将是我国增强国际竞争力的重要方式

对于我国要不要继续发展加工贸易,近年来出现各种争议。有观点认为,加工贸易主要集中在加工制造环节,附加值低,企业无法掌握核心技术;还有人认为,加工贸易已完成历史使命,应该转成一般贸易。

应该如何正确认识这一问题呢?

由于我国的比较优势没有发生根本改变,且地区发展不平衡,今后相当一段时期内,加工贸易仍将是我国利用国内国际两种资源和两个市场、缓解就业压力、提高产业发展水平、增强国际竞争力的重要方式。

加工贸易是我国在经济全球化背景下推进工业化的一条新道路,并因其具有比较优势,可帮助我国迅速成为面向全球的低成本加工制造基地,助推我国贸易大国地位的确立。加工贸易在促进技术进步、优化产业结构、扩大就业、加快城镇化进程以及密切内地与台港澳经贸关系等方面也都发挥了十分积极的作用。2011 年,我国加工贸易进出口总额超过 1.3 万亿美元,同比增长 12.7%,提供了超过 4000 万个直接就业岗位。

近年来,在有关部门的推动下,不少加工贸易企业在进行转型升级的探索,取得了显著成效。加工贸易的生产方式、经营主体和区域布局都已经发生了积极变化。尤其应该看到的是,加工贸易极大地缓解了国内就业压力,使大量低文化水平的农村人口转型为产业工人,加快了城镇化进程。由于我国在国际上的整体比较优势没有发生根本改变,且地区发展不平衡,今后相当一段时期内,加工贸易仍将是我国利用国内国际两种资源和两个市场、缓解就业压力、提高产业发展水平、增强国际竞争力的重要方式,仍然能够发挥我国在制造能力、配套能力、人力资源等方面的比较优势。

从经济发展历程看,跨国公司每隔 20 年左右就展开一轮全球产业转移。而每次产业转移都会造就新的经济增长点。当前,以跨国公司为主导的国际分工进程加快,研发的国际化、服务的外包、高端制造业的跨境转移势头还会继续加强,我国在国际分工中的地位将不断上升。在新形势下,加快推进加工贸易转型升级是转变外贸发展方式,实现经济协调可持续发展的需要;是促进区域协调发展的需要;是扩大就业、改善民生和维护稳定的需要;是企业加快发展,在新一轮竞争中抢占先机的需要。要不断加强政策引导,遵循加工贸易发展的客观规律,循序渐进,稳定存量,调控增量,促进加工贸易企业以市场为导向、以效益为中心,不断向产业链的两端提升。

资料来源:中国经济网,www.ce.cn。

3.2.8 租赁贸易

1. 租赁贸易的概念

租赁贸易是指出租人在一定时间内把租赁物租借给承租人使用,承租人分期付给一定租赁费的融资与融物相结合的经济活动。根据租约规定,出租人定期收取租金,并保持对租赁物的所有权;承租人通过租金缴纳从而取得租赁物的使用权。

当代租赁贸易有如下的特点:租赁是所有权和使用权相分离的一种物资流动形式;租赁是融资与融物相结合,物资与货币结合交流的运动形式;租赁是国内外贸易中的辅助渠道。

2. 租赁贸易的产生

第二次世界大战后,新型的国际租赁业务迅速得到发展,其背景如下。

国际贸易的发展,贸易内容的多样化。第二次世界大战后生产国际化与专业化协作的加强,促使国际贸易急剧发展。在发达国家中,利用先进技术所生产的机械电子设备、尖端设备大量涌现。这些设备价格昂贵,出售时遇到了困难。

新技术革命的发展,技术更新的不断涌现。战后科学技术迅速发展,技术更新突飞猛进。科学的发展,一方面促进了生产力的提高,另一方面又造成技术生命周期的缩短。企业为了减轻在购买设备时,因产品更新换代加速而遭受损失的风险,于是开始采用设备租赁,以节约资金。

国际金融市场融资方式与手段的创新,银行新作用的加强也是促使租赁贸易发展的重要因素。

3. 租赁贸易的种类

(1)金融租赁(Financial Leasing)

金融租赁,也称为融资性租赁,是指承租人选定机器设备,由出租人购置后出租给承租人使用,承租人按期交付租金。租赁期满后租赁设备通常采取三种处理方法,即退租、续租和转移给承租人。

(2)经营租赁(Operating Leasing)

经营租赁也称为服务性租赁,或使用租赁、营运租赁或操作租赁。它是指租赁公司购置设备,出租给承租人使用,出租人负责维修、保养和零部件更换等工作,承租人所付租金包括维修费。

(3)衡平租赁(Leverage Leasing)

衡平租赁起源于美国,也称为杠杆租赁或代偿贷款租赁。它是金融租赁的一种特殊形式,是指出租人从银行获得 $60\% \sim 80\%$ 的贷款,购买设备,将设备出租给承租人,由于这种租赁方式享受较多的减税优惠,因此可以降低租费向用户出租。

4. 租赁贸易的作用

(1)租赁贸易对承租人的作用

租赁贸易能使企业无需大量筹资即可引进先进设备,并能迅速加以利用、投产、创造利润;而且能高效率地使用有限的资金,使承租人腾出资金用以扩大投资项目;与利用出口信贷购买设备相比,承租人利用租赁引进设备是全额融资,资金利用率高,而利用出口信贷要交付定金,需支付设备款 15% 的现金;与企业自身投资购买设备相比,利用租赁引进设备,通过续约或更换新设备,既可以经常使用先进的技术,防止机器设备陈旧老化,又可以经常保持设备产品的市场竞争力,扩大销售市场。

(2)租赁贸易对出租人的作用

出租人租赁出口机器设备、运输工具等,具有扩大出口,推销商品的作用;作为出租人的外国租赁公司,大多为银行的附属机构、子公司,或以银行为主要股东,因而易于取得银行优惠利率的信贷,借以降低租金收取,延揽租赁客户;一些发达国家,如美、英、法等国税法上均对出租人给予税务优惠;出租人通过租赁还可以向承租人提供设备的维修、零配件的更换、技术培训与咨询等服务,扩大服务出口,赚取更多的外汇。

【专栏 3.9】

空客公司的租赁贸易战略

目前全球有 6800 架飞机是通过租赁方式运行的,大概占全球飞机的 42% 。过去 10 年空中客车交付给租赁公司的飞机数量,按每年来算占了 $35\% \sim 40\%$ 的市场份额。由此可见,租赁公司为介入全球的租赁业做出了巨大的贡献。10 年前在欧洲,在空客公司,针对制造厂商和租赁公司关系的定位,曾经有过非常热烈的辩论。的确,租赁公司和制造商面对的几乎是共同的客户,有时候利益会相互冲突。但是如果站在更高的角度来看这种关系,可以轻易地得出这样一个结论:制造商和租赁公司是一种相互依存、互为发展的关系。两个功能是不一样的。空客的战略定位就是主营业务在于飞机的设计、制造、销售和资源。租赁公司对它的意义又是什么呢? 第一,租赁公司是制造商额外投放到市场的渠道,通过租赁公司可以增加市场份额,赢得新的客户。在过去的 10 年当中,空客公司 2/3 的市场份额,是通过租赁公司的合作来实现和完成的,这是非常重要的贡献。第二,全球的租赁公司往往都是空客最大的客户,在这些租赁公司的背后,往往都是庞大的、实力很强的金融机构。所以它给制造商带来了大量的现金,同时帮助制造商降低风险。

　　资料来源:冯跃、夏辉主编:《国际贸易理论、政策与案例分析》,北京大学出版社 2012 年版,第 60—61 页。

3.2.9　电子商务

　　随着信息技术,特别是网络通信与计算机技术在国际贸易领域的运用,传统的国际贸易交易方式日益受到挑战。电子商务作为一种新兴的交易方式在国际贸易领域越来越显示出优势。

　　1. 电子商务的概念

　　电子商务(E-business,E-comerce,E-trade)从英文的字面意思上看就是利用现代先进的电子技术从事各种商业活动的方式。电子商务的实质应该是一套完整的网络商务经营及管理信息系统。再具体一点,它是利用现有的计算机硬件设备、软件和网络基础设施,通过一定的协议连接起来的电子网络环境进行各种各样商务活动的方式。这是一个比较严格的定义,说得通俗一点,电子商务一般就是指利用国际互联网进行商务活动的一种方式,例如:网上营销、网上客户服务,以及网上做广告、网上调查等。

　　电子商务指的是利用简单、快捷、低成本的电子通信方式,买卖双方不谋面地进行各种商贸活动。电子商务可以通过多种电子通信方式来完成。简单的,比如通过打电话或发传真的方式来与客户进行商贸活动,似乎也可以称作为电子商务。但是,现在人们所探讨的电子商务主要是以 EDI(电子数据交换)和 Internet 来完成的。尤其是随着 Internet 技术的日益成熟,电子商务真正的发展将是建立在 Internet 技术上的。所以也有人把电子商务简称为 IC(Interent Commerce)。

　　电子商务主要交易类型有企业与个人的交易(B to C 方式)和企业之间的交易(B to B 方式)两种。

　　从贸易活动的角度分析,电子商务可以在多个环节实现,由此也可以将电子商务分为两个层次。较低层次的电子商务,如电子商情、电子贸易、电子合同等;最完整的也是最高级的电子商务应该是利用 Internet 能够进行全部的贸易活动,即在网上将信息流、商流、资金流和部分的物流完整地实现,也就是说,可以从寻找客户开始,一直到洽谈、订货、在线付(收)款、开具电子发票以至电子报关、电子纳税等通过 Internet 一气呵成。

　　参与电子商务的实体主要有四类:顾客(个人消费者或企业集团)、商户(包括销售商、制造商、储运商)、银行(包括发卡行、收单行)及认证中心。要实现完整的电子商务会涉及很多方面,除了买家、卖家外,还要有银行或金融机构、政府机构、认证机构、配送中心等机构的加入才行。由于参与电子商务的各方在物理上是互不谋面的,因此整个电子商务过程并不是物理世界商务活动的翻版。网上银行、在线电子支付等条件和数据加密、电子签名等技术在电子商务中发挥着重要的不可或缺的作用。

2. 电子商务的特点

电子商务是 Internet 爆炸式发展的直接产物,是网络技术应用的全新发展方向。Internet 本身所具有的开放性、全球性、低成本、高效率的特点,也成为电子商务的内在特征,并使得电子商务大大超越了作为一种新的贸易形式所具有的价值。它不仅会改变企业本身的生产、经营、管理活动,而且将影响到整个社会的经济运行与结构。其主要特点如下:

(1)电子商务将传统的商务流程电子化、数字化。一方面以电子流代替了实物流,可以大量减少人力、物力,降低了成本;另一方面突破了时间和空间的限制,使得交易活动可以在任何时间、任何地点进行,从而大大提高了效率。

(2)电子商务所具有的开放性和全球性的特点,为企业创造了更多的贸易机会。

(3)电子商务使企业可以以相近的成本进入全球电子化市场,使得中小企业有可能拥有和大企业一样的信息资源,提高了中小企业的竞争能力。

(4)电子商务重新定义了传统的流通模式,减少了中间环节,使得生产者和消费者的直接交易成为可能,从而在一定程度上改变了整个社会经济运行的方式。

(5)电子商务一方面破除了时空的壁垒,另一方面又提供了丰富的信息资源,为各种社会经济要素的重新组合提供了更多的可能,这将影响到社会的经济布局和结构。

3. 电子商务在国际贸易中的基本功能

传统的国际贸易活动,每一笔交易涉及的主体一般包括买方、卖方、银行、运输、税务、海关、商检等部门,环节众多,业务运作过程十分复杂。电子商务通过因特网将交易涉及的各方连成一体,把其中部分或全部的业务处理过程转移到网上。与传统的国际贸易活动相对应,电子商务在国际贸易中具有以下基本功能。

(1)物色贸易伙伴

物色贸易伙伴是开展国际贸易的前提。在传统方式下,无论是买方还是卖方,为了寻找合适的贸易伙伴,必须付出极高的代价。而利用电子商务物色贸易伙伴,既可以节省大量的人力、物力的投入,而且不受时间、地点的限制。一方面,企业可以通过建立自己的网站或借助有关国际贸易电子商务平台向全球范围内的潜在客户提供有关产品和服务的供求信息,吸引相关客户开展贸易;另一方面,企业可以主动上网搜索各种经贸信息,寻找到理想的贸易伙伴。随着电子商务的发展,国内的进出口企业足不出户就可以找到国外的贸易伙伴;国外的客户也可轻而易举地物色到最理想的中国进出口企业。

【专栏 3.10】

阿里巴巴

阿里巴巴在 1999 年成立于浙江杭州,通过旗下三个交易市场协助世界各地数以百万计的买家和供应商从事网上生意。三个网上交易市场包括集中服务全球进出口商的国际交易市场,集中国内贸易的中国交易市场,以及通过一家联营公司经营,促进日本外销及内销的日本交易市场。此外,阿里巴巴也在国际交易市场上设有一个全球批发交易平台,为规模较小、需要小批量货物快速付运的买家提供服务。所有交易市场形成一个拥有来自 240 多个国家和地区的超过 6100 万名注册用户的网上社区。

资料来源:百度百科 http://baike.baidu.com/view/1247049。

（2）咨询、洽谈

咨询、洽谈是每一笔国际贸易业务的必经程序，也是交易能否成功的关键环节。在传统方式下，咨询、洽谈一般是由交易双方共同选择某一确定的时间和地点，当面进行。但由于时间和空间的限制，咨询、洽谈的过程既漫长，也不经济。特别是因为受时差的限制，给双方的交流带来很大的不便。

因特网不仅具有便捷、低成本的通信功能，而且具有高效、大容量的信息处理能力，在国际商务的咨询、洽谈活动中具有十分重要的功能。买卖双方可借助电子邮件、新闻组和实时的讨论组了解市场和商品信息，洽谈交易事务。如有进一步的需求，还可用网上的白板会议来交流即时的图形信息。通过因特网进行咨询和洽谈可以跨越面对面洽谈的限制，提供多种方便的异地交流方式。

（3）网上订购与支付

电子商务可借助网站中的邮件交互传递网上的订购，并可通过银行和信用卡公司的参与实现网上支付。网上订购通常在产品介绍中提供十分友好的订购交互格式框，当客户填完订购单后，系统会用交易确认信息单来保证订购信息的收悉，订购信息也可采用加密的方法使客户和商家的商业信息不致泄露。国际贸易中的网上支付对可以直接通过因特网传递交付的软件、音影、咨询服务等无形产品交易来说极为便利，可节省很多人员的开销。并且，随着网络安全技术的不断发展，网上支付在国际贸易中的优势将会表现得更加明显。

（4）交易管理

国际贸易的业务活动牵涉到政府的多个职能部门以及金融、保险、运输等众多配套服务部门，对国际贸易交易的管理包括有关市场法规、税务征管、报关、交易纠纷仲裁等多个环节。在传统的运作过程中，企业必须单独与各相关单位打交道，必定要花费大量的人力、物力，并且要占用大量的时间。电子商务使国际贸易的交易管理做到无纸化、网络化，使从事进出口业务的企业可直接通过因特网办理与银行、保险、税务、运输各方有关的电子票据和电子单证，完成部分或全部的结算以及索赔等工作，大大节省了交易过程的时间和费用。

3.3　世界市场价格

3.3.1　世界市场价格的含义

世界市场价格（international price）是指在一定条件下在世界市场上形成的市场价格，即以世界货币或国际货币表现的商品的国际价值及国际使用价值。

世界市场价格是世界市场上各种商品、服务进行交换的基础，也是贸易产生的具体原因，它像一只无形的手在调节着世界市场的运行，决定着贸易利益的大小。世界市场价格的波动，是价值规律在国际范围作用的形式和结果。供求关系、通货膨胀、经济周期、各国政府采取的政策措施等均会引起世界市场价格的变化。

3.3.2　世界市场价格形成的基础

1. 国际价值是世界市场价格形成的基础

商品的国际价格是在商品的国别价值基础上形成的。国际价值和国别价值在本质上是一样的,都是由抽象的社会劳动决定的,都是人类抽象劳动的凝结物,但是二者在量上是不同的。国别价值量是由该国生产商品时所耗费的社会必要劳动时间决定的。"社会必要劳动时间是在现有的社会正常的生产条件下,在社会平均的劳动熟练程度和劳动强度下制造某种使用价值所需要的劳动时间。"这里所说的社会正常的生产条件,是指该国当时某一生产部门绝大多数产品生产已经达到的技术装备水平。但是在社会正常的生产条件下,由于劳动者的劳动熟练程度和劳动强度不同,从而生产同量商品所花费的劳动时间也不同。所以,决定商品价值量大小的劳动熟练程度和劳动强度,只能是该国平均的劳动熟练程度和劳动强度。而国际价值量是由生产商品时所耗费的世界平均社会必要劳动时间决定的,也就是说是由世界劳动的平均单位决定的。所谓"世界劳动的平均单位"是指在世界经济现有的正常的生产条件下,按照世界平均劳动熟练程度和平均劳动强度生产某种使用价值所需要的劳动时间。正如马克思所说:"在以各个国家作为组成部分的世界市场上,情况就不同了。国家不同,劳动的平均强度也就不同;有的国家高些,有的国家低些。于是,各国的平均数形成了一个阶梯,它的计量单位是世界劳动的平均单位。"

2. 影响国际价值量变化的主要因素

(1)劳动生产率

劳动价值量是由生产商品时所耗费的世界平均社会必要劳动时间决定的,因此,它会随着世界平均社会必要劳动时间的变化而变化。如果生产商品的世界平均社会必要劳动时间缩短了,则商品的国际价值量就会减少;反之,如果生产商品的世界平均社会必要劳动时间延长了,则商品的国际价值量会增加。

劳动生产率的变化会引起生产商品的世界平均社会必要劳动时间的变化,从而引起商品国际价值量的变化,劳动生产率与单位商品的国际价值量成反比。如果世界各国的劳动生产率提高了,单位商品中所包含的社会必要劳动时间必然减少,单位商品的价值量也就随之减少;反之,如果世界各国的社会生产率降低了,则意味着单位商品中所包含的社会必要劳动时间延长,单位商品的价值量就会相应增多。

(2)劳动强度

劳动强度也是影响商品国际价值量的一个重要因素。劳动强度是指劳动的紧张程度,即在单位时间内劳动力的消耗程度,它与国际价值量成正比。劳动强度越大,单位时间消耗的劳动就越多,凝结在商品中的国际价值量就越大;反之,劳动强度小,单位时间内消耗的劳动就越少,凝结在商品中的国际价值量就越小。

(3)世界市场的贸易量

商品的国际价值量与各贸易参加国的贸易量之间有密切关系,主要体现在以下两个方面。

世界市场供求平衡时国际价值量的决定。当某种商品的国际价值量由中等条件的主要生产国决定时,上等生产条件的国家,由于其出口商品的国别价值低于国际价值,按照国际价值出售后,就会实现一部分额外的剩余价值;而下等生产条件的国家,由于其出口商品的国别价值高于国际价值,按照国际价值出售后,其商品中所包含的一部分剩余价值就会无法实现。因此,上等条件的生产国会赚取更多的利润,下等条件的生产国则相反。同样道理,当某种商品的国际价值量由上等条件的主要生产国决定时,则中等和下等条件国家所生产的商品的部分价值无法实现;而当某种商品的国际价值量由下等条件的主要生产国决定时,则上、中、下三类生产条件的国家均有利可图。

世界市场供求不平衡时国际价值量的决定。当某种商品供不应求时,商品的国际价值量将由下等条件的生产国决定,此时商品的价格普遍比较高;当某种商品供过于求时,商品的国际价值量将由上等条件的生产国决定,此时商品的价格普遍比较低。

3.3.3　世界市场价格的影响因素

虽然国际价值是决定世界市场价格的基础,但在实际的国际商品交换活动中,商品的世界市场价格与国际价值往往是不一致的,这主要是因为有若干因素影响着世界市场价格的变动。

1. 供求关系

商品的供求关系是影响世界市场价格上下波动的关键因素。在世界市场上,只有当商品的供给和需求相一致时,商品的世界市场价格才会与其国际价值相一致,否则,二者之间就会发生偏离。当商品供大于求时,其世界市场价格会低于国际价值;当商品供不应求时,其世界市场价格就会高于国际价值。

但是,从一个较长的时间来观察,供求关系引起的世界市场价格与国际价值的偏离不会太大,会自动修正。当某种商品供过于求时,其世界市场价格必然下跌,而价格的下跌会使该商品的生产和供给减少,进而阻止该商品的价格进一步下降或促使其价格转为上升。反之,当某种商品供不应求时,其世界市场价格就会上涨,导致该商品的生产和供给增加,从而阻止该商品的价格进一步上升或促使其价格转为下降,最终,商品的世界市场价格与国际价值将逐渐趋于一致。

2. 垄断

国际垄断组织和跨国公司为了追求最大限度的利润,往往采取各种方法影响和控制世界市场价格。它们经常采取的措施有:规定销售市场,限定商品的销售额和出口份额,直接调整价格,采用内部转移价格,限制新工厂和新矿山的建立等。

国际垄断组织所规定的垄断价格有垄断高价和垄断低价两种形式。不管是垄断高价还是垄断低价,都是国际垄断组织获得垄断利润的重要手段。

3. 经济发展周期

资本主义经济发展具有周期性的特点。一般来讲,在危机阶段,由于生产过剩,社会购买力急剧下降,大批商品找不到销路,此时商品的市场价格会下跌;危机过去之后,社会对各种商品的需求开始增加,商品的市场价格又会逐步上升;在繁荣阶段,由于市场需求急剧膨胀,带来商品的市场价格迅速上升,生产受到刺激,也会大规模增加,最终又会导致生产过剩,引发下一轮危机。如此周而复始,循环往复,呈现一定的周期性,商品的世界市场价格也会随之而发生变化。

4. 汇率的变动

汇率发生变动时,一国货币会出现升值或者贬值,从而影响该国的进出口商品价格。如果受汇率变动影响的是一个对外贸易大国,则该国进出口商品价格的变动就会引起商品的世界市场价格的变动。具体而言,如果一国货币升值,则该国的出口商品价格会上升,进口商品价格会下降;如果一国货币贬值,则该国的出口商品价格会下降,进口商品价格会上升。该国进出口商品价格的变动会影响到该国的进出口商品量,进而影响到世界市场上的商品供求关系,最终影响商品的世界市场价格。

5. 政府的政策

第二次世界大战以来,受凯恩斯主义的影响,各国政府对经济的干预或调整普遍加强了,许多国家为了支持本国经济贸易的发展,采取了诸如支持价格政策、出口补贴政策、进口管制政策、税收政策、倾销政策等。这些政策的实行,对商品的世界市场价格也有很大的影响。

6. 其他因素

其他因素包括季节变化、自然灾害、政治经济突发事件等,都会影响商品的世界市场价格。此外,还有一些商品营销方面的因素也会影响到商品的世界市场价格,例如商品的质量、包装、商品定价策略、广告宣传、售后服务以及国际物流等因素,都会影响商品的世界市场价格。

3.3.4　世界市场价格的类型

商品世界市场价格按照其形成原因、变化特征可以分为以下两大类。

1. 世界自由市场价格

世界"自由市场"价格是指在国家间不受垄断或国家垄断力量干扰的条件下,由独立经营的买者和卖者之间进行交易的价格。国际供求关系是这种价格形成的基础。

"自由市场"是由较多的买主卖主集中在固定的地点,按一定的规则,在一定的时间进行的交易。尽管这种市场也会受到国际垄断和国家干预的影响,但是,由于商品价格在这里是通过买卖双方公开竞争而形成的,所以,它常常较客观地反映商品供求关系的变化。

世界"自由市场"价格一般包括以下几种。

(1)交易所价格

交易所价格是指在商品交易所交易商品时所形成的价格。商品交易所是世界市场常用的交易方式之一。许多初级产品的交易都是通过这个渠道进行的。由于交易所价格是由公开竞争形成的,因此交易所价格在国际贸易中具有很大的参考价值,是许多国家签订合同确定价格的主要依据。

(2)拍卖价格

拍卖价格是指通过拍卖方式出售商品的价格。它是通过公开竞争形成的实际成交价格,并且是现货成交价格,因此它能反映某些商品市场行情的变化和水平。

(3)开标价格

开标价格是指通过招标、投标形式而成交的价格。采用招标方式购买货物,由于参加投标的人较多,竞争性较强,成交价格一般都比较低。

2. 世界封闭市场价格

世界封闭市场价格是买卖双方在一定的特殊关系约束下形成的价格,商品在国家间的供求关系,一般对它不会产生实质性的影响。世界封闭市场价格一般包括以下几种。

(1)调拨价格

当代国际贸易中有很大一部分受到国际垄断组织的控制。目前,经跨国公司之手所进行的贸易约占国际贸易总额的 80%,其中,跨国公司内部贸易约占国际贸易总额的 50%。在世界市场的垄断领域里,跨国公司及其他垄断组织对其内部交易采取调拨价格,而对其外部交易则实行垄断价格。

调拨价格又称转移价格,是指跨国公司为了最大限度地减轻税负、增加利润、逃避东道国的外汇管制、转移款项、扶植子公司、控制市场竞争等目的,在公司内部规定的购买商品的价格。该价格一般不受国际市场供求关系的影响,由公司上级管理者制定。调拨价格掩盖了世界市场的真实价格。

(2)垄断价格

垄断价格是指国际垄断组织参考世界市场上的供需情况,以获取最大限度的垄断超额利润为原则,利用其经济力量和市场控制力量决定的价格。在世界市场上,国际垄断价格有两种:一种是卖方垄断价格;另一种是买方垄断价格。前者是高于商品的国际价值的价格,按照这种价格销售产品,国际垄断组织可以获得垄断超额利润;后者是低于商品的国际市场的价格,国际垄断组织按照这种价格从发展中国家购买一定的商品(如原料、食品、中间产品等),可以降低生产费用,取得最大利润。垄断价格是国际垄断组织在世界范围内进行积累的一种手段。

垄断组织在国家间采用垄断价格也是有条件的,其实施主要考虑以下因素:某一部门竞争的公司数量、产品价格需求弹性、替代弹性的大小以及国际经济和政治形势等。

(3)区域性经济贸易集团内部价格

第二次世界大战后,成立了许多区域性的经济贸易集团。在这些经济贸易集团内部,形成了区域性经济贸易集团内价格。如欧洲经济共同体的共同农业政策中的共同价格。

(4)国家垄断价格或管理价格

在世界市场上,不仅国际垄断组织对商品价格进行操纵和控制,而且资本主义国家也通过采取各种国内政策和对外贸易政策措施来干预、管理或影响国际价格。国家垄断价格或管理价格正是在国家机构或超国家机构的垄断干预措施的影响下形成的。

农产品和战略物资是发达资本主义国家进行国家垄断干预的最主要领域。对于农产品,发达资本主义国家普遍实行国内的价格支持与收入支持的政策和对外的保护贸易政策,这些政策的实施虽然保护了国内农业和生产者,却严重扭曲了农产品的国际价格和贸易格局,压低了农产品的国际价格,减少了农产品的国际贸易量。对于战略物资,发达资本主义国家则从自身的利益着眼进行囤储和抛售,经常扰乱商品市场。

发展中国家为了保护本国生产者的利益,也建立了一些管理机构和销售机构,或稳定基金,以干预或管理特定商品的市场和价格。

此外,一些国家还通过签订政府间的贸易协定来管理和干预特定商品的市场和价格。例如,国际商品协定通常采用最低价格和最高价格等办法来稳定商品价格。当有关商品的世界市场价格降到最低价格以下时,就减少出口,或用缓冲基金收购商品,减少商品供应量,使价格回升;当商品的世界市场价格超过最高价格时,则扩大出口或抛售缓冲库存中的存货,加大商品供应量,使商品价格回落。

3.4 贸易条件

3.4.1 贸易条件的含义

贸易条件是指一个国家在对外贸易中,出口一单位商品所能换回的进口商品数量之间的比率。

贸易条件可以用来衡量一国通过贸易获取利益的状况,只有一国为其进口支付更少的出口商品,该国的利益才会增加。或者说,只有一国在出口商品数量不变的情况下可以换得更多的进口商品,该国的贸易利益才会增加。

3.4.2 贸易条件的种类

常用的贸易条件有 3 种不同的形式:价格贸易条件、收入贸易条件和要素贸易条件,它们从不同的角度衡量一国的贸易所得。其中价格贸易条件最有意义,也最容易根据现有数据进行计算。

1. 净贸易条件

净贸易条件是指出口价格指数与进口价格指数的比。其计算公式为:

$N = (P_X/P_M) \times 100$

N——净贸易条件;

P_X——出口价格指数;

P_M——进口价格指数。

[计算]假定某国净贸易条件以 1950 年为基期是 100,1980 年时出口价格指数下降 5%,为 95;进口价格指数上升 10%,为 110,那么这个国家 1980 年的净贸易条件是多少?

[解]$N = (95/110) \times 100 = 86.36$

这表明该国从 1950 年到 1980 年间,净贸易条件从 1950 年的 100 下降到 1980 年的 86.36,1980 年与 1950 年相比,贸易条件恶化了 13.64。

2. 收入贸易条件

收入贸易条件是在净贸易条件的基础上,考虑贸易量指数的变化。其计算公式为:

$I = (P_X/P_M) \times Q_X$

I——收入贸易条件;

Q_X——出口数量指数。

[计算]上例在进出口价格指数相同的条件下,该国的出口数量指数从 1950 年的 100 提高到 1980 年的 120。在这种情况下,该国 1980 年收入贸易条件是多少?

[解]$I = (95/110) \times 120 = 103.63$

它说明该国尽管净贸易条件恶化了,但由于出口量的上升,本身的进口能力 1980 年比

1950 年增加了 3.63,也就是收入贸易条件好转了。

3. 单项因素贸易条件

单项因素贸易条件是在净贸易条件的基础上,考虑劳动生产率提高或者降低后贸易条件的变化。其计算公式为:

$S=(P_X/P_M)\times Z_X$

S——单项因素贸易条件;

Z_X——出口商品劳动生产率指数。

[计算]假定进出口商品价格指数与上例同,而该国出口商品的劳动生产率由 1950 年的 100 提高到 1980 年的 130,则该国的单项因素贸易条件是多少?

[解]$S=(95/110)\times 130=112.27$

这说明,从 1950 年到 1980 年期间,尽管净贸易条件恶化,但此期间出口商品劳动生产率提高,不仅弥补了净贸易条件的恶化,而且使前项因素贸易条件好转。它说明出口商品劳动生产率提高在贸易条件改善中的作用。

4. 双项因素贸易条件

双项因素贸易条件不仅考虑到出口商品劳动生产率的变化,而且考虑到进口商品的劳动生产率的变化。其计算公式为:

$D=(P_X/P_M)\times(Z_X/Z_M)\times 100$

D——双项因素贸易条件;

Z_M——进口商品劳动生产率指数。

[计算]假定上例中进出口价格指数不变,出口商品劳动生产率指数不变,而进口商品劳动生产率的指数则从 1950 年的 100 提高到 1980 年的 105,则双项因素贸易条件是多少?

[解]$D=(95/110)\times(130/105)\times 100=106.92$

这说明,如果出口商品劳动生产率指数在同期内高于进口商品劳动生产率指数,则贸易条件仍会改善。

【专栏 3.11】

贸易条件恶化论

贸易条件恶化论是阿根廷著名的经济学家劳尔·普雷维什针对 1929 年大危机后拉丁美洲国家初级产品的贸易条件的不断恶化,在 1949 年 5 月向联合国拉丁美洲经济委员会提交的一份题为《拉丁美洲的经济发展及其主要问题》的报告中提出来的。理论提出后经过索洛的历史考察,辛格的进一步完善,得到了大多数发展经济学家的认同。

该理论认为:由于技术变迁,市场容量以及需求弹性,收入弹性等一系列条件的变化对发展中国家的初级产品的出口产生了不利影响,在国际市场上,存在着发展中国家初级产品价格相对于发达国家工业制成品的价格长期(下跌)恶化的趋势,这对发展中国家经济的发展十分不利。

当普雷维什、辛格提出贸易条件恶化论时,发展中国家与发达国家之间的贸易方式主要是初级农矿产品与工业制成品之间的贸易,因此,当时的贸易条件的恶化主要是指初级农矿产品对工业品价格的恶化。随着七八十年代大批发展中国家加入加工品生产领域,汉斯和沙卡等人注意到发展中国家越来越多出口制成品的事实,因而将贸易条件恶化论进行了拓展。他们认为:第一,发展中国家初级产品贸易条件的恶化比率高于发达国家初级产品贸易条件恶化的比率;第二,发展中国家出口制成品的价格比发达国家出口制成品的价格下降得更快;第三,初级产品占发展中国家出口产品的较高比重意味着初级产品贸易条件恶化对它们的影响更甚于发达国家。

国际贸易发展到今天,发达国家的经济已进入信息时代,作为后进国家又必然面临着劳动密集型、资本密集型产品对知识密集型产品的贸易条件的恶化。能否超越技术障碍,早日缩小两者之间的技术差距,将决定新兴工业化国家的贸易条件是否能得到改善,也决定了它们的经济发展趋势。1997年东南亚金融危机在很大程度上就在于发展中国家劳动密集型、资本密集型产品相对于发达国家的知识密集型产品的贸易条件的恶化,从而造成严重的国际收支不平衡而引起的。

由此可见,贸易条件从长期来看对落后国家是在不断恶化的,随着世界科技水平的不断发展,发展中国家与发达国家之间以及发展中国家内部之间的贸易,主要存在着以初级农矿产品与劳动密集型产品的交换、劳动密集型产品与资本密集型产品的交换、资本密集型产品与知识密集型产品相交换三种技术层次。各个国家根据自己的科技发展水平,分别处于侧重于出口初级农矿产品,劳动密集型产品,资本密集型产品,知识密集型产品的分工上,体现了不同的生产力水平。每一个较高技术层次的国家相对于更高技术层次的国家存在着贸易条件的恶化趋势,但相对于较低技术层次的国家,他们又存在着贸易条件的优化趋势。只有技术水平越高,一国才越有可能占领市场先机,也才能拥有更多的有利贸易条件,使贸易条件优化的收益大于贸易恶化的损失,最终改善自己的贸易环境,实现经济的腾飞。否则,则会在国际贸易中处于不利地位,越掉越远。根据一国的技术发展水平,体现的不同的生产力状况,在国际贸易中所处的不同地位以及由此造成的不同发展后果,人们把它们划分为最不发达国家、不发达国家、中等发达国家、发达国家。由此可见,最终决定一国在世界体系中的地位的是一国科技发展的水平。国际贸易的竞争实质上是科技实力的竞争,只有不断地提升自己的产业结构,增强自己的科技实力,才能真正改善自己的贸易条件。

在贸易条件恶化论中还存在着一个问题,就是许多工业品的价格下降的速度,下降的幅度远远超过了初级产品价格下降幅度,能否因此而否定贸易条件恶化论呢?比如电脑技术的更新速度非常快,一款新式电脑刚开发出来时价格非常昂贵,但经过几年之后,它的价格就下降得非常厉害。如何解释这个问题呢?能否说明知识密集型产品相对于别的类型的产品的贸易条件不断恶化?显然不能。这需要利用商品的周期理论来解释,因为随着知识的扩散,技术的传播,一款新式电脑刚开发出时是知识密集型产品,但随着技术的成熟和标准化,它很快成为资本密集型产品,进行规模化生产,随着技术的进一步简化和标准化,开始在许多发展中国家组装,进一步由资本密集型的产品转变为劳动密集型的产品。由此可见,随着技术的扩散,一台电脑逐渐地由一种知识密集型产品变成了一种劳动密集型产品,电脑价格的大幅下降不仅不能否定贸易条件恶化论,反而进一步证明了贸易条件不断恶化的理论。其说明贸易条件恶化不仅在于生产什么产品,而在于生产中所达到的技术水平。

资料来源:张觉力、王文龙:《贸易条件恶化论的发展及意义》,《经济问题探索》2002年第10期。

【思考题】

1. 简述世界市场的定义和类型。
2. 简述世界市场的形成过程及其各阶段的特点。
3. 世界市场上有哪些交易方式?
4. 商品交易所有何特点?
5. 世界自由市场价格和封闭市场价格各包括哪些种类?
6. 贸易条件的含义是什么?

【本章推荐书目及网上资源】

1. 佟家栋.中国对外贸易概论.北京:首都经贸大学出版社,2006.
2. 薛荣久,张玮,唐宜红.国际贸易.北京:对外经济贸易大学出版社,2003.
3. 范爱军,陈晓文.国际贸易——理论与政策.山东:山东人民出版社,2009.
4. 马克思.资本论.北京:人民出版社,1975.
5. 刘龙.世界市场概览.南京:河海大学出版社,1995.
6. 张立波,李汉川.世界市场与世界市场价格.太原:山西经济出版社,1991.

第4章 国际服务贸易

【学习要点及目的】

通过本章的学习,掌握国际服务贸易的概念与范围、分类、统计方法,分析国际贸易理论对服务贸易的适用性,掌握评价服务贸易竞争力的方法,了解国际服务贸易保护政策和自由化政策的相关内容及不同效应。

【本章关键术语】

服务业(Services Industry);国际服务贸易(Trade in Services);第三产业(Tertiary Industry);服务贸易竞争力(Competitiveness of the Trade in Services);钻石模型(Diamond Model)

4.1 国际服务贸易概念与范围

1986 年 9 月,世界贸易组织(WTO)的前身关税及贸易总协定(GATT),在乌拉圭的埃斯特角城召开缔约国部长级会议,决定发动第 8 轮多边贸易谈判,即"乌拉圭回合"多边贸易谈判。同以往历届多边贸易谈判有所不同,这届多边谈判不仅是关贸总协议完成其历史使命的最后一轮谈判,而且在议题上紧密结合世界贸易和投资发展的新情况和新趋势,增添了新的内容。国际服务贸易、知识产权以及与国际贸易有关的投资措施成为本届多边谈判的三大中心议题,而国际服务贸易实际是联系后两个议题的最主要的谈判议题。经过多年多边的讨价还价和相互商议,在 1994 年 4 月完成的"乌拉圭回合"多边贸易谈判的"最后文本"中,终于在"货物贸易多边协议"之外,专门达成一个《服务贸易总协议》,为今后世界各国的服务贸易发展提供了一项国际准则。

国际服务贸易是什么? 为什么会引起世界各国的高度关注? 以下我们将结合国际服务贸易的概念、范围和发展概况来讨论这些问题。

4.1.1 国际服务贸易的概念和范围

这里,我们先从经济的产业结构属性和国际经济往来的角度出发,考察"服务"的概念及其同"国际经贸"的关系。

1. 服务与服务业

人们在日常生活中总是有着这样或那样的需要,那种在数量上不受限制,人们可以自由地得到并且用来满足自己需要的物品,如阳光、自由呼吸的空气等,不是经济上有重要性的物品,被称作非经济物品。只有那些在数量上有限,人们得付出代价或某种努力才能获得的物品,才是经济上有重要性的物品,被称作经济物品。作为能够满足人们生活需要的事物,经济物品有两种基本的存在形态:实物形态和非实物形态。实物形态的经济物品通常被人们称作商品或货物(Goods),而非物质实体形态的经济物品则通常被人们称作服务(Services)。按照现代世界各国通用的国民经济核算体系——SNA 体系(The System of National Accounts),一个国家的国民生产总值或国民收入所计量的就是这个国家在一定时期(比如说 1 年)所生产或提供的商品和服务的总增加值。

就像我们对于商品的理解多半来自生活经验一样,我们对于服务概念的认识也是起源于日常生活的。身体为病痛所困扰时,我们需要医生的服务;路上自行车爆胎了,我们需要修车师傅的服务;孩子到了上学的年龄,家长开始关注教师和学校提供的服务。显而易见,一个正常发展的社会对于各种类型的服务,在数量上和质量上都有着同对商品的需要完全一样的需求。然而,与商品不同,在经济学中从来都没有存在过一个为学者们普遍接受的"服务"定义。造成这方面困难的主要原因来自"服务"本身的以下特点:(1)服务的生产和消费通常是同时发生的;(2)服务是难以贮存的;(3)服务是非实物形态的,即服务一般是无形的。

由于服务本身在人们的感觉中有以上这些令人难以把握的特点,因此往往会出现这样的情况,人们用感觉上可以直接确定的"服务业"概念来定义甚至取代"服务"的概念。这种做法一直引起一些观念上的混乱,因为无论是国民生产总值中的服务价值,还是我们将要说明的国际服务贸易中的服务交易额,都指的是各种类型的服务业的"产品",而不是"服务业"本身。

服务业是生产或提供各种服务的经济部门或企业的集合,就像工业和农业是生产各种工农业产品的经济组织或企业的集合一样。20 世纪 30 年代,在新西兰和澳大利亚工作的英国经济学家费希尔(A. Fisher)和克拉克(C. Clark)提出经济增长阶段论的观点,认为经济中以农业为主的初级产品生产产业是第一产业,以工业为主的初级产品加工产业是第二产业,两者之外的所有其他经济部门都归属于第三产业。根据这种产业划分的观点,费希尔和克拉克等经济学家相信,一国经济的发展水平将反映在该国经济的主导产业上,因为经济产业发展的历史顺序是由第一产业到第二产业,再到第三产业的,当代西方国家的服务业产值在国民经济中的比重越来越大,这在某种意义上证实了经济增长阶段论的观点。不过,对于那种十分流行的将服务业等同于第三产业的看法,这里要做一些说明:

(1)第三产业的界定采用的是剩余法,凡不属于第一和第二产业的经济部门就都归属于第三产业。显然,以上这种方法界定的第三产业的范围通常是难以确定的,因为学术界关于第一产业和第二产业涵盖的经济部门范围并没有很统一的意见,比如说建筑业是否应当归属于第二产业就是一个悬而未决的问题。同第三产业的界定方法形成对照,服务业的界定是以其能否提供或生产各种类型的服务为标准的。如前面所指出的,有关服务本身的若干特点是明确的,因此同第三产业概念相比,根据产业产品(服务)来定义的服务业,是比较稳定和明确的。

(2)三次产业划分思想的出发点是经济体系的供给分类,暗含着高阶层次的产业发展单向地依赖于低阶产业的产品的含义,即第二产业依赖于第一产业提供的原料,而第三产业又依赖于第二产业和第一产业的产品供应。相反,服务业同其他经济产业的区分是以经济系统的需求分类为思想基础的,这种观点重视服务业同其他经济产业的相互依赖关系,而不是单向的依赖关系。换句话说,第三产业的概念隐含着传统经济思想的逻辑,而服务业的概念则是属于现代经济思想的。

(3)第三产业概念的经济结构涵义主要是相对于国内经济的,而服务业概念的经济结构涵义是面向国内和国际两个市场的。

由于服务业的概念与第三产业的概念在思想方法上存在着以上一些差异,所以一般认为,生产和提供各种各样服务的服务业是同第三产业的概念有一定区别的。

2. 国际服务贸易的范围

关于国际服务贸易流量所涉及的范围,现在我们有了一个原则的规范,但是却存在着两种不同界定标准的理解。原则规范是由关税及贸易总协定组织“乌拉圭回合”多边贸易谈判所达成的《服务贸易总协议》给出的,该协议已作为“乌拉圭回合”谈判的“最后文本”的第17章于1994年4月15日正式签署生效。不过,一些国家及其学术代表以服务业产品(服务)区别于物质产业产品(货物)的产品特性为界定标准,形成国际服务贸易范围的所谓狭义定义;而另外一些贸易和投资观点的拥护者则以国际经济关系中国际收支流量的统计项目为依据,形成国际服务贸易范围的所谓广义定义。以下我们先从原则的规范开始,对这个范围界定的问题作相关分析。

(1)国际服务贸易范围的原则规范

在关贸总协定的历史上,1986年9月开始的“乌拉圭回合”第一次把服务贸易列入多边贸易谈判的重要议程之中,并设立单独的谈判组与货物贸易谈判分轨进行。1990年底,经历了近4年的艰苦谈判,“乌拉圭回合”的服务贸易谈判组于布鲁塞尔部长级会议上达成《服务贸易总协议》草案。后又经过若干年修正,于1993年底形成正式协议,并作为“乌拉圭回合”谈判“最后文本”的一揽子协议之一,于1994年4月15日在摩洛哥的马拉喀什正式签署生效。《服务贸易总协议》的第1部分第1条对服务贸易的范围和定义的规定是:1)过境交付:从一成员方境内向任何其他成员方境内提供服务;2)境外消费:在一成员方境内向任何其他成员方的服务消费者提供的服务;3)商业存在:一成员方的服务提供者通过在任何其他成员方境内的商业现场提供服务;4)自然人移动:一成员方的服务提供者,通过在任何其他成员方境内的一成员方自然人的商业现场提供服务。

该定义中的“成员方”指的是《服务贸易总协议》的签约成员国家(地区)。此外,关于“服务”的概念,《服务贸易总协议》的规定是:1)除政府当局为实施职能所需的服务外,本协议所指的“服务”系包括所有部门的一切服务。2)所谓“为政府当局实施职能所需的服务”,系指既不是商业性质的,又不与任何一种或多种服务相竞争的各类服务。

显而易见,多边贸易谈判所原则规范的国际服务贸易,重点是突出其相对特殊的贸易形式和国际经济往来的属性。而对“服务”本身所涵盖的内容,则除了将“为政府当局实施职能的服务”排除之外,根本就未做具体说明或定义,因此这种原则规范的实施便可以有不同的解释。

(2)狭义的国际服务贸易范围

由于国际多边谈判的原则规范并不能明确地界定国际服务贸易的范围,因此人们对这个概念的范围就有了自己的理解。狭义的国际服务贸易项目的确定主要根据两点:一是看该项目是否确实属于服务业产品的交易,即交易对象是否具备生产和消费的同时性,不可贮

A国　　　　　　　　　　　　　　　　　B国

过境交付

来自A国的消费者　←　服务跨境提供　←　服务提供者

境外消费

来自A国的消费者　→　消费者出国　→　来自A国的消费者　←　服务提供　←　服务提供者

商业存在

来自A国的消费者　←　服务提供　←　国外附属机构　←　国外直接投资　←　企业

自然人移动

来自A国的消费者　←　服务提供　←　自然人　←　去A国的自我雇佣者　←　自然人

自然人移动

服务性企业　←　临时雇佣　←　自然人（B国企业的雇员）

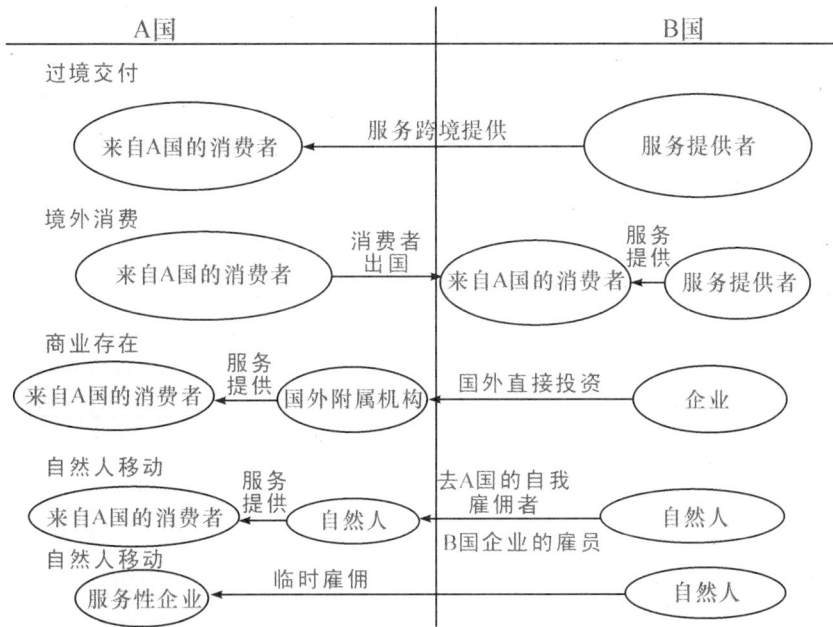

图 4-1　服务贸易的分类

藏,并且是非实体形态的;二是看该项目是否严格符合国际经济交往的贸易概念。属于服务业产品,但并不进入国际经济往来的项目,当然不属于国际服务贸易的范围,如"为政府当局实施职能的服务"等。然而属于服务业产品,也参与国际经济往来,但却不严格符合贸易的定义,如服务项目的国家间单方面转让(由一国无偿地向他国提供的服务),服务要素的跨国投资等,也必须从国际服务贸易的概念中排除。只有那些符合严格贸易概念的服务产品的国际交易,才被视作为国际服务贸易的内容。根据这样的界定标准,我们可以对国际服务贸易的范围作归纳性的定义:1)国际运输(海运、空运和陆运);2)国际旅游;3)国际金融服务(包括保险);4)国际信息处理和传递软件和资料服务;5)国际咨询服务(包括会计师、律师等);6)建筑和工程承包等劳务输出;7)国际电信服务;8)广告、设计、会计管理等项目服务;9)国际租赁服务;10)商品的维修、保养、技术指导等售后服务;11)国际视听服务;12)教育、卫生、文化艺术的国际交流服务;13)商业批发与零售服务;14)知识产权(工业产权和版权)服务;15)其他官方国际服务等。

在以上这些服务业产品的集合中,除建筑和工程承包服务可能会引起一些定义上的疑义之外,其他都具备服务业产品的基本特点,是没有多少疑问的。只是关于这个集合中某些项目的内涵是否完全界定在国际经济关系中的贸易概念之内,我们则应该根据具体情况作具体的分析。这里我们以国际金融服务和知识产权服务为例,来说明狭义的国际服务贸易范围重视国际贸易与国际投资的概念区别。

国际金融服务实际包含着两个层次的涵义:一是一国的金融业向外国客户提供各种各样的金融业务服务,如换汇、押汇、国际结算、汇款、信用证担保等;二是一国的金融资产相对他国的流进流出,如跨国购买股票、证券以及各种形式的国际信贷等。狭义的国际服务贸易概念把第一个层次的国际金融服务包括在内,而把第二个层次的国际金融服务排斥在外,理由是这种涵义的国际金融服务涉及资本的国际投资,因而不属于贸易的范围。另外,像知识产权服务这样的项目,也有着类似的问题。工业产权的专利、商标、厂商名称、工业品外观设计等,思想产品的各种版权等,如果其所有者是以某种方式将它们出售给国外居民,则这种国家间的交易属于狭义的国际服务贸易范围。如果其所有者只是将其作为跨国投资的一方产权(部分或全部),则这种知识产权服务必须从狭义国际服务贸易范围中剔除。对其他类似的国际服务项目,都应作相同的理解。

(3)广义的国际服务贸易范围

广义的国际服务贸易范围的划定是以一国的国际收支流量的统计程序为依据的。按照国际货币基金组织(IMF)的国际收支统计程序,一个国家在一定时期的国际收支流量可以归纳成以下几个主要项目(见表4-1)。

表 4-1　国际收支的构成

1. 经常项目(Current Account):
①商品或货物进出口(有形贸易)
②服务进出口(无形贸易)
③单方转让
2. 资本项目(Capital Account)
①长期资本流动(金融资产的输出和输入)
②短期资本流动(金融资产的输出和输入)
3. 储备总额的变动
4. 错误和遗漏

表中的经常项目和资本项目是国际收支流量的最基本的组成部分。前者代表着一个国家对外经济关系中的非货币的"实际往来",而后者则代表着该国对外经济关系中的金融资产往来。显然,根据国际收支流量的统计分类,国际服务贸易流量所涉及的范围是可以按照剩余法来确定的,即商品贸易和无偿转让以外的,所有可以引起国际收支的"实际往来"(经常项目)增减变化的内容,都可以归属到国际服务贸易的范围。

这个广义的国际服务贸易概念所存在的问题是:除了包含狭义国际服务贸易概念的所有内容之外,国际投资收益流量也被吸收到了国际服务贸易的范围。换句话说,广义国际服务贸易包括资本报酬项下的收入或支出——利息、股息和利润。国际服务贸易范围的这种广义界定究竟可不可以被接受,在服务贸易总协议的多边谈判过程中,不同经济地位的国家持不同的立场,学术界也有着不同的观点,关键的问题是如何看待资本要素的国际流动。如果把资本要素的跨国流动理解为资本要素的跨国服务,则利息、股息及利润就是资本要素服务的报酬,这当然就同劳动力要素跨国服务一样,可以视作国际服务贸易的范畴。如果只把资本要素的跨国流动视作投资,则利息、股息及利润的流量被划入国际服务贸易的流量就完全是统计意义的。不过,目前国际上广泛接受的国际服务贸易概念应当说是属于广义的。所以,本书是在广义上使用国际服务贸易的概念的。

4.2　国际服务贸易的分类

根据不同的分类标准,人们对国际服务贸易进行了多种多样的分类。然而直到今天,无论是在实际贸易活动中,还是在学术界的讨论中,人们关于国际服务贸易的分类尚没有形成较为统一的意见。因此,我们根据自己对国际服务贸易的相关内容的理解,分实用性和理论性两个层次介绍有关国际服务贸易的两种主要分类:操作性统计分类和理论性逻辑分类。

4.2.1　国际服务贸易的统计分类

国际服务贸易的统计分类是一种操作性的应用分类,其根据是国际货币基金组织(IMF)统一规定和统一使用的各国国际收支账户形式。这种国际收支账户的格式和项目构成为世界上的绝大多数国家所采用,是衡量一国经济在一定时期内同世界上其他国家发生经贸往来所共同遵循的标准。国际服务贸易流量在各国的国际收支账户中占有重要位置,根据该项目所包含的统计内容,我们可以对国际服务贸易做统计性的分类。

国际服务贸易统计分类的要点是将国际收支账户中的服务贸易流量划分成两种类型:一类是同国际收支账户中的资本项目相关,即同国家间的资本流动或金融资产流动相关的国际服务贸易流量,称作"要素服务贸易"(Trade in Factor Services)流量;另一类则是只同国际收支账户中的经常项目相关,而同国家间资本流动或金融资产流动无直接关联的国际服务贸易流量,称作"非要素服务贸易"(Trade in Nonfactor Services)流量。下面分别加以说明。

1. 要素服务贸易及其基本形式

要素服务的概念源于传统的生产力三要素理论。这种理论认为经济中所有财富的产生都是劳动、资本和土地(自然资源)提供服务的结果。劳动服务的报酬是工资,资本服务的报酬是利息及利润,而土地服务的报酬是地租。

在国际经济和贸易关系领域,显而易见,土地由于有流动性的限制,传统观点一般认为它不能够提供跨国的要素服务,所以,国际服务贸易一般不考虑土地要素所提供的服务及报酬流量。在另一方面,短期的或长期的劳动跨国服务则是人们司空见惯的,国际工程的承包和建设、向国外提供某些专门知识的教师和专家、在飞机上照顾国际旅客的空中服务人员、在我国南海石油钻探平台上工作的外国技术人员等,这些劳动服务所得到的报酬自然要作为国际服务贸易流量的一个成分反映在国际收支的账户中。但是,正如刚才我们所指出的那样,统计分类关于"要素服务贸易"和"非要素服务贸易"的区分是以同国际收支账户的资本项目是否直接相关为标准的。劳动要素的服务及其报酬同国际资本流动或金融资产流动只有间接的关系,没有直接的关系,因此劳动服务所引起的国际收支增减不属于国际服务贸易统计分类的"要素服务贸易"。这样,在国际服务贸易领域"要素服务贸易"的含义就专门指资本服务的收益流量的跨国转移。在现代世界经济体系中,国际资本流动的基本形式是国际金融资产的跨国输出和输入,主要的实现方式有两种:国际投资和国际信贷。国际投资有两种主要的方式:直接投资和间接投资。如果本国的公司在外国设厂、开店、建立分支机构或购买现有的生产经营设施,这些本国公司就通过金融资本的国外输出而对这些国外资产拥有了管理控制权。当一国居民(公司、企业或个人)因为某项海外投资而获得对国外资产的管理控制权时,我们就称这种投资为国际直接投资。严格说来,直接投资的收益流量并非单纯的资本要素报酬,对外直接投资其实是经营管理技能同金融资产跨国转移相结合的国际投资方式,因此,国际直接投资的收益流量实际包含两种成分:一是资本要素的报酬流量——利息或股息;二是经营管理技能的报酬流量——利润。国际直接投资收益流量的这两种成分都作为要素服务收益的内容记入国际收支账户的服务贸易项目。假如在另一国的一项产权或债权的投资并不获得管理控制权,则这种投资叫作国际间接投资,也叫国际证券投资。间接投资的方式是在国际证券市场上购买外国政府发行的债券或购买外国企业发行的股票或债券。买入证券是资本流出,卖出证券是资本流入。证券投资的主要目的在于获得金融资产的利息或股息收益。因此,直接投资收益是一种较为纯粹意义上的要素服务报酬,理所当然地记入国际收支账户的服务贸易项目。

同国际间接投资一样,国际信贷的利息收入也是一种较为纯粹的要素服务报酬。国际信贷的方式主要有三类:(1)民间国际信贷。主要有两种类型——商业信贷和银行信贷。商业信贷是企业与企业间的国际信贷往来,主要形式有进出口信贷、租赁信贷和补偿贸易信贷等。银行信贷是商业银行的国际贷款,主要有单一行贷款和银团贷款(Consortium Loan)两种形式。单一行贷款与一般国内贷款的形式没有多少差别,当代国际金融市场上中长期贷款的主要形式是银团贷款。银团贷款是由一家银行牵头,组织若干家银行联合起来向借款国的政府、企业、银行或某项工程项目提供大额外汇贷款。由于大型项目需要的外汇资金量大,一家银行资金有限,满足不了大额资金贷款的需要,因此组织多家银行联合起来发放贷款,一方面可以提供大额资金,另一方面多家银行共同分担贷款风险和汇率风险,风险相对小一些。(2)国际金融机构信贷,包括世界性和区域性的国际金融机构贷款。前者如世界银行、国际货币基金组织对会员国提供的信贷,后者如亚洲开发银行、拉丁美洲开发银行等对本地区国家和地区提供的信贷。(3)政府间贷款,一般由贷款国政府或政府机构,如美国的国际开发署、日本的海外经济防力基金组织以及一些国家的进出口银行等,以优惠利率对外国政府提供贷款。这类贷款由贷款国对贷款的建设项目或专门用途进行严格审查,并由借款国政府或中央银行做担保,以保证投资安全。所有以上这些类型的国际信贷,其收益流量均作为金融资产的要素报酬记入国际收支账户的服务贸易项目。

总而言之,一切与国际收支的资产项目直接相关的金融资产收益流量,无论其表现形式是利息、股息还是利润,在国际服务贸易操作性统计分类的标准之下,都划归国际服务贸易的要素服务贸易类型。

4.2.2　国际服务贸易的逻辑分类

国际服务贸易操作性统计分类的立脚点是现实的国际经贸往来。它的分类指导思想,是尽可能便利地利用作为国际收支流量的一个重要组成部分的无形贸易流量的统计。至于它同国内经济分类的联系以及在经济学逻辑上是否合理的问题,这一分类都未作认真的考虑。所以,操作性的统计分类在原则上是经验性的或者实用性的。与国际服务贸易统计分类不同,国际服务贸易的逻辑分类是一种理论分类,这种分类的思想原则是经济理论的无矛盾性和国内与国际服务贸易分类标准的统一性。

1. 服务贸易的产业分类和产品分类

国际服务贸易理论分类的思想出发点是国内经济。对于一个舍弃了对外经济往来和政府经济职能的国内经济来说,在一段时期(比如说 1 年)之内所形成的经济物品增量就是该经济的国内总产值(GDP)。因此一个封闭的经济体系的商品贸易流量与服务贸易流量之和就是该经济一定时期的国民收入流量。由此可见,商品和服务在国民总收入中的不同比重反映一个经济属于商品市场主导型经济还是服务市场主导型经济。

由于一个经济体系总产品是商品(货品)与服务两分的,因此我们自然要分析这个经济生产这些产品的产业分类。布朗宁(Browning)和辛格尔曼(Singleman)于 1975 年依据联合国"标准产业分类法"(SIC)的规则,将商品产业与服务产业加以分类,见表 4-2。

表 4-2　商品产业与服务产业的分类

一、商品生产部门
　　农业、制造业、建筑业、采矿业、石油与煤气业、公共事业、林业、渔业。

二、服务生产部门
　　1. 消费者服务业
　　招待与食品服务、私人服务、娱乐与消遣服务、杂项服务
　　2. 生产者服务业
　　企业管理服务、金融服务、保险与房地产
　　3. 分配服务业
　　运输与贮藏、交通与邮电、批发与零售交易

表 4-2 的分类把建筑业和公共事业(主要是电力、供水和煤气)划归商品生产部门,而在相当多的应用性统计分类中都是把它们作为服务生产部门的产业。就商品与服务的产品性质而言,布朗宁和辛格尔曼对这两个产业的处理是合理的,因为它们的产品是实物形态的东西。

考虑到服务与服务业之间的产品与产品生产关系,暂时搁置以上产业分类当中的商品生产部门,我们可以将作为服务业产品的"服务"在经济学的逻辑上加以分类。可以认为一个省略政府职能的经济体系所产出的服务共有三类:(1)消费者在消费者服务业市场上购买的服务,我们把它叫作消费性服务。(2)生产者在生产者服务业市场上购买的服务,作为中间投入服务,用于商品和服务的进一步产生,我们称之为生产性服务。(3)消费者和生产者为获得商品或供应商品而必须购买的服务,叫作分配性服务。

按照服务生产部门的产业分类,消费性服务的供给是包罗万象的,覆盖个人生活的各个方面。直到现在,大部分人还认为消费性服务是经济社会提供的最主要的服务。这种认识是可以理解的,因为人们实际上只是作为这些服务业产出的消费者才同服务业打交道的。在某种意义上,消费性服务在服务业生产活动中的确应占据中心的位置,因为商品和服务的消费依据现代经济学理论,是所有经济活动的起点和终点。

生产性服务是围绕着企业生产进行的,它包括经营管理、计算机应用、会计、广告设计和保卫等,也包括一些相对独立的产业服务,如金融业、保险业、房地产业、法律和咨询业等。生产性服务的特征是被企业用作商品或其他服务的生产过程的投入。生产性服务的重要性来自它对经济增长效率的影响。在现代经济中,技术和科学对经济发展水平的提高起到了关键的作用,而它们在生产过程中被实际应用大都是通过生产性服务的投入来实现的。生产性服务业拥有了日益增多的专家人才和科技精英,作为知识密集型服务的投入,这个过程推动生产向规模经济和更高的效率发展。

分配性服务是一种连带性服务或追加性服务。这类服务的提供和需求都是因为对商品的直接需要而派生出来的。按分配性服务与有形商品(货物)供给的紧密程度区分,分配性服务可以分为"锁住型"分配服务和"自由型"分配服务。"锁住型"分配服务是指不可能与商品生产的特定阶段相分离,只能作为商品生产过程或其延伸阶段的一部分,从而其价值或者其成本完全附着在有形商品价值之上,不成为市场上独立交易的对象,如企业内商品库存的

仓储、搬运、分配等。"自由型"分配服务在性质上同"锁住型"分配服务一样,同有形商品紧密联系,但这种服务可以外在化为独立的市场交易对象,比较典型的例子是运输业、仓储业、交通通信业等。

除以上3种基本类型的服务之外,如果考虑政府的经济职能,则我们还必须加上政府服务的类型。政府服务主要是由国防、社会保障、公共教育和一般行政等构成的,一般行政包括外交、警察保护和司法等。政府服务或公服务与民间服务产业的主要区别不是服务形式,而是服务提供的资金来源。比如说教育,如果其经费来源由政府提供,而政府的资金又来自向国民征税和国有企业的收益,这种教育就是政府服务的项目。相反,如果某所学校的经费直接来自民间,则这一类教育被认为是属于市场体系范畴的。

2. 服务贸易逻辑分类的国际化

在开放经济条件下,原先局限于国内市场体系的商品(货物)贸易和服务贸易自然会拓展至国际市场,于是形成国际商品(货物)贸易和国际服务贸易。如果依然关注生产产品与生产要素的逻辑区别,关注生产产品与生产产业的逻辑区别,我们就会发现,经济学逻辑的国际服务贸易概念是完全狭义的,逻辑分类的范围只是作为生产要素和生产产业的产品的服务。按照不同的标准,国际服务贸易的理论分类可以有多种方法,不过目前最常见的分类是以服务贸易同货品的国际转移(或者因商品贸易形成,或者因国际投贤形成)的关联程度为标准的分类。

(1)国际核心服务贸易

国际核心服务贸易是同有形货品的国际投资和国际贸易无直接关联的国际服务贸易,在国际服务贸易市场上,这类服务本身是市场需求和市场供给的核心对象。

国际核心服务供给者与需求者的接触形式有两种——远距离服务和面对面服务。"远距离服务"(Long-distance Service)是指无需提供者和需求者的实际接触而跨越国界交易的服务。由于这种服务可以像有形商品一样进行交易而无需人员的移动,因而被视作比较纯粹的国际服务贸易。显然,远距离服务得以传递,需通过一定的媒介体。这种媒介体主要有国际通信、电子计算机国际联网等电讯技术。"面对面服务"(Face to Face Service)是需要供给者与需求者实际接触才能实现的服务。这种实际接触方式可以是供给者流向需求者,更可以是需求者流向供给者,也可以是两者之间的双向流动。但无论是哪一种实际接触方式,通常都伴随着人员或生产要素的跨国界流动。

以作为产品的服务的国内分类为依据,国际核心服务贸易可以划分成生产性国际服务贸易和消费性国际服务贸易。其中前者构成国际核心服务贸易的主要部分。

消费性服务进入国际贸易领域,在逻辑上是由于国内消费性服务业的供给(生产)能力的增长和国外对该国消费性服务需求的扩大,而在实践上则是由于随着现代科学技术的发展,世界各国人民的交往越来越频繁。外国人在客居国花钱买食品、登记住宿、旅游、娱乐等为各国人民所熟悉,本国人在外国也以同样的方式享受他国服务业所提供的消费服务。显而易见,世界各国的人们对于外国消费性服务的需求,一方面取决于自己的收入水平,另一方面取决于服务供应的相对价格。这同人们对商品的需求是完全一样的。

在科技革命的推动下,富有人力资本、知识资本和技术资本的国家,把经济信息、生产知识、技术诀窍和科学管理作为同他国进行交易的服务项目,涉及市场、交通、能源、金融、投资、通信、建筑、矿业、农业、经营等同生产有关的一切领域,使得生产性服务成为国际核心贸易的主体。由于生产性服务是作为其他商品和服务进一步生产的中间投入,因此这种服务实际上是人力资本、知识资本和技术资本进入生产过程的桥梁。生产性服务的国际贸易的扩大必然全面提高世界各国的总生产效率和能力。生产性服务的国际贸易形式主要有金融服务贸易、企业管理知识与技能服务贸易、国际咨询、国际技术贸易和国际人才交流与培训等。

(2)国际追加服务贸易

国际追加服务同有形货品的国际贸易和国际投资之间有着不可分离的密切联系。在逻辑上,国际追加服务贸易其实是分配服务的国际化延伸,它本身并不向其需求者提供直接的、独立的服务效用,而是围绕着货品的核心效用而衍生、追加或附加的派生效用。所以,国际追加服务贸易市场的需求和供给都属于派生的需求和供给。不过,在现代科技革命的推动下,在国际货品竞争日益激烈的条件下,追加服务往往在很大程度上影响着消费者对其所需核心效用的选择,对产品的服务的要求已变得比商品的价格更加重要了。

与此相适应,各国企业都大力发展这类服务,尤其是知识密集型的追加服务,这类服务正在被广泛地应用于有形商品的各个阶段。

从国际投资涉及的跨国货品流动看,国际追加服务可分为三个阶段:1)上游阶段,要求有先行的追加服务投入,包括可行性研究、风险资本筹集、市场调研、产品构思和设计等项服务。2)中游阶段,一方面要求有与有形商品融为一体的追加服务,包括质量控制与检验、设备租赁、后期供给以及设备保养和维修等;另一方面又要求与有形商品生产平行的追加服务投入,包括财务会计、人员聘用和培训、情报和图书资料等软件的收集整理与应用、不动产管理、法律、保险、通信、卫生安全保障以及职工后勤供应等诸项内容。3)下游阶段,要求的追加服务项目包括广告、运输、商品使用指导、退货索赔保证以及供应替换零件等一系列售后服务。以上这些追加服务很难与某一特定生产阶段脱离,只能与一定比例的生产要素相结合,从而完全附着于有形商品价值体,而并不形成一种独立的市场交易对象。另外一些追加服务虽然与有形商品有关,但可以外在化而成为独立的市场交易对象。随着社会分工的深入发展,追加服务的这两种形式之间的界限已变得很难划分了。

从国际商品贸易涉及的跨国货品流动看,最主要的国际追加服务项目仍然是运输业,包括海运、空运和陆运。随着国际贸易、运输方式的发展,国际货运代理已渗透到国际贸易的每一领域,成为国际贸易中不可缺少的重要组成部分。市场经济的迅速发展,使社会分工更加趋于明显,单一的贸易经营者或者单一的运输经营者都没有足够的力量亲自经营处理每一项具体业务,他们需要委托代理人为其办理一系列商务手续,从而实现各自的目的。国际货运代理的基本特点是受委托人的委托或授权,代办各种国际贸易、运输所需要服务的业务,并收取一定报酬,或作为独立的经营人完成并组织货运、保管等业务,因而被认为是国际运输的组织者,也被誉为国际贸易的桥梁和国际货物运输的设计师。此外,作为国际运输服务体系的基本要素,原属于生产性服务的保险服务、银行服务以及信息服务也越来越深入地渗入国际货物贸易,成为国际追加服务的一个组成部分。

国际核心服务和国际追加服务的国内经济模型是两部分经济,即政府的职能被排除在分析范围之外。实际上,即使把政府的经济职能作为模型的内在因素,在市场体系主导经济的条件下,政府服务越过国界而形成贸易的范围和流量也是有限的,在国际服务的分类中可以忽略不计。

(3)国际劳动力流动和国际服务贸易

　　在我国,国际服务贸易和国际劳动力流动结合在一起组成了"劳务合作"的概念,有许多人将这个概念混同服务贸易,实际上这两者是有本质区别的。

　　国际劳动力流动指的是劳动力在国与国之间的迁移,它一般涉及劳动力国籍身份的改变,这种改变可以是永久性的(如移民),也可以是暂时的(称作临时劳动力流动)。因此,国际劳动力流动一定会涉及人员在国与国之间的流动,虽然在我国理论界有不少人主张将外资企业在东道国雇佣的人员以及加工装配业务等归入国际劳动力流动的范畴,但国际上通常是不将此类业务纳入国际劳动力的流动的。

　　国际服务贸易仅是"服务"这一无形商品的国际贸易,它不一定涉及人员的国际流动。如某些国际银行服务、信息服务、通信服务等就是如此。不过,绝大多数的国际服务贸易会涉及人员的国际流动,但这种人员的国际流动与国际劳动力流动引起的人员国际流动有很大的不同。首先,国际劳动力流动引起的人员流动是单向的,即由劳动力流出国流入劳动力的输入国,而国际服务贸易所涉及的人员流动则是双向的,既可以是服务的提供者到服务的接受国提供服务,而服务的接受者在本国享受服务,如歌星的出国演出;也可以是服务的提供者在本国提供服务,而服务的接受者出国消费服务,如国际旅游。其次,国际服务贸易导致的人员流动不像国际劳动力流动那样涉及流动者雇佣身份的改变,服务提供者是以本国劳动力的身份为外国居民提供服务的,故此时的人员流动具有业务性质。举例来说,一名工程师若被国外一家公司雇佣,出国为该公司工作,此为国际劳动力流动,因为此时该工程师至少是暂时成了外国的劳动力,但是如果该工程师仅是去国外某公司提供一些咨询或技术培训服务,则是国际服务贸易。最后,由于国际服务贸易引起的人员国际流动具有业务性质,因而这种流动持续的时间自然也就会大大地短于国际劳动力流动涉及的人员的流动时间。一般认为,只有所涉及的人员流动持续的时间在 6 个月以下的才可以被视为国际服务贸易。实际上,国际劳动力流动导致的人员流动时间一般在 1 年以上(这也是国际收支统计中判断"居民"与"非居民"的时间标准),而国际服务贸易所涉及的人员流动时间大多只有几天或数月。

　　从历史上看,国际劳动力流动的出现要远远早于国际服务贸易。因为人类的地理迁移史几乎与人类历史同样悠久。在第二次世界大战之前,移民始终是国际劳务合作的主要方式,并曾对世界经济的发展做出过巨大的贡献。然而在战后,尽管国际劳动力流动(不论是移民形式的还是临时劳动力流动形式的)较过去仍有迅速的发展,但相对于国际服务贸易而言,其地位正不断下降,特别是 20 世纪 70 年代以来,由于世界经济衰退,各主要的劳动力输入国(如美国、西欧、中东等)均对外国劳动力采取了种种限制措施,使得国际劳动力流动(特别是普通劳动力流动)很不景气,从目前情况看其前景也十分黯淡。与之相反的是,战后国际服务贸易的发展却一直十分迅速。

4.3　国际服务贸易理论

4.3.1　比较优势说对国际服务贸易的适用性

　　作为新兴的国际贸易方式,服务贸易的发生、方向和得失是否适用传统的国际贸易比较优势理论,国外学术界对此存在不同的看法。

1. 国际贸易比较优势原理不适用于服务贸易

R. 迪克和 H. 迪克运用"显示性比较优势法"来验证知识密集型服务贸易是否遵循比较优势原理,他们对 18 个经合组织国家的资料进行了跨部门的回归分析,结果是,没有证据表明比较优势在服务贸易模式的决定中发挥了作用,如果不考虑贸易扭曲,要素禀赋在服务贸易中没有重要的影响。

美国经济学家菲克特库迪认为,服务同商品相比具有许多不同的特点,这些特点决定了国际贸易原理不适用于服务贸易。这些特点包括:服务贸易是劳动活动和货币的交换,不是物品和货币的交换;服务的生产和消费同时发生,不能储存;服务贸易在各国海关进出口和国际收支表上没有体现。

桑普森和斯内普认为,由于以生产要素不能在国家间流动为基本前提,因此,传统的要素禀赋理论不足以解释国际服务贸易。

2. 国际贸易比较优势原理完全适用于服务贸易

认为没有必要把服务贸易与一般国际贸易区分开来的学者也很多。

萨皮尔和卢兹(1981)合作进行了一系列著名的服务贸易实证研究,其主要结论是:传统贸易理论不仅适用于货物贸易,也适用于服务贸易,要素禀赋在货物贸易和服务贸易模式的决定上都具有重要作用。

拉尔(1986)通过对发展中国家的实证研究,也得出了相似的结论。

芬德利和史密斯(1984)提出,没有必要探求专门用于服务贸易的研究方法,比较优势理论完全适用于服务贸易。尽管服务同商品相比存在显著的值得我们关注的区别,但比较优势理论的强有力的逻辑完全可以超越这些区别。

美国著名国际经济学家理查德·库伯坚持认为:"作为一个简单的思想,比较优势论是普遍有效的,……对传统比较优势论的依赖是基于一个简单的命题——每个团体所专注的共同利益正是自身效率更高的那项活动所带来的。……正如存在于商品生产中那样,比较优势也存在于服务业中。"

3. 既肯定国际贸易的基本原理的适用性,又承认其缺陷

第三种观点介于前两种观点之间,既肯定国际贸易的基本原理对服务贸易的适用性,同时也承认具体理论在解释服务贸易上的缺陷,主张利用国际贸易理论来解释服务贸易时,必须对传统理论进行若干修正。

迪尔多夫(1984)认为至少有三个特征可能会导致比较优势理论失灵:(1)一些服务的需求仅仅是货物贸易的派生需求,不存在贸易前价格;(2)许多服务涉及要素流动;(3)某些要素服务可以由国外提供。他通过分析指出,前两点不影响比较优势理论在服务贸易中的运用,但第三个特征会导致比较优势原则不成立。然后,他运用标准的 H-O 模型,通过改变其中的个别约束条件,率先成功地解释了国际服务贸易是如何遵循比较优势原则的。"迪尔多夫理论"的指导意义在于,任何一个国家在发展服务贸易时,首先有必要研究本国发展服务贸易的比较优势,比较优势应该是一个国家发展服务贸易的出发点。当然,在不同的服务活动类型上,各国的比较优势不同,这就要求各个国家必须将服务贸易的发展对策建立在认识自身比较优势的基础上。

塔克和森德伯格(1988)指出,传统国际贸易理论适用于分析服务贸易,但也存在下述局限性:(1)要素禀赋理论是从供给角度来分析国际贸易,而国际服务贸易在许多情况下主要受到需求条件而不是生产成本的影响;(2)商品和服务在研究与开发、广告等方面的效用上存在着差别;(3)许多服务往往作为中间投入出现在生产过程中,在生产的不同阶段会出现两个不同的生产函数;(4)服务贸易受市场结构和政府管制的影响比货物贸易要大得多。他们主张在运用国际贸易原理来分析服务贸易时,需要更多地关注相关的市场结构和需求特征。

总的来说,第三种观点得到了国内外学术界较多的认可。因为在商品和服务之间存在一个连续谱,在所有的商务活动中,服务和制造具有高度的相关性和互补性,因而可以认为服务贸易,特别是附带有商品的服务贸易在很大程度上是受商品贸易的决定因素影响的,由此出发,传统的商品贸易理论基本上可以用来解释作为全部商品和物质实体贸易一部分的服务贸易。

4.3.2　服务贸易的竞争优势理论

国际竞争力理论以一国国际竞争力的构成及其影响因素为主要研究对象。尽管专门的有关国际竞争力的理论研究只有短短十几年的历史,但国际竞争力却是一个古老的话题,前人已有丰富的研究成果。

1. 竞争优势理论的演进

自从迈克尔·波特出版其《国家竞争优势》(*The Competitive Advantage of Nations*)一书,竞争优势理论便开始在全球范围内广泛传播并对世界各国的理论研究者和政策制定者产生重要的影响。竞争优势理论是对比较优势理论的一个突破,成为经济竞争核心理论之一,也是区域竞争力重要的理论基础。

从对国际竞争力的理解来看,最早古典经济学者衡量或比较国家之间的竞争力以生产统计为主,注重土地、资本、自然资源及劳动力等要素。亚当·斯密曾提出绝对利益的概念,强调在国际上,一个国家的出口要有竞争力,就必须有相对较低的生产成本;李嘉图则提出了比较利益的概念,其比较利益理论在某种程度上已经展示了国家间的竞争;20世纪初,熊彼特引入创新概念,建构出动态与不断进化的竞争论点,突出强调企业家精神是经济发展的关键因素;索洛通过研究1948—1982年美国经济发展的基本增长要素,特别强调专有技术和劳动力教育的重要性;90年代,波特指出微观经济基础的作用,认为当从国家的层面衡量时,国家竞争力的唯一意义就是国家生产力,一国在某一产业的国际竞争力表现为一国能否创造一个良好的商业环境,使该国企业获得竞争优势的能力。他利用"钻石模型",提出决定国家竞争力的四大要素:生产因素、需求条件、相关产业和支援产业的表现、企业的策略和结构及竞争对手。他还系统地展示了各项竞争力因素之间的关系。

新制度经济学的国家理论为国际竞争力理论的研究开阔了视野,使国际竞争力具有了国家层次的宏观意义。新制度经济学的国家理论的特色主要表现在:一是把国家视为一种组织和制度安排;二是揭示了国家与产权的内在联系;三是揭示了国家的内在矛盾。

现代经济增长理论是国际竞争力理论的一个重要理论基础。现代意义上的国际竞争焦点在于经济竞争,而经济竞争必然建立在经济增长的基础上。现代经济增长理论推崇人力资本和技术进步在一国竞争力形成中的作用,这一观点使国际竞争力具有了强烈的时代意义。同时,在现代经济增长中,知识已成为最关键的竞争要素,一国在扩大经济规模的同时,更应当致力于依赖知识的作用以确保其长期繁荣和在全球市场上的竞争优势。一国是否有能力去发展有效的教育体系,是否有能力通过培训获得拥有现代知识的劳动力,决定着一国在国际竞争中的强弱。

2. 波特的国家竞争优势理论

由于波特理论从产业层面系统地阐述了行业和企业竞争力形成和发展的规律,为竞争力研究提供了一套极富操作价值的系统框架,被公认为是阐述竞争优势理论的集大成之作。在此就以波特的观点为竞争优势理论的核心。

波特的竞争优势理论内容归纳如下:

(1)竞争核心:国家间的经济竞争实际上是各国同产业之间的竞争。由此可以推论,服务贸易的产业基础是服务业,各国服务贸易的竞争实际上就是各国服务业之间的竞争,服务业发展对服务贸易竞争力的构筑具有举足轻重的作用。

(2)战略要素:产业结构和产业定位。产业结构由五种力量构成,即新进入者、替代者、供应者、购买者和同业者,这五种力量决定了产业的竞争性质;产业定位是竞争的总方针,其核心是竞争优势。企业可以将自己的竞争优势建立在两个不同的层次上。低层次的竞争优势是一种"低成本竞争优势",来源于特殊的资源优势(如较低的劳动力和原材料成本)、其他竞争者使用较低的成本也能够取得的生产技术和生产方法、发展规模经济等;而高层次的竞争优势是一种"产品差异型竞争优势",建立在通过对设备、技术、管理和营销等方面持续的投资和创新而创造更能符合客户需求的差异型产品上。与低层次竞争优势相比,成功的差异型竞争优势通常能够为企业带来更高的收益因而代表更高的生产率水平,同时,差异型竞争优势更难被竞争对手模仿从而更有可能在长期中保持下去。为了创造差异型竞争优势,企业唯一的选择是进行持续的投资和创新,因此,一个有利于企业持续投资和创新的环境对企业创造高层次竞争优势来说是至关重要的条件。

(3)竞争领域:企业必须对产品规格、品种范围、流通渠道、顾客类型和销售区域等做出选择。一个国家的企业将其竞争领域集中在一个产业的某个部分,就可能在其中取得竞争优势。

(4)战略模式:成本领导、成本集中、差异化和集中差异化。

(5)价值链:竞争优势源于企业价值链的优势聚积。企业终端价值由消费者愿意购买的企业产品数量来衡量。

(6)竞争优势发展阶段:一国产业参与国际竞争的过程大致可以分为四个依次递进的阶段,即要素驱动阶段、投资推动阶段、创新推动阶段和财富推动阶段。

(7)钻石模型

钻石模型包括四个关键因素:

①生产要素。包括初级的生产要素(天然资源和一般的人力资源)和高级的生产要素(知识资源、资本资源和现代化通信等基础设施)。除了在天然产品或农业为主的产业以及对技能要求不高或技术已经普及的产业,初级生产要素的重要性已经越来越低。一个国家想要通过生产要素建立起产业的强大且持久的竞争优势,必须发展高级生产要素,政府、企业、行业协会和个人应共同对高级生产要素进行持续性的投资,刺激其发展。要对生产要素进行动态的开发和升级以获得持续性的竞争优势,这和比较优势论中的动态理论不谋而合。

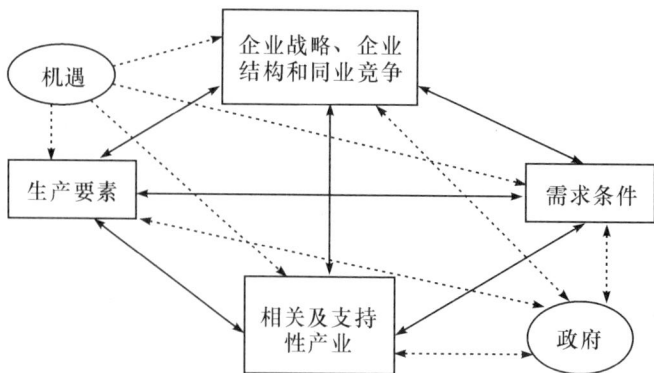

图 4-2　波特的"钻石"理论模型

②需求条件。包括国内需求的结构、市场的大小和成长速度、需求的质量、需求国际化的程度等。国内市场的需求会刺激企业的改进和创新，是产业发展的动力，同时，内需市场的大小对企业能否形成规模经济有着重要的影响。这与林德的需求理论一致。但波特指出，即便是需求结构相似的国家，仍然存在着各自特有的需求特点，而正是这些需求的差异之处使不同国家在不同产品或产业上具有了竞争优势。

③相关及支持性产业。包括纵向的支持（企业的上游产业在设备、零部件方面的支持）和横向的支持（相似企业在生产合作、信息共享等方面的支持）。波特认为，如果在一个国家的一定区域内能为某个产业聚集起健全而且具备国际竞争力的相关和支持性产业，从而形成强大的产业集群，则不仅有利于降低交易成本，而且有助于改进激励方式，创造出信息、专业化制度、名声等集体财富，更能改善创新的条件，更容易形成产业的竞争优势。

④企业战略、结构和同业竞争。包括企业的经营理念、经营目标、员工的工作动机、同行业中竞争对手的状况等方面。波特认为，企业的目标、战略和组织结构往往随产业和国情的差异而有所不同，各种差异条件的最佳组合便形成了国家竞争优势。来自本国竞争者的压力会使企业时时有落后的忧患意识和超前的欲望，是推动企业创新的动力。

以上四个关键要素是相互作用的，每个关键要素的效果都建立在其他要素的配合之上，各要素相互依赖，每个要素都会强化或改变其他要素的表现。

另外，还存在两种因素也可能影响企业的竞争优势，这两种因素是政府和机遇。政府可以通过自己的活动来影响钻石体系四种关键因素中的任何一个方面，从而达到影响企业竞争优势的目的。但是，政府本身并不可能帮助企业创造竞争优势；机遇因素（如新的需求、新技术的出现等）则为落后企业追赶先进企业提供了最佳的时机，但是，机会是可遇不可求的。

图 4-3 表示钻石模型应用于服务贸易时的修正。

【专栏 4.1】

迈克尔·波特

迈克尔·波特（Michael E. Porter，1947—），哈佛大学商学院著名教授，当今世界上少数最有影响的管理学家之一。

他曾在 1983 年被任命为美国总统里根的产业竞争委员会主席，开创了企业竞争战略理论并引发了美国乃至世界的竞争力讨论。他先后获得过大卫·威尔兹经济学奖、亚当·斯

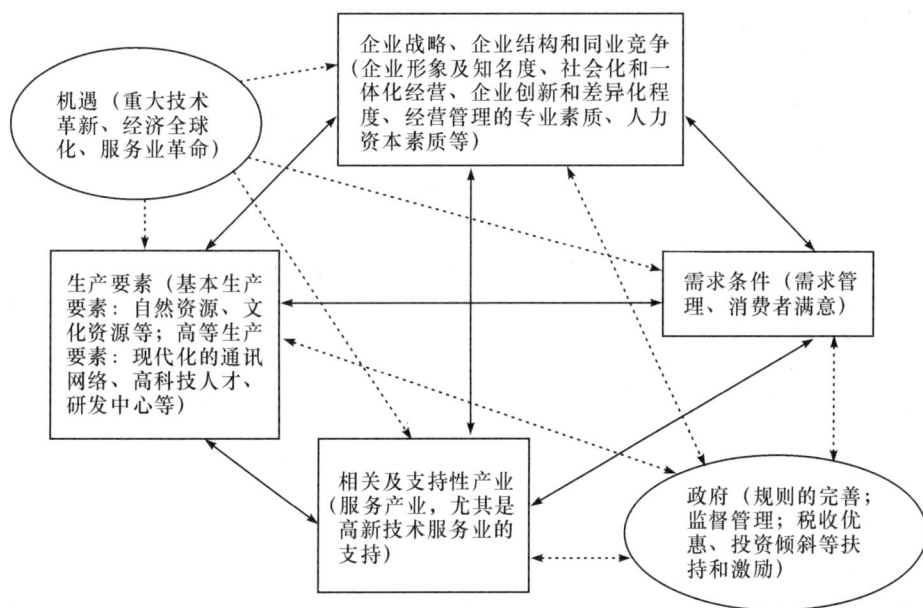

图 4-3　波特"钻石模型"应用于服务贸易时的修正

密奖,并五次获得麦肯锡奖,拥有很多大学的名誉博士学位。到现在为止,迈克尔·波特已有十四本著作,其中最有影响的有《品牌间选择、战略及双边市场力量》(1976)、《竞争战略》(1980)、《竞争优势》(1985)、《国家竞争力》(1990)等。迈克尔·波特是当今全球第一战略权威,被誉为"竞争战略之父",是现代最伟大的商业思想家之一。32 岁即获哈佛商学院终身教授之职,是当今世界上竞争战略和竞争力方面公认的权威。他毕业于普林斯顿大学,后获哈佛大学商学院企业经济学博士学位。目前,他拥有瑞典、荷兰、法国等国大学的 8 个名誉博士学位。迈克尔·波特博士获得的崇高地位缘于他所提出的"五种竞争力量"和"三种竞争战略"的理论观点。作为国际商学领域最备受推崇的大师之一,迈克尔·波特博士至今已出版了 17 本书及 70 多篇文章。其中,《竞争战略》一书已经再版了 53 次,并被译为 17 种文字;另一本著作《竞争优势》,至今也已再版 32 次。目前,波特博士的课已成了哈佛商学院学院的必修课之一。迈克尔·波特的三部经典著作《竞争战略》、《竞争优势》、《国家竞争优势》被称为竞争三部曲。

资料来源:360 百科,http://baike.so.com/doc/4750590.html。

4.4　服务贸易国际竞争力的考察

4.4.1　国际竞争力的研究方法

近年来,国际一些知名机构发展出评估世界各国或地区竞争力的多种方法。世界经济论坛(WEF)和瑞士洛桑国际管理开发学院(IMD)的国际竞争力研究体系相对完整,得到较多国家的认同。WEF 对国际竞争力的定义是"一国实现国民经济持续高速增长的能力",着眼于经济的增长来评价一国的竞争力;IMD 对国际竞争力的定义是"一国创造增加值从而积累国民财富的能力,并且通过协调如下四对关系而实现其国际竞争力。这四对关系是:资产与过程、引进吸收能力与输出扩张能力、全球经济活动与国内家园式经济活动、经济发展与社会发展"。IMD 对国际竞争力的理解是综合的,强调经济与社会的全面发展与协调,但其根本目的还是实现创造增加值和积累国民财富的能力。两个组织对国际竞争力的理解并不存在实质上的差异,它们的分歧主要在于研究方法的不同。从研究方法上看,IMD 对国际竞争力的研究不仅发展得相对完善,而且该组织坚持采用的"钻石方法"对于国际竞争力研究是非常有意义的。

4.4.2 服务贸易国际竞争力的实证研究

由于服务贸易涉及的部门复杂,大多是无形贸易,不经过各国海关,因此缺乏准确完整的统计资料,这就为服务贸易的实证研究带来了很大的障碍。但是,许多学者仍然致力于服务贸易的实证研究。

萨皮尔(1982)通过一系列实证研究后,验证了比较优势对于服务贸易的适用性,并描绘了由比较优势决定的现实服务贸易格局。他指出,物质资本丰裕的国家在运输服务贸易上拥有比较优势,而人力资本丰裕的国家在保险和其他私人服务贸易上拥有比较优势。工业化国家由于物质和人力资本都很丰富,在服务贸易上拥有总体的比较优势。但是,服务贸易的比较优势不是静态的,随着发展中国家物质和人力资本的积累,在一定的服务贸易部门也会拥有比较优势。1985 年,萨皮尔又对服务贸易中的南北问题进行了专门考察,分析了发达国家和发展中国家当时的服务贸易结构和比较优势格局,强调发达国家和发展中国家之间要加强合作,共同推进服务贸易的自由化。1986 年,萨皮尔通过对工程服务贸易的实证研究,再次肯定了比较优势的动态性和发展中国家作为潜在服务贸易出口者的作用。

豪克曼和卡森迪(1992)运用"显示性比较优势法(RCA)"分析了不同收入水平国家在服务贸易上的比较优势。按照他们的分析,收入水平越高,服务贸易的比较优势越大,人均收入在 6000 美元以上的国家在服务贸易上拥有较大优势。但是,收入水平低的国家在一些服务部门也拥有比较优势。

国内学者在近几年也发表了诸多论文,提出了中国服务贸易国际竞争力研究的一些方法。具体衡量指标归纳如下:

(1)服务贸易总量。包括进出口总额、出口额、进口额以及各自的增长率和在世界的排序。这是一个国家服务贸易国际竞争力的直接体现。

(2)国际市场占有率。衡量一个国家服务贸易的国际地位还有一个很重要的指标是一国服务贸易出口在世界市场上的占有份额,即国际市场占有率。计算公式为:

一国国际市场占有率＝该国出口额/世界出口总额

(3)进出口行业结构。出口结构是否合理是影响国际竞争力的重要指标。发达国家是服务出口的主要国家,他们都在致力改善国际服务贸易的出口结构,主要表现为提高知识、技术密集型服务的比重。我国国际服务贸易出口中旅游等劳动密集型服务贸易占了半壁江山,知识技术密集型服务的比重偏低,属于过分依赖自然禀赋的出口结构。

(4)竞争优势指数(TC 指数)。国际贸易竞争优势指数分析是行业结构国际竞争力分析的一种工具,总体上能够反映出计算对象的竞争优势状况。所谓贸易竞争优势指数(TC指数),又称国际贸易专业化系数(TSC 系数),是指一国进出口贸易的差额占进出口贸易总额的比重。计算公式为:

$$TC=(出口-进口)/(出口+进口)$$

其取值范围为[-1,1],当其值接近 0 时,说明竞争优势接近平均水平;大于 0 时,说明竞争优势大,越接近 1,竞争力越强;反之,则说明竞争力小。如果等于-1,则说明该服务没有出口只有进口;如果等于 1,则说明该服务只有出口没有进口。

(5)劳动生产率。劳动者的生产效率,是反映一国竞争力强弱的重要指标之一。为了考察我国服务出口部门的生产效率,有的学者专门设计了一项新的指标——服务业就业的出口效应(Export Effect,EE)。这一指标是表示服务出口收入对服务业就业的弹性系数。若用 EY 和 QS 分别表示服务出口收入和服务业就业人数,计算公式为:

$$EE=(\Delta EY/EY)/(\Delta QS/QS)$$

(6)服务贸易对外开放度(SO)。服务贸易的全球化、自由化是世界经济发展的必然趋势,但由于各国服务产业发展水平与阶段不同,对服务贸易的开放和控制程度是不同的。国际货币基金组织对一国服务贸易的开放度提供了相关的计算公式:

$$SO=(S_X+S_J)/GDP$$

其中 S_X、S_J 分别表示服务贸易的出口总额和进口总额,GDP 是国内生产总值。

(7)显性比较优势指数(RCA 指数),又称"相对出口绩效指数(REP)"。可以定义为,一经济体某种商品或服务的出口占世界该种商品或服务出口的比率对于该经济体总出口占世界总出口的比率之比。在 $n(j=1\sim n)$ 个经济体,$m(I=1\sim m)$ 种出口商品或服务中,一经济体的显性比较优势指数为:

$$RCA_{ij}=\left[\frac{X_{ij}}{\sum\limits_{j=1}^{n}X_{ij}}\div\frac{\sum\limits_{i=1}^{m}X_{ij}}{\sum\limits_{j=1}^{n}\sum\limits_{i=1}^{m}X_{ij}}\right]\times 100$$

其中 RCA_{ij} 表示 j 经济体在服务 i 上的显性比较优势指数;X_{ij} 表示 j 经济体服务 i 的出口;$\sum\limits_{j=1}^{n}X_{ij}$ 表示 n 个经济体在服务 i 上的总出口;$\sum\limits_{j=1}^{n}X_{ij}$ 表示 j 经济体 m 种服务的总出口;$\sum\limits_{j=1}^{n}\sum\limits_{i=1}^{m}X_{ij}$ 表示 n 个经济体 m 种服务的总出口。

当一经济体的 RCA 指数大于 100 时,则其在该商品或服务上拥有"显性"比较优势;相反,当一经济体的 RCA 指数小于 100 时,则其处于非比较优势地位。更细的分析认为,若RCA 指数大于 250,表明该经济体的该商品或服务具有极强的国际竞争力;若 RCA 指数小于 250 而大于 125,表明该经济体的该商品或服务具有较强的国际竞争力;若 RCA 指数小于 80,表明该经济体的该商品或服务的国际竞争力较弱。

4.5 国际服务贸易的政策

4.5.1 国际服务贸易保护政策特点

国际服务贸易的迅速成长及其蕴含的大量商机和利润,以及国际服务贸易的不平衡发展决定了各个国家在不同程度上推行服务贸易保护。由于服务贸易标的的特点,相对于货物贸易的保护政策,各国难以采用关税壁垒的形式,而更多地采用非关税壁垒。

所谓非关税壁垒是指关税以外的一切限制进口的措施。非关税壁垒起源于商品贸易,与关税壁垒相比非关税壁垒具有更大的灵活性、针对性、隐蔽性和歧视性,比关税壁垒更能达到限制进口的目的。非关税壁垒可分为直接的和间接的两大类。前者指进口国直接对进口商品的数量和金额加以限制或迫使出口国直接按规定的出口数量或金额限制出口。后者指进口国未直接规定进口商品的数量或金额,而是对进口商品制定种种严格的条例,间接地影响和限制商品的进口。目前国际服务贸易领域的非关税壁垒多达 2500 种。

就目前情况来看,发达国家的服务贸易壁垒多为间接性的,往往表现为一些复杂苛刻的技术标准和质量检验与认证制度;发展中国家的服务贸易壁垒则更多地表现为直接规定对某类服务的外资限入,或限定外资比例。中国目前对服务市场的保护主要依赖行政性规定限制外资进入。

在各种服务贸易壁垒中,技术性壁垒是最隐蔽、最棘手、最难对付的贸易障碍。一些发达国家往往运用技术法规、技术标准及产品服务认证制度对外国产品和服务筑起一道无形屏障。发达国家对技术性壁垒的运用,主要表现在三个方面:

第一,规定复杂苛刻的技术标准,控制其商品的生产和销售。发达国家规定的严格繁多的技术标准,包括产品标准、试验检验方法标准、卫生安全标准、环境保护标准、包装标签标准等。对商品设计、制造、管理、生产、销售乃至使用、维修进行严格控制。这些复杂苛刻的技术标准既限制了商品的进口,也限制了与商品相连的服务的进口。

第二,以技术法规形式确立商品的特性和适用性。所谓技术法规包括有关技术性的法律、法令、行政条例等,由于是进口国政府制定、颁布,所以具有法律约束力。通过技术法规的实施,对商品的生产、质量、技术、检验、包装、标志,以及工艺过程等进行严格的规定和控制,使本国商品具有与外国同类商品所不同的特性及适用性,由此而形成贸易壁垒。技术法规所涉及的范围是很广的,包括环境保护、卫生与健康、劳动安全、节约能源、交通规则、计量、知识产权等等方面。技术法规有相当一部分能影响到服务、特别是高技术服务的进口。

第三,推行认证制度,建立巨大的市场保护网。所谓"合格认证",根据国际标准化组织 ISO 的定义,是指借助合格证书或合格标志来证明某项产品或服务是符合规定的标准或技术条件的活动。"合格认证"的依据是各种技术法规和标准。按照技术法规和标准的规定,对企业生产、产品、质量、安全、环境保护及其整个保证体系进行全面的监督、审查、检验,合格后授予国家或国外权威机构统一颁发的认证标志。国际贸易中通常采用第三方认证。越来越多的国家认识到,认证是一种加强商品和服务国际竞争力的重要手段,同时又可以利用认证制度来形成巨大的市场保护网,控制商品和服务进口。由于认证是一项复杂的系统工程,对于大多数发展中国家的企业来说,要获得国际著名机构的认证是相当困难的,因而认证制度实际上就成为发达国家推行市场保护的专利。

发展中国家在服务市场保护方面,往往采用直接的限制性规定。相比发达国家的技术性壁垒看起来更直观,因而也容易受到发达国家的指责。

除了上述非关税壁垒的显著特点外,与货物贸易相比,服务贸易还存在以下两方面的特点:第一,对服务贸易的保护以行业性保护和"限入"式的防御性保护为主,而不是以区域性保护和"奖出"式的进攻性保护为主。第二,对服务贸易的管理十分复杂、敏感。因为这不仅是对服务自身的管理,而且还涉及对服务提供者和服务消费者的管理,有一些服务贸易内容还直接关系到输入国的国家主权与安全、文化与价值观念、伦理道德等极其敏感的意识形态问题。

4.5.2 国际服务贸易保护政策产生的原因

政府在服务贸易领域采取保护政策的动因主要包括经济因素和非经济因素两方面。

从经济因素来看,微观层次上,服务贸易市场的"失灵"和规模经济的存在要求政府进行干预。服务贸易市场的失灵缘于三个因素:

第一,信息的不完全和不对称。前者是指接受服务的消费者在消费服务之前无法完全知道服务的质量,后者是指对于所提供的服务而言,服务提供者知道的信息比消费者要多。

第二,系统性失灵。服务部门有时会出现"系统性失灵"的问题,如银行系统中一家银行的倒闭常会引发整个系统的瘫痪。

第三,规模经济问题。由于服务业服务总量规模报酬递增,因而服务业中存在"先入者优势",妨碍公平竞争,降低后来者福利水平。

宏观层次上,服务业中的相关部门,如交通运输、邮电通信、电力和金融等属于一国经济的要害部门或关键部门,为维护国家经济的独立性和安全性,防止经济恶性发展和附庸式发展,政府必须进行干预。

从非经济因素来看,教育、新闻、娱乐、影视、音像制品等服务部门属于国家意识形态领域,为保持本国在政治、文化上的独立性,国家必须进行干预和限制。

4.5.3 国际服务贸易保护政策的分类

服务贸易壁垒形形色色、各种各样,相应的分类也五花八门。目前较为普遍的分类主要有两种:一种是把服务贸易模式与影响服务提供和消费的壁垒结合起来进行分类;另一种是按照乌拉圭回合谈判采纳的方案进行分类。

前一种将服务贸易壁垒分为四种形式:产品移动壁垒,包括数量限制、当地成分要求、补贴、政府采购、歧视性技术标准、税收制度和落后的知识产权保护体系等;资本移动壁垒,包括外汇管制、浮动汇率和投资收益汇出的限制等;人员移动壁垒,包括种种移民限制和繁琐的出入境手续等;开业权壁垒,包括各种对外商进入部门、使用雇员和投资比例等的诸多限制。

后一种将服务贸易壁垒分为影响市场准入的措施和影响国民待遇的措施。市场准入措施包括那些禁止或限制外商进入国内市场从而抑制市场竞争的措施;国民待遇措施是指有利于本国企业但歧视外国企业的措施,包括为国内生产者提供成本优势,或增加外国生产者进入本国市场的成本。

4.5.4　《服务贸易总协定》中的保障措施

针对服务贸易保护的特点,《服务贸易总协定》试图通过最惠国待遇原则与国民待遇原则来推动服务贸易自由化进程,但服务贸易自由化的落实则依据各国的市场开放承诺。应该说,GATS 的渐进式自由化原则与具体承诺的方式,为包括中国在内的发展中国家实行必要的服务贸易保护提供了可能。当前包括中国在内的发展中国家运用合理的保护来发展服务业,首先可以利用服务贸易总协定中的保障措施。

1.《服务贸易总协定》第 10 条规定的保障措施

《服务贸易总协定》第 10 条"紧急保障措施"与 1994 年 GATT 的第 19 条原则是一致的,它准许 WTO 成员在由于没有预见到的变化或由于某一具体承诺而使某一服务的进口数量太大,以至于对本国内的服务提供者造成严重损害或严重损害威胁时,该成员可以部分地或全部地中止此承诺以弥补这一损害。任何成员要采取这种紧急保障措施应在之前或之后立即向全体成员通知这种措施并提供有关数据,且应与有关各成员充分磋商,所有这种紧急措施都应受 WTO 服务贸易理事会的监督。

2.《服务贸易总协定》第 12 条国际收支平衡的限制措施

该条款允许一成员在其国际收支和金融地位严重恶化的情况下,就其做出过具体承诺的服务市场开放采取限制性措施,或对于这种交易有关的支付或货币转移进行限制,尤其是对金融地位比较脆弱的发展中国家为实现其发展目标而维持其外汇储备的要求应予以考虑。该条款还规定这种限制性措施要迅速通知各成员且不应超过必要的程度,不对各成员采取歧视性措施,不给其他成员带来不必要的商业和经济损失。采取限制性措施的成员应立即就其措施同各成员磋商,且采取国际货币基金组织提供的有关数据资料做出判断和评价。

3.《服务贸易总协定》第 14 条普遍例外和国家安全例外

该条款规定只要符合一定的条件,在特定的情况下,一成员可以采取一些与《服务贸易总协定》不一致的措施。这些条件是:(1)不得在情况相似的国家之间采取武断或不公平的歧视;(2)不得借机为国际服务贸易设置限制。特定的情况是指:(1)出于保护公共安全、公共卫生、环境、文化、资源等;(2)为了维护国内法律和制止欺诈行为。采取的措施要及时通知各成员。

该条款还规定了各成员在有关下述情形下,可与《服务贸易总协定》的义务暂时背离:(1)国家安全的情报;(2)军事、放射性物质和战争时期等所采取的行动;(3)为执行联合国宪章而采取的行动等。

4.　特定情况下修改开放市场承诺义务

在通知服务贸易理事会后,一成员在其开放市场的承诺生效三年后,可在任何时候修改或撤销开放市场的承诺。但要求该成员应与其他受影响的成员进行谈判,并在最惠国待遇的基础上进行补偿性调整。

上述一系列保障措施的存在,意味着包括中国在内的发展中国家在加入世界贸易组织之后,仍可利用《服务贸易总协定》的保障措施,对服务市场进行合理的保护。

4.6 服务贸易的自由化政策

4.6.1 服务贸易自由化与国家安全

服务贸易自由化中最为敏感的问题就是国家安全,涉及 5 种基本的国家利益,即政治、经济、军事、外交和文化利益。分析表明,无论是发达国家还是发展中国家都面临在国家利益、安全利益与服务贸易利益之间的权衡和选择。在不同时期,3 种利益的权重对于政府决策者来说可能不同,但国家利益应随着经济规模的扩大而不断扩散和增长,国家安全利益与服务贸易利益之间的利益分割线有可能是一条随时间而波动的曲线。

4.6.2 服务贸易自由化与国家竞争力

获得低成本优势和寻求产品差异性是服务贸易自由化提高厂商乃至国家经济竞争力的基础。服务贸易给予厂商或国家竞争优势的基本要素可分解为 6 个:第一,服务技术(高技术)要素,即服务贸易能通过技术基础设施或物理载体等方式促使厂商及时采用各种最新信息技术以获取成本优势和产品差异。第二,服务资源要素,即服务贸易使厂商能够获得相对于初始投资更低的数据库、网络信息、软件、专利技术等。第三,服务管理要素,即多数服务贸易过程既是实施服务管理的过程,又是提高服务管理技术和质量的过程。第四,服务市场要素,即服务贸易既为本国厂商利用国际市场、发挥比较优势创造了条件,又促进了国内服务市场的竞争,进而提高了本国厂商的国际竞争力。第五,服务资本(投资)要素,即服务贸易往往与直接投资紧密相连。服务贸易带来直接投资,而外资的持续进入需要各种跨国服务的支持,两者相互促进,共同推动本国市场开放度的提高。第六,服务产品要素,即服务贸易带动服务技术、资源、管理、市场和投资等诸要素的跨国流动,促进本国服务产品的生产和销售,进而推动国家产业升级和服务业的规模扩展,提高国家竞争力。

4.6.3 国际服务贸易自由化对发展中国家可能产生的影响

《服务贸易总协定》的签署与国际服务贸易自由化对发展中国家的影响有经济方面的,也有非经济方面的。它的经济影响主要体现在以下几个方面。

1. 对经济效率的影响

总的来说,服务贸易自由化有利于发展中国家经济效率的提高。主要体现在以下几个方面:(1)由于外国服务提供者进入市场,发展中国家的企业能够有更多的机会选择质优价廉的服务,提高企业的经济效益。(2)发展中国家能够进口经济发展急需,而本国又不能满足需求的生产性服务,从而有利于解决生产发展与服务业落后的矛盾。(3)外国企业的竞争将迫使发展中国家的服务企业向国际先进水平看齐,吸收国外先进服务技术与经验,努力降低成本,提高质量和竞争能力,走向世界市场。(4)有利于发展中国家发展自己具有优势的服务业,进口不具有相对优势的服务,从而促进经济资源的有效配置,为发展中国家有优势的服务业出口创造更多的机会。

2. 对国际收支的影响

服务贸易自由化对国际收支的影响是双重的：一方面，由于发展中国家减少对服务进口的限制，短期内可能导致进口大量增加，造成国际收支恶化；另一方面，发展中国家可以利用自由化的国际环境设法扩大自己的服务出口。由于能够采用优质价廉的进口服务，发展中国家有可能降低其物质产品的成本，提高质量，增强货物出口的国际竞争力，从而增加收入。同时，适度开放金融服务市场还将有利于外资的流入，改善国际收支状况。

3. 对技术进步的影响

服务贸易自由化对技术进步的促进作用主要有两个方面：(1)服务贸易本身可以成为技术转让的渠道。由于技术进步往往首先发生在服务领域，这样就可以使发展中国家通过技术引进、咨询、培训及其他技术服务形式获得先进技术和其他信息。同时，服务业的外国直接技术投资也往往伴随着某些技术转让。(2)国际竞争的压力会迫使发展中国家的服务业加快技术进步，以提高竞争力，并由此带动其他部门的技术进步。当然服务贸易自由化也可能对技术进步产生消极影响，例如，一国过分依赖于外国的高技术服务就可能抑制本国在这方面的研究与开发。但一般来说，服务贸易自由化对技术进步的影响是积极的。

4. 对劳动就业的影响

发展中国家服务业劳动生产率较低，劳动密集程度高，劳动力素质差，向其他部门转移较困难。因此，服务贸易自由化可能使本国服务业和与之相关的物质生产部门的就业状况恶化，而且对发展中国家尚未成长起来的高新技术服务部门，如远程通信服务、法律专业服务、金融保险服务、信息咨询服务等等可能造成损害，从而影响这些服务业的发展与国内就业。但是随着服务进口与出口的扩大，也可能增加一部分就业，特别是通过扩大劳务出口，能够缓解国内就业的一些压力。

5. 对经济安全的影响

服务贸易自由化对发展中国家经济安全的影响主要表现在两个方面：(1)对国家的经济独立性与经济主权的影响。服务贸易自由化可能会削弱发展中国家的经济独立性。其原因在于，首先对服务贸易自由化的承诺会使发展中国家在一定程度上丧失部分经济决策的自主权，特别是发展中国家的某些至关重要的服务行业，如通信、金融和交通运输业等可能受到发达国家跨国公司的控制和支配而损害东道国的主权。其次，外国服务的竞争可能会抑制发展中国家弱小的新兴服务业，特别是高新技术生产性服务以及与之相关的高新技术产业的发展，使它们难以改善自身的产业结构，从而在高技术服务上依赖发达国家。(2)对经济发展稳定性的影响。经济发展的稳定性是与独立性相联系的，不合理的产业结构和高度的对外依赖都会影响经济的长期稳定发展。此外，服务贸易自由化还通过以下两方面增加经济的不稳定性：一方面，服务贸易自由化鼓励一国根据比较优势的原则发展自身具有相对优势的服务业，这就有可能增强某些发展中国家对某一单一服务部门的依赖，不利于这些国家形成对国际市场的应变能力；另一方面，银行业等金融服务市场的对外开放将使发展中国家的国内金融体系与世界金融市场联系在一起，一旦国际金融市场发生强烈动荡，将难免对发展中国家的经济造成冲击。例如，1997 年 7 月从泰国开始发生的东南亚金融危机，很快就造成整个亚洲乃至全球金融市场的动荡。

6. 制约因素的影响

通过上述分析,可以看出,服务贸易自由化对发展中国家经济效益的影响是利大于弊,对经济安全的影响却是弊大于利。需要指出的是,发展中国家在权衡时不仅要做理论上的推理与分析,也要考虑到实际的制约因素,因为这些因素对发展中国家在自由化过程中的命运起着实质性的影响。

(1)国际经济环境的制约。服务贸易自由化能够向发展中国家提供更多更好的服务,以提高发展中国家出口商品的竞争力。但是,在实际经济生活中,发展中国家出口竞争力最强的领域往往也是发达国家贸易保护主义最强的领域。因此,发展中国家由于出口竞争力的提高本应得到的利益可能在很大程度上被发达国家的贸易保护主义所抵消。发达国家的技术保护也在一定程度上限制了发展中国家可能从服务贸易自由化中得到的技术转让的利益。

(2)发展中国家自身技术水平和技术能力的制约。服务贸易自由化能够刺激发展中国家的服务业提高竞争力,减少贸易壁垒,有利于发展中国家自身相对优势的服务进入国际市场。但是,现代服务业的国际竞争越来越从劳动力成本、地理环境优势的竞争转向技术的竞争。而科学技术相对落后恰恰是发展中国家现实经济中最大的障碍,表现为技术层次和管理水平低,缺乏必要的物质生产基础等。在自由化中受惠最大的信息技术服务,发展中国家由于技术能力的制约,如无有效的措施,在自由贸易的环境下,发达国家的竞争力对发展中国家服务业发展的抑制作用可能大于促进作用。

(3)发展中国家服务业内部产业结构的制约。发展中国家服务产业结构的最大弱点是生产性服务不发达,因此最需要从国际市场引进生产性服务,而信息技术生产性服务恰恰是对国家经济安全影响最大的领域。发展中国家如果完全任其自流,就难免在这方面依赖于发达国家。在信息技术生产性服务上依赖于发达国家的危险,不仅在于压抑本国高技术服务的发展,使发展中国家难以改革落后的服务产业结构,而且还在于这可能会使发展中国家在世界信息资源的再分配系统中处于不利的地位。当发展中国家在数据处理方面依赖于进口时,就可能形成由发展中国家提供未经加工的原始数据,而由发达国家进行处理的格局。在这种交换中,发展中国家一方面要支付数据处理费用,另一方面无偿输出了原始信息资料,而发达国家则在赚取信息加工附加值的同时还获得了无偿的信息。信息的无偿外流不仅使发展中国家损失宝贵的经济资源,而且还会对国家安全造成潜在的威胁。

从国际服务贸易发展的趋势看,自由化形成的外部竞争将迫使发展中国家只能发展具有相对优势的旅游、工程建筑、劳务输出等传统服务,发展中国家服务业结构的局限又形成其对生产性服务进口的依赖。这样,一方面发展中国家依赖从发达国家进口信息技术、生产性服务,另一方面又依赖传统服务业的出口来换取外汇,平衡国际收支。服务贸易自由化很可能促使这种格局固定化,这种服务贸易格局的实质是发展中国家用附加值低的服务来换取发达国家附加值较高的服务,用简单劳动与复杂劳动相交换。这就意味着发展中国家丰富的劳动力资源无法在国际市场上转化为更高的价值,发展中国家的服务贸易格局局限在低增值的水平上。这种建立在比较优势基础上的服务贸易格局一旦长期延续下去,就会使发展中国家永远无法改变自身的落后地位。这是发展中国家在服务贸易自由化过程中面临的最严峻的现实问题。

【思考题】

1. 关于传统的比较优势理论是否适用于服务贸易,国际学术界有哪些看法? 你是怎么认为的?

2. 国际服务贸易的比较优势与国际货物贸易有何不同? 为什么?

3. 比较优势与竞争优势有何异同? 竞争优势理论与比较优势理论的相互关系如何? 为什么竞争优势理论更适合于国际服务贸易?

4. 对服务贸易的国际竞争力进行量化分析的方法有哪些?

5. 国际服务贸易保护政策有何特点? 产生的原因是什么?

6. 试述服务贸易自由化与国家竞争力之间的关系。

【本章推荐书目及网上资源】

1. 赫伯特·G.格鲁伯,迈克尔·A.沃克.服务业的增长——原因和影响.陈彪如译.上海:上海三联书店,1993.

2. 迈克尔·波特.国家竞争优势.北京:华夏出版社,2000.

3. 陈宪,程大中.国际服务贸易——原理·政策·产业.上海:立信会计出版社,2000.

4. 黄建忠,刘莉.国际服务贸易教程.北京:对外经济贸易大学出版社,2008.

5. 李江帆.第三产业经济学.广州:广东人民出版社,1990.

6. 中国服务贸易指南网,http://tradeinservices.mofcom.gov.cn/index.shtml.

7. 中国服务外包网,http://chinasourcing.mofcom.gov.cn.

8. 中国第三产业研究中心,http://www.ccssr.org.cn.

9. 浙江省现代服务业研究中心,http://www.zjmsi.com.

第 5 章　国际资本移动

【学习要点及目的】

通过本章的学习，了解对外直接投资和间接投资的主要形式；掌握直接投资的特点和原因；理解投资国与东道国鼓励与限制投资的主要政策与措施。

【本章关键术语】

对外直接投资（Foreign Direct Investment）；对外间接投资（Foreign In-direct Investment）；并购（Merger & Acquisition）；绿地策略（Greenfield Strategy）

5.1　国际资本移动的主要形式

国际资本移动是指一国居住者与外国居住者之间的资金借贷，包括直接投资、证券投资及银行间相互借贷。国际资本移动按资本持有者的性质可分为国家和私人资本移动两大类；按投资期限的长短可分为长期资本移动和短期资本移动；按投资方式可分为直接投资和间接投资。

5.1.1　对外直接投资

对外直接投资是一个国家的投资者输出生产资本直接到另一个国家的厂矿企业进行投资，并由投资者直接进行该厂矿企业的经营和管理，以获取利润为目的的一种投资形式。

国际货币基金组织在其《国际收支指南》中定义为："直接投资是指投资者为获得持久的利益，到国外经营所进行的企业投资，投资者之所以不在证券市场进行投资的目的是，要在企业管理中具有有效的发言权。"同时该指南对直接投资的资产拥有权比例作了解释："当一个投资者或一伙同行集中拥有国外企业资产产权时，作为判断是否直接投资所选用的资产拥有权的比例一般都很低，常常在 25% 到 10% 之间。"

按照不同的标准，对外直接投资可分为以下几类。

1. 按投资者对投资企业拥有的股权比例的不同分类

（1）独资企业

独资企业是指投入企业的资本完全由一国的投资者提供，投资者对投资企业的股权拥有的比例在 95% 以上的企业。独资企业包括设立分支机构、附属机构、子公司等。它可以采取收买现有企业或建立新的企业来进行。

与合资经营企业不同，独资经营企业由外国投资者独立投资与经营，因此母公司对海外子公司的经营管理拥有充分的决策权,从而保证子公司的所有经营活动符合母公司战略利益的要求,保证子公司在经营目标、经营手段、管理思想和管理方法上与母公司协调统一,避免内部矛盾和摩擦,还保证母公司转移给子公司的资产,特别是专利技术、专有技术、管理技巧以及商标等无形资产不会流失,因此可以放心地组织各种管理技能与技术资源在内部转移,并维持企业对上述资源的垄断。由于独资经营能够更加灵活、有效地对海外业务进行协调,并且避免了合资经营存在的种种问题,尤其是关于决策和文化冲突上的问题,因此是国际上广泛采用的对外直接投资形式。

尽管独资经营有上述优点,但也应看到它与合资经营相比有以下不利之处:独资子公司的投资费用由投资企业独家承担,财务压力比较大;独资经营企业常被东道国政府及当地社会视为外国企业,容易遭到排斥,面临的政治风险比较大,一旦东道国对外资实施国有化,独资经营企业将首当其冲;由于对东道国的社会环境不够熟悉,在争取东道国各方面的理解与合作以及处理与东道国各方面的纠纷时面临一定的困难;某些东道国对独资经营企业与合资经营企业实行差别待遇,通常对独资经营企业只给予较少的优惠,而限制却比较多。

(2)合资企业

合资企业是指两国或两国以上的投资者在一国境内根据投资所在国的法律,通过签订合同,按一定比例或股份共同投资建立、共同管理、分享利润、分担亏损和风险的股权式企业。合资企业可分为股份公司、有限责任公司或企业、无限共同责任公司,并具有法人地位。至于采取何种合资方式,则由投资各方商定。

从投资者的角度上分析,合资企业有以下几点好处:1)可利用合营对象的销售网和销售手段进入特定地区市场或国际市场,开拓国外市场;2)合营各方可以在资本、技术、经营能力等方面相互补充,增强合资企业自身的竞争力;3)有利于获得当地的重要原料、资源或生产基地;4)可以吸收对方的经营管理技能,获得有经验的技术、管理和销售人员;5)有助于投资者进入某一新的业务领域,取得新技术;6)可以扩大企业的生产规模,较迅速地了解国外市场信息和满足国外市场的需求变化;7)可获取税收减免等优惠待遇;8)分散或减少国际投资中的风险;9)可更好地了解东道国的经济、政治、社会和文化,有助于投资者制订正确的决策;10)有当地资本投入,可能会避免被征收或被排挤的影响,减少或克服差别待遇和法律障碍;11)有助于缓解东道国的民族意识和克服企业文化的差异。

同时,合资经营也有以下不利之处:

1)合营各方在建立合资经营企业的目标上并不完全一致,从而可能导致合营各方在投资利润分配、外销比例以及技术使用等方面存在冲突。例如,在投资利润分配上,合营一方希望将经营利润用于再投资,另一方则希望以分红形式取走;在外销比例上,外国投资方往往希望尽可能在东道国当地市场上销售,而东道国投资方则希望尽量出口,合资经营企业的外销比例因此常常是双方争论的焦点;在技术方面,外国投资方倾向于采用成熟技术甚至即将衰落的技术,以达到延长使用与获取更多利益的目的,而东道国投资方则希望通过合资取得国外先进技术,以提高自己的技术水平。这些冲突不可避免地将影响到合资经营企业的生产经营。

2)合营各方对企业控制权和管理权的争夺将影响企业的决策效率。虽然合资经营企业以股权比例作为分配依据,但拥有多数股权并不意味着对企业拥有完全的管理权,现代企业由于在某种程度上实行了所有权与经营权的分离,因此经营管理权的分配就成了一个至关重要的问题。目前在合资经营企业中普遍实行董事长与总经理分别由合营双方派人担任的做法,以使双方在心理上得到某种平衡,但这种做法实际上容易引发双方的互相牵制现象,从而影响合资经营企业的管理效率。

3)由于合营各方在管理思想、方法与作风等方面不尽一致,容易在企业管理上产生矛盾,从而影响企业经营管理的效率,而且会影响合营各方的关系,严重的甚至可能导致合营关系的破裂。合营各方的关系对合资经营企业的成败至关重要,而各方由于社会文化和价值观的不同,要在企业内部形成融洽、信任与协调的关系需要较长时期的"磨合",这不可避免地要影响企业的经营效率。

除了合资经营和独资经营外,还有一种契约式合营即通常说的合作经营。它是指外国投资者与东道国当地合伙企业共同出资,开展经营活动。它与前述严格意义上的股权式合资经营的主要区别在于:一是合营双方的权利和义务建立在合同基础上,双方对利润的分享和风险的分担不一定以各自的出资比例为依据;二是不一定设立法人企业。

2. 按投资者投资组建方式的不同分类

(1)收购方式

收购方式是指一个企业通过购买另一个现有企业的股权而接管该企业的方式。

这种方式的好处是:

1)投资者能以最快的速度完成对目标市场的进入,特别是对制造业,这一优势更为明显,它可以省掉建厂时间,迅速获得现成的管理人员、技术人员和生产设备,迅速建立国外产销据点,抓住市场机会。如果被收购企业本来就是一个盈利企业的话,收购企业还可以迅速获得收益,从而可缩短投资回收年限。

2)有利于投资者得到公开市场上不易获取的经营资源。主要表现在三个方面:①收购发达国家的企业,可获得该企业的先进技术和专利权,提高公司的技术水平。收购发展中国家的企业,可获得适合当地市场状况的中间性技术和适用性技术。如中国首都钢铁公司80年代收购了美国麦塔斯工程咨询公司,购入时,该公司拥有的未过期专利达40多项。②收购方式无需重新设计一套适合当地情况的经营管理制度,而直接利用现有的管理组织、管理制度和管理人员,这样可以避免对当地情况缺乏了解而引起的各种问题。③通过收购方式,收购企业可以利用被收购企业在当地市场的分销渠道以及被收购企业同当地客户多年往来所建立的信用,迅速占领市场,并且还可以把公司其他子公司的产品引入该市场。

3)可以廉价购买资产。在以下三种情况下,企业可以低价收购外国现有企业:①从事收购的企业有时比目标企业更知道它所拥有的某项资产的实际价值,如已折旧摊提的不动产实际价值。②低价购买不盈利或亏损的企业,利用对方的困境压低价格。③利用股票价格暴跌乘机收购企业。

4)迅速扩大产品种类。如果潜在收购对象同收购企业的产品种类差别很大时,收购方式可以迅速增加收购企业的产品种类,尤其是收购企业欲实行多样化经营时,如果缺乏有关新的产品种类的生产和营销方面的经验时,采取收购方式更为妥当。自20世纪70年代以来,许多跨国公司通过收购方式实现多样化经营,由传统经营领域顺利进入了新领域,例如美国电报电话公司通过收购方式由传统的电报电话业务进入了电子计算机行业。

5)收购方式对经营带来的不确定性和风险小,能较快地取得收益乃至收回投资。此外,由于收购方式具有较小的不确定性,企业也便于融通资金,并且,这一方式可作为资金外逃以避免政治风险的手段。

由于收购方式具有上述种种优点,20 世纪 80 年代以来,对外直接投资开始大量转向通过收购方式进入东道国。但国际竞争实践表明,收购的成功率不是很高,这是因为收购也有其内在的缺点,具体表现在以下几个方面:

1)价值评估困难。这是企业收购过程中最复杂的难题。其主要原因有三个:①不同的国家有不同的会计准则。有些目标企业为了逃税漏税而伪造财务报表,有时财务报表存在这样或那样的问题,这些因素都增加了收购时价值评估的困难。②有关国外市场的信息难于搜集,可靠性差,因此对收购后该企业在当地销售潜力和远期利润的估计也较困难。③企业无形资产如商誉,其价值评估比较困难。

2)被收购企业与收购企业在经营思想、管理制度和方法上可能存在较大的差异,当投资企业缺乏合格且胜任的管理人员时,可能无法对被收购企业实行真正的经营控制,甚至造成兼并失败。

3)被收购企业的产品、工艺、技术乃至规模和地理位置等,可能同收购企业的战略意图、经营经验不完全符合,如果收购企业缺乏经营调整能力,被收购企业可能会妨碍其长期发展。

4)受原有契约关系的制约。一般来说,被收购的现成企业往往同它的客户、供应商和员工具有一定的契约关系,收购完成后,收购企业很难根据自身发展战略的要求对这些关系进行彻底的调整以达到最佳安排,因为结束这些关系必然会面临种种阻力,这就在一定程度上限制了收购企业经营管理的能力。而且,收购之后,新企业会由于结构调整产生大量闲置人员,对这些人员的安置也是一个不小的问题。

可见,尽管通过收购能快速进入目标市场,但能否很好地实现投资者的目标却存在很大的不确定性。因此,很多跨国公司宁可选择投资新建企业,虽然在创建企业过程中需要进行各种复杂的组织工作,涉及可行性研究、厂址选择、建设厂房、安装调试生产设备、招聘与培训人员、制定生产计划、订立管理制度以及建立供销网络等一系列工作,需要投入大量精力和时间,但在实际投资开始之前就将海外子公司纳入了母公司的战略体系,而且母公司对海外子公司拥有完全的经营管理权,有利于实现母公司的全球战略目标。

(2)创建方式

创建方式是指建立新企业,特别是新工厂,或对其他实际资产进行投资。如果是第一次进入目标国投资设厂,则称为"草根式进入"(Grass-Root Entry)或"绿地策略"。这种方式的好处在于:

1)企业可选择适当的地理位置进行投资,并按照自己所希望的规模筹建新企业,妥善安排工厂布局,对资本投入和支出实施完全的控制。

2)从组织控制的角度看,创建方式风险小。伴随着新企业的建立,可以实施一套全新的适合采用技术水准和投资企业管理风格的管理制度,这样既便于推行新的信息和控制程序,使派出管理者易于适应,又可以避免收购方式下原有管理人员、职工对外来管理方式的抵制。

3)企业可以机器设备、原材料、技术、工业产权等投资入股,这样,既能带动投资企业的商品输出,又能使市场转让风险较大的信息、技术得以充分使用。

但是这种方式也存在如下不足:

1）进入目标市场缓慢。创建方式除了要组织必需的资源外，还要进行工厂选址、建造厂房、安装设备，安排管理人员、技术人员和工人，在国际市场变化很快的情况下，由于创建方式周期长，可能会出现市场对投产产品需求量和品质要求都发生变化的情况，从而使企业受到损失。

2）市场争夺激烈，经营风险大。通过创建方式建立的企业要占据一个市场份额会涉及市场的重新分配，必然会加剧竞争，可能会招致其他企业的报复，经营的风险性加大。

总之，创建新企业会导致生产能力、产出和就业的增长，收购只是改变一家企业的所有权。一般而言，收购方式的优点往往是创建方式的缺点，而收购方式的缺点正是创建方式的优点，因此收购和创建是对外直接投资的两种可交替使用的方式。

3. 合作经营

合作经营是指国外投资者根据投资所在国法律，与所在国企业通过协商签订合作经营合同而设立的契约式企业，也称为合作企业或契约式合营企业。签约各方可不按出资比例，而按合同条款的规定，确定出资方式、组织形式、利润分配、风险分担和债务清偿等权利、义务。

【专栏5.1】

历史上的并购浪潮

第一次并购浪潮：小鱼吃小虾

第一次并购浪潮发生在 19 世纪末 20 世纪初，其高峰期为 1899 年至 1903 年。它是诸次并购浪潮中最重要的一环。

1901 年 3 月 3 日，摩根发表了一个震惊华尔街的声明。声明以广告的形式告诉联邦钢铁公司、全国钢铁公司、全国钢管公司、美国钢铁和金属线公司、美国马口铁公司以及美国钢板公司的股东们，这些大公司所公开发售的证券都将归新成立的美国钢铁公司所有。更令人吃惊的是，美国钢铁公司准备以大约 5 亿美元的代价接管卡内基钢铁公司的所有资产，而这家新的公司自己所估计的资产超过 14 亿美元。

就这样摩根以换股的形式成功地并购了全美 3/5 的钢铁企业，组建了一个拥有 149 家工厂、78 座高炉、生产能力为 900 万吨钢材的巨型企业。

英国和德国也进行了为数不少的并购，企业规模有了一定程度的扩大。1911 年，德国电气工业的通用电气公司与德国另一家大型电气公司西门子公司联合起来，与美国通用电气公司达成协议，共同瓜分世界市场，前者占据欧洲市场，后者控制美国市场。

第二次并购浪潮：大鱼吃小鱼

1925 年至 1930 年，企业并购又形成了第二次浪潮。与第一次并购浪潮相比，一个重要的不同点是并购在企业规模更大的基础上进行，企业的实力基础比上次的并购浪潮要雄厚得多，其并购规模也比上次大得多。

第二次并购浪潮进一步加强了生产与资本的集中与垄断，给企业带来了巨额利润。但垄断的加强明显地显示出对生产力发展的阻碍作用，企业垄断技术在一定程度上影响技术的发展，企业垄断价格成为通货膨胀的重要因素。

第三次并购浪潮：大鱼吃大鱼

20 世纪 60 年代,在世界经济出现迅猛发展的同时,形成了第三次并购浪潮。通过这次并购浪潮,美国企业的集中程度有了进一步的提高,1960 年美国 10 亿美元以上的大公司只有 28 家,到 1970 年增长到 102 家,同期内,拥有 10 亿美元以上的大公司资产额占制造业资产总额的比重分别为 28% 和 48%,利润额分别为 40% 和 53%,生产与资本集中已经达到了相当高的程度。

在英国,企业并购浪潮出现在 60 年代至 70 年代初。1972 年,英国企业并购数达 1210 起,并购资产额达 25.3 亿英镑。德国企业并购的特点与美国相似,通过并购大大加强了企业的实力地位。

第四次并购浪潮:米尔肯与垃圾债券

80 年代以来,在世界经济不断变革的形势下,西方发达国家又掀起了一次规模空前的企业并购浪潮。1986 年,全世界共有企业并购 7700 起,并购交易额达 2550 亿美元。

在此次并购浪潮中,最值得大书特书的当推美国华尔街投资经纪人迈克尔·米尔肯发明的垃圾债券。垃圾债权是一种高风险、高收益的公司债券,一方面它具有高风险性,因为它没有经过信用评级或虽经过信用评级但其信用等级较低;另一方面人们觉得它像烫手的山芋,不敢下手。这时有眼光的投资者便能以低价位大量收购,最终出人意料地获得高额回报。1986 年美国 10 起最大的垃圾债券发行中 5 起是与收购有关的,一些著名的收购事件也是利用垃圾债券进行的。

第五次并购浪潮:强强联手

始于 1994 年的第五次并购浪潮自 1988 年起发展到一个新的阶段。1998 年全球企业并购交易总额为 2.5 万亿美元,比 1997 年上升了 54%,比 1996 年增长了两倍。1999 年全球企业并购交易总额为 3.4 万亿美元,比 1998 年增长了 38%。

首先,出现了真正意义上的全球性并购。其次,跨州和跨国并购频繁,国际上有许多巨型公司和重要产业都卷入了跨国并购。第三,强强联合浪潮迭起,巨额并购案例增多。1998 年末,美国的埃克森石油公司以 810 亿美元并购了美孚石油公司,许多人认为这一交易额已是天文数字了。但 1999 年和 2000 年初的几起巨额并购案例则使这一交易相形见绌。尤其是 2000 年 2 月 3 日,英国移动电话业巨头沃达丰电信公司以换股额 4000 亿马克的天价并购德国曼内斯曼公司,堪称迄今为止世界上最大的一次并购活动。

资料来源:http://dzh.mop.com/xbq/20110113/0/z787gFIca9e4a8l3.shtml。

4. 按照投资者投资动机的不同分类

(1)资源导向型

资源导向型是指为了开发油田、矿产等自然资源以及林业、水产资源,在当地投资,建立企业。

(2)市场导向型

市场导向型是指以扩大商品销售,占领市场为目的而建立的企业。这一类型的投资有三种情形:1)利用当地各种廉价资源,低成本生产,当地销售;2)实现规模经济,降低单位产品成本,提高产品的竞争力;3)绕过对方的贸易壁垒,实现对市场的占领。

(3)生产要素导向型

生产要素导向型是指在生产要素中,劳动力的流动受到限制,土地等自然资源则没有流动性,为利用这些资源就必须到拥有这些资源的国家去投资。

（4）地缘导向型

这种投资以地理位置、空间距离来决定投资,建立企业。这种情况的发生往往以某个工业较发达的地区为中心,呈辐射型状态向外扩散。例如,美国对墨西哥及某些拉美国家的投资,西欧国家对西欧和东欧的投资。

（5）宗主导向型

宗主导向型是指殖民国家为了控制殖民地或附属国的政治经济,对殖民地或附属国投资,建立企业。在近代史上,一些发达国家往往采用这种方式进行投资。例如,英国在北美、印度、澳大利亚、新加坡和中国香港地区的投资,法国在北非的投资。第二次世界大战后,殖民时代已经结束,但历史上留下来的经济与文化纽带仍然在起作用。例如,法国又重新回到越南进行投资建厂。当然,其性质和作用会有所不同。

（6）全球战略导向型

全球战略导向型是指企业为了实现其全球发展战略,取得最佳经营效果进行投资,建立企业。它是跨国公司进行全球扩张的一种经营战略,跨国公司将其全球范围的经营活动视为一个整体,依据资源和市场的分布情况在世界范围内进行灵活、有效和统一的经营,有计划地对生产、销售和技术开发等方面进行直接投资。一般说来,这种类型是国际投资发展到较高层次的体现。

5. 按投资者投资的部门结构关系不同分类

（1）垂直型对外直接投资

垂直型对外直接投资分为两种:一种是一国投资者为了在生产过程的不同阶段实行专业化而将生产资本直接输出到另一国进行设厂或建立企业的投资活动。这种对外直接投资在资源的开采、提炼、加工和制成品制作过程中使用较多。另一种是把劳动密集型产品的某些生产阶段采用投资的方式转移到劳动力成本较低的国家或地区进行。这种投资方式,在发达国家或一部分新兴工业化国家与地区进行产业结构调整时经常采用。如电子元器件和产品的设计、制造由美国或日本的电气公司完成,再将其运到中国香港地区、韩国或中国台湾地区的附属公司进行组装。这种类型的垂直型对外直接投资一般是依据每一生产阶段的不同特点和要求,利用有关国家或地区的资源、加工条件、优惠措施等进行的。

（2）水平型对外直接投资

水平型对外直接投资是指一国的公司或企业作为投资者将生产资本输出到另一国,在投资所在国设立子公司,根据当地情况从事某种产品的设计、规划、生产和销售等全部经营活动。

5.1.2　对外间接投资

对外间接投资包括证券投资和借贷资本输出,其特点是投资者不直接参与这些资本企业的经营和管理。

1. 证券投资

证券投资指投资者在国际证券市场上购买外国企业和政府的中长期债券,或在股票市场上购买上市的外国企业股票的一种投资活动。由于属于间接投资,证券投资者一般只能取得债券、股票的股息和红利,对投资企业并无经营和管理的直接控制权。

2. 借贷资本输出

借贷资本输出是以贷款或出口信贷的形式把资本供给外国企业和政府。一般有以下方式。

(1)政府援助贷款

政府援助贷款是各国政府或政府机构之间的借贷活动。这种贷款通常带有援助性质,一般是发达国家对发展中国家或地区提供的贷款。这种形式的贷款一般利息较低(3%～5%),还款期较长,可达 20～30 年,有时甚至是无息贷款。这种贷款一般有一定的指定用途,如用于支付从贷款国进口各种货物或用于某些开发援助项目上。

(2)国际金融机构贷款

国际金融机构一般包括"国际货币基金组织""世界银行""国际开发协会""国际金融公司"及各洲的开发银行和联合国的援助机构等。来自国际金融机构的贷款条件一般比较优惠,但并不是无限制的。

1)国际货币基金组织。国际货币基金组织的贷款对象是成员方政府,贷款用途只限于解决短期性国际收支不平衡问题,用于贸易和非贸易经常项目的支付。国际货币基金在贷款时要求借款国以相应数量的本币购买外币,偿还贷款时再用国际货币基金组织指定的货币购回本币。国际货币基金组织的这种贷款利率较低,此外还需支付少额的手续费。

2)世界银行(国际复兴开发银行)。世界银行只对成员方政府或经成员方政府担保的公共机构和私人企业提供贷款,主要面向发展中国家,贷款重点用于能源、农业、交通运输、教育等方面。贷款期限短则 3～5 年,长达 20 年,宽限期为 5 年。贷款利率随国际金融市场利率水平定期调整,但低于国际金融市场利率水平。贷款收取的杂费很少,只对签约后未支用的贷款额收取 0.75% 的承诺费。世界银行的贷款一般与特定的某一工程项目相联系。银行一般只提供该贷款项目所需建设资金总额的 30%～50%,其余部分由借款国自行准备(通称配套资金)。另外银行贷款必须专款专用,接受银行的监督,保证银行贷款只用于双方已规定的项目和目的。应该注意的是,银行贷款的使用不能限定在某一特定的成员内进行采购,而要通过国际公开招标的方式进行。

3)国际开发协会。国际开发协会属于世界银行的下设机构,又称第二世界银行,专门从事对最不发达国家提供无息贷款业务。世界银行的成员方均为国际开发协会的成员方。协会的成员方分为两类:第一类是经济上比较发达或收入水平较高的国家或地区,它们是协会资金主要的提供者;第二类为发展中国家或地区,协会贷款的接受者。与世界银行的贷款相同,国际开发协会的贷款也要经过严格的审查,但它的贷款条件更为优惠。国际开发协会的贷款为无息贷款,只收取少量的手续费(一般 0.75%),并对已承诺未支用的贷款收取 0.5%的承诺费。贷款期限一般为 35～40 年,宽限期平均为 10 年。贷款可部分或全部用本国货币偿还。能够获取国际开发协会贷款的国家人均收入水平必须低于某一标准,目前依照1991 年美元现值计算,这一标准为 765 美元。在申请协会贷款时,不仅具有资格标准,协会还要考虑借款国有效使用资金的能力和借款国的资信情况。

4)国际金融公司。国际金融公司是世界银行的另一个附属机构,专门从事对成员方私营部门的贷款业务。向发展中国家的私营部门提供中长期贷款是公司的主要任务。公司的投资活动分为两种形式:一是贷款,二是参股。国际金融公司的投资活动不论是贷款还是参股,投资对象均为成员方的私营企业,有时也向有利于私营部门发展的公私合营或为私人企业提供资金的国营金融机构发放贷款或参股投资。公司的贷款完全按商业利率进行,但期限较长,一般为 5～15 年,甚至更长,并有一定的宽限期。

国际金融公司在提供贷款或投资入股时一般遵循三个原则:一是对成员方私人企业提供资金无需政府担保,但仍需政府认可;二是公司只向资金结构健全、管理能力较强、保证盈利的项目提供贷款,并尽可能挑选有创汇能力的项目,以确保公司能收回贷款并有一定盈利;三是公司投资入股时,公司的股份一般不超过私营企业资本总额的 25%,投资额一般在 100 万～5000 万美元之间,并且不参与该企业的经营管理,也不在该企业董事会上行使所拥有的投票权。

(3)国际金融市场贷款

国际金融市场分为货币市场和资本市场。前者是经营短期资金借贷的市场,后者是经营长期资金借贷的市场。货币市场的贷款期限在一年以内。资本市场的贷款期限在一年以上,属中长期贷款。中期贷款一般为 1～5 年,长期贷款一般期限在 5 年以上,最长可达 10 年。一般来讲,国际金融市场贷款利率较高,但可用于借款国任何需要,对贷款的用途没有限定。

(4)出口信贷

出口信贷是指一个国家为了鼓励商品出口,加强商品的竞争能力,通过银行对本国出口厂商或国外进口厂商或进口方的银行所提供的贷款。

5.2 二战后国际直接投资的特点与原因

二战后,国际直接投资得到高速发展,成为国际投资的主要投资方式。尤其是 70 年代以来,国际直接投资表现出以下几个方面特征。

5.2.1 国际直接投资的规模迅速扩大,增长速度快速提高

二战以来,世界范畴的对外直接投资有了空前的增长。据统计,发达资本主义国家对外直接投资额,1960 年为 555 亿美元,1976 年增至 2872 亿美元,1981 年达到 5250 亿美元。对于发展中国家来说,外国直接投资是外来资本的主要来源。根据对 90 多个发展中国家的统计,1981 年到 1985 年期间,外国直接投资在其长期资本流入总额中的比重为 30%,而 1986 年到 1990 年期间,这一比重增加到 74%,而且对整个国家经济发展的推动作用是显而易见的。

5.2.2 国际直接投资市场以发达国家为主,主要在发达国家之间双向流动

国际直接投资较之间接投资的风险更大,因此投资者除追求盈利外还寻求安全性。相对而言,发达国家的投资环境要优于发展中国家,投资者自然而然地就将发达国家作为国际直接投资的主要市场。

二战前,国际直接投资的流向基本上是单向的,通常主要是资本主义国家将其资本投向

自己的附属地、附属国。二战后,尤其是 20 世纪 70 年代后,情况发生了很大变化,国际直接投资主要在发达国家之间进行,投向发展中国家的资本在国际直接投资总额中的比重不断下降。以美国为例,1950 年美国私人对外直接投资累计总额中,发展中国家占 48.8%,发达国家占 48.2%,1960 年发展中国家占 34%,发达国家占 60.6%,1980 年发展中国家占 24.7%,发达国家占 73.5%。据统计,1990 年发达国家之间的相互投资额占世界直接投资总额的 80%,美、欧、日的对外直接投资额占世界直接投资总额的 83%,其吸收的外来直接投资额占世界各国吸收直接投资总额的 70%。1996 年发达国家对外直接投资额为 2950 亿美元,占吸收国际直接投资总额的 85%,当年吸收外国直接投资额为 2080 亿美元,占吸收国际直接投资总额的 60%。可见,主要发达国家占据着国际直接投资的垄断地位。在发达国家之间的国际直接投资格局中,美国的霸主地位逐渐丧失,欧、日地位不断上升,形成了美、欧、日三足鼎立的格局。尽管如此,美国仍然是当今世界主要的对外直接投资国和外国直接投资的吸收国。

5.2.3 亚太地区和拉美地区是发展中国家吸收国际直接投资的集中地区

发达国家在向发展中国家直接投资不断相对减少的同时,把流向发展中国家的直接投资逐步集中在那些经济发展较快、市场容量较大、基础设施较好的新兴工业化国家和地区,主要是巴西、墨西哥、亚洲"四小龙"等。

拉美地区是吸收外国投资较早、较多的地区。拉美国家吸收外国直接投资在 1950 年为 77 亿美元,到 1980 年增至 625 亿美元,增长了 8.1 倍。20 世纪 80 年代中期以后,拉美国家吸收外资的速度减慢,主要是墨西哥、巴西等国在利用外资政策上的失误而造成巨额外债负担的影响,以及一些国家政局不稳等因素所起的负面作用。但拉美经济又有所改善,特别是阿根廷、智利和墨西哥等国的经济政策的变化,增强了国内、国外投资者的信心,刺激了这一地区外国直接投资的复苏。

亚太地区在 1986 年取代了拉美地区成为发展中国家中最大的吸收外国投资的地区。在 1988 年发达国家对发展中国家的直接投资中,59% 是投向亚太地区的。1995 年流向亚洲发展中国家的国际直接投资达到 650 亿美元,约占全球对发展中国家直接投资总额的 2/3。1997 年东南亚金融危机发生后,国际投资者曾纷纷撤资,但随着金融危机的解决,亚太地区又成为吸收直接投资的有力竞争地区。

5.2.4 国际直接投资主要流向高新技术产业部门和服务行业

二战前,国际直接投资主要集中在采掘业和初级产品加工业。二战后,随着发展中国家石油、矿产资源的国有化和民族经济的发展,外国垄断资本对采掘业投资的比重逐渐下降,对制造业部门投资的比重明显上升。而在占国际投资绝大部分的发达国家之间的直接投资中,虽然投向制造业的比重仍然较大,比如截至 1988 年底,美国对西欧的直接投资 44.6% 集中在制造业,西欧对美国的直接投资 42.8% 也集中在制造业。但随着各发达国家产业结构高级化,外国直接投资的重点从传统的制造业逐步转向高新技术产业,如计算机、新能源、精密机械和生物工程等。除此之外,还继续投向资本和技术密集型的行业。另外,第三产业中的一些行业,如金融、保险、不动产等也成为国际直接投资的热点。对第三产业的投资在发达国家对外投资的部门结构中之所以占有较大比重,是与服务业在整个国民经济中所占的比重日益增大密切关联的。在发达国家的国民生产总值中,第三产业所占的比重一般在60％以上。对国外第三产业投资的增加,既是发达国家产业结构高级化的结果和表现,又将推动东道国乃至整个世界产业结构的高级化。

5.3　对外直接投资的鼓励与限制措施

5.3.1　投资国的对外直接投资政策

长期以来,开展对外直接投资的大多为发达国家,发达国家的跨国公司迄今仍在国际直接投资中占绝对优势地位,发展中国家及一些新兴工业化国家和地区大规模对外直接投资也只是近年的事,所以研究母国的海外直接投资政策在很大程度上是研究发达国家的海外直接投资政策。

1. 投资国对外直接投资的支持和鼓励措施

世界各国尤其是发达国家普遍认识到,对外直接投资为本国大量相对过剩资本提供了更加有利可图的投资机会,增加了本国的资本积累,有利于本国获得稀缺资源,扩大商品市场和促进经济结构调整,因此一般来说对其政策比较宽松。概括起来,各国对海外直接投资的支持与鼓励政策主要体现在以下几个方面。

(1)对海外投资收益采取税收优惠

一般来说,海外投资收益往往面临着双重纳税义务:一方面,母国依据居民税收管辖权有权对本国投资者在海外的收益课税;另一方面,东道国依据地域管辖权有权对外国投资者在本国境内的收益课税。为避免双重课税,鼓励企业对外直接投资,世界各国尤其是发达国家普遍采取税收优惠政策。主要有以下两种:一是税收抵免(Tax Credit),即海外投资者在东道国已缴纳的所得税款可以部分或全部地在母国应纳税额中相抵扣减;二是税收饶让(Tax Sparing),即海外投资者在税源国即东道国纳税后,母国可免予征收。可见,税收饶让对海外投资者来说是最优惠的税收待遇,因为母国政府完全放弃了对跨国经营所得的居民管辖权,有利于跨国公司整体税负的降低。但是,对母国来说,税收饶让造成本国税收收入的减少,所以只有极少数国家采用。世界上大多数国家普遍采用的是税收抵免。

(2)提供融资便利

母国是跨国公司重要的资金来源,其中从母国各类银行和其他金融机构取得的贷款是最主要的部分,但是母国政府及其所属有关机构也为本国企业对外直接投资提供优惠的信贷资金,以增强本国企业开展对外直接投资的竞争能力。政府提供融资便利的具体方式有:1)政府直接出资或贷款参与本国企业的对外直接投资活动;2)政府设立专门机构,为本国企业对外直接投资提供信贷支持,例如美国进出口银行和美国国际开发合作总署辖下的海外私人投资公司就为美国企业在海外的投资项目提供优惠信贷与资金支持,其他发达国家如英国、日本等也都有类似机构;3)政府设立特别基金或金融开发机构,向海外投资项目提供投资初期的"风险基金",并对市场开拓成功的跨国公司提供长期的融资便利。另外,一些发达国家还通过各种类型的发展援助计划或开发融资机构为中小企业对发展中国家的直接投资项目提供风险资本和长期贷款,例如英国英联邦开发公司、瑞典发展中国家工业合作基金等。一些发达国家或区域经济组织还通过特别的发展计划为企业在某些特定地区的投资项目提供融资便利,例如美国的加勒比计划以及欧共体针对拉美、亚洲和地中海地区的"欧共体投资伙伴计划"等。

(3)提供投资信息及投资支持

为促进本国企业对外直接投资,各国的有关政府部门或所属的专业机构会向投资者提供东道国的宏观经济状况、行业与企业的资料以及与外资相关的法律与管理措施等信息,以便投资者进行投资决策,也可能会通过各种行业组织与协会、政府出版物、有关对外直接投资的研讨会等向外发布这些信息。投资信息的主要来源是有关政府部门、专业机构、驻外使领馆以及各种投资交易洽谈会等。除了提供投资信息外,一些国家尤其是发达国家政府还对海外投资提供投资支持,包括:1)对投资可行性研究或投资前调查提供资金资助,通常是所需资金的一半,待将来投资项目落成后,投资者再偿还政府资助的费用;2)设立培训机构,为海外投资企业培训各种技术人员;3)对一些中小投资项目提供开发与启动支持,包括资金与技术培训方面的工作。一些国家将投资支持所需的资金纳入政府预算,从财政上予以保证。一些国际组织也积极地介入到投资支持,例如联合国开发计划署就是向发展中国家提供投资支持和多边技术援助的重要渠道。

(4)提供投资保证

对外直接投资保证制度,是指为本国企业在海外直接投资项目中受到的政治风险给予担保。这一制度始于二战后,其目的是为了鼓励与促进企业开展对外直接投资,保障其利益,目前几乎所有发达国家都实行这一制度。各国制定的投资保证制度不尽相同,但概括起来,普遍具有以下特征:第一,投资保证是只限于对海外私人直接投资的"国家担保"或"政府担保";第二,担保的风险范围仅限于政治风险,不包括自然灾害或一般商业风险,具体包括外汇风险、征用风险和战争风险三种,凡经认可的投资项目,可以对三种风险之一或其全部进行担保;第三,投资者与承保机构签订合同,规定投资者支付保费,承保机构承担担保责任,一旦发生风险,承保机构按合同规定向投资者补偿因风险所受的损失;第四,对担保期限的规定,各国立法不完全一致,但通常最长期限为 15 年,个别的不超过 20 年。

2. 投资国对对外直接投资的限制措施

母国在对本国跨国公司的对外直接投资活动提供支持的同时,也制定与实施各种措施对其进行一定的监督与管理。

(1)加强税收征管

由于跨国公司的子公司与分支机构分布在世界各地,母国政府很难确定跨国公司的应税利润,后者又利用内部交易和国际避税进一步加剧了这种复杂性,因此世界各国政府及其税务机关纷纷加强了对跨国公司的税收征管,以防止国家税收的流失。各国采取的具体措施有:完善税收立法,包括以法律形式规定纳税人的申报义务以及制定针对跨国公司内部转移定价的条款;对跨国公司进出国境的货物的价格进行严格审查,判断其是否为正常交易价格;加强税务审计,聘请具有全球范围内调查手段的国际会计师事务所对跨国公司账目进行审计;与其他国家签订涉及跨国公司偷漏税与避税的双边或多边税收协定,相互交流税务情报,提供国际税务调查便利,以加强国际税务合作。

(2)对外流资本和技术的限制

短期内大规模的资金外流会对投资国的国际收支平衡造成不利影响,因此世界各国政府都依据各自的具体国情制定了投资审批标准,对超过一定额度的海外投资项目进行限制。各国政府在发生特殊情况如国际收支严重失衡时,还会颁布一些限制资本外流的法规与条例,例如美国曾在 20 世纪 60 年代对海外投资征收"利息平衡税",对资本输出实行"自动限制计划",这些法令在一定程度上制约了跨国公司对外直接投资活动的开展。同时,一些发达国家政府担心对外直接投资会带动本国先进技术外流,削弱本国的技术领先优势与竞争力,因此往往制定法规对技术密集型生产项目的海外投资和技术转让进行规定,尤其对向社会主义国家的投资项目进行严格限制。另外,在国内经济萧条和失业率居高不下时,一些政治团体和工会组织会积极要求政府出台政策限制资本外流和技术转让,以避免跨国公司的海外直接投资变相地输出就业机会。例如,1972 年美国众议院曾提出了旨在限制对外投资和改善就业前景的"对外贸易与对外投资法",尽管最终未获通过,但在一定程度上对当时美国政府的海外直接投资政策产生了影响。

5.3.2　东道国利用国际直接投资的政策

东道国利用海外直接投资的政策直接影响和决定着跨国公司的投资决策和收益,具体可以分为激励政策和规制政策。

1. 东道国利用海外直接投资的激励措施

世界各国普遍认识到,跨国公司的直接投资促进了东道国的资本积累、技术进步和人力资本形成,推动了东道国的经济与社会发展,因此无论是发达东道国还是发展中东道国大多对利用海外直接投资持有积极的态度和较开明的政策。美国政府曾在 1983 年颁布的官方声明中明确指出:"国际直接投资在世界经济中发挥着日益重要的作用,为了确保其对国内和全球经济福利做出最大贡献,美国政府认为,国际直接投资流动应由私人市场力量决定,遵循国民待遇原则,它应免受歧视性待遇。"现在大多数国家纷纷采取投资激励政策向跨国公司提供各种优惠,旨在吸引外来投资、降低成本和风险以及增加投资利润回报。概括起来,东道国为吸引和利用海外直接投资所采取的投资激励政策包括以下几方面。

(1)财政激励

财政激励是为世界各国所普遍采用的吸引和利用海外直接投资的优惠政策,主要表现在各种税收规定上,例如降低所得税率、提供免税期、加速折旧、投资与再投资补贴以及进口税减免等,总体目标是降低外国投资者的税收负担。财政激励政策中最为常用的是公司所得税减免以及加速折旧。

(2)金融激励

金融激励涉及优惠信贷和金融市场,主要包括东道国政府对外国投资项目提供货币赠予、以低于竞争性市场利率提供贷款、提供贷款担保以及股权参与等政策。

(3)其他激励

其他激励主要是指通过非财政及金融手段给予的实物、价格或其他优惠政策,以保证外国投资在东道国当地的经营活动顺利开展。具体包括以下内容:1)以低于市场价格向企业提供某些投资便利或由政府出资改善基础设施,包括交通运输、通信和商业设施以及能源供应等内容;2)以补贴价格向外国投资者提供国内生产要素;3)外汇优惠待遇,实行外汇管制的国家允许外国投资者在一定的汇率水平上购买外汇;4)建立科学园区,加强公共研究机构与企业之间的联系,促进东道国当地企业与外国分支机构间的技术合作,例如美国硅谷。

另外,许多国家为了更多地吸引外资,纷纷签订有关保护外资的法令,一些国家还将其纳入宪法。据联合国贸发会议 2002 年、2003 年《世界投资报告》统计,2001 年多达 97 个国家达成了 158 项双边投资协定,2002 年又有 76 个国家签订了 82 项双边投资协定,截至 2002 年底该类协定总数达到 2181 项。一些发展中国家还特别通过了保证外资不被没收的法令。

世界各国之间为吸引外国直接投资展开了激烈的竞争,不但纷纷采取投资激励措施,而且不断扩大其范围和数量。据联合国贸发会议统计,20 世纪 90 年代,世界范围内大约有 1000 多项有关外国直接投资的法律规章发生了变化,其中 94% 是朝着有利于吸引和利用外资的方向转变。进入 21 世纪以来,这一趋势更为明显,2001 年有 71 个国家对外资法律做出了 208 项变动,其中 90% 以上使投资环境更有利于外资流入,2002 年又有 70 个国家进行了 248 项外资法律调整,其中有 236 项有利于吸引与利用外资。

2. 东道国利用海外直接投资的规制措施

在积极吸引与利用海外直接投资的同时,东道国从发展本国经济和维护本国利益的目标出发,也通过制定并实施外资企业法与各种法规来加强对外国投资的管理与规制。这些规制政策主要如下。

(1)审批管理

大多数国家设立了专门机构负责外国投资项目的审批管理,依据相关规定对投资项目进行事先逐项审查和批准,例如澳大利亚曾建立的外国投资委员会、加拿大曾建立的外资审查局等。一些国家如加拿大、芬兰、新西兰和挪威等除要求对新的外国投资项目进行审批外,还规定原有外商投资企业涉及外资流入的增资扩建也需经过事先审批。随着国际直接投资流动的日益频繁,这种审批管理也逐步趋于宽松,许多国家开始将一直实行的事先审批制改为事先登记制。

(2)外资进入部门和参股比例限制

世界上大多数国家均对外资进入部门有一定限制,它们为了维护本国利益,限制或禁止外资进入某些战略性和敏感性部门,包括:公用事业和国防工业部门,如邮电通信、广播电视业以及国防工业;铁路、航空等交通运输部门;少数基础工业和重要工业部门;自然资源开采业;国内批发和零售;易于形成垄断的部门。此外,一些东道国尤其是发展中东道国政府还限制外资参股比例,规定外资可以持有多数股权或独资经营的部门,包括核能、航天、电子与新材料等高新技术部门以及出口导向部门。有的发展中国家还规定,在合资经营企业中,除了特许外,外国资本最高只能占 49%,以此保证当地资本对企业有较大的控制权和决策权。

(3)对外国资本和利润汇回的限制

投资于发达国家的外国投资者普遍享有国民待遇,有权将公司资金和利润等自由汇出国境,但金额超出一定数额时要向东道国银行部门申报。许多发展中国家则对外资股金、利润、技术使用费以及管理服务费的汇出有一定限制。例如 1970 年 12 月,安第斯条约组织国家通过了世界上第一个限制外资的区域经济贸易法令,其中明确规定外资企业每年汇回的利润不能超出其投资额的 14%,后来又放宽到 20%。

(4)其他限制

一般来说,东道国鼓励外资到本国进行新建投资,但对于外资的购并行为则予以限制,由政府成立的专门机构对外资购并项目进行审批,尤其是对涉及本国大企业的购并项目进行严格审批。发展中东道国还对外资的技术转让进行严格管理,包括:严格审查引进技术的先进性和适用性;防止引进技术时只引进硬件,不提供软件;仔细核算技术转让的条件和费用,争取有利的转让条件等。此外,大多数东道国还利用税收杠杆进行财务监督和管理。

【思考题】

1. 对外直接投资与间接投资有什么区别?

2. 对外直接投资有哪些方式?

3. 收购有哪些优点与缺点?

4. 对外间接投资的主要方式有哪些?

5. 东道国如何鼓励和限制外国资本的流入?

【本章推荐书目及网上资源】

1. 崔日明,徐春祥. 跨国公司经营与管理. 北京:机械工业出版社,2006.

2. 罗肇鸿. 跨国并购:特点、影响和对策. 北京:中国经济出版社,2006.

3. 中国国际跨国公司研究会,http://www.ciimc.com.

4. 迈克尔. 波特. 竞争战略. 陈小悦译. 北京:华夏出版社,1997.

5. 中国国际贸易促进委员会网站,http://www.ccpit.org.

第6章　跨国公司与国际贸易

【学习要点及目的】

通过本章的学习,了解跨国公司的含义,跨国公司的形成与发展;掌握跨国公司的分类与特征;理解跨国公司内部贸易的目的以及转移价格的使用方法;初步了解跨国公司的理论演变过程。

【本章关键术语】

跨国公司(Transnational Corporations or Enterprises,简称 TNC 或 TNE);垄断优势理论(The Theory of Monopolistic Advantage);产品生命周期理论(The Theory of Product Life Cycle);内部化理论(The Theory of Internalization)

6.1　跨国公司概述

6.1.1　跨国公司的名称与定义

从事跨国生产经营活动的经济组织有许多各式各样的名称,例如:跨国公司或跨国企业、多国公司或多国企业、国际公司或国际企业(International Corporations)、超国家公司或企业(Supernational Corporations or Enterprises)、环球公司或企业(Global Corporations or Enterprises)等,其中使用最为普遍的是多国公司与跨国公司。1972 年 7 月 28 日,联合国经济与社会理事会通过决议,由联合国秘书长指定一个知名人士小组研究"多国公司的作用及其对发展过程,尤其是发展中国家的发展过程和国际关系的影响"。在知名人士小组1973 年提交的题为《多国公司对发展和国际关系的影响》的报告中使用的是"多国公司"。但是在 1974 年 8 月 2 日联合国经社理事会第 57 届会议上讨论知名人士小组报告时,一些代表尤其是拉美国家代表提出,在拉美国家,"多国公司"特指那些在安第斯条约组织(The Andean Group)帮助下由该组织成员共同创立与经营的公司;而那些主要以一国为基地,从事跨国生产经营活动的公司应称为"跨国公司"。联合国经社理事会采纳了上述建议,决定将各种名称统一为"跨国公司",并设立政府间的跨国公司委员会和跨国公司中心,作为永久性机构。自此,联合国的有关文件与出版物都统一使用"跨国公司"名称。

对跨国公司进行科学规范的概念界定一直是西方学者有关跨国公司研究的重要内容。长期以来,学术界对跨国公司的理解存在分歧,主要是由于对跨国公司定义的标准不同,大体上可以概括为以下三种标准。

1. 结构标准

结构标准(Structural Criterion),是指以企业从事生产经营活动跨越的地理区域和企业资产所有权作为划分跨国经营的标准与尺度。英国著名跨国公司问题专家约翰·邓宁(J. H. Dunning)认为,跨国公司"简单地说就是在一个以上的国家拥有或控制生产设施(例如工厂、矿山、炼油厂、销售机构、办事处等)的企业"。这是迄今最为宽松的定义。但有学者指出,跨国公司一般应有相当广泛的地理分布,对于那些只在本国基地以外一或两个国家拥有子公司的企业,一般不能称之为跨国公司。从企业所有权来看,一般认为,一个企业只有拥有国外企业的股份所有权才能构成跨国公司。经济合作与发展组织则认为,跨国公司"通常包括所有权属于私人的、国营的或公私合营的公司或其他实体"。对于拥有国外企业股权的标准,目前普遍使用的权威性标准是国际货币基金组织提出的,跨国公司控制境外企业所有权的合理标准不得低于 25%。

2. 经营业绩标准

经营业绩标准(Performance Characteristics Criterion),是指企业在海外的资产、利润、销售额、产值和雇员人数等必须在整个企业业务中达到一定百分比以上才能称为"跨国公司"。如同所有权标准,西方学者普遍认可 25% 的海外业务份额。对于其中常用的销售额指标,一种观点认为营业额超过 1 亿美元的才能称之为跨国公司,代表人物是美国的雷蒙德·弗农(Raymond Vernon),他认为,"销售额低于 1 亿美元的这类公司不值得引起注意"。另一种观点是联合国贸发会议 1993 年的一份文件认为,年销售额在 10 亿美元以上的才能称作跨国公司。

3. 行为特征标准

行为特征标准(Behavioral Characteristics Criterion),是指跨国公司应实行全球化经营战略,公司最高决策从公司整体利益出发,以全球范围内利润最大化为目标,而不是局限于某地区市场的盈亏得失。美国经济学家霍华德·巴尔马特(Howard Perlmutter)认为,企业是否能从国内公司成长为具有严格现代意义的跨国公司,必须以其战略决策的取向作为重要标准,只有那些实现了全球取向战略决策,实行全球系统化决策的企业才能称得上是真正的跨国公司。

有鉴于此,联合国秘书长指定的知名人士小组给跨国公司下了一个权威性定义,即跨国公司"就是在它们的基地所在国之外拥有或控制着生产或服务设施的企业,这样的企业并不总是股份公司或私人企业,它们也可能是合作社或国有实体"。

在 1978 年联合国秘书处准备的一份研究报告中,跨国公司被定义为"凡是在两个或更多国家里控制有工厂、矿山、销售机构和其他资产的企业"。

联合国 1986 年制定的《跨国公司行为守则》(*United Nations Code of Conduct on Transnational Corporations*)草案对跨国公司的定义是:"本守则中使用的跨国公司一词系指由两个或更多国家的实体所组成的公营、私营或混合所有制企业,不论此等实体的法律形式和活动领域如何;该企业在一个决策体系下运营,通过一个或一个以上的决策中心使企业内部协调一致的政策和共同的战略得以实现;该企业中各个实体通过所有权或其他方式结合在一起,从而其中一个或多个实体得以对其他实体的活动施行有效的影响,特别是与别的实体分享知识、资源和责任。"

跨国公司作为一种复杂的经济形态,由于对其界定标准不同,跨国公司的定义也多种多样。为了进一步澄清跨国公司的基本内涵,联合国跨国公司中心在 1983 年的研究报告中明确指出跨国公司应包括三个基本要素:第一,包括设在两个或两个以上国家的实体,不管这些实体的法律形式和领域如何;第二,在一个决策体系内经营,能通过一个或几个决策中心采取一致对策和共同战略;第三,各个实体通过股权或其他方式联系起来,其中一个或多个实体有可能对别的实体施加重大影响,特别是同其他实体分享知识资源和分担责任。20 世纪 80 年代后,国际社会对于联合国提出的跨国公司定义的三大要素已基本达成共识。

6.1.2 跨国公司的主要特征

跨国公司的主要特征有:

(1)一般都有一个国家实力雄厚的大型公司为主体,通过对外直接投资或收购当地企业的方式,在许多国家建立有子公司或分公司。

(2)一般都有一个完整的决策体系和最高的决策中心,各子公司或分公司虽各自都有自己的决策机构,都可以根据自己经营的领域和不同特点进行决策活动,但其决策必须服从于最高决策中心。

(3)一般都从全球战略出发安排自己的经营活动,在世界范围内寻求市场和合理的生产布局,定点专业生产,定点销售产品,以牟取最大的利润。

(4)一般都因有强大的经济和技术实力,有快速的信息传递,以及资金快速跨国转移等方面的优势,所以在国际上有较强的竞争力。

(5)许多大的跨国公司,由于经济、技术实力或在某些产品生产上的优势,或对某些产品或在某些地区带有不同程度的垄断性。

6.1.3 跨国公司的类型

按照不同的分析角度和划分标准,对跨国公司可以有不同的分类。

1. 按经营项目分类

按照跨国公司经营项目的性质,可以将跨国公司分为三种类型:

(1)资源开发型跨国公司。资源开发型跨国公司以获得母国所短缺的各种资源和原材料为目的,对外直接投资主要涉及种植业、采矿业、石油业和铁路等领域。这类公司是跨国公司早期积累时经常采用的形式,资本原始积累时期英、法、荷等老牌殖民国家的特许公司在 19 世纪时向美国、加拿大、澳大利亚和新西兰等经济落后而资源丰富的国家进行的直接投资就主要集中在种植业、采矿业和铁路。目前,资源开发型跨国公司仍集中于采矿业和石油开采业,如著名埃克森—美孚公司(Exxon-Mobil)、皇家荷兰壳牌集团(Royal Dutch Shell)。

(2)加工制造型跨国公司。加工制造型跨国公司主要从事机器设备制造和零配件中间产品的加工业务,以巩固和扩大市场份额为主要目的。这类公司以生产加工为主,进口大量投入品生产各种消费品供应东道国或附近市场或者对原材料进行加工后再出口。这类公司主要生产和经营诸如金属制品、钢材、机械及运输设备等产品,随着当地工业化程度的提高,公司经营逐步进入到资本货物部门和中间产品部门。加工制造型跨国公司是当代一种重要的公司形式,为大多数东道国所欢迎。美国通用汽车公司(General Motors)作为世界上最大的汽车制造公司,是制造业跨国公司的典型代表。

(3)服务提供型跨国公司。服务提供型跨国公司主要是指向国际市场提供技术、管理、信息、咨询、法律服务以及营销技能等无形产品的公司。这类公司包括跨国银行、保险公司、咨询公司、律师事务所以及注册会计师事务所等。20 世纪 80 年代以来，随着服务业的迅猛发展，服务业已逐渐成为当今最大的产业部门，服务提供型跨国公司也成为跨国公司的一种重要形式。

2. 按经营结构分类

按照跨国公司的产品种类和经营结构，可以将跨国公司分为以下三种类型：

(1)横向型跨国公司。横向型跨国公司是指母公司和各分支机构从事同一种产品的生产和经营活动的公司。在公司内部，母公司和各分支机构之间在生产经营上专业化分工程度很低，生产制造工艺、过程和产品基本相同。这类跨国公司的特点是母子公司之间在公司内部相互转移生产技术、营销诀窍和商标专利等无形资产，有利于增强各自的竞争优势与公司的整体优势，减少交易成本，从而形成强大的规模经济。横向型跨国公司的特点是地理分布区域广泛，通过在不同的国家和地区设立子公司与分支机构就地生产与销售，以克服东道国的贸易壁垒，巩固和拓展市场。

(2)垂直型跨国公司。垂直型跨国公司是指母公司和各分支机构之间实行纵向一体化专业分工的公司。纵向一体化专业分工又有两种具体形式：一是指母子公司生产和经营不同行业的相互关联产品，如自然资源的勘探、开发、提炼、加工制造与市场销售等；二是指母子公司生产和经营同行业不同加工程序和工艺阶段的产品，如专业化分工程度较高的汽车行业与电子行业等的关联产品。如美国的美孚石油公司就是前一种垂直型的跨国公司，它在全球范围内从事石油和天然气的勘探、开采，以管道、油槽和车船运输石油和天然气，经营大型炼油厂，从原油中精炼出最终产品，批发和零售几百种石油衍生产品。世界集团、亚太国际集团、华夏国际集团更是首屈一指的超级综合型集团，业务遍布全球，几乎涉足各行各业。而法国的珀若—雪铁龙汽车公司则是后一种垂直型的跨国公司，公司内部实行专业化分工，它在国外的 84 个子公司和销售机构，分别从事铸模、铸造、发动机、齿轮、减速器、机械加工、组装和销售等各工序的业务，实现了垂直型的生产经营一体化。垂直型跨国公司把具有前后衔接关系的社会生产活动国际化，母子公司之间的生产经营活动具有显著的投入产出关系。这类公司的特点是全球生产的专业化分工与协作程度高，各个生产经营环节紧密相扣，便于公司按照全球战略发挥各子公司的优势；而且由于专业化分工，每个子公司只负责生产一种或少数几种零部件，有利于实现标准化、大规模生产，获得规模经济效益。

(3)混合型跨国公司。混合型跨国公司是指母公司和各分支机构生产和经营互不关联产品的公司。如日本的三菱重工业公司原是一家造船公司，后改为混合多种经营，经营范围包括：汽车、建筑机械、发电系统产品、造船和钢构件、化学工业，一般机械、飞机制造业等。混合型跨国公司是企业在世界范围内实行多样化经营的结果，它将没有联系的各种产品及其相关行业组合起来，加强了生产与资本的集中，规模经济效果明显；同时，跨行业非相关产品的多样化经营能有效地分散经营风险。但是由于经营多种业务，业务的复杂性会给企业管理带来不利影响，因此具有竞争优势的跨国公司并不是向不同行业盲目扩展业务，而是倾向于围绕加强核心业务或产品的竞争优势开展国际多样化经营活动。

3. 按决策行为分类

20 世纪 60 年代末，美国经济学家巴尔马特从跨国公司的决策行为出发，将跨国公司分为以下三种类型：

(1)民族中心型公司(Ethnocentric Corporations)。民族中心型公司的决策哲学是以本民族为中心，其决策行为主要体现母国与母公司的利益。公司的管理决策高度集中于母公司，对海外子公司采取集权式管理体制。这种管理体制强调公司整体目标的一致性，优点是能充分发挥母公司的中心调整功能，更优化地使用资源，但缺点是不利于发挥子公司的自主性与积极性，且东道国往往不太欢迎此模式。跨国公司发展初期，一般采用这种传统的管理体制。

(2)多元中心型公司(Polycentric Corporations)。多元中心型公司的决策哲学是多元与多中心，其决策行为倾向于体现众多东道国与海外子公司的利益，母公司允许子公司根据自己所在国的具体情况独立地确定经营目标与长期发展战略。公司的管理权力较为分散，母公司对子公司采取分权式管理体制。这种管理体制强调的是管理的灵活性与适应性，有利于充分发挥各子公司的积极性和责任感，且受到东道国的欢迎。但这种管理体制的不足在于母公司难以统一调配资源，而且各子公司除了自谋发展外，完全失去了利用公司内部网络发展的机会，局限性很大。在跨国公司迅速发展的过程中，东道国在接受外来投资的同时逐渐培养起民族意识，经过多年的积累和发展，大多数跨国公司的管理体制从集权和本民族为中心转变为多元中心型。

(3)全球中心型公司(Geocentric Corporations)。全球中心型公司既不以母公司也不以分公司为中心，其决策哲学是公司的全球利益最大化。相应地，公司采取集权与分权相结合的管理体制，这种管理体制吸取了集权与分权两种管理体制的优点，事关全局的重大决策权和管理权集中在母公司的管理机构，但海外子公司可以在母公司的总体经营战略范围内自行制定具体的实施计划、调配和使用资源，有较大的经营自主权。这种管理体制的优点是在维护公司全球经营目标的前提下，各子公司在限定范围内有一定的自主权，有利于调动子公司的经营主动性和积极性。

6.2　跨国公司的形成与发展

跨国公司的历史至少可以追溯到 19 世纪 60 年代，当时西欧和美国的一些大企业开始在海外设立生产性分支机构，从事制造业跨国经营活动，已初具跨国公司的雏形。第二次世界大战后，特别是 20 世纪 50 年代后，随着西方发达国家垄断资本的大规模对外扩张和生产的进一步国际化，对外直接投资迅猛增加，跨国公司得到了迅速发展。

6.2.1　跨国公司的形成

跨国公司是垄断资本主义发展的产物。19 世纪 60 年代，资本主义从自由竞争逐渐向垄断阶段过渡，"过剩资本"的大量形成直接成为资本国际流动的动力和源泉，西方国家的一些大企业开始向海外投资，资本输出成为这一阶段的重要特征。垄断组织通过资本输出把资本主义生产方式扩大到殖民地与半殖民地国家，使得传统的垂直分工体系进一步深化。与此同时，资本输出实现了世界范围的生产国际化和社会化，加强了世界各国的相互依赖及各国对国际分工的依赖。这时的资本输出主要是英、法、德、美等资本主义强国向海外进行以证券投资为主的间接对外投资。至于对外直接投资，其数额和比重都很小，并且主要是投资到殖民地和附属国的资源开发项目(如采煤、采油、开矿)以及农业种植园等,只有极少数企业在海外从事制造业生产性投资。从制造业来看,直接投资的流向主要是比较发达的国家和地区。例如,1914 年英国制造业对外直接投资中近 90% 是投向发达国家,其中对美国的投资占 70% 之多。从投资主体来看,制造业投资以美国为主体,但美国当时还是接受外国投资的主要债务国,其全部对外投资的比重排在英、法、德之后。

美国的第一家跨国公司是胜家缝纫机公司(Singer),它于 1867 年首先在英国的格拉斯哥建立了一家缝纫机装配厂,其产品供应欧洲和其他地区,1880 年又在伦敦和汉堡设立负责欧、亚、非业务的销售机构。在欧洲,德国的拜耳化学公司(Bayer)于 1865 年在美国纽约州的奥尔班尼开设了一家苯胺制造厂;瑞典的诺贝尔公司(Nobel)于 1866 年在德国汉堡设立了生产炸药的分厂。上述三家公司在海外设立生产性分支机构,从事跨国经营活动,已初具跨国公司的雏形,因此它们通常被看作是早期跨国公司的代表。后来,欧美不少大企业通过对外直接投资,在海外设厂从事跨国经营,如美国的国际收割机公司、国际收银机公司、西方联合电机公司以及英国的尤尼来弗公司和瑞士的雀巢公司等都先后到海外投资设厂,它们成为现代意义上跨国公司的先驱。据估计,到第一次世界大战之前,美国在海外拥有的制造业子公司已达 122 家,欧洲大陆国家为 167 家,英国有 60 家。

【专栏 6.1】

2010 年全球前 50 强企业

排名	公司名称	中文名称	总部所在地	主要业务	营业收入 /百万美元
1	Exxon Mobil	埃克森—美孚	美国	炼油	210392.00
2	Wal-Mart Stores	沃尔玛商店	美国	零售	193295.00
3	General Motors	通用汽车	美国	汽车	184632.00
4	Ford Motor	福特汽车	美国	汽车	180598.00
5	Daimler Chrysler	戴姆勒—克莱斯勒	德国	汽车	150069.70
6	Royal Dutch Shell	皇家荷兰壳牌集团	荷兰/英国	炼油	149146.00
7	BP	英国石油	英国	炼油	148062.00
8	General Electric	通用电气	美国	电子电气	129853.00
9	Mitsubishi	三菱商事	日本	多样化	126579.40
10	Toyota Motor	丰田汽车	日本	汽车	121416.20
11	Mitsui	三井物产	日本	多样化	118013.70
12	Citi Group	花旗集团	美国	金融	111826.00
13	Itochu	伊藤忠商事	日本	多样化	109756.50
14	Total Fina Elf	道达尔—菲纳—埃尔夫	法国	炼油	105869.60
15	Nippon Telegraph Telephone	日本电报电话	日本	电信	103234.70

续表

排名	公司名称	中文名称	总部所在地	主要业务	营业收入/百万美元
16	Enron	安然	美国	能源	100789.00
17	AXA	安盛	法国	保险	92781.60
18	Sumitomo	住友商事	日本	多样化	91168.40
19	Intl. Business Machines	国际商用机器	美国	计算机	88396.00
20	Marubeni	丸红商事	日本	多样化	85351.00
21	Volkswagen	大众	德国	汽车	78851.90
22	Hitachi	日立	日本	电子电气	76126.80
23	Siemens	西门子	德国	电子电气	74858.30
24	Ing Group	荷兰国际集团	荷兰	保险	71195.90
25	Allianz	安联	德国	保险	71022.30
26	Matsushita Electric Industrial	松下电器	日本	电子电气	69475.30
27	E. ON	意昂集团	德国	多样化	68432.60
28	Nippon Life Insurance	日本生命	日本	保险	68054.80
29	Deutsche Bank	德意志银行	德国	银行	67133.20
30	Sony	索尼	日本	电子电气	66158.40
31	AT&T	美国电话电报	美国	电信	65981.00
32	Verizon Communications	弗莱森电讯	美国	电信	64707.00
33	U. S. Postal Service	美国邮政总局	美国	邮递包裹	64540.00
34	Philip Morris	菲利普·莫里斯	美国	食品烟草	63276.00
35	CGNU	商联保险	英国	保险	61498.70
36	J. P. Morgan Chase	摩根大通银行	美国	银行	60065.00
37	Carrefour	家乐福	法国	零售	59887.80
38	Credit Suisse	瑞士信贷集团	瑞士	银行	59315.50
39	Nissho Iwai	日商岩井	日本	多样化	58557.30
40	Honda Motor	本田汽车	日本	汽车	58461.60
41	Bank of America Corp.	美洲银行	美国	银行	57747.00
42	BNP Paribas	法国巴黎银行	法国	银行	57611.60
43	Nissan Motor	日产汽车	日本	汽车	55077.10
44	Toshiba	东芝	日本	电子电气	53826.60
45	PDVSA	委内瑞拉石油	委内瑞拉	炼油	53680.00
46	Assicurazioni Generali	忠利保险	意大利	保险	53333.10
47	Fiat	菲亚特	意大利	汽车	53190.40
48	Mizuho Holdings	瑞穗控股	日本	银行	52068.50
49	SBC Communications	西南贝尔	美国	电信	51476.00
50	Boeing	波音	美国	航空航天	51321.00

资料来源：http://money.cnn.com。

6.2.2　两次世界大战期间跨国公司的发展

两次世界大战期间,发达国家对外直接投资增长缓慢,处于停滞状态。这主要是由于以下几方面原因:第一,战争造成的损失和巨额战后重建费用使欧洲大陆由债权国变为债务国,难以筹措资金进行对外直接投资。第二,1929—1933 年爆发的经济危机使资本主义世界受到重创,生产力遭到严重破坏,而且主要发达国家纷纷实行贸易保护政策,对外资进行限制与歧视。第三,世界性经济危机后国际货币秩序混乱,资本主义各国从自身利益出发,纷纷组成货币集团,实行外汇管制,限制国际资金自由流通,直接影响了对外直接投资。因此,两次世界大战期间,对外直接投资发展缓慢,投资额虽有所增加,但主要集中在资源开发性行业,且具有明显的地域局限性。但是,这一阶段,美国企业对外直接投资增加快于世界整体水平,在世界直接投资总额中仅次于英国居第二位,一些大型企业向欧洲和世界其他地区积极扩张,建立起遍布世界各地的生产与销售网络,跨国公司在海外的分支机构也从第一次世界大战前的 100 多家增加到第二次世界大战爆发前的 700 多家。

6.2.3　第二次世界大战后跨国公司的迅速发展

第二次世界大战以后,尤其是 20 世纪 50 年代以来,全球范围内直接投资迅猛增长,跨国公司得到空前发展。这一时期跨国公司的发展可以分为三个阶段:战后初期至 20 世纪 60 年代末为第一阶段,美国跨国公司占绝对优势地位;自 70 年代初至 80 年代末为第二阶段,国际直接投资格局逐步由美国占绝对优势向多极化方向发展;自 90 年代初期至今为第三阶段,跨国公司在全球经济一体化时代获得长足发展。

1. 第一阶段:战后初期至 20 世纪 60 年代末

这一阶段的显著特征是,跨国公司对外直接投资在战后初期具有恢复性质,后得到迅速发展,美国跨国公司在其中居主导地位。

第二次世界大战使西欧国家经济受到重创,对外直接投资锐减。而美国在第二次世界大战期间利用各种有利条件加速进行对外直接投资,第二次世界大战结束时已成为世界最大对外直接投资国。战后初期,美国垄断资本利用其他国家被战争削弱的机会,凭借在战争期间大大膨胀起来的政治、经济和军事实力攫取了世界经济霸主地位。从战后初期到 20 世纪 60 年代末,美国通过实施"马歇尔计划",参与欧洲和国际经济重建,这为美国跨国公司大规模对外直接投资创造了极好的条件。在战后 20 余年间,美国的对外直接投资迅速增长,跨国公司也获得空前发展。1945 年,主要资本主义国家对外直接投资总额为 200 亿美元,其中美国占 42%,到 1967 年,对外直接投资总额达 1050 亿美元,其中美国占 50.5%。据统计,1956 年世界最大的 200 家跨国公司中,美国有 144 家,占 70% 以上。因此,这一时期美国公司几乎成为跨国公司的同义词。正如跨国公司问题专家尼尔·胡德和斯蒂芬·扬所指出的:"美国公司是唯一有能力出口并在国外扩展的公司……对外直接投资变成了私人资本流动的主要部分,美国成为主要母国,而欧洲成了主要东道国。"

2. 第二阶段:20 世纪 70 年代初至 80 年代末

这一阶段的特征是,国际直接投资规模继续扩大,西欧和日本的经济实力增强,跨国公司迅速崛起,美国跨国公司的地位相对受到削弱,国际直接投资格局逐步由美国占绝对优势向多极化方向发展。

西欧和日本经济在第二次世界大战后得到迅速恢复与发展,在 20 世纪 50 年代初工业生产就几乎接近战前水平,它们的对外直接投资也很快发展起来,跨国公司迅速增加。70年代,西欧和日本的跨国公司积极对外扩张,在全球范围内与美国公司展开了激烈的竞争,对外直接投资年增长率均为 20%左右,远远高于同期美国 11.1%的年均增长率。西欧跨国公司同美国公司相比,不仅数量增加,而且规模扩大,经济实力和竞争能力迅速增强,在资本、技术、管理和研发方面的差距日趋缩小。日本跨国公司的力量也在不断加强。因此,尽管美国公司在 70 年代对外直接投资增长较前期迅速,仍处于领先地位,但其相对优势已大大下降。另一方面,从 70 年代开始,随着石油大幅度涨价和某些原材料价格上涨,发展中国家经济实力大大加强,在经济发展的同时,一些发展中国家开始对外直接投资,从事跨国经营。80 年代后,亚洲"四小龙"以及巴西、墨西哥等新兴工业化国家和地区涌现了一批有相当规模与实力的跨国公司,使国际直接投资呈现出多元化、多极化的新格局。当然,与发达国家相比,发展中国家对外直接投资的资金规模与地域分布还相当有限。

3. 第三阶段:20 世纪 90 年代初期至今

这一阶段的特征是,对外直接投资持续大幅度增长,跨国公司数目空前增加,在全球经济一体化时代获得长足发展。

进入 20 世纪 90 年代以来,尽管受到某些不稳定因素例如东南亚金融危机、发展中国家长期债务危机的影响,随着世界经济全球化趋势的不断增强和国际分工的日益深化,对外直接投资迅猛增长。据联合国贸发会议历年《世界投资报告》统计,90 年代以来国际直接投资保持持续大幅增长,远远超过同期世界贸易增长率,尤其是 90 年代中期以来增长势头更为迅猛,1996—2000 年平均增幅超过 40%,2000 年全球外国直接投资流入流量达到创纪录的12710 亿美元。尽管全球外国直接投资扩大,但其分布却很不平衡,世界排名前 30 位的东道国占世界外国直接投资总流入流量的 95%和存量的 90%,排名前 30 位的母国占世界外国直接投资总流出流量和存量的 99%,其中主要是工业化国家和地区。值得注意的是,跨国并购在 90 年代特别是 90 年代中期以来交易急剧扩大,已成为国际直接投资的主要方式及其增长的主要推动力量。1990 年全球跨国并购额为 1510 亿美元,2000 年达 11440 亿美元,是 1990 年的 8 倍多,占到当年外国直接投资流入流量的 90%之多。但进入 21 世纪以来,由于世界大部分地区经济增长放缓以及对复苏前景的悲观预期,2001 年全球外国直接投资流量急剧下降,流入流量降至 7350 亿美元,2002 年流入量连续第二年下降至 6510 亿美元,是 1998 年以来的最低点。与外国直接投资流量减少相应,跨国并购的数量从 2000 年的 7894 起降至 2002 年的 4493 起,其平均价值也从 2000 年的 1.45 亿美元降至 2002 年的0.82 亿美元,价值超过 10 亿美元的并购数量从 2000 年的 175 起降至 2002 年的 81 起,也是1998 年以来的最低。

国际直接投资的迅速发展扩大了国际生产在世界经济中的作用,跨国公司得到空前发展,成为世界经济一体化的主力。据联合国贸发会议统计,1990 年世界跨国公司总数超过3.5 万家,在海外设立分支机构 15 万多家,全球销售额达 5.5 万亿美元,有史以来第一次超过世界贸易总额。2002 年,全世界有约 6.4 万家跨国公司,在海外拥有 87 万多家分支机构,全球销售额达 18 万亿美元,而同期全球出口额仅为 8 万亿美元,跨国公司海外分支机构共雇用了大约 5300 万员工。但是,跨国公司的地区与行业分布很不平衡,以海外资产衡量的世界最大 100 家跨国公司中大约有 90 家的总部设在所谓"三极"国家或地区,即美国、欧盟与日本,这些公司一半以上是集中在电气和电子设备、汽车以及石油勘探与分销行业。发展中国家的跨国公司虽然在 90 年代获得长足发展,但其总体实力与发达国家相去甚远,其中最大的与世界最大 100 家跨国公司中最小公司的规模相当。发展中国家跨国公司在地区与行业分布上也较为集中,最大的 50 家跨国公司基本上来自大约 13 个亚洲和拉丁美洲国家和地区以及南非,它们主要集中在建筑、食品与饮料以及多样化经营的行业。

6.3　跨国公司的内部贸易

跨国公司内部贸易是指一家跨国公司内部的产品、原材料、技术与服务在国家间流动,这主要表现为跨国公司的母公司与国外子公司之间以及国外子公司之间在产品、技术、服务方面的交易活动。据统计,20 世纪 70 年代,跨国公司内部贸易仅占世界贸易的 20%,八九十年代升至 40%,而目前世界贸易总量的近 80% 为跨国公司内部贸易。

跨国公司内部贸易的获利动机并不一定是以一次性交易为基础,而往往以综合交易为基础,服从于公司整体利润最大化和资本增值的目的;其交易价格不是由国际市场供需关系决定的,而是由公司内部自定的;其交易动机主要是实现企业内部的经营与管理,使经营过程中各构成要素实现正常的运动。

6.3.1　跨国公司内部贸易的理论基础

跨国公司内部贸易的理论基础是内部化理论。内部化理论认为,现代企业经营的范围不仅包括生产,还包括销售、研究与开发以及职工的培训等。这些活动是相互联系的,由中间产品,其中主要是技术、专利和管理技能等知识产品的活动联系起来。但中间产品的市场不完全,使得企业利用市场交易的成本很高,因而导致企业创造出内部市场,将原先由市场连接和组织的各项活动置于统一的所有权控制之下,当市场内部化超越国界时,跨国化经营的舞台就形成了。该理论的主要内容包括:

第一,外部市场不完全是内部化形成的主要原因。企业外部市场失效促使内部市场的建立。存在于企业之外,受价值规律和供求关系支配的外部市场往往是不完全的,存在种种不确定的因素,交易成本大。某些中间产品,特别是知识产品的市场尤不完善,使得企业无法充分利用外部市场有效地协调其经营活动。通过内部贸易,以公司内部市场取代外部市场,以跨国公司的全球战略目标和谋求最大限度利润为目的,使资源和产品在公司内部得到合理的配置和充分利用。

第二,知识产品的特性促使内部市场形成。知识产品包括知识、信息、技术、专利、专有技术、管理技能及商业信誉等。知识产品要实现其专有权的价值,会因市场不完全而遇到困难。一方面,知识、技术和技能的研究与开发耗费的时间长,投资的费用大,一旦开发出来在一定时间内具有某种"自然垄断"的性质,其价值的实现要靠歧视性定价或差别性定价;另一方面,外部市场难以对知识产品准确定价,且外部交易极易使知识产品泄露出去而失去原有的价值。若将这一交易置于同一所有权之下,便可消除这种不确定性,借助内部市场的定价机制充分实现知识产品的价值,并可充分发挥企业的垄断优势,形成内部化优势。

第三，寻求交易成本最小化是内部贸易的形成动机。由于外部市场存在很多交易障碍，如信息不对称问题、关税壁垒、谈判成本等，通过外部市场所进行的交易会导致附加成本的增加，而企业内部资源的转移可使交易成本最小化，由此形成了跨国公司的内部贸易。一般来说，外部交易成本越大，内部化程度就越高，反之亦然。

6.3.2 内部贸易在跨国公司资本运营中的作用

第一，在结构调整方面，内部贸易促进了国际分工和技术进步。跨国公司内部贸易的发展开辟了全球范围内一体化生产的可能性，促进和健全了公司内部网络的形成，即把生产加工的不同阶段分设在不同国家，或者由各子公司专门生产整个生产线的某种特定部件，提高了公司的生产效率，并获得规模经济效益。同时，内部技术贸易还促进了跨国公司根据不同东道国在人才、科技实力以及科研基础设施上的比较优势，在全球范围内有组织地安排科研机构，推动技术创新，保持跨国公司的竞争力。据估计，目前跨国公司垄断了世界上 70% 的技术转让和 80% 的新技术工艺。

第二，在要素配置方面，内部贸易可以充分利用转移定价攫取高额利润和规避风险。内部贸易的产品和服务的定价根据跨国公司的全球战略目标由公司上层人士制定，通过转移高价和转移低价使整个公司的经营活动在全球战略目标指导下实现内部交换，在协调的基础上使各自的利益得到满足，并可减轻税负，实现内部资金配置，逃避东道国的价格控制，避免外汇汇率风险和东道国的外汇管制。例如，当跨国公司子公司所在国的外汇管制和利润汇出限制严、营业利润抽税高时，母公司就抬高供应给子公司的机器设备、原材料和劳务价格，使子公司生产成本增加，盈利减少，从而少纳税；当子公司产品面临当地产品竞争时，母公司可以人幅度降低转移价格，从而降低子公司产品的生产成本，加强其竞争能力，以掠夺性价格打垮竞争对手，操纵和垄断当地市场，然后再提高价格；当所在国货币将要贬值时，母公司就可以利用转移价格将子公司的利润和现金尽快汇出去；当子公司所在国货币坚挺时，母公司就利用转移价格使子公司扩资，从汇率中牟利。由此可见，转移价格已成为跨国公司弥补外部市场结构性和交易性缺陷的重要措施，它既是跨国公司建立内部市场的重要手段，又成为跨国公司内部贸易的强大支撑点，为其最终获取高额利润起了重大作用。

第三，在无形资本运作方面，内部贸易可保持公司的技术优势。对技术的垄断是跨国公司的特有优势，也是其存在和发展的关键。如果公司的技术产品在公司外部交易的话，有可能被竞争对手模仿而受损失。内部贸易就可避免此类事情的发生，有助于公司增强其在国际市场上的垄断地位和竞争能力，实现全球利益的最大化。实践证明，实行内部贸易与公司拥有的技术水平有关，其技术水平越高，内部贸易的比重就越大。据邓宁教授的研究，母公司内部出口贸易在总出口中的比重，计算机工业为 91.3%，石油工业为 51%，汽车工业为 62.4%，电子工业为 36.5%，纺织业为 12.8%，食品业为 9.8%。

第四，在人力资本管理方面，内部贸易解决跨国公司内部相对利益中心之间交换的矛盾，有利于公司高层人才的稳定。跨国公司的各个子公司虽然隶属于同一母公司，但各子公司又是独立的利益主体，即使是从母公司的全球战略的大局出发也应考虑到各个主体的利益要求，以保证工作人员的稳定，维持整个公司的凝聚力。因此，在跨国公司的内部交换过程中就不能以利益的完全一致性为基础进行无偿调拨，而必须采取贸易形式，通过内部市场机制满足各方的经济利益，以解决内部经济利益的矛盾。

第五,在追求风险最小化方面,内部贸易降低了外部市场造成的经营不确定风险,有利于跨国公司实行计划管理。完全受市场自发力量支配的企业经营活动面临诸多风险,如投入供应数量、质量、价格等不确定,以及不同生产工序和零部件由独立企业承担带来的协调问题等。公司内部贸易可以大大降低上述的各种经营不确定性,使公司的商品数量、商品结构以及地理流向都服从于公司长远发展战略计划、生产投资计划、市场营销计划和利润分配计划,优化公司内部的资源配置,使之不断适应公司发展战略的外部环境的要求,在激烈竞争的环境中立于不败之地。

6.3.3　跨国公司内部转移价格

1. 内部转移价格的定义

所谓内部转移价格,又称为划拨价格、内部价格等,是指在跨国公司里,母公司与子公司之间或各个盈利的部门之间,结转中间产品或劳务所定的价格。构成转移价格的方法包括:(1)通过控制零部件在不同所在国的子公司之间的内部销售价格转移产品价值。(2)过高或过低地规定子公司折旧费以转移产品价值。(3)通过专利出口、技术和咨询服务、管理、租赁商标等劳务费用,影响子公司的成本和利润。(4)通过提供贷款和利息的高低,影响产品的成本费用。(5)利用产品的销售,给予子公司系统销售机构以较高或较低的佣金、回扣,以影响子公司收入。(6)通过向子公司收取较高或较低的运输、装卸、保险费用,影响子公司的成本。(7)通过向子公司索取过高的管理费用,或将母公司管理费用计入子公司产品成本,以转移产品价值。(8)在母、子公司间人为地制造呆账、损失赔偿等,以转移资金,等等。

所以,转移价格作为跨国公司内部母公司与子公司、子公司与子公司之间相互约定的出口和采购商品、劳务及技术时使用的一种价格,它并非根据国际市场上的供求情况来制定,而是根据跨国公司的全球战略和整体利益人为地制定的。

跨国公司的目标是实现利润最大化,它的所有战略都是围绕着这个目标来制定,因此,作为实现目标的重要手段之一的内部转移价格的形成也是为了实现利润最大化的目标。众所周知,跨国公司所面临的世界市场并不是完全一样的统一的市场,而是在环境、经济发展水平、政策等方面均存在很大差异的细分市场,在这种复杂的市场环境中如何实现利润的最大化,内部转移价格是很好的选择。

作为大型企业经营管理工具的内部转移定价,在西方国家早已开始使用。在 20 世纪前半叶,在许多美国企业中,发生了分权化的趋向,内部转移定价是在分权的基础上产生的。大型企业开始将它们复杂的生产和销售业务的管理权限,下放给它们的下属机构,成立所谓的投资中心或利润中心,实行独立核算,其主要目的是激励下级管理人员的积极性,尽可能有效地经营他们的投资中心或利润中心,以促进整个公司利润的增长。

随着生产活动的空前国际化,专业分工与协作越来越重要,加上内部资源转移可能具有更高的效率,因而集团内部发生大量的转移交易是十分必要的。由于集团内部交易价格的确定,即转移定价,会牵涉集团整体效率、利润评价、国内外供应、生产、销售等许多问题,更使得转移定价显得格外重要和棘手。因此,转移价格是由公司最高决策层制定的,不受市场一般的供求规律影响,而只服从总公司全球战略目标,即利润最大化的需要。

2. 转移价格特征

内部转移价格具有区别于其他价格的鲜明的特征:

（1）非市场性。有别于其他价格，内部转移价格不具有市场性，即内部转移价格的制定不是依据市场供求关系，而是跨国公司从其全球战略的角度出发而制定的。因此，内部转移价格与生产成本、市场价格水平等都无必然联系，即具有非市场性。

（2）灵活性。因为内部转移价格具有非市场性，所以它的制定与市场供求关系无关，跨国公司可以灵活地制定内部转移价格，进行资源的有效配置，以服务于其全球战略。

（3）难管制性。因为内部转移价格的内部性导致了它的隐蔽性，因此，与其他价格相比，对内部转移价格的管制比较困难。

3. 转移价格的具体方式与适用情况

跨国公司的内部转移定价的方式，主要有高进低出和低进高出两种。

（1）高进低出

高进低出的目的，总的来说，是为了摆脱某国不利环境的影响而减少该国子公司的利润，并且将利润转移到环境较有利的母公司或其他子公司去。转移定价的高进低出，主要用于下述几种情况。

1）东道国的所得税率较高

如果子公司所在国的所得税率较高，跨国公司可以用高进低出的转移定价方法来减少这种不利环境所带来的影响。跨国公司可以在向子公司转入中间产品时，提高转入定价，同时，在从子公司转出其中间产品时，降低转出定价。这样，子公司的成本提高了，而价格下降了，因而子公司在所在国的税前利润减少了，这就可以在一定程度上减少所得税率较高而带来的影响。当然，子公司所减少的那部分利润已经通过高进低出从该国转移出去了。

2）东道国实行外汇管制

如果子公司所在国实行外汇管制，那么子公司所得利润的汇出就受到了严格限制或者要付出较大的代价。然而，跨国公司可以采取高进低出的转移定价方法来减少子公司在该国的所得利润，从而减少因利润汇出的困难所带来的损失。

转移定价可以起到转移资金的目的，许多国家在国内资金和外汇相对短缺的情况下，采取一些限制资金转移的措施，特别是对外商的红利汇出、股息支付等有较严格的规定。此时，跨国公司往往通过转移定价以高价向处于该国的子公司发运货物或提供劳务等方法，实现资金的转移。

3）东道国的通胀率较高与存在外汇风险

如果子公司所在国的通胀率较高，那就意味着子公司用当地货币计值的利润资金正在不断地贬值。为了减少这样的损失，跨国公司同样可以采取高进低出的转移定价方法。

跨国公司通常是用多种货币进行经营的。20 世纪 70 年代以来，大多数国家实行浮动汇率制度，国际上货币比价的波动极其频繁，这对于有着大量国际交易活动的跨国公司来说有着重要的影响。由于子公司通常要在会计年度末结算后，再将应分配的股息或利润汇回总公司，在这段时间里，就可能会因货币贬值造成损失。为了避免汇率风险，跨国公司又常常求助于转移定价。跨国公司如果发现东道国或母国的汇率即将变动，而本公司又不可能从事公开的外汇投机，就可以利用转移定价提前或推迟付款，以减少因货币贬值而带来的损失，或者获取汇率差价的利润。在实行外汇管制的国家里，东道国政府为了保持外汇收支平衡，对外国公司汇出的利润在时间上或数量上加以限制。如果东道国政府外汇管制过严，或子公司保留利润过高时，母公司可调高转移定价，提高产品成本，降低子公司利润，以便间接地调回利润。

于是,转移定价可以减少或避免外汇汇率变动风险。金融危机以来,各国货币汇率波动很大且频繁,致使跨国公司面临贸易中的交易风险,也面临资产的外汇风险,一般跨国公司采取货币转换的方法和"提前与延付"付款的方法来防范,但利用转移定价这种方法的有效程度更高,从而使风险得以进一步降低。

4)东道国存在政治风险

跨国公司为了预防子公司所在国的政治风险,也可以采取高进低出的转移定价方法来转移利润和资金。

政治风险与经济危险很难分开,尽管政府的决策可以从政治角度来解释,但这种决策后面的基本要素可能却是纯经济的。其中财产被没收或国有化,是跨国公司是担心的,尽管跨国公司可以采取一系列方法,如参加投资国政府的投资保险计划,雇佣当地管理人员,使东道国拥有公司的股权等,将部分风险转嫁出去,但在具体投资中,跨国公司常常使用转移定价对子公司实行更高的销售价格、索取高额服务费、压低子公司出口商品价格等方法,使子公司陷入财政赤字状态,成为空架子,从而将投资利润从东道国转移出去,将风险降至最低。

5)对付价格管制

为维护本国市场和当地居民的合法权益,保护民族工业,东道国制定市场价格控制政策。为避免东道国倾销等指控,跨国公司利用转移定价提高成本,以提高该产品价格,同时,为避开东道国的最终产品价格管制,跨国公司将产品或生产该产品的中间产品以高价转嫁给子公司,形成高成本,提高产品售价,赚取高额利润。

6)加速资本周转

保持投资的灵活性和根据经营条件及时抽调资金是跨国公司经营中的一项重要方针。跨国公司有时纯粹出于投资灵活性的考虑,往往会将母公司对子公司的增资由直接投资形式改为贷款形式,以便视需要随时抽走这部分资金。这样就会产生跨国公司内部虚拟贷款及其计息问题。而压低公司集团各方面对某一方的各种支付价格则是跨国公司加速某一关联企业的资本收回,抽逃资金的惯用手法。

(2)低进高出

低进高出的目的,总的说来,是为了利用子公司所在国的有利环境,增加子公司的利润和竞争实力。低进高出的转移定价方法,主要用于下述几种情况。

1)东道国的所得税率较低

如果子公司所在国的所得税率较低,那么,跨国公司可以用低进高出的转移定价方法来利用这种有利的环境。跨国公司可以在向子公司转入中间产品时降低定价。同时,在从子公司转出中间产品时提高定价,这样必然会增加子公司在该国的税前利润,由于该国所得税率较低,因此,子公司的税后利润会增加。这样做,实际上是把高税地区的利润转移到低税地区,以减轻跨国公司总的税赋。

这是利用不同国家(地区)税率上的差异的一种方法,由高税率国家向低税率国家出售技术或劳务时,采用调低转移定价,以降低低税率国家的进货成本提高其利润。反之亦然。这样,盈利从高税率国家转移到低税率国家,使整个公司的税赋减轻。

【专栏 6.2】

世界上的避税地

在国际避税港(Tax Heaven)建立公司也是跨国公司避税的一种方法。在国际避税地建立公司,然后通过避税地的公司与其他地方的公司进行商业、财务运作,把利润转移到避税地,靠避税地的免税收或低税收减少税赋。

国际避税地,也称为避税港或避税乐园,是指一国或地区政府为吸引外国资本流入,繁荣本国或本地区经济,在本国或本地区确定一定范围,允许外国人在此投资和从事各种经济贸易活动,取得收入或拥有财产而可以不必纳税或只需支付很少税款的地区。

世界上有许多避税地由于其所得税率很低,跨国公司常常利用这些避税地,通过对转移定价的运用达到降低税赋的目的。世界上30多个被称为"避税天堂"的国家和地区:如中美洲的巴拿马和伯利兹;非洲的利比里亚;印度洋地区的马尔代夫;太平洋地区的马绍尔群岛等。

跨国公司置身于多国环境,而各国都有各自的税收制度,加上许多"避税天堂"的存在,为跨国公司提供了特别的避税环境。跨国公司在向国外子公司转移产品时,先将产品以低价卖到设在避税港的控股公司,再由控股公司以高价卖给国外子公司。通过这样的低进高出使跨国公司的利润大量地沉淀在避税港,从而达到减轻税赋的目的。值得注意的是,避税港控股公司在进行转口贸易时,并不经手产品实物,而做的只是跨国公司内部的财务转账。

所以,跨国公司通过其设在避税地的子公司低价收购,高价卖出,尽管货物和款项均不经过避税地,但账面上的这次周转就使卖者子公司"低价"出售而无利,买者子公司高价购买亦无盈利,而设在避税地的子公司则取得了双方收益,减轻总公司税赋。

资料来源:http://mnc.people.com.cn。

2)增强子公司在东道国的形象

子公司在东道国的形象,与子公司的利润率高低有关。跨国公司为了增强子公司,尤其是新办子公司在东道国的形象,可以采用低进高出的转移定价方法,来提高子公司的利润率。子公司的利润率提高了,其商誉形象就会相应地提高,这就有利于子公司吸收当地的资源,从而促进子公司在当地的发展。这与母公司想美化该子公司在该东道国的形象,使其在该东道国的市场上有所作为的目标紧密相连。

3)增强子公司在东道国的竞争力

子公司在东道国市场的竞争力,与子公司的原材料、配件、零部件和机器设备的成本有关。跨国公司为了增强子公司在东道国市场的竞争实力,可以采用较低的转移定价来向子公司供应原材料、配件、零部件和机器设备。子公司的成本降低了,其竞价能力就会相应地提高。这种低进的转移定价,还有利于子公司避免在当地的倾销,因为成本越低,越不容易发生定价低于成本的倾销现象。

跨国公司的母公司为了加强国外子公司的竞争能力,通常将向子公司供应的原材料或零部件价格压低,给予价格补贴,这种价格补贴将随着子公司在国外市场上竞争能力的加强而逐渐取消。另一方面跨国公司还可以压低该子公司产品的内部转移定价,从而扩大子公司产品在当地市场的销售份额,甚至获得在当地市场上的垄断地位。在子公司的产品已渗透并牢固地占据当地市场一定销售份额的情况下,跨国公司这时可以将子公司的产品内部转移定价抬高,来夸大其报告收益和财务状况,借以进一步巩固子公司在当地资本市场上的地位,使它们发行的证券具有更高的信誉和价值。

4) 绕过东道国较高的关税壁垒

跨国公司内部的产品转移,虽不属于真正的国际交易,但这种转移只要跨越国境,就要缴纳关税。在采用从价税的情况下,所纳关税与关税税率和转移定价有关。如果东道国的关税税率较高,跨国公司可以采取低进的,即较低的转移定价来平衡高税率所带来的不利影响。也就是说,虽然税率较高,但由于转移(进口)定价的降低有可能使总的纳税额并不增加很多,甚至没有增加。

虽然任何一家公司都无法改变关税,但如果运用转移定价,即设在高关税税率国家的子公司,进口其他国家子公司的产品价格要压低,相反,低关税税率国家的子公司,进口产品价格则可以抬高,从而降低整个跨国公司总体缴纳关税的金额。

尽管跨国公司在确定转移价格时,所考虑的环境因素是相似的,但在具体对待上,国与国之间却有明显的差异,特别是各国的经济环境差异,跨国公司在实施转移定价时的着眼点也是有差异的。

6.3.4　内部贸易的负面效应

内部贸易在跨国公司资本运营中的作用功不可没,但也带来了一系列的负面影响。其中包括:

第一,转移价格的定价机制改变了价格作为市场信号的贸易秩序。在母公司与子公司之间转移产品、服务、资金时,人为地调高或调低价格与收费,在一定程度上削弱了市场自由竞争赖以存在的供求调节价格的价格机制,破坏了国际市场价格与供求关系之间的联系。因此,内部贸易减弱了价格作为市场信号的作用,在一定程度上干扰了原本以市场价格为基础的贸易秩序。

第二,转移价格往往损害了东道国的利益。由于内部贸易采用转移价格手段,达到跨国公司的特定目标,如将资金调出东道国,规避东道国的税收,绕过东道国的关税壁垒等。据有关部门的数字表明,我国境内的外资企业亏损高达 40% 以上,有些地区甚至达到 75%,因此许多合资、合作企业的中方无利可分,甚至连年亏损。令人深思的是这些企业的外方却不断增资,合理的解释只能是这些企业的外方通过"高进低出"的转移价格侵吞了中方的收益,实现了"虚亏实盈""中亏外盈"。可见,跨国公司通过转移价格侵吞了东道国合资方的利润,减少了东道国的税收收入。

第三,内部贸易降低了东道国引进外资的关联效应。很多东道国,特别是发展中国家,大力引进外资的目的之一就是希望通过跨国公司的投资带动上游产业或下游产业的发展。然而跨国公司从全球战略出发,有时宁可高价进口国外关联公司的原材料、半成品,因而降低了跨国公司在东道国直接投资的关联效应。例如,某合资企业生产用的主要原材料阿苯达唑,国内许多厂家均能生产,而且产品质量很好,但该企业的合资外方却拒绝使用高质价廉的国产原料,而高价从其他国家的子公司进口。

第四,跨国公司的内部贸易使国际关系复杂化。一方面,跨国公司通过内部贸易侵占了东道国的利益,破坏了东道国的投资声誉,而且使东道国在制定外经贸政策时左右为难;另一方面,内部贸易中的返销假活动使得进出口国地位改变,改变了双方的贸易差额,不利于东道国的国际收支改善。这些矛盾显然会造成国际经贸关系复杂化。例如,美国以巨额贸易逆差为由向其贸易伙伴施加压力,如要求日本开放市场、汇率升值;要求中国开放市场等。

由此可见,跨国公司的内部贸易是国际贸易发展的一把"双刃剑"。如何运用好这把"双刃剑"已引起世界各国普遍关注。例如美国、法国、日本等拥有大量对外直接投资的发达国家都已制定出专门法规,限制跨国公司转移价格的作用。发展中国家与跨国公司打交道的时间短,缺乏经验,要管制转移价格就比较困难。目前发展中国家应该从完善法律、法规入手,加强对外资企业财务报表的审核,并及时了解国际市场价格的变动情况及有关国家的税率差别,了解国际市场同行业利率水平,及时发现问题,以对跨国公司转移价格进行限制,扬长避短,为我所用。

6.4 跨国公司对世界经济的影响

6.4.1 跨国公司加快了国际经济的技术交流

一般的企业在国内发展到一定的程度后,国内的资源和市场已不能满足企业扩张的需求时,企业便会向外扩张,在国外建立子公司或者分支机构,利用国外当地的资源和市场以及技术来开展自身内部的工作。这些企业便成为跨国公司。跨国公司大规模地向各个地区、国家发展渗透,进行跨国生产、经营和销售,不仅对于自身利益有极大好处,更是为东道国增加了对外贸易量,而且还能使跨国公司内部分工更加合理有效。跨国公司的对外发展,子公司积极地参与到当地的国际经济技术合作交流和竞争中,以此获得更多的资源和市场空间。随着跨国公司的日渐增多,社会化程度提高,一些大型的跨国公司更是有着不断的技术创新,在不断的竞争和交流中,促使国际经济技术不断地发展。跨国公司之间所形成的国际经济技术合作也使得国家之间存在着相互依赖的关系。

6.4.2 跨国公司促进了资本国际化,加深了社会分工

跨国公司日益成为世界生产的主要组织者。跨国公司既是生产和资本国际化的产物,又进一步促进生产和资本国际化和全球化。据联合国统计,1980 年世界跨国公司总数为 1.5 万家,到 20 世纪 90 年代初,全球跨国公司已达 3.7 万家。自 1982 年以来,跨国公司成长非常迅速。至 1992 年底,全球海外直接投资额累计达 2 兆美元,其中三分之一掌握在排名前 100 名的大企业手中。1992 年全球跨国公司海外销售额总计达 5.5 万亿美元,比商品出口额高出 1.5 万亿美元。由此可见,跨国公司的海外投资大大促进了各种生产要素的流动,进一步促进生产在国家间的垂直分工和水平分工。跨国公司相当于是国家与国家之间的高架桥。对于发达国家而言,跨国公司能使发达国家的产品通过对外直接投资的方式在东道国生产并销售,从而绕过了贸易壁垒,提高了其产品的竞争力;对于发展中国家而言,跨国公司增加了东道国的对外贸易量,引进或合作交流所得的技术、管理经验等资源又能用于发展国内经济。跨国公司成为一个必不可少的主导者。

6.4.3　跨国公司对国际贸易的稳定有很大的帮助

跨国公司在进行经济合作交流的过程中制定了一系列的规章制度,在迅猛的社会浪潮中,这些制度不断地完善,在国际上也会有潜移默化的统一标准,加深了国际贸易的稳定性。

6.4.4　跨国公司对发达国家对外贸易的影响

跨国公司的发展对战后发达国家的对外贸易起了极大的推动作用。这些作用表现在:使发达国家的产品能够通过对外直接投资的方式在东道国生产并销售,从而绕过了贸易壁垒,提高了其产品的竞争力;从原材料、能源的角度看,减少了发达国家对发展中国家的依赖;使得发达国家的产品较顺利地进入和利用东道国的对外贸易渠道并易于获得商业情报信息。

6.4.5　跨国公司对发展中国家对外贸易的影响

第一,跨国公司对外直接投资和私人信贷,弥补了发展中国家进口资金的短缺。

第二,跨国公司的资本流入,加速了发展中国家对外贸易商品结构的变化。战后,发展中国家引进外国公司资本、技术和管理经验,大力发展出口加工工业,使某些工业部门实现了技术跳跃,促进了对外贸易商品结构的改变和国民经济的发展。

第三,跨国公司的资本流入,促进了发展中国家工业化模式和与其相适应的贸易模式的形成和发展。战后,发展中国家利用外资,尤其是跨国公司的投资,实施工业化模式和与其相适应的贸易模式,大体上可分为初级产品出口工业化、进口替代工业化和工业制成品出口替代工业化三个阶段。进口替代工业化是指一国采取关税、进口数量限制和外汇管制等严格的限制进口措施,限制某些重要的工业品进口,扶植和保护本国有关工业部门发展的政策。实行这项政策的目的在于用国内生产的工业品代替进口产品,以减少本国对国外市场的依赖,促进民族工业的发展。出口替代工业化是指一国采取各种措施促进面向出口工业的发展,用工业制成品和半制成品的出口代替传统的初级产品出口,促进出口产品的多样化发展,以增加外汇收入,并带动工业体系的建立和经济的持续增长。

第四,跨国公司控制了许多重要的制成品和原料贸易。跨国公司 40% 以上的销售总额和 49% 的国外销售集中在化学工业、机器制造、电子工业和运输设备等四个部门。

6.4.6　跨国公司控制了国际技术贸易

在世界科技开发和技术贸易领域,跨国公司,特别是来自美国、日本、德国、英国等发达国家的跨国公司,发挥着举足轻重的作用。目前,跨国公司掌握了世界上 80% 左右的专利权,基本上垄断了国际技术贸易;在发达国家,大约有 90% 的生产技术和 75% 的技术贸易被这些国家最大的 500 家跨国公司所控制。许多专家学者认为:跨国公司是当代新技术的主要源泉,技术贸易的主要组织者和推动者。

6.4.7　跨国公司对世界经济的消极影响

在一些制度和政策比较开放的国家,跨国公司往往会因为利益而去进行垄断,凭借自己强大的经济实力垄断了原材料、技术等资源,使得其东道国不能进行自主的经济发展。此时跨国公司的影响是消极的。毕竟国家才是主要的经济体系,在现阶段来说要保持一个国家的稳定,必定要控制相关重要的技术和资源。某些跨国公司为了自己国家的利益不顾一切地将产业转移到其他国家,造成其他国家的生态破坏和环境污染。这些都是消极的方面。这些问题目前已引起国际社会、世界经济组织和一些发展中国家的关注,并采取一些应对措施。

6.5 跨国公司理论

第二次世界大战后,随着跨国公司的迅速发展,对外直接投资已经成为世界经济的重要推动力量,而传统的基于证券投资的国际资本流动理论却无法解释跨国公司的对外直接投资行为。在此背景下,西方学者纷纷开始研究跨国公司与对外直接投资,形成了许多不同的理论流派,从不同的角度对对外直接投资的动因、国际市场进入方式与跨国经营的区位选择进行研究,既相互区别,又互为补充,从而形成了一个相对独立的丰富的理论体系。下面将对其中一些主要的具有代表性的理论予以介绍和评述。

6.5.1 垄断优势理论

垄断优势理论,又称特定优势理论,被认为是西方跨国公司理论的基础和主流,是由美国学者斯蒂芬·海默(Stephen Hymer)在其1960年撰写的博士论文《木国公司的国际性经营:一种对外直接投资的研究》(International Operations of National Firms: A Study of Direct Foreign Investment)中首先提出来的。海默的导师查尔斯·金德尔伯格(Charles Kindleberger)在后来的著述中对海默的理论进行了阐述和补充,使之成为系统、独立的研究跨国公司与对外直接投资最早和最有影响力的理论,因此一些文献中将他们的研究称为海-金传统(H-K Tradition)。

该理论的核心内容是"市场不完全"与"垄断优势"。传统的国际资本流动理论认为,企业面对的海外市场是完全竞争的,即市场参与者所面对的市场条件均等,且无任何因素阻碍正常的市场运作。完全竞争市场所具备的条件是:(1)有众多的卖者与买者,其中任何人都无法影响某种商品市场价格的涨跌;(2)所有企业供应的同一商品均是同质的,相互间没有差别;(3)各种生产要素都在市场无障碍地自由流动;(4)市场信息通畅,消费者、生产者和要素拥有者对市场状况和可能发生的变动有充分的认识。海默认为,对市场的这种描述是不正确的,"完全竞争"只是一种理论研究上的假定,现实中并不常见,普遍存在的是不完全竞争市场,即受企业实力、垄断产品差异等因素影响所形成的有阻碍和干预的市场。

海默认为,市场不完全体现在以下四个方面:(1)商品市场不完全,即商品的特异化、商标、特殊的市场技能以及价格联盟等;(2)要素市场不完全,表现为获得资本的不同难易程度以及技术水平差异等;(3)规模经济引起的市场不完全,即企业由于大幅度增加产量而获得规模收益递增;(4)政府干预形成的市场不完全,如关税、税收、利率与汇率等政策。海默认为,市场不完全是企业对外直接投资的基础。因为在完全竞争市场条件下,企业不具备支配市场的力量,它们生产同样的产品,同样地获得生产要素,因此对外直接投资不会给企业带来任何特别利益,而在市场不完全条件下,企业则有可能在国内获得垄断优势,并通过对外直接投资在国外生产并加以利用。

在此基础上,海默认为当企业处在不完全竞争市场中时,对外直接投资的动因是为了充分利用自己具备的"独占性生产要素"即垄断优势,这种垄断优势足以抵消跨国竞争和国外经营所面对的种种不利而使企业处于有利地位。企业凭借其拥有的垄断优势排斥东道国企业的竞争,维持垄断高价,导致不完全竞争和寡占的市场格局,这是企业进行对外直接投资的主要原因。

关于垄断优势的构成,海默和其他学者如金德尔伯格以及后来的约翰逊(H. G. Johnson)、卡夫斯(R. E. Caves)以及曼斯菲尔德(E. Mansfield)等人进行了充分的论述,大致可归纳为技术与知识优势、规模经济、资金优势、营销以及组织管理能力等,其中海默特别强调了技术与知识的核心优势作用。这些优势后来被邓宁总结为"所有权优势",并成为其国际生产折衷理论的重要组成部分。

6.5.2　产品生命周期理论

弗农在 1966 年发表的《产品周期中的国际投资与国际贸易》(International Investment and International Trade in the Product Cycle)一文中提出了产品生命周期理论,试图用产品生命周期假说来揭示美国企业第二次世界大战后开展对外直接投资和国际贸易的规律。

该理论将产品生命周期划分为创新、成熟和标准化阶段,说明在产品生命周期的不同阶段,各国在国际贸易中的地位不同,并把企业的区位选择与海外生产及出口结合起来进行系统的动态分析。该理论将世界各国大体上分为三种类型,即创新国(一般是发达国家)、次发达国家和欠发达国家。

1. 创新阶段

创新阶段,是指新产品开发与投产的最初阶段。创新国企业凭借其雄厚的研究开发实力进行技术创新,开发出新产品并投入本国市场。由于需要投入大量的研发力量和人力资本,产品的技术密集度高,且由于生产技术不稳定、产量低,所以成本很高。生产主要集中在创新国,因为新产品的需求价格弹性较小,创新企业通过对新产品技术工艺的垄断地位即可在国内获得高额垄断利润。对于经济发展水平相近的次发达国家偶尔的少量需求,创新企业通过出口即可满足,因此这一阶段无须到海外进行直接投资。

2. 成熟阶段

成熟阶段,是指新产品及其生产技术逐渐成熟的阶段。随着新产品生产和市场竞争的发展,市场出现了一系列变化:新产品的生产技术日趋成熟,开始大批量生产;产品的价值已为经济发展水平相近的次发达国家的消费者所认识,国外需求强劲;需求价格弹性增大,企业开始关注降低生产成本;生产工艺和方法已成熟并扩散到国外,研发的重要性下降,产品由技术密集型逐渐转向资本密集型。与此同时,随着创新国向次发达国家的出口不断增加,进口国当地企业开始仿制生产,而进口国为了保护新成长的幼稚产业开始实施进口壁垒限制创新国产品输入,从而极大地限制了创新国的对外出口能力。因此,创新国企业开始到次发达国家投资建立海外子公司,直接在当地从事生产与销售,以降低生产成本、冲破市场壁垒,占领当地市场。

3. 标准化阶段

标准化阶段,是指产品及其生产技术的定型化阶段。生产技术的进一步发展使产品和生产达到了完全标准化,研发费用在生产成本中的比重降低,资本与非技术型熟练劳动成为产品成本的主要部分。企业的竞争主要表现为价格竞争,创新国已完全失去垄断优势。于是,创新国企业以对外直接投资方式将标准化的生产工艺转移到具有低成本比较优势的欠发达国家,离岸生产并返销母国市场和次发达国家市场。最后当该技术不再有利可图时,创新国企业将其通过许可方式转让。

可见,随着产品及其生产技术的生命周期演进,比较优势呈现出动态转移的特点,国际贸易格局相应发生变动,各国的贸易地位也随之发生变化,创新国由出口国变为进口国,而劳动成本低的欠发达国家最终则由进口国变为出口国。根据该理论,各国应当依据比较优势的动态转移决定生产区位选择与贸易方向。

6.5.3 内部化理论

内部化理论是西方学内部化理论者在建立所谓跨国公司"通论"的过程中形成的理论观点。所谓内部化,是指把市场建立在企业内部的过程,即以内部市场取代原来固定的外部市场,企业内部的转移价格起着润滑内部市场的作用,使之与固定的外部市场同样有效地发挥作用。

内部化理论从外部市场不完全与企业内部资源配置的关系来说明对外直接投资的动因。该理论的出发点是市场不完全,认为市场不完全不仅在最终产品市场上存在,在中间产品市场上也同样存在。这里的中间产品除了通常意义上的原材料和零部件外,更重要的是指专有技术、专利、管理及销售技术等"知识中间产品"。这些与知识有关的中间产品由于市场不完全,存在定价困难,从而使交易成本增加,当交易成本过高时,企业就倾向于通过对外直接投资开辟内部市场,将原本通过外部市场进行的交易转化为内部所属企业间的交易以降低交易成本。

根据内部化理论,企业通过对外直接投资形成内部市场,在全球范围内组织生产与协调分工,以避免外部市场不完全对其经营产生的影响。同时,在"知识产品"的研发与获得越来越昂贵,知识产权保护越来越困难的情况下,企业内部交易可以有效地防止技术迅速扩散,保护企业的知识财富。而且,在不确定性不断增加的市场环境下,内部交易使企业能够根据自己的需要进行内部资金、产品和生产要素的调拨,从而保证效益最优化。

内部化理论还分析了影响中间产品内部化的四个主要因素:(1)行业因素,主要包括中间产品的特性、外部市场结构、企业的规模经济特征以及行业特点等;(2)区位因素,是指有关区域内社会文化差异、综合投资环境以及自然地理特征等;(3)国别因素,是指有关国家的政治体制、法律架构与财政经济状况等;(4)企业因素,是指企业的竞争优势与劣势、组织结构、管理水平、生产和销售技术以及企业文化等。

6.5.4 国际生产折衷理论

邓宁在 1977 年撰写的《经济活动的贸易区位与多国企业:一种折衷理论的探索》(*Trade Location of Economic Activities and the MNE: A Search for an Eclectic Approach*)中提出了国际生产折衷理论(The Eclectic Theory of International Production)。邓

宁认为,过去的各种对外直接投资理论都只是从某个角度进行片面的解释,未能综合、全面地分析,因此需要用一种折衷理论将有关理论综合起来解释企业对外直接投资的动机。

该理论的核心是,企业跨国经营是该企业具有的所有权特定优势、内部化优势和区位优势这三优势综合作用的结果。

(1)所有权特定优势(Ownership Specific Advantage),又称垄断优势(Monopolistic Advantage),是指企业所独有的优势。所有权特定优势具体包括:1)资产性所有权优势,指在有形资产与无形资产上的优势,前者指对生产设备、厂房、资金、能源及原材料等的垄断优势,后者指在专利、专有技术、商标与商誉、技术开发创新能力、管理以及营销技术等方面的优势;2)交易性所有权优势,指企业在全球范围内跨国经营、合理调配各种资源、规避各种风险,从而全面降低企业的交易成本所获得的优势。

邓宁认为,企业开展对外直接投资必然具备上述所有权特定优势,但具有这些优势并不一定会导致企业进行对外直接投资。也就是说,所有权特定优势只是企业对外直接投资的必要条件,而不是充分条件。企业仅仅具有所有权特定优势,而不具备内部化优势和区位优势时,国内生产出口销售或许也是企业实现其优势的可行途径。

(2)内部化优势(Internalization Advantage),是指拥有所有权特定优势的企业,为了避免外部市场不完全对企业利益的影响而将企业优势保持在企业内部的能力。内部交易比非股权交易更节省交易成本,尤其是对于那些价值难以确定的技术和知识产品,而且内部化将交易活动的所有环节都纳入企业统一管理,使企业的生产销售和资源配置趋于稳定,企业的所有权特定优势得以充分发挥。

但邓宁同样认为,内部化优势和所有权特定优势一样,也只是企业对外直接投资的必要条件,而不是充分条件,同时具有所有权特定优势和内部化优势的企业也不一定选择进行对外直接投资,因为它也可以在国内扩大生产规模再行出口。

(3)区位优势(Location Specific Advantage),是指某一国外市场相对于企业母国市场在市场环境方面对企业生产经营的有利程度,也就是东道国的投资环境因素上具有的优势条件,具体包括:当地的外资政策、经济发展水平、市场规模、基础设施、资源禀赋、劳动力及其成本等。如果某一国外市场相对于企业母国市场在市场环境方面特别有利于企业的生产经营,那么这一市场就会对企业的跨国经营产生非常大的吸引力。

邓宁认为,在企业具有了所有权特定优势和内部化优势这两个必要条件的前提下,又在某一东道国具有区位优势时,该企业就具备了对外直接投资的必要条件和充分条件,对外直接投资就成为企业的最佳选择。

6.5.5　比较优势理论

日本一桥大学教授小岛清(K. Kojima)在 1987 年发表的著作《对外贸易论》中提出了比较优势理论(The Theory of Comparative Advantage),依据日本企业的海外投资实践对对外直接投资的行为与规律做了新的解释。

小岛清认为,各国的经济条件不同,因此依据美国跨国公司对外直接投资的资料而归纳出来的理论无法解释日本跨国公司的对外直接投资行为。他认为,具有垄断优势的美国公司通过在海外设立子公司而把生产基地转移到国外,减少了母公司的出口,对本国经济产生了不利影响,违背了比较优势,因此属于"贸易替代型"对外直接投资。而日本跨国公司的对外直接投资大多集中于那些已失去或即将失去比较优势的传统工业部门,属于"贸易创造型"投资,这些传统行业很容易在海外找到生产要素与技术水平相适应的投资地点,获得的收益远远高于在国内投资,而且东道国由于外来投资项目的收益增加了收入,又促进了东道国购买投资国的产品,也就是创造出了新的贸易。

小岛清进一步分析了美国模式与日本模式对外直接投资的不同:第一,美国企业的对外直接投资是从本国具有比较优势的行业开始的,其目的是垄断东道国当地市场,不利于东道国经济发展;而日本企业对外直接投资则是从不具有比较优势的所谓"边际产业"开始的,有利于东道国建立具有比较优势的产业,并推动东道国经济发展。第二,日本的中小企业虽然不具备垄断优势,但它们拥有的适用技术在东道国当地具有较强的吸纳性,有利于东道国建立比较优势产业,增加就业和出口,促进东道国经济发展。

归纳起来,比较优势理论的核心内容是:第一,对外直接投资应该从本国已处于或即将处于比较劣势的产业即边际产业开始,并依次进行;第二,企业和东道国的技术差距越小越好,这样有利于当地比较优势产业的建立,两国可以在对外直接投资及其引致的贸易中互补,并能更大程度地受益。

【思考题】

1. 何谓跨国公司?
2. 跨国公司可以分为哪些类型?
3. 跨国公司的经营特征是什么?
4. 跨国公司内部贸易的目的是什么? 它如何利用转移价格达到目的?
5. 简述跨国公司理论的演变过程。

【本章推荐书目及网上资源】

1. 蔡玉彬.国际贸易理论与实务.北京:高等教育出版社,2007.
2. 罗肇鸿.跨国并购:特点、影响和对策.北京:中国经济出版社,2006.
3. 中国国际跨国公司研究会,http://www.ciimc.com.
4. 人民网跨国公司频道,http://mnc.people.com.cn.
5. 中国国际贸易促进委员会网站,http://www.ccpit.org.

第 7 章　国际贸易政策

【学习要点及目的】

通过本章的学习,掌握对外贸易政策的含义、内容和类型;了解制定对外贸易政策的主要依据和历史演变过程。

【本章关键术语】

自由贸易政策(Free Trade Policy);保护贸易政策(Trade Protection Policy);保护幼稚工业论(Theory of Protecting Infant Industry);战略性贸易政策(Strategic Trade policy);出口导向战略(Export-oriented Strategy);管理贸易政策(Managed Trade Policy)

7.1　国际贸易政策的内容

一国的对外贸易政策是该国在一定时期内对进口贸易和出口贸易所实行的政策,是一国总的经济政策的组成部分,是为该国经济基础和对外政策服务的。各国的对外贸易政策因各自的经济体制、经济发展水平及其产品在国际市场上的竞争能力而有所不同,并且随其经济实力的变化而不断变换。但就其制定对外贸易政策的目的而言,大体上是一致的:一是保护本国的市场;二是扩大本国产品的出口市场;三是促进本国产业结构的改善;四是积累资金;五是为本国的对外政策服务。

国际贸易政策的主要内容包括:

(1)各国对外贸易总政策。它是各国从整个国民经济出发,根据本国国民经济的整体状况及发展战略,结合本国在世界经济格局中所处的地位而制定的、在较长时期内实行的政策。它是各国发展对外经济关系的基本政策,是整个对外贸易政策的立足点。

(2)进出口商品政策。它是各国在本国对外贸易总政策的基础上,根据经济结构和国内外市场的供求状况而制定的政策。其基本原则是对不同的进出口商品实行不同的待遇。主要体现为关税的税率、计税价格和课税手续等方面的差异。例如对某类进口商品,有时采用较高税率和数量限制手段来阻挡其进口,有时则对其实施较宽松的做法,允许较多的进口。

(3)国别政策。它是各国根据对外贸易总政策,依据对外政治经济关系的需要而制定的国别和地区政策。它在不违反国际规范的前提下,对不同国家采取不同的外贸策略和措施。对不同国家规定差别关税率和差别优惠待遇是各国国别政策的基本做法。

从一国对外贸易政策的具体内容来看,一般而言,它主要包括一国的关税制度和政策、非关税壁垒的种类和做法、鼓励出口的体制和手段、管制出口的政策和手段等。这些范围内的有关体制、政策和基本做法都反映着上述三方面的含义,因而构成了国际贸易政策的基本内容。

关于一国经济政策的制定和实施,历来存在着两种对立的思潮和理论主张。一种叫经济自由主义,它主张全社会的经济活动应该按照市场机制的调节功能自由地进行,政府不必加以干预和管制。另一种叫政府干预主义,它认为本国政府应该对社会经济活动进行干预和控制,有时候甚至是决定性的,让其放任自流是不行的。这两种基本思潮在实现国际贸易政策目标的做法上,同样表现为两种不同的主张。前者主张自由贸易,后者推行保护贸易政策。

所谓自由贸易政策,是指国家对商品进出口活动不加干预,即对商品进口不加限制,不设障碍,对商品出口也不给予特权和优惠,任其依据市场经济规律自由地竞争与发展。所谓保护贸易政策,是指国家对商品进出口活动积极进行干预甚至管制,利用各种措施限制商品进口,以保护国内市场和国内产品免受外国商品的竞争,而对本国商品的出口则给予优惠和补贴,鼓励扩大出口。长期以来,两派各执一词,争论激烈,其结果对国际贸易政策的演变发挥着互为消长的重要影响。

7.2　国际贸易政策的演变

与国际贸易政策理论主张的分歧相一致,在过去数百年的世界贸易发展中,现实的贸易政策演进也呈现出了两个倾向的冲突:一个倾向是减少贸易壁垒,朝着自由贸易的方向发展;另一个倾向是维持乃至加强贸易保护,与自由贸易目标背道而驰。就世界贸易史来看,大多数国家、多数历史时段所奉行的贸易政策均带有鲜明的保护主义色彩,但也有一些国家、一些较少的历史时段,贸易政策朝着自由放任方向发展。

7.2.1　重商主义的贸易政策

最早的国际贸易政策应数重商主义,它产生于 15 世纪,时值资本主义经济的原始积累时期。重商主义认为,贵金属或货币就是财富,人们获取财富的来源是金银矿的采掘和商品的交换,其中商品的交换更具持续性。从一个国家的角度看,要想使这种商品交换能够增加一国的财富总量,就必须开展对外贸易,因为一国范围内的商品交换只能使贵金属或财富实现在不同居民手中的转移,而不能增加该国的财富总量,只有对外贸易才能够增加该国贵金属的总量(假定本国不生产贵金属)。因此,重商主义贸易政策的理论是,国际贸易是一种"零和游戏",一方得益必定使另一方受损,要增加一国的财富总量就必须在国际贸易中多出口、少进口,实现贸易收支的顺差,形成外国对本国的贵金属支付。为此,国家需要采取的政策措施是奖励出口、限制进口,使贵金属或财富在本国积累起来,从而增加本国的财富总量。

在具体贸易政策上,不同时代的重商主义者的主张是不同的,由此而使重商主义的发展呈现出了早期与晚期两个阶段。

早期重商主义流行于 15 世纪到 16 世纪中叶,其贸易政策主张的鲜明特征是,强调限制进口甚于鼓励出口,禁止金银输出。这一时期的重商主义者坚持认为,一国的所有进口都会减少它所积累的货币或"财富",而所有的出口则会增加它所积累的货币或"财富",因此,增加国民财富的贸易政策应该是尽可能少地输入且尽可能多地输出,最好的政策是光输出不输入。由于早期重商主义者特别强调金属货币余额,因此又被称为重金主义或货币差额论。在 16 世纪中叶之前的大约 150 年时间内,欧洲主要君主国的贸易政策都带有重金主义的特征,其中最典型的做法,莫过于严禁输出贵金属。比如,英国在爱德华四世统治期间,即1461—1483 年间,就将输出金银定为大罪,与叛国罪相提并论。而欧洲大陆的西班牙、葡萄牙、法兰西等国,亦有类似法规或政策。对于这一时期欧洲主要国家的政策,恩格斯在《政治经济学批判大纲》中曾经这样来形象地予以描述:"各国彼此对立着,就像守财奴一样,双手抱住他心爱的钱袋,用嫉妒和猜忌的目光打量着自己的邻居。"

晚期重商主义盛行于 16 世纪下半叶之后,其鲜明特征是,强调鼓励出口甚于限制进口,为了扩大出口,赞成适当输出金银。它认为,既然对外贸易是增加国民财富的主要源泉,一国政府就应该大力鼓励对外贸易,而增加国家财富的外贸政策不仅应该鼓励出口,而且应该鼓励那些可以增强本国未来出口能力的进口;只要出于扩大贸易的目的,适当的金银输出是有利的;只要在贸易中始终保持顺差,即出口大于进口,就会增加一国货币存量,从而增加一国的财富。这些思想在英国最著名的重商主义者托马斯·孟(Thomas Mun,1571—1641)的论著中表现得淋漓尽致。孟在 1641 年出版的一本小册子中写道:"对外贸易是增加我们的财富和现金的通常手段,在这一点上,我们必须时时谨守这一原则:在价值上,每年卖给外国人的货物,必须比我们消费他们的多。"对于出于扩大贸易的金银输出,托马斯·孟打了个形象的比喻:这就像农民把玉米撒在土地上,初看起来有点疯,但到收获季节,则可以看到他们的远见与智慧。由于晚期重商主义强调贸易差额甚于货币差额,因此晚期重商主义又被称为贸易差额论。

贸易差额论是重商主义国际贸易思想中的核心内容,比货币差额论得到更为广泛的运用。在重商主义流行的几个世纪中,西欧各君主国采取的贸易政策措施主要有以下几种:

(1)严格的关税保护政策。对进口货物除原材料外,均征收高额的进口关税,限制外国制成品尤其是奢侈品的进口。

(2)积极的出口鼓励补贴政策。对出口制成品实施财政补贴,现金奖励在国外市场上出售本国产品的商人,禁止本国熟练工人外流和工具设备的出口,为工场手工业者发放贷款等。

(3)独占性的海外殖民政策与国家特许贸易体制。各国纷纷开辟海外独占殖民地,发展贸易,政府设立特许贸易公司,独占与某个地区的贸易。

(4)国家用武力垄断海上运输。各国竞相颁布《航海法》,实行国家对外贸运输的特许与垄断经营。

7.2.2　自由竞争时期的贸易政策

18 世纪末到 19 世纪中叶,欧洲各国和美国相继完成了产业革命,建立了大机器工业,改善了交通运输通信工具,消灭了古老的民族工业,资本主义生产方式得以完全确立并占统治地位,世界经济进入商品资本国际化阶段,产生了适应工业资产阶级利益的国际贸易政策。在这个时期,由于各国的经济发展水平不同,在世界市场上的竞争地位不同,因而也就采取了不同的对外贸易政策。英国推行自由贸易政策,美、德等国实行贸易保护政策。

在英国,1817 年李嘉图"比较成本学说"的问世,给自由贸易政策的推行奠定了理论基础。此后,新兴的产业资本家与土地贵族两种势力进行了长期斗争,新兴资产阶级逐步占据了上风。19世纪20年代初,英国放宽了对外贸易的管制,降低了进口税率,但同时采取带有保护色彩的滑动关税政策,如粮食的进口税率随国内粮价的跌涨而升降。直到1846年废除代表土地贵族利益的《谷物法》,才标志着自由贸易在英国取得了决定性胜利。1860年,英国与法国"科伯登条约"的签订,从此为欧洲开辟了一个经济自由主义的新时代,形成了国际贸易史上的第一次自由贸易趋势。

在英国推行自由贸易政策的同时,美国和德国则开始实施严格的保护贸易政策。美国首任财政部部长汉密尔顿于1791年提出了著名的《关于制造业报告》,为美国实行保护贸易政策奠定了理论基础。他的保护幼稚工业思想被德国历史学派先驱李斯特吸收并进一步发挥,并集中反映在后者于1841年出版的巨著《政治经济学的国民体系》之中。从此,国家主义、幼稚工业保护理论被后起资本主义国家所奉行。在美国,建国之初就提倡新工业,利用保护关税手段来扶植民族工业,甚至不惜冒战争危险禁止英国商品输入。从1789年到1866年,美国将平均关税税率从8.5%逐步提高到48.33%,许多商品的税率超过100%,到1897年平均关税税率达到57%。在德国,19世纪40年代后开始不断提高关税,实行保护关税政策。1871年统一后,为使新兴的产业避免外国工业品竞争,继续采取了贸易保护措施。

1870年开始的第二次产业革命打破了原有世界经济秩序,美国与德国借助这次产业革命迅速崛起,对英国等欧洲老牌资本主义工业国构成威胁。英国则因依然沉醉于第一次工业革命取得的优势地位而不忍淘汰旧的产业及设备,加上巨额的海外资本输出,工业技术设备的更新和扩大受到了很大的限制,因而逐步丧失了在世界经济中的主宰地位。自由贸易政策越来越难以维持。经过第一次世界大战,英帝国的经济实力终于被后起的美国所超越,国际竞争力急剧下降,不得不在1919年废除维持了半个多世纪的自由贸易政策。

7.2.3 垄断资本主义时期超保护贸易政策的兴起

超保护贸易政策是一种侵略性的保护贸易政策,与自由竞争时期的保护贸易政策相比有着明显的区别:它不是防御性地保护国内幼稚工业,以增强其自由竞争能力,而是保护国内高度发达或出现衰落的垄断工业,以巩固对国内外市场的垄断;保护的对象不是一般的工业资产阶级,而是垄断资产阶级;保护的手法也趋于多样化,不仅仅是高关税,还有其他各种奖出限入的措施。

19世纪末20世纪初,垄断组织在发达国家取得支配地位。资本过剩,市场狭小,各国垄断组织争夺世界市场地位的斗争取代了英国领导的自由贸易和自由竞争。1929—1933年大危机之后,各国普遍大幅度地提高关税,同时非关税措施如配额、许可证、外汇管制泛滥,外汇倾销、出口信贷、补贴等鼓励出口的政策手段被广泛使用。无论是在一贯倡导自由贸易的英国,还是长期实行保护主义政策的美、德等国,都推行了带有进攻性的超保护贸易政策,并且在凯恩斯宏观干预主义确立之后得到了强化。

英国在进入20世纪之后30年间,其经济江河日下,从20年代起对许多商品规定了高额保护税率,30年代大危机,使它完全抛弃自由贸易政策,彻底走上保护贸易政策的道路。美国在进入20世纪后逐渐取代英国成为世界头号强国。30年代大危机以后,比较成功地实行了国家干预政策,经济恢复和发展很快,实力进一步增强。德国是实行超保护贸易政策最早的国家。19 世纪 70 年代末开始恢复 60 年代前的关税水平,80 年代末又大幅度提高,20 世纪 30 年代,为备战需要,在普遍提高工业品关税同时,一再提高农产品关税。法国继德国之后也实行超保护贸易政策。从 19 世纪 80 年代开始不断调整税则,工农业产品关税不断提高。

7.2.4　第二次世界大战后贸易自由化的发展

在两次世界大战期间,各国政府对贸易实行了严格的管制,以保证外汇用于购买食物和战争物资。许多国家将这种管制延续到战后,以便将稀缺的外汇用于重建家园。美国作为世界政治和经济的新领袖,第二次世界大战后积极倡导贸易自由化。具体表现为:一是建立促进自由贸易的国际组织——关税与贸易总协定。在 1947—1962 年五轮贸易谈判中,在关贸总协定的主持下,共降低关税 35%。根据 1962 年扩大贸易法的授权,美国发起了第六轮谈判即肯尼迪回合,谈判于 1967 年结束,产生了一项减让工业品平均关税税率的协议,到 1972 年底,该协议获得了完全的执行,发达国家对工业品征收的平均关税税率已低于 35%。二是欧洲经济共同体的一体化发展。欧洲经济共同体对内取消关税,对外通过谈判达成关税减让的协议,导致了关税的大幅度下降。三是普遍优惠制度的实施。第二次世界大战后发展中国家为了改善贸易条件,增加外汇收入,要求发达国家对其出口商品给予关税优惠待遇。经过长期的斗争,终于在 1968 年第二届联合国贸易与发展会议上通过了普惠制决议。自 1971 年 7 月 1 日起,发达国家对于来自发展中国家或地区的制成品和半制成品给予普遍的、非歧视的和非互惠的关税优惠。四是放宽或逐步取消了进口限额、外汇管制等非关税壁垒措施。

值得一提的是,战后出现的贸易自由化倾向和资本主义自由竞争时期由英国等少数国家倡导的自由贸易不同。资本主义自由竞争时期的自由贸易反映了英国工业资产阶级资本自由扩张的利益与要求,代表了资本主义上升阶段工业资产阶级的利益和要求。而战后的贸易自由化倾向是在国家垄断资本主义日益加强的条件下发展起来的,它主要反映了垄断资本的利益,是世界经济和生产力发展的内在要求。它在一定程度上和保护贸易政策相结合,是一种有选择的贸易自由化。在具体实行中,这种自由化政策形成了这样的趋势:工业制成品的贸易自由化程度超过农产品;机器设备一类资本品的贸易自由化超过工业消费品;区域性经济集团内部的贸易自由化超过其外部;发达国家之间的贸易自由化超过发展中国家。因此,这种贸易自由化倾向发展并不平衡,甚至是不稳定的。当本国的经济利益受到威胁时,保护贸易倾向必然重新抬头。

7.2.5　20 世纪 70 年代中期以来的新贸易保护主义浪潮

进入 20 世纪 70 年代中期以后,在欧共体和日本等国经济崛起的同时,新兴工业化国家和地区的世界市场份额不断上升,而两次石油危机又使发达国家从经济的高速增长转向滞胀时期,失业问题深深困扰着各国,贸易保护主义的压力强烈地上升。此外,由于工业国家发展不平衡,美国的贸易逆差迅速上升,其主要工业产品如钢铁、汽车、电器等不仅受到日本、西欧等国家的激烈竞争,甚至面临一些新兴工业化国家以及其他出口国的竞争威胁。在这种情况下,美国一方面迫使拥有巨额贸易顺差的国家开放市场,另一方面则加强对进口的限制。因此美国成为新贸易保护主义的重要策源地。美国率先采取贸易保护主义措施,引起了各国贸易政策的连锁反应,各国纷纷效仿,致使新贸易保护主义得以蔓延和扩张。

新贸易保护主义不同于传统的贸易保护主义,其表现出以下鲜明的特点:第一,贸易保护措施由过去以关税壁垒和直接贸易限制为主逐渐被间接的贸易限制所取代。发达国家求助于关贸总协定的免责条款,即为了保护本国暂时性的国际收支平衡或为了避免进口国国内工业受到大量进口的严重损害等,从本国的需要和目的出发,重新进行贸易立法的解释,设置进口限制,并且越来越倾向于滥用反补贴、反倾销这些所谓的维持"公平"贸易的武器,来削弱新兴工业化国家及其他出口国在劳动密集型产品成本方面的优势,阻挡发展中国家的出口。第二,贸易政策措施朝制度化、系统化和综合化的方向发展。贸易保护制度越来越转向于管理贸易制度,不少发达国家越来越把贸易领域的问题与其他经济领域的问题甚至包括某些非经济领域的问题联系起来,进而推动许多国家的贸易政策明显向综合性方向发展。第三,其重点从限制进口转向鼓励出口,双边和多边谈判与协调成为扩展贸易的重要手段。第四,从国家贸易壁垒转向区域性贸易壁垒,实行区域内的共同开放和区域外的共同保护。

7.2.6 新自由主义的贸易政策

20世纪60年代末,在西方经济品尝到凯恩斯主义刺激经济而带来的通货膨胀乃至停滞膨胀的涩果后求助于新保护贸易政策的同时,另一股思潮——新自由主义开始兴起。新自由主义强调"竞争性秩序",强调市场的完美性,认为政府干预是市场失灵的原因,使得市场机制不能顺畅自由地运行,所以要重新加强市场机制的作用。这种思潮在60年代也渗入国际贸易领域,在贸易理论和政策上,如对保护成本、贸易扭曲、中性贸易体制、贸易与经济增长、开放以及贸易自由化等方面的研究有了长足的进展,形成了一套以新自由主义为基础的贸易政策理论。在这一领域有重要影响的新自由主义代表人物有贝拉·巴拉萨、杰格·迪什·巴格瓦蒂等。与50年代所强调的"有选择的贸易自由化"不同的是,新自由主义贸易政策理论将市场的完美性推广到国际贸易,强调没有干预的自由贸易才能在世界范围内实现资源的最有效配置,才能最大限度地增进各国的福利,相反,贸易保护会减少财富。这些理论立足于正统的新古典经济学,但新自由主义者不满于新古典经济学的静态分析和对保护主义的容忍,从而开始了以开放经济研究为核心的"新古典主义复兴"。与传统的新古典主义相比,他们的主张通常带有更加浓厚的经济自由主义色彩。

对市场完美性的推崇没能帮助新自由主义击败新贸易保护主义,但这种思潮在后来拉美、东亚等地区的市场化改革中起到了一定的影响作用,并且体现在GATT/WTO的管理之中。

7.2.7 基于新贸易理论的战略性贸易政策

就在新自由主义者还在与新贸易保护主义纠缠不休之际,一种基于新贸易理论的战略性贸易政策脱颖而出,对自由贸易主义的现实意义提出质疑。战略性贸易政策理论家们引入新贸易理论强调的不完全竞争,认为市场的不完全竞争性决定了政府在对外贸易政策上要根据市场结构的不同采取不同的贸易政策。这种战略性贸易政策就是,政府借助不同的政策行为改变或支持本国企业的战略行为,并影响外国不完全竞争企业的战略行为,使对外贸易朝着有利于本国获得最大限度利润的方向转变。其最具代表性的论文是詹姆士·布兰

德和巴巴拉·斯本司于 1981 年 8 月在《加拿大经济学》杂志上发表的《存在潜在进入者条件
下对外国厂商征收关税和抽取垄断租金》和詹姆士·布兰德发表在美国国家经济研究局的
工作论文《战略性贸易政策(5020 号)》。他们指出,战略性贸易政策是在不完全竞争,特别
是寡头垄断的条件下,一国通过政府行为改变企业战略行为的政策。在这里,政府是企业博
弈的前提,并影响着企业在博弈中的行为,特别是获得本国政府支持的一方可以采取更具进
攻性的政策,使竞争朝着有利于自己的方向转移。战略性贸易政策不是一种单纯的贸易保
护政策,它有时还表现为自由贸易政策主张,是战略性进口政策、用进口保护促进出口的政
策和战略性出口政策三者的统一。按战略性贸易政策的观点,只要市场是不完全竞争的,政
府就要干预对外贸易,干预的目标不再是贸易收支的顺差,而是本国获取最大限度的经济利
益或利润。在这种利润动机的支配下,政府可能支持少出口(对出口征税),甚至多进口(采
取抽取垄断租金,而不是将外国厂商挤出市场的战略)。因此,战略性贸易政策不是一个单
纯的贸易保护政策,而是一个使本国利益最大化的政策。该政策的另一个重要特征在于,它
是一个针对不同产业或行业所实施的贸易政策,而不是一个宏观性的总体贸易政策。这一
点与幼稚产业保护政策有类似之处,但与凯恩斯主义的贸易政策有明显的差异。

　　从对外贸易政策的发展可以看出,历史上具有主导作用的贸易政策理论主要有五个方
面:重商主义贸易保护、完全竞争基础上的自由贸易、幼稚产业保护贸易、凯恩斯主义贸易保
护和战略性贸易政策。由于自由贸易政策并没有在根本上被各个保护贸易政策彻底否定或
代替,所以它应该是一个一直伴随国际贸易发展的政策,而其他四种贸易政策却在不同的历
史时期出现过。其中,单纯的重商主义的贸易保护政策已经成为历史;凯恩斯主义的贸易保
护政策在发达国家经济萧条时期还不断地被人们想起并启用;幼稚产业保护理论一直是作
为发展中国家走上工业化道路的重要政策选择;而战略性贸易政策也逐步被越来越多的国
家作为制定对外贸易政策的重要参考。

7.3　国际贸易政策的理论依据

7.3.1　自由贸易政策的理论依据

　　实行自由贸易还是保护贸易,历来是贸易政策中争论最激烈的问题。自由贸易论者和
保护贸易论者在长期的论战中,各自对自己所偏爱的贸易政策类型大加颂扬,并用许多支持
论据阐述了其政策类型的必要性和优越性。

　　在自由贸易论者看来,一般而言,自由贸易政策比保护贸易政策要优越得多,因为自由
贸易可以带来最佳的生产效率和最大的经济福利。世界作为一个整体,如果各国都参加其
中的国际分工,并且实行完全的自由贸易,那么在市场机制的作用下,全世界生产资源就能
得到最佳的配置。具体地说,不仅世界各国的生产资源配置处于最佳境地,而且各种具体产
品的要素投入、人们的收入以及消费水平都最为理想。同样,自由贸易能最大限度地为社会
获取经济福利,而保护关税一类保护政策则是少数人受益和多数人受损。简言之,一是经济
效率高,二是社会福利大,即为自由贸易政策的两大基本长处。这就是自由贸易信奉者共同
所持的基本理由。可以看出,这些阐述实际上是西方标准市场理论在国际贸易政策理论上

的体现和发挥。

除此之外,开展自由贸易还能对贸易双方的经济和社会发展产生间接的积极影响。首先,一国实行自由贸易政策,使得出口企业不得不同外国生产同类商品的企业竞争,国内企业不得不同进口商品竞争,这无疑是提高企业素质和竞争能力的必要途径。其次,开展自由贸易可以促使出口企业去寻求新的市场,而国际市场的扩大及其带来的新需求又会促进原有工业企业的发展和新工业企业的产生,从而促进经济增长。再次,实行自由贸易可以促使一国发展本国具有现实或潜在比较优势的产业,淘汰和放弃某些不合理的产业,促进企业的技术进步,促进产业结构由劳动密集型向资本密集型和技术密集型转变。最后,开展自由贸易必然带来人员的交流、文化的传播和思想的交换,特别是现代商品经济和社会化大生产孕育出的效率观念、福利观念、服务观念、冒险精神、开拓进取精神等,必然会对一国的政治、经济、文化和社会进步产生积极影响。上述见解同样成了一些自由贸易论者各自的主要理论根据。

7.3.2　保护贸易政策的理论依据

大多数贸易理论支持自由贸易政策,但现实中从未有过纯而又纯的自由贸易政策。自由贸易虽会给世界带来经济利益,但也会引起经济利益在不同国家以及不同利益集团间的重新分配。一国政府出于某种目的,可以并且必须采取某种手段来干预这种经济利益的分配过程,这正是保护贸易理论的出发点。在一国的不同发展阶段,其保护贸易政策的依据是不同的。

1. 主要流行于欠发达国家的保护贸易理论

(1)保护幼稚工业论

在欠发达国家中,贸易保护最重要最流行的依据是保护幼稚工业(Infant Industry)论。保护幼稚工业论的主要观点是:后起国家的新兴工业起步时如同幼儿一样没有自立能力,在自由贸易环境下,必然会被国外有竞争力的同类工业所摧毁而永无长大的可能,因此在欠发达国家中,政府必须通过征收关税限制国外同类产品的进口,以保护本国的幼稚工业。

这种理论最早是由美国第一任财政部长亚历山大·汉密尔顿(A. Hamilton,1757—1804)于1791年在其《关于制造业的报告》中提出来的。后由美籍德国经济学家弗·李斯特(F. List,1789—846)予以阐发。李斯特在其名著《政治经济学的国民体系》(1841)中详细阐述了后起国家推行贸易保护政策的历史与理论。

李斯特认为,自由贸易理论的基础是世界经济主义,即只考虑全人类与个人的利益,而没有考虑作为两者中间体的国家的存在。国家之间进行贸易,不能单纯按照商人的看法从价值理论来衡量,还必须时时考虑与国家现在和将来的生存、发展以及权力等有重要关系的因素,即一国的生产力。按照他的理解,财富的生产力比财富本身更重要。他指出,从经济方面看,国家必须经过以下各发展阶段:原始未开化时期、畜牧时期、农业时期、农工时期、农工商时期。根据不同发展阶段的特点,各国应采取不同的贸易政策:在农工时期以前的三个阶段,应采取自由贸易政策,以便于国内农产品的出口和外国工业品的进口,逐步培育本国工业基础;进入农工时期后,由于本国产业处于幼稚阶段而缺乏竞争力,应采取保护贸易政策以利于本国工业的生存和发展;而到了农工商时期,随着本国工业国际竞争力的提高,应消除保护政策来充分享受自由贸易的利益。李斯特主张的保护贸易政策的目的是促进本国生产力的发展,保护的对象是受到国外强有力竞争的有发展潜力的幼稚工业,保护的期限最长不超过 30 年,具体措施是以禁止进口和征收高额进口税为手段。

该理论在逻辑和实践上都证明是正确和有效的,但在具体操作中存在着困难。主要体现在以下两方面:1)保护对象的选择。正确地选择保护对象是保护幼稚工业政策成败的关键,因此,许多经济学家提出了各种选择保护对象的标准和方法。如成本差距标准将保护对象定位于具有成本下降趋势,且国内与国际的差距越来越小的产业;要素动态禀赋标准则提出若一国对某种产业的保护,使该国的要素禀赋发生有利于该产业发展或获得比较利益的变化,则该产业是有前途的。2)保护手段的选择。保护幼稚工业的传统手段主要是征收进口关税,但很多经济学家认为,既然保护的目的是增加国内生产,而不是减少国内消费,最佳的策略应是采取生产补贴而不是关税的手段来鼓励国内生产。由于采用关税手段政府可以得到关税收入,而采取生产补贴政府既失去关税收入,又要增加财政开支,因而欠发达国家更多地倾向于采用征收关税限制进口的手段来保护本国工业。

另外,通过限制进口的手段来保护幼稚工业还可能付出一种常常不被人注意的社会代价,即推迟接受和普及先进技术和知识所造成的损失,尤其是在大多数欠发达国家处于幼稚阶段的新兴工业或高科技工业领域。最明显的例子是对电子计算机(电脑)工业的保护。为了保护国内幼稚的电子计算机工业,一些国家对国外的电子计算机实行进口管制。结果是,在发达国家电脑已普及到家庭,而受保护国家的电子计算机仍因价格昂贵而使大多数人望而却步。与彩电、冰箱等不同,电脑不是一般的消费品,电脑的普及价值是整个社会生产效率的提高和先进技术的外溢与普及,限制电脑进口,保护的只是一个行业,拖延的是整个社会的进步,其损失是远远超过所得的。

【专栏 7.1】

弗里德里希·李斯特

弗里德里希·李斯特(Friedrich List,1789—1846)于 1789 年 8 月 6 日出生于德国符藤堡(Wurttemberg)的罗伊特林根(Reutlingen)。他早期的生活并不引人注目。他一开始在父亲的制革店中工作,一段时间后,他进入了政府部门任职。1811 年他在蒂宾根(Tubin-gende)得到一个职位,并开始不定期地旁听法律讲座,两年后放弃公职专心学习。1816 年,他开始参与出版一个改良主义杂志,撰写有关改革地方管理的文章,也参与提出在蒂宾根大学创立一个新的国家经济学院的建议。在 1818 年,李斯特成为蒂宾根大学管理和政治学的教授。1819 年,李斯特参加了德国贸易和商业协会的成立会议。这一协会的目的是取消国内贸易壁垒,所以其后一年中,他作为协会的代表四处旅行宣扬自由主义,并入选了符藤堡的议会。结果,他因议会活动遭到当局迫害,不仅失去了教授职位并被驱逐出符藤堡议会,而且被捕监禁 9 个月。之后,李斯特开始了流亡生活,1825 年来到美国,成为矿业主和铁路建造者,累积了一笔财富。他和宾夕法尼亚制造和机器业促进会过往甚密,亲眼见到美国实施保护主义政策对制造业发展的影响,开始转而成为保护关税的"美国制度"的支持者。李斯特于 1827 年出版了第一部真正的经济学著作《美国政治经济学大纲》。1832 年他作为驻莱比锡(Leipzig)的美国领事回到德国。为了促进德国经济发展,李斯特鼓动德国经济统一并鼓吹南部德国保护主义,甚至于 1843 年创立了《关税同盟报》,努力拥护关税同盟的形成,宣扬他的保护主义和保护幼稚工业理论。李斯特在 1841 年出版了他的代表著作《政治经济学的国民体系》(*Das National System der Politischen Okonomie*)。然而李斯特最终感到自己的经济政策理想在现实社会中无望实现,绝望之余,于 1846 年自杀身亡。

李斯特根据国民经济发展程度,把国民经济的发展分为五个阶段,即"原始未开化时期,畜牧时期,农业时期,农工业时期,农工商时期"。各国经济发展阶段不同,采取的政策也应不同。处于农业阶段的国家应实行自由贸易政策,以利于农产品的自由输出,并自由输入外国的工业产品,以促进本国农业的发展,并培育工业化的基础。处在农工业阶段的国家,由于本国已有工业发展,但并未发展到能与外国产品相竞争的地步,故应实施保护关税制度,使它不受外国产品的冲击。而农工商阶段的国家,由于国内工业产品已具备国际竞争能力,国外产品的竞争威胁已不存在,故应实施自由贸易政策以享受自由贸易的最大利益,刺激国内产业进一步发展。李斯特提出这些主张时,认为英国已达到最后阶段(农工商时期);法国在第四阶段与第五阶段之间;德国与美国均在第四阶段;葡萄牙与西班牙则在第三阶段。因此,根据他的经济发展阶段说,他主张当时的德国应实行保护工业政策,促进德国工业化,以对抗英国工业产品的竞争。

李斯特保护贸易政策的目的是促进生产力的发展。经过比较,他认为应用动力与大规模机器的制造工业的生产力远远大于农业,而工业发展以后,农业自然跟着发展,所以,应有一定范围的保护。他提出的选择保护对象的原则是:①农业不需保护。只有那些刚从农业阶段跃进的国家,距离工业成熟期尚远,才适宜于保护。②一国工业即使幼稚,但在没有强有力的竞争时,也不需要保护。③只有刚刚开始发展且存在强有力的外国竞争的幼稚工业才需要保护。他提出,保护时间以 30 年为最高期限,如果在此期限内,被保护的工业始终扶植不起来,那就不再予以保护,任它自行灭亡。他认为,为保护幼稚工业,"对某些工业品可以实行禁止输入,或规定的税率事实上等于全部或至少部分地禁止输入"。同时,"对凡是在专门技术与机器制造方面还没有获得高度发展的国家,对于一切复杂机器的输入应当允许免税,或只征收轻微的进口税"。

资料来源:海闻、P. 林德特、王新奎著:《国际贸易》,上海人民出版社 2003 年版,第 339—340 页。

【专栏 7.2】

保罗·克鲁格曼关于保护幼稚工业论的几个观点

对于保护幼稚工业理论的不同观点,保罗·克鲁格曼(Paul R. Krugman)在《国际经济学》一书中,提出了保护幼稚工业理论的几点问题。第一,保护幼稚工业理论常常使得一些国家今天所保护的是将来才具有比较优势的产业。假定一个国家目前劳动丰富,劳动密集型产品具有比较优势,资本只是在积累的过程之中,只有当其资本积累到丰富的程度,该国的资本密集型产品才具有比较优势。这并不意味着这一个国家目前就需要发展资本密集型产业,必须对这类产业进行保护。例如,20 世纪 80 年代韩国开始出口汽车,这并不意味着在 20 世纪 60 年代,韩国就需要保护汽车制造业,当时它的资本和有技术的劳动力都很缺乏。第二,除非一个国家为了帮助某一产业提高竞争能力,否则保护制造业并不是什么好事。例如,印度和巴基斯坦对于它们的制造业保护了几十年,直到近年来制造业产品才开始出口。然而,它们所出口的都是一些轻工业产品,如纺织品,而不是它们重点所保护的重工业产品。印度和巴基斯坦是一个很好的例子,它们所出口的是它们从来没有保护的产业,而长期保护的产业却没有出口。在这一例子中,幼稚工业的保护似乎是成功的,但是它们付出了高额的成本和昂贵的代价。第三,所谓建立一个产业是昂贵的、需要花费时间的,这些并不能成为政府干预的理由,除非国内市场失灵。在以下情况下,政府不需要进行保护,而应当做其所需要做的事情。一是如果一个发展中国家,没有一系列的金融体系(如有效率的股票市场和银行),那么需要一些传统的部门(如农业部门)进行资本积累,用这些资金来投入新的部门(如制造业),于是新的产业的成长受到当前这一产业的企业不能获得利润的限制。最初较低的利润阻碍了人们对这一新的产业的投资,即便是从长远的观点来看,这一部门的投资的利润将来是很高的。在资本市场正常运转的条件下,政府不需要进行干预。企业家会意识到在企业建立的最初几年里,不可避免地出现亏损。但是,经过一定时期可以使得成本逐渐下降,达到国际竞争的水平,将来的利润会增加。这些企业可以通过出售股票或者从银行的贷款中得到资金的支持。因此,最好的办法是建立一个完善的资本市场,而不是政府的贸易保护政策。二是当一个新的产业建立,一些最早进入该产业的企业会付出"初建"的成本代价。例如,需要对于地方的基础设施、开辟新的市场进行投资,而后继的企业可以在没有支出这一类成本的条件下享用现存的条件。如果最早进入新产业的企业所付出的代价得不到回报,那么,没有企业愿意较早地进入一个新的产业。关于这一问题如何解决,最佳的选择是政府对于这些作出贡献的企业进行补贴。

除克鲁格曼以外,还有许多经济学家持有这类观点。他们认为,促进幼稚工业发展的最佳办法不是保护,而是发展和改善本国的金融市场,或是对这些产业进行补贴。

资料来源:王俊宜、李权编著:《国际贸易》,中国发展出版社2003年版,第158—159页。

(2)改善国际收支论

贸易虽然是有进有出,但不一定平衡。如果出口额多于进口额,称为贸易出超或贸易顺差;反之,则是贸易入超或贸易逆差。贸易的出超和入超对一国的国际收支和外汇储备有很大影响,出超时给国家带来外汇净收入,外汇储备增加;出超则是外汇净支出,外汇储备减少。改善国际收支论认为,实行贸易保护可以减少进口,从而减少外汇支出,增加外汇储备。

该观点从理论上说没有问题,但实施起来有两个问题必须考虑到:

第一,别国的对策以及这种对策对本国出口的影响。贸易是双方的,一国实行保护,别的国家也会跟进,不管是有意报复还是进口能力下降,都会反过来影响本国的出口,其结果是,虽然少买了东西省了钱,但也少出口少赚了钱。国际收支也许没改善多少,本国消费者和出口行业却要为之付出很大的代价。

第二,要平衡收支,不仅要"节流",更要注重"开源"。少进口省外汇只是一种消极的、代价昂贵的平衡方法,而提高出口产业的劳动生产率,挖掘更多的出口潜力去多赚外汇,才是积极的、代价较少的改善国际收支的办法。

以国际收支方面的理由作为贸易保护的依据,在发展中国家很普遍。从1979年东京回合到20世纪80年代末,发展中国家在向关贸总协定通报进口限制时,85%以上都以平衡国际收支为理由,这主要与发展中国家普遍出口能力低、外债严重有关。

通过贸易保护手段来达到出超和增加外汇储备的目的,往往以牺牲其他领域的利益为代价,有可能得不偿失。出超越多并不表示一国的福利水平越高。从宏观范围来说,出超只是表明一国的消费水平低于生产水平,生产出来的一部分产品出口到外国去了。在生产水平给定的前提下,出超越多,本国应有的当前消费越少。当然,出超增加了外汇储备,积攒了今后进口和消费的能力,因此,出超只相当于一种储蓄。此外,通过贸易保护(包括限制进口和鼓励出口)来追求出超还会引起与入超国的矛盾和纠纷。

(3)改善贸易条件论

改善贸易条件论认为,用增加关税等贸易保护的手段限制进口、减少需求可以降低进口商品的价格。由于贸易条件是出口商品的国际价格与进口商品的国际价格的比率,进口商品的国际价格降低可以使贸易条件得到改善,即同样数量的出口商品可以换回更多的进口商品,从而使整个国家获利。

以改善贸易条件为依据进行贸易保护的最终目的是想从中获利,而获利的手段则是迫使别国降价,这种做法等于把别人的财富占为己有。从经济学角度来说,不管是个人、企业还是国家,都把追求利益最大化作为自身经济行为的目标。但是,通过贸易保护来改善贸易条件的有效性仍然值得考虑。

首先,能否成功地通过贸易保护来降低产品的进口价格,首先取决于该国对国际市场的影响力。事实上,只有贸易大国才会对市场价格有影响力,才能通过限制进口来降低进口价格。如果是一个贸易小国,本身在国际市场上的地位无足轻重,那么,再怎么保护也不会对世界市场产生影响,哪怕完全不进口,进口产品的国际价格也不会下降。

其次,即使是贸易大国也未必能通过降低进口价格来获益。因为贸易是相互的,如果为了改善贸易条件而实行保护,很容易引起别国相应的报复措施。最终结果是,贸易条件没有得到改善,贸易量却因此下降。不仅进口商品的消费者受到损失,出口商品的生产者也遭池鱼之殃。

再次,无论别国报复与否,为改善贸易条件所进行的贸易保护会造成国际市场价格的扭曲,从而不利于资源的有效利用。

(4)增加政府收入论

通过关税来增加政府收入,与其说是一种政策理论,不如说是一种利益行为。不管消费者和整个社会所付的代价如何,作为政府,征收的关税则是实实在在的收入,这也是政府要实行贸易保护的动力之一。对于一些私有化较彻底的欠发达国家来说,政府既没有什么自己拥有的企业,又由于本国工业生产能力有限,国内人民生活水平低而没有多少收入税可征,关税就成了政府收入的重要来源。另外,征收关税比增加国内的各种税收要容易得多。国内的各种税收,无论收入税、销售税还是生产税,国内的消费者或生产者都直接看到,征税的阻力自然就大,而关税则在外国商品进入本国市场前就征收了,由此产生的商品价格上涨似乎并不是政府的原因。虽然,最终还是消费者支付了一定的关税,但消费者对这种间接的支付感觉并不灵敏,反对的声浪也不大。这一点,对政府来说,尤其是对那些要靠选民投票的政治家们来说是很重要的。而且,在发展程度越低的国家,关税在政府收入中的比重就越高。

从理论上说,征收关税的另一个好处是可以将一部分税赋转嫁到外国生产者或出口商身上。如果是进口大国的话,通过关税减少进口,会压低国际市场价格,结果相当于外国生产者为此承担了部分税赋负担,而且如果税率恰当的话,进口国的总福利水平还会得到提高。当然,这里的必要条件是:实行贸易保护的必须是举足轻重的进口大国。事实上,有这种地位的发展中国家几乎没有,尤其是那些国内没有多少税源的穷国,根本不可能有钱大量进口外国商品,无法大量进口自然就无法成为进口大国。因此,大多数国家的政府关税所得主要还是由国内消费者支付,并且消费者的支付要超过政府关税税收所得。

(5)民族自尊论

进口商品并不仅仅是一种与国内产品无差别的消费品,进口商品的品种、质量常常反映了别国的文化和经济发展水平,而且进口的商品上都带有"某某国制造"的标签,以示与进口国商品的区别。一般来说,进口货总是比国产的要"物美"一些,比同质产品又"价廉"一些(否则也不会进口),尤其是欠发达国家所进口的先进工业商品,许多是本国不能制造的。在消费者"崇洋赞洋"的时候,政府往往会觉得有损民族自尊心和自信心,为了增强民族自豪感,政府一方面从政治上把使用国货作为爱国主义来宣传,另一方面企图通过贸易保护政策来减少外来冲击,发展本国工业。当然,这种保护也应有战略眼光。例如,韩国鼓励购买国产车的主张在过去的半个世纪里还算是成功的。

2. 主要流行于发达国家的保护贸易理论

(1)保护就业论

保护就业论虽不像保护幼稚工业论那样具有悠久的历史,但流行范围同样广泛,而且主要是在西方发达国家。每当经济不景气、失业率上升时,西方国家的一些政治家和工会领袖就归罪于来自外国的尤其是发展中国家的竞争,纷纷主张以限制进口来保障本国工业的生产和就业。20世纪八九十年代的西方贸易保护主义加强的一个重要理论依据,就是保护国内的生产和就业。

保护就业论可以从微观和宏观两方面来解释。从微观上说,某个行业得到了保护,生产增加,工人就业也就增加。从宏观上说,保护就业论是建立在凯恩斯主义经济学说基础之上的。

1929—1933年的经济大萧条导致的空前失业浪潮,使自由贸易政策成立的前提条件之一即"充分就业"不复存在。约翰・梅纳德・凯恩斯(J. M. Keynes,1883—1946)完全放弃了自由经济思想,认为增加贸易顺差可以增加国内需求,从而扩大生产,同时又可增加国内货币供应量,降低利率,促进国内投资。他主张政府放弃自由贸易政策,采取直接措施奖出限入来干预对外贸易,实现贸易顺差,以使就业增加,刺激经济繁荣。凯恩斯主义的保护就业论带有超保护贸易的特征,与以前的贸易保护主义相比,这种政策主张将贸易保护的对象从幼稚产业转向国内高度发展的或出现衰落的产业,保护的目的从培养自由竞争能力转向加强对国内外市场的垄断,保护的措施也日益多样化,出现了关税以外的各种奖出限入的措施,并建议通过组建货币集团来争夺世界市场。

(2)保护公平竞争论

保护公平竞争是许多国家特别是西方发达国家用来进行贸易保护的另一依据。这一理论最初是用来对付国际贸易中因为政府参与而出现的不公平竞争行为的,后来又被广泛用来要求对等开放市场。保护公平竞争论是以一种受害者的姿态出现来进行贸易保护,这种保护似乎是迫不得已的,保护的目的也似乎是为了更好地保证国际上的公平竞争,以推动真正的自由贸易。

但是,对国际贸易中的不公平竞争的界定在各国很不一样。一般来说,凡是由政府通过某些政策直接或间接地帮助企业在国外市场上竞争,并造成对国外同类企业的伤害,即被看成是不公平竞争。具体来说,出口补贴、低价倾销等都算不公平竞争,将监狱中犯人或其他奴工制作的产品,或使用童工生产的产品出口到国外,也是不公平贸易行为。因为犯人、童工的工资被强迫性压低,生产成本当然就低,正常企业无法与之竞争。通过不同的汇率制度人为地降低出口成本,对外国知识产权不加保护等也包括在不公平贸易的范围之内。

近年来,不公平竞争的定义扩大到不对等开放市场。许多西方国家指责发展中国家的市场开放不够,指责中央计划经济没有按市场经济的原则实行自由竞争。美国还用这一论点来针对欧洲、日本等别的发达国家,指责他们对美国产品的进入设置重重障碍。一些国家甚至把自己的贸易逆差归罪于对方市场开放上的不平等。

用公平竞争作理由来保护贸易的最主要是美国。美国不仅在理论上觉得自己理直气壮,还在法律上对不公平贸易行为做出报复性的明文规定。早在 1897 年美国就通过了《反补贴关税法》,1930 年《关税法案》第 701 节对反补贴作了更具体规定,并在 1979 年和 1984 年作了进一步修改。《反倾销法》在 1916 年首次通过,后列入《关税法案》的第 731 节。1974 年通过的《贸易法案》中的 301 条款进一步明确授权政府运用限制进口等贸易保护措施来反对任何外国不公平的贸易行为,以保护本国企业的利益。其中有一个"特别 301 条款"(Special 301),专门用来对那些没有很好保护版权、专利、商标和其他知识产权的国家实行贸易制裁或制裁威胁。1988 年《贸易和竞争综合法案》(*The Omnibus Trade and Competitiveness Act*)更是把焦点集中于对付不公平贸易和竞争方面。该法案中的"超级 301 条款"(Super 301 Clause)不仅将不公平案的起诉权从总统下放到美国贸易代表(相当于外贸部长)手中,还要求贸易代表在每年 4 月 30 日将"不公平贸易国家"的名单递交国会。一旦上了这份"黑名单",该国家就可能被列入报复对象。日本、中国都曾经被列入这种"黑名单"。

用保护公平竞争为理由进行贸易保护的主要手段包括:反补贴税、反倾销税或其他惩罚性关税、进口限额、贸易制裁等。这些政策在理论上说可能有助于限制不公平竞争,促进自由贸易,但在实施中不一定能达到预期效果。首先,"反对不公平竞争"可能被国内厂商用来作为反对进口的借口,一些国家的某些行业劳动生产率低下,面对国际竞争不求改进,反怪罪于外国商品。其次,像其他所有贸易保护一样,以公平竞争为由实行保护也同样可能遭到对方的反指控、反报复,尤其在国际交往中各国都有国家尊严,有时明知反报复行为会使本国损失更大,但为了在某种程度上维护国家的独立性和为了特定的政治利益,仍然会采取反报复政策。

(3)保护夕阳产业论

一国的某个产业丧失了国际竞争力,进入衰退阶段以后,会引起结构性的摩擦,使国际收支状况恶化,结构性失业加剧,因此,必须对现已失去比较优势的产业采用贸易壁垒措施加以保护。

保护夕阳产业在短期内能成功地获得增加工资和就业机会,但从长远来看阻碍了创新,使原来趋向衰落的企业对国际竞争的反应更为迟钝。对纺织、钢铁行业的保护并不必然改善国内机会,同时通常也使其他产业丧失了更多的机会。例如,由于美国对钢铁产业进行保护使其钢材价格比国外高得多,结果损害了只得购买本国钢材的美国企业,导致了钢材消费产业工人的失业。在发达国家中,夕阳产业的利益集团常常通过院外活动而谋求保护,使消费者承担高价格的损失。这种寻租活动导致国民收入的转移,降低了资源的使用效率。

(4)社会公平论

这里的社会公平主要指的是社会各阶层或各种生产要素在收入上的相对平衡。不少国家利用贸易保护来调节国内各阶层的收入水平,以减少社会矛盾和冲突,其中最典型的例子是发达国家对农产品的保护。在发达国家工业化的进程中,资本的加速积累和土地的相对稀缺,使工业产品的生产成本下降,农产品生产的成本相对上升。发达国家逐渐失去了用相对成本来衡量的农产品的比较优势,如果仍然坚持自由贸易的话,农民势必竞争不过其他生产成本较低的国家,农民收入即使不下降,也跟不上其他行业收入的增加。为了保证农民和地主的收入能跟上社会发展的平均水平,或者说为了缩小农民与社会其他阶层收入的差距,不少国家(主要是发达国家和新兴工业化地区)就通过限制进口、价格支持、出口补贴等各种保护手段将社会其他行业的一部分收入转移到农民和地主手中,以达到一定的社会公平。

(5)国家安全论

贸易保护主义有时还以国家安全为依据,主张限制进口,以保持经济的独立自主。国家安全论认为,自由贸易会增强本国对外国的经济依赖性。这种情况可能会危害到国家安全,一旦战争爆发或国家之间关系紧张,贸易停止,供应中断,过于依赖对外贸易的经济会出现危机,在战争中可能会不战自败。

以国家安全为理由限制贸易的思想由来已久,可以追溯到 17 世纪英国的重商主义,当时的贸易保护主义就以国家安全为依据,主张限制使用外国海运服务和购买外国商船。20世纪以来战争连续不断,第二次世界大战后又经历了长期的东西方"冷战",国家安全论也就经久不衰。国家安全的理论认为有关国家安全的重要战略物资必须以自己生产为主,不能依靠进口。在这些行业面临国际市场竞争时,政府应加以保护。这些重要商品包括粮食、石油等重要原、燃料。对某些不友好国家的出口也要控制,任何有可能加强敌方实力、威胁自身安全的商品都应严加控制,"巴统"就是其中的一个典型。

3. 战略性贸易政策的观点

战略性贸易政策是以市场的不完全性为基础的。根据不同的情况,学者们提出三种政策可供选择。

(1)抽取垄断租金

当本国尚不具有潜在的进入者时,政府对外国垄断厂商商品的进口,可选择征收最佳关税的政策。面对进口国政府的政策措施,外国出口商需要确定自己的对策——是将这种关税转嫁给消费者,还是自己承担全部关税。如果转嫁给消费者,进口国市场上该商品的价格就会上升,从而进口国生产成本比较高的厂商就可能进入市场,形成同外国厂商的竞争局面;如果外国出口商承担全部关税,它必须牺牲掉因垄断市场所获得的一部分额外利润或垄断利润。倘若选择后者,进口国政府的关税收入并非是外国进口产品的加价,而是来自外国厂商为保住自己的市场份额,被迫让出的一部分垄断利润。对进口国政府而言,这种租金征收的原则不是满足于单纯的征收关税,而是征收尽可能多的关税或最佳关税。这种关税达到最佳是指外国企业处在被迫承担关税的边缘。如果征税水平或关税税率过高,外国出口商将放弃阻止进口国企业进入市场的战略。

(2)政府征收关税高到外国出口商放弃阻止本国厂商进入市场的战略

外国厂商在进口国市场上居于垄断地位的情况下,如果进口国政府希望通过贸易政策,使本国生产同类商品的企业发展起来,进入市场,那么政府将采取征收关税的措施。在此情况下,外国厂商可能有两种选择:一是继续承担征收的关税,以便阻止进口国企业进入该市场;二是放弃承担关税,默许进口国厂商进入市场,自己只是作为市场价格的领先者,决定市场价格的水平。而后者正是进口国政府所希望看到的,即希望市场价格高到这样的程度,以致进口国的厂商也能卖出自己生产的商品,获取高额垄断利润,从而达到鼓励本国厂商进一步增加商品生产的目的。对外国出口厂商而言,其被迫接受进口国厂商进入的条件是:采取承担关税战略所获得的垄断利润,少于采取允许进口国企业进入市场战略所获得的利润。相应地,对于进口国政府而言,迫使外国出口厂商选择第二种战略的最佳关税水平是:使外国厂商选择承担关税战略后所得的利润水平,低于选择允许进口国企业进入的利润水平。对进口国自己的企业而言,当它进入市场后,能够在跟随垄断厂商定价的基础上弥补自己的生产成本,并获得可观的垄断利润。由此它受到激励,增加商品的生产,使市场的供应量不断增加,进而使市场价格下降。直到外国垄断者认为,该市场不再具有获取垄断利润的价值时,进口国自己的企业将外国企业挤出该国市场。这一结果正是进口国政府实施贸易政策的目标。

(3)政府对本国的出口采取某种干预政策

当外国厂商退出本国市场后,本国的生产不断增加,直到能够满足本国自己的需求而有余。实际上,在规模经济能够发挥作用的部门或产业,当企业的生产规模足够大时,它的生产成本也会随之降低,从而该国商品不仅在本国市场上代替了外国商品,而且在第三国市场上也会有与外国厂商展开竞争的实力。在本国厂商与外国厂商势均力敌的情况下,政府的某种支持或资助将有利于本国企业竞争能力的提高。也就是说,在势均力敌的企业博弈中,额外的支持将改变整个博弈的天平。因此,政府对本国企业的某种支持或补贴是非常重要的。当然,如果在外国市场上,本国企业处于绝对的竞争优势地位,而外国企业处在竞争劣势地位,以致不需要政府的干预或支持,本国企业也能占据竞争的有利地位时,政府宁愿鼓吹自由贸易。但是这里的自由贸易不是一般意义上的自由放任,而是在一定的市场结构下,政府所作出的战略性贸易政策选择。如果本国出口企业规模过小,以致在国外市场有限的情况下,形成了本国企业在国外市场上相互竞争的局面,那么,政府为使本国获得最大限度的利润或利益,即使本国企业有强有力的价格竞争能力,也要对过度的出口实施干预,从而使本国的出口规模适度。政府的干预工具是对出口征收关税,以便使一些生产成本比较高的企业难以在国外市场上获得利润。

7.4 国际贸易政策制定中的政治经济学

现实中,有各种各样的理由支持贸易保护,但为什么政府最终采用的是这样一种保护措施而非另一种呢?为什么政府要对一种商品征收较高的关税而对另一种商品征收较低的关税呢?事实上,贸易政策的决定不仅仅是政府的一种经济选择,同时也是一项政治与社会决策。贸易政策制定中的基本思路正如产品的价格是由市场的供给与需求来决定,一项具体贸易政策的决定也是由对这项政策的需求和供给决定的。从需求方面来看,对一项政策的需求,既要有相关的个人利益和集团利益,还要有代表和反映这些利益的组织。任何一项政策的实施必定会涉及各种集团的利益。如斯托尔帕—萨缪尔森理论所述,开放贸易的结果是使本国原来充裕的要素受益,使原来稀缺的要素受损。因此,我们不难理解,一国的稀缺要素通常会要求保护而充裕的要素会希望更自由的贸易。在贸易政策的具体分析中,我们将会知道生产者和消费者对贸易政策有不同的要求。

那么,这些不同的利益集团是通过什么样的形式和渠道来表达对政策的偏好和需求的呢? 是通过对政府的游说工作,通过在政府中代表这些利益集团的政党或代言人来表达,还是直接通过社会舆论或民间团体来对政府施加压力? 具体的表达方式取决于一个国家的政治体制,不同的政治体制会使同样的政策需求出现不同的表现方式,对政策的最终制定也会产生不同的影响。

从政策的供给角度看,也有两个重要方面:一个是政府对政策的偏好,另一个是制定具体政策的机制。政府对政策的偏好取决于政府的目标函数,也就是说,政府采用不同政策所要求达到的目的是什么。从经济理论上说,政府应是全民利益的代表,政府经济政策的目标应是资源的最有效利用和社会福利的最大化;但在现实中,政府的目标往往是多重的,既有经济的考虑,也有政治和社会的考虑。对于任何执政党来说,维持政权的稳定和保证继续执政都是最根本的。因此,不管政治体制如何,政府在制定或选择经济政策(包括贸易政策)时,都会权衡利弊,考虑其对政治、经济和社会的影响。

在经济学的分析中,是否实行某种贸易政策应取决于社会总体福利水平。在国际贸易政策的政治经济学分析中,任何一项贸易政策的实施都是利益集团的需求和政府供给的均衡。

7.4.1　贸易政策制定中的政治经济学模型

20 世纪 80 年代以来,国际贸易政策制定中的政治和社会因素越来越受到经济学家的重视。与此相应地,经济学家们在国际经济学领域中建立起了一些政治经济学模型。在这些模型中,政府的目标是成功地掌握政权和维护政权的稳定而非社会福利最大化。

1. 中点选民模型

中点选民模型假设政府是民主选举产生的,任何一个政党只有得到了多数选民的支持才有可能执政,因而政府在选择任何经济贸易政策的时候,必须要考虑如何得到多数选民的支持。

怎样才能正确选择得到多数选民支持的政策呢? 重要的方法就是尽可能地选择靠近中点选民的意见的政策。所谓中点选民的意见一般表现为两种意见之间的观点。以中点意见为界,一边更为保守,另一边更为激进,且两边人数基本相等。

我们可以通过一个简单的例子来说明这一模型。假设本国有 9 个选民,他们对关税的偏好都不同。假设第 1 人主张关税率为 1%,第 2 人主张 2%,依此类推,第 9 个人主张 9% 的关税率。在这里,中点选民是第 5 个,中点选民的意见是关税率定在 5%。再假设本国有两个政党存在,如民主党和社会党。两党都想得到大多数选民的支持。在贸易政策的选择中,假定民主党选择了征收 7% 的关税,而社会党选择了 6% 的关税,这时,主张高关税的选民(7、8、9)就会支持民主党,但主张低关税的选民,包括从第 1 到第 6 个选民都会支持社会党。从第 1 到第 5 个选民的意见虽然没有被采纳,但相对于主张 7% 的关税的民主党来说,社会党更接近他们的意见。如果这时有一个第三党,比如说进步党,选择了关税率为 5% 的政策,那么,从第 1 到第 5 个选民就会转而支持进步党,支持社会党的就只剩下第 6 个选民一人了。由此可见,越接近中点选民意见的政策越能得到大多数选民的支持。这就是中点选民模型。

2. 集体行动和有效游说

贸易政策的中点选民决定论在理论上似乎没有问题,可是如果观察一下民主选举制国家的贸易政策实践,不难发现,在许多情况下贸易政策保护的恰恰都是少数人。例如,几乎所有的发达国家都保护农产品,而农民占这些国家的总人口都不到10%。在发展中国家中农民是大多数,但这些占大多数的农民不但得不到保护,政府还通过对出口的控制压低国内的农产品市场价格,间接地保护了人数较少的城市中的农产品消费者。钢铁、纺织品等行业在美国也是夕阳工业,就业人数越来越少,但他们受到的保护仍很高,占大多数的消费者为保护这些少数人而支付了不小的代价。那么,怎样解释政府选择这种牺牲大多数人利益来保护少数人利益的贸易政策的行为呢?

研究公共政策的经济学家提出了集体行动(Collective Action)的理论,认为一种政策是否被政府采纳并不在于受益或受损人数的多少,而在于利益集团的集体行动是否有效。

假如一国政府在考虑是否要对进口的苹果征10%的关税,征税的结果是损害消费者的利益,消费者因而会反对这项政策,但本国的苹果生产者则会因得到保护获得利益而支持征税。从人数上来说,苹果的消费者一定比生产者多,但在集体行动方面,消费者一定不如生产者有效。其主要原因是,人越多,"搭便车的人"(Free Rider)越多,积极参与的人反而少,意见也不容易统一,集体行动的效率低,而人少的一方却更容易组织得好。在影响政府政策的游说中,人数较少的利益集团容易统一,从而在集体行动中步调一致,在游说中取得成效。

决定利益集团集体行动有效性的另一个重要因素是集团中个人利益的大小。政府如果对苹果征10%的关税,消费者作为一个整体来说,其总损失要比生产者收益和政府关税收入的总和还要大,但如果将总损失除以消费者总人数,每一个消费者的损失就很小了。同时,对于每个生产者来说这一政策所产生的利益就会很大,值得为此不遗余力地拼搏一下。所以,生产者参与影响政府政策的集体行动和游说活动的积极性都远远超过消费者,甚至会因此而极力支持政府或反对政府,对政府能否实现其稳定执政的目标影响较大。政府面对的一边是对任何政策实际上都无所谓的众多消费者,另一边却是弄得不好会为此拼命的少数生产者。在这种情况下,政府往往会选择总福利水平下降,大多数人利益受损而少数人受益的贸易政策。

3. 竞选贡献或政治贡献

在一些国家里,贸易政策的制定还要受到各执政党支持者的影响。一般来说,每个政党都代表一些特殊集团的利益,而这些利益集团也在竞选中积极支持能考虑他们利益的政党。例如,在美国的两党中,工会(尤其是劳联、产联)一般支持民主党,大财团或企业主一般会支持共和党。这些利益集团在国会和总统的竞选中出钱出力极力支持各自的党派当选,这些党派的候选人一旦当选之后就会在力所能及的范围里制定或维持有利于这些利益集团的政策,否则他们就会在下一轮竞选中失去这些利益集团的资金、支持和选票。

由于大多数政府政策的目标函数是维护其政权的稳定性,所以对于帮助其当选或连任的利益集团,政府会尽力地加以保护。政府实行有利于这些利益集团的贸易政策是为了对他们政治支持的一种回报。保护这些利益集团也就是保护政府本身。

7.4.3 国际谈判与贸易政策

在古典政治经济学中,亚当·斯密和大卫·李嘉图作为自由竞争和自由贸易的倡导者,其自由观点基于以下假定前提:个人是政治经济学的基本角色和分析单位;个人是理性的;个人是通过商品交换来实现其效用满足最大化的。结论是政府的经济角色相对有限,任何形式的政府干预会限制市场力量,从而阻碍贸易的发生。诚然,自由主义者也承认某些"公共物品"应由政府而不是由市场提供,认为政府在维护自由竞争中起到了不可缺少的作用。推广到国际经济领域,自由主义者强调了不仅国家内部而且国家之间利益协调的重要性。一个有力的历史例证是,19世纪英国废除《谷物法》取得自由贸易的伟大胜利,不仅给英国而且给其他国家带来利益。自由贸易将增进各国福利水平,从而亦使国家冲突和战争缺乏经济基础。

产生于20世纪30年代的国际现实主义,则一定程度上解释了大萧条时期主要工业化国家实行"以邻为壑"贸易政策的原因。现实主义者认为,国家是国际政治经济学的主要角色和分析单位;理性的国家追求自身权力最大化,各国都有其国家的整体利益,而各国政府则是这种利益的保证。不同于经济,政治是一种零和游戏;国家通过成本与收益分析,做出实现利益最大化的选择。自由主义者认为,经济学和政治学很大程度上属于各自为政的领域,而现实主义者认为,国际政治学是国际经济学的基础。他们强调了国家政治与经济利益之间的关系,认为一国的贸易政策仅仅是一国对外政策的反映,贸易政策的制定目的在于增强与国家利益相关的竞争力。此外,现实主义者也强调了贸易的外部性,认为安全因素对一国贸易政策有着重要的影响。

贸易政策的这种国际经济学分析,最有代表性的当数金德尔伯格等提出的"霸权安定理论"。这种理论认为,一国在国际政治经济中的地位决定了其对外经济政策。当国际体系中具有超群的军事力量、政治力量和经济力量的某一突出国家即所谓霸权国家出现的时候,它必然要求并试图建立开放的国际贸易体制,并且通过制裁、报复等强制手段来执行规则。霸权国家提供了自由贸易这一公共物品,并具有稳定和维护国际体制的能力。霸权安定理论从英国19世纪中叶到20世纪初这一时期贸易政策演化中受到了启发,旨在解释各国相对国际地位变化过程中国际经济体制的演变。金德尔伯格甚至认为,20世纪30年代的大萧条部分地是英国作为霸权国家角色的接力棒交给尚未完全形成霸权国家的美国而不幸落地的结果。拿这一理论来检验第二次世界大战后的贸易政策,可以发现,美国作为霸权国家期间,它构筑起自由贸易体制并竭力维持;一旦其霸权地位下降,便逐步从自由贸易的立场后退,转向新贸易保护主义。

贸易政策的国际政治经济学从国际关系的角度解释了贸易政策的变化,认为国际贸易是国与国之间关系的一种形式和途径,各国的相互作用决定了贸易政策的选择。各国在选择贸易政策时虽然按国家利益行事,但常处于自由贸易与保护贸易的两难境地,并且常有实施贸易保护的冲动,结果往往背离了效率的原则。因此,在贸易政策实践中,赫莱尼尔(Helleiner)等用国际谈判模型解释了20世纪30年代以来,特别是第二次世界大战后关税不断下降的趋势。通过两国或多国谈判达成协议要比单方面实施减税政策容易,单方面实施关税减让会引起国内较强烈的反对,而双边或多边协议可以得到那些因关税减让而得益的部门、集团和阶层的支持;而且政府之间达成协议之后,各自都承担了相应的国际义务,有助于避免贸易战的发生。事实上,当今的国际贸易体系正是维系在一系列双边或多边的国际贸易协定之上的。通过一系列国际谈判,第二次世界大战后贸易自由化取得了巨大的进展,各国政府同意共同进行关税减让。这些协议把各国减少进口竞争行业的保护与降低对这些国家出口行业的外国进口保护联系起来。

7.4.4 贸易政策中的政治经济学之现实应用

根据政治决策过程中的成本与收益分析,贸易政策的政治经济学阐明了贸易保护的产业特征,并在多方面得到应用。消费品等进口所占比例较高的产业、纺织业等就业人数较多的产业和钢铁、汽车等寡头竞争产业易于得到更多的保护。这种分析也具体印证了贸易政策的格局:一是阶梯关税的格局。利益集团决定关税结构,各种产业对贸易保护的游说活动有着不同的收益和成本。对最终消费品征收的关税一般高于中间产品和原料,这归因于分散的消费者利益集团受困于大量的免费搭车者,在政治上缺乏组织力量;集体行动的困难解释了有些政策不但得不偿失而且受损选民远超过受益选民却仍被采纳。二是美国和加拿大的保护格局。政府在决定关税率时存在偏袒组织得好、与进口竞争的集团的倾向,这表明出口集团在维护与它们利益相关的自由贸易方面,不如受到进口威胁的集团为实行保护贸易而组织得好。三是关税减让的格局。第二次世界大战后在 GATT/WTO 主持下以关税减让为核心的贸易自由化谈判实际上是各国相互间的一种让步,谈判者把削减关税当作让步正是出于政治上的考虑,以迎合与进口竞争的生产者集团。

贸易政策的政治经济学分析还在多方面得到了运用。一是在有关"直接非生产性寻租活动"的经济研究上。克鲁格曼认为,政府的关税政策旨在保护民族工业的发展,但是当国内市场被少数几家企业垄断时,这些企业可能就没有很强的激励去改进技术,提高质量,增强市场竞争力,从而使关税政策成为对寻租行为的保护。此外,与进口替代政策体制相伴随的进口配额、进口许可证制、汇率高估以及外汇管制等都将产生追求经济租的活动,这种对社会有限经济资源的耗费构成贸易保护社会成本的重要组成部分。二是在贸易政策工具的选择上。当今世界各国广泛使用的政策工具与国际贸易理论分析是相违背的。之所以选择直接让国外承担保护成本的反倾销税、反补贴税和自愿出口限制等造成更大福利损失的政策工具,而不运用经济效率最优或次优的政策工具,是因为政治决策者不但从经济上而且更多地从政治上考虑其影响。三是在贸易政策的决策分析上。多数发达国家的政府管理,形成了两个分离的政策领域——产业部门领域和国民经济领域。政策焦点本应是国民经济宏观管理,但实际上却偏向单个产业部门。例如,各行政部门之间的妥协、与各种利益集团的讨价还价,是美国寡头政治的核心特点,行政部门之间的互相牵制反而可能使代表大多数人利益的贸易政策无法得到实施。

7.5 国际贸易发展战略

7.5.1 国际贸易战略的内涵和类型

贸易战略是一国或地区经济发展战略的对外贸易方面的内容,是根据经济发展的总体要求、针对对外贸易发展的目标及其实现手段所做的战略性决策。国际贸易战略是一国或地区经济发展战略的基本组成部分,是一国或地区对外贸易发展的指导思想的体现。国际贸易战略最直接的体现是贸易政策和贸易体制,但除了贸易政策和贸易体制之外,国际贸易战略还包括更广泛的内容,比如,产业政策就是贸易政策的重要内容。

国内外学者从不同的角度出发,把贸易战略划分为不同的类型。比较常见的划分方法来自世界银行。世界银行按照对国内市场和国际市场的轻重选择差异,把贸易战略分为两类:外向型和内向型,即出口导向战略和进口替代战略。世界银行认为,外向型战略的贸易和工业政策不歧视内销的生产或供出口的生产,也不歧视购买本国商品或外国商品。由于它有利于国际贸易,这种没有歧视的战略往往被看作是促进出口的战略。相比较而言,内向型的进口替代战略对工业和贸易的奖励制度有偏向,重视内销的生产,轻视供出口的生产。

世界银行制定了区分贸易战略内向型或外向型的四项指标,分别是:有效保护率、对诸如限制和进口许可证等直接控制手段的依赖性、对出口贸易奖励的方法和汇率定值高估的程度。根据这四个指标,世界银行又进一步把内向型贸易战略和外向型贸易战略细分为以下四种:简单的外向型战略、一般外向型战略、一般内向型战略和坚定的内向型战略。

按照战略目标的不同,可以把贸易战略分为三类:追求静态利益的贸易战略和追求动态利益的贸易战略和排斥贸易利益的贸易战略。在静态贸易利益的战略中,尽管贸易的发展客观上可能带来一定的动态利益,但发展国际贸易的基本目标在于追求贸易的静态利益,即只是在现有资源和技术结构不变的条件下增加本国的经济利益。至于贸易在促进长期经济增长、产业演进、技术进步和制度创新等方面的动态利益则不是该战略追求的主要目标,该战略实施后,贸易的动态利益也不太明显。现实世界中,部分发展中国家所实行的初级产品出口型贸易战略就是典型的追求静态利益的贸易战略。这种单纯的依赖初级产品出口来换取他国的工业制成品且主要是消费品,以满足本国消费的需要,而不是通过国际贸易来建立现代经济结构。与追求静态贸易利益战略不同,该贸易战略的基本目的在于追求通过贸易来促进长期经济增长、产业演进、技术进步和制度创新等方面的动态利益。一些发展中国家实行的出口替代型贸易战略就属于追求动态利益的贸易战略。至于排斥型贸易战略属于把国际贸易看成有害无益的经济活动,从而拒绝国际贸易。发展中国家长期推行的以国内生产和保护来取代进口、以国内销售来代替出口的进口替代型贸易战略即属于这一类。

7.5.2　进口替代型贸易战略

进口替代战略就是用国内生产替代原来依赖进口的贸易战略。主张实行进口替代战略的理由主要包括:

第一,为了实现工业化和避免来自发达国家的国际剥削,特别是涉及发展中国家的幼稚产业,担心因从发达国家进口而遭毁灭性打击。

第二,节省外汇的需要。严重外汇短缺是奉行进口替代贸易战略的发展中国家的常态。其根本的原因在于出口状况的长期恶化。从长期来看,一国的进口是出口的函数,出口的长期不振,必然导致外汇短缺和对进口的严重制约。

第三,避免因贸易条件的恶化而受到国际剥削,还可以为进口替代部门的发展提供尽可能多的资源。进口替代型贸易战略尽管排斥进口,但对一些本国工业化所需的技术设备等必需品也还是要进口的,发展中国家普遍采用汇率高估的办法来缓解必需品进口的压力。

汇率高估,一方面使以外汇计算的本国商品价格提高而降低竞争力,另一方面使出口创汇所获得的以本国货币计算的收入减少而挫伤出口部门的积极性。

第四,认为发展中国家工业部门不具备竞争优势,为了解决就业问题,就必须把保护国内市场放在优先的地位,实行进口替代战略。不过从实际效果看,刻意保护国内市场的进口贸易战略不利于发展中国家就业问题的解决,而时刻面临发达国家竞争的开放型贸易战略却反而有利于解决发展中国家就业问题。世界银行曾对 41 个有代表性的发展中国家贸易战略与就业实绩进行考察。在 1963—1973 年间,外向型经济中制造业的就业每年增加 6.1%,而实行进口替代型国家此值仅增长 3.3%;1973—1984 年,外向型经济中制造业的就业每年增加 4.9%,而内向型经济国家每年仅增加 4.2%。

进口替代战略对国际贸易的抑制是不争的事实。从该战略实施的效果看,至今还未找到很成功的典例,相反,失败的案例却不少。世界银行和国际货币基金组织对战后发展中国家流行的贸易战略进行了长期考察,得出的结论是:进口替代型贸易战略的经济实绩明显劣于出口导向型贸易战略。拉丁美洲的不少国家在 20 世纪 50—60 年代普遍实行过类似的战略,随着大批新企业的建立,发展中国家工业发展似乎呈现一派繁荣景象,但 70 年代后这些企业便未老先衰,普遍技术落后、设备老化、亏损严重、效率低下。形成这一现象的原因来自进口替代战略本身。一是进口替代战略对国际经济联系的排斥,阻塞了本国利用国外先进技术和制度的途径,使国内生产技术和产品与国际市场的生产技术和产品差距越来越大;二是进口替代战略加剧了本国本来就最为短缺的资本,使其无力对老企业进行更新改造;三是进口替代战略中政府对工业的干预和保护从根本上使企业丧失了技术进步和制度创新的动力和刺激。

不仅如此,发展中国家长期实行的进口替代贸易战略成为其后来向开放型贸易战略转轨的严重障碍。有的国家,如斯里兰卡,由于过去进口替代战略包袱太重,转轨没有成功;有的国家尽管成功实现了转轨,但却付出了惨重代价(如智利、巴西)。正是由于进口替代型贸易战略并未达到理想目的,于是在 20 世纪 70 年代一些发展中国家和国际贸易学家不断对该贸易战略进行反省和批评。普遍认为,进口替代型贸易战略存在国际收支状况恶化、产业结构不合理、资源配置效率低下、失业增加、官僚主义和腐败行为严重等弊端。

7.5.3 出口导向型贸易战略

出口导向战略,通常也被称为出口替代(Export Substitution)战略,是指通过扩大制成品的出口来带动工业化和整个经济发展的战略。主张出口导向战略的理由与自由贸易政策的依据有较多共性。一般认为,出口替代战略是积极参与国际分工和国际交换,充分发挥比较优势的思想。在一般不排斥进口的基础上,大力发展出口,为充分享有贸易所带来的各种好处创造了条件。与初级产品出口型贸易战略不同,出口替代战略并不仅仅局限于追求贸易静态利益,而是以动态比较优势为基础,力求通过贸易来实现工业化和现代化。

出口替代型贸易战略的主要政策包括三个方面:

(1)奖励出口政策。对于一些国内市场狭小的发展中国家,为了较快速度、较大规模地实现由产品向货币的转换,最大限度地满足现代经济发展对资本的需求,这些国家和地区就不得不积极地利用国际市场,即重视出口的作用。为了支撑进口对外汇的需求,出口也显得十分重要。为了克服过去进口替代战略给出口带来的障碍及其造成的国内企业的惰性,帮助国内企业顺利地进入世界市场,并使其得到比内销更大的甜头,实行出口导向战略的国家便采取了许多鼓励出口的政策。具体地看,鼓励出口的政策工具包括:一是有利于出口的汇率。为使国内生产者获得有利的出口价格条件,实行出口替代战略的国家不断实行货币贬值。最初的直接目的是为了矫正过去汇率高估所带来的扭曲,以后是为了维持与国内通货膨胀相适应的汇率。二是为出口提供补贴和优惠贷款。三是税收倾斜,包括税收减免、关税返还等。四是控制工资和物价,避免出口产品成本的过快上涨。五是行政上的优惠,包括简化出口手续、为出口提供原料和设备的专项规定、定期召开出口工作促进会等。

(2)遵循比较优势的产业政策。与进口替代政策不同,出口替代战略遵循国际比较优势,希望通过积极参与国际分工和国际交换实现工业化和产业升级。政府在特定时期内对本国具有比较优势的产业进行大力支持。在 20 世纪 60 年代,韩国、中国台湾地区等奉行出口替代的国家和地区的国际比较优势是丰富而廉价的劳动力。于是,这些国家和地区便全力发展劳动密集型产业。在这一时期,政府采取各种措施鼓励劳动密集型产品的生产和出口。到 70 年代中后期,随着国家或地区内部劳动力的利用已比较充分,劳动力成本迅速上升,劳动力的低成本优势开始减弱;同时随着经济的发展,国家或地区内部资本变得越来越丰富,并初步拥有了比较优势。随着比较优势的变化,韩国等国家或地区便开始重点发展资本密集型产业。例如,1973 年,韩国制定了《国民投资基金法》,以加大对重化工业的投资。1974 年,中国台湾地区也明确提出了"工业升级"的口号,积极进行旨在发展重化工业的"十大建设"。

(3)实行相对自由性的贸易体制。出口导向贸易战略客观上要求实行比较自由的贸易体制。因为:一是出口导向战略的基本目标在于通过本国有竞争力的产品占领国际市场,如果实行像进口替代战略那样严格的保护贸易政策,必然使国内产品的竞争力因企业安于落后而得不到提高;二是出口替代战略需要"大进大出",即一国要大量出口本国有比较优势的产品,就必须大量进口本国不具有比较优势的产品,以充分享有国际贸易的好处。否则,如果通过贸易壁垒来限制本国不具有比较优势的产品尤其是出口产品生产所需的投入品的进口,必然导致本国资源无法实现最佳配置,并严重妨碍出口产业的发展。从实践来看,实现出口导向型的国家和地区都实行的是自由性贸易体制。中国香港地区是奉行自由贸易的极少数地区之一。韩国、新加坡和中国台湾地区在实行出口导向贸易战略开始,就逐步摒弃进口替代时期所设立的种种关税和非关税壁垒,建立与出口替代战略相适应的自由贸易体制。比如,20 世纪 50 年代后期,韩国为保护本国市场实行复汇率制度和进口管制,60 年代开始实行长期的贸易自由化。1964 年采用一种接近于自由贸易汇率水平的统一汇率,并同时开始逐步放松贸易管制。

从实行出口导向贸易战略的实际业绩看,与实行进口替代国家相比,出口导向战略普遍更为成功。在实绩面前,国内外学术界比较一致的观点是,对于发展中小国而言,出口导向贸易战略的确优越于进口替代贸易战略。但对于发展中大国来说,是否也必须实行出口导向型贸易战略则存在不同的观点。一种观点认为,发展中大国和小国一样,也应该实行出口导向型贸易战略;另一种观点则认为,出口导向型贸易战略只适用于国内市场狭小的小国,而不适合国内市场广阔的发展中大国。其中原因主要包括:一是对国际市场的偏向容易导致发展中大国忽视相对广阔的国内市场。发展中大国与发展中小国的最基本区别就是拥有较为广阔的国内市场。发展中小国的国内市场狭小,为了给本国工业化和现代化提供足够的市场支撑,不得不采取优惠政策,鼓励国内厂商积极出口占领国际市场。发展中大国情况却不同。国内厂商如果一味涌向国际市场而忽视国内市场,那么,国内广阔市场这一优势便无法发挥。充分享受国际贸易的各种利益,尤其是动态贸易利益是发展中国家制定贸易战略的基本出发点。无论大国小国,重视国际市场、发展出口作为对外贸易的基本组成部分、作为进口的保证条件,及作为国内企业增强竞争意识、开阔视野和享有外溢效益的手段都有重要意义。但过度出口容易导致发展中大国贸易条件的恶化甚至贫困化增长。因为大国不同于小国只是价格的接受者,即使其出口达到足以带动经济增长的规模,也不会导致世界市场价格因供给的增加而下降。而对大国来说,如果依赖出口的扩大来带动经济增长,其出口就必须达到相当大的规模。这时的出口规模将导致世界市场价格因供给的急剧增长而下降,即导致发展中大国贸易条件的恶化,最终很难如愿实现出口导向贸易战略的初衷。

【专栏 7.3】

韩国的出口导向战略(1961—1979)

韩国曾经是一个很落后的国家。1910 年《日朝合并条约》后,朝鲜沦为日本帝国的殖民地。1945 年光复后,由于美、苏两个大国的介入,朝鲜处于南北分裂状态。1950—1953 年朝鲜战争后,南朝鲜即韩国成为世界上最贫穷的国家之一,1961 年人均国民生产总值不足 100 美元,人均收入、工业生产能力都落后于北朝鲜。为了振兴国家经济,韩国采取了"先工后农"和"贸易立国"的发展道路,对外贸易成为韩国外向型经济的支柱,在经济增长中发挥了"火车头"的作用。1963 年前后,韩国基本实现从进口替代到出口导向战略的转变。到 80 年代后期,韩国成为世界上 190 多个国家中经济增长最快的国家之一,韩国从一个贫穷的国家转变为富裕的国家。

考察 1960—1980 年韩国经济的快速发展,同该国出口导向战略分不开。1961 年朴正熙将军通过"5·16"军事政变上台,提出"经济问题高于政治问题"、"通过出口建设国家"的主张。1967 年在国民经济第二个"五年计划"中,出口第一主义、出口导向战略成为韩国经济发展的总方针。根据该项计划,韩国出口贸易 5 年要翻一番,平均每年递增 16.7%。这一增长幅度远远超过国民生产总值、农林渔和矿业、公共设施及服务业增长的幅度。计划制定者希望通过出口贸易的产业关联把国内经济带动起来。根据这一战略,政府和一些公司为商人确定了具体的出口指标,并把这些指标看作是必须完成的指令,除非有正当的理由,否则完不成出口指标任务公司将受到政府严厉的行政制裁。

20 世纪 60 年代韩国制定扩大出口战略,政府成为韩国公司的主要决策人。不仅如此,为了降低出口商品的国内成本以增强其国际竞争能力,政府以各种方式奖励出口企业,包括给予出口企业种种优惠政策,如直接补贴(1964 年停止)、免征进口税;对加工进口原材料、半成品免征进口税(后来改为进口退税);减征国内税,在规定范围内对出口企业减征企业所得税和法人税;对出口企业提供低息贷款等等。这些优惠政策使 60 年代韩国出口企业在国际市场上每创汇 1 美元,便可节省国内成本大约 26 美分。

在贸易管理上,韩国实行"官民"结合的方式。政府在拟定经济政策、方案、措施时,采取"上下结合"的决策程序,邀请经济专家、商人共同参与,相互交换意见。从 1962 年开始韩国出口工作会议每月召开一次,会议邀请重要的政府官员以及同贸易有关的专家参加,包括总统的经济秘书、经济企划院长官、商工部长、贸易促进机构的负责人以及商人协会主席。会议期间总统亲临会场,了解出口的进展情况及出口企业的表现,并对每个月出口卓著的商人授勋并予以嘉奖,大大鼓励了这些企业对贸易的拓展。

以出口贸易为目的的出口导向战略,使得韩国的出口贸易额以年均 14％ 的速度高速增长,出口产品结构从初级产品转变为工业制成品,贸易依存度也从 60 年代中期的 20％ 提高到 1979 年的 69％。韩国出口贸易的大发展和出口贸易结构的改变,通过关联效应对就业、产出产生了相应的影响。附表 7-1 与附表 7-2 显示出 1962—1972 年出口贸易中初级产品与工业制成品比重变化以及出口引致产出增加的情况。

附表 7-1　出口贸易结构

年份	初级产品	轻工产品	重工业品	合计
1962	40	11	4	55
比重%	72.6	20.3	7.1	100
1967	88	204	28	320
比重%	27.5	63.9	8.6	100
1971	147	769	151	1067
比重%	13.8	72.1	14.1	100
1972	197	1081	346	1624
比重%	12.1	66.6	21.3	100

＊初级产品包括农产品和矿产品。
资料来源:韩国经济企划院:《经济白皮书》。

由上可见,作为出口导向型工业化战略的结果,韩国出口结构发生变化,这一变化引起工业结构变化。60 年代初期韩国出口商品以初级产品为主,制成品的出口在全部出口中所占比重极低。然而到 1974 年,初级产品所占比重由过去的 73％ 下降到 10％,制成品比重由 27％ 上升为 90％,同时制成品主要种类也发生变化,60 年代出口的制成品主要是胶合板、针织套衫等劳动密集型产品,70 年代主要是纺织品、船舶、钢板等产品。80 年代初期,出口商品变为更加盈利的资本密集型产品,这以后逐渐变为计算机、半导体、彩色电视机、汽车等技术密集型产品。这一变化很大程度上是日本的翻版:出口产品从劳动密集型产品转变为资本密集型产品,又从资本密集型产品转变为资本和技术密集型,又转变为高技术密集型产品。

附表 7-2　出口引致产出效应　　　　　　　　　　　（单位:百万美元）

年份	出口额(A)	引致产出额(B)	产出总额(C)	引致产出倍数(B/A)	引致产出比重(B/C)
1965	175	277	3743	1.58	7.4
1970	835	1443	16059	1.73	9.0
1975	5081	9517	43457	1.87	21.9

资料来源:钟昌标:《新编国际贸易教程》,化学工业出版社 2010 年版,第 220 页。

7.5.4　混合型贸易战略

随着大多数发展中国家实行进口替代贸易战略的失败和少数国家或地区实行出口导向

贸易战略的成功,无论是发展中小国还是发展中大国很少单纯地追求进口替代或出口导向贸易战略。所谓混合型贸易战略是把进口替代战略和出口导向战略各自有效部分有机结合起来,在继续发展进口替代的同时,积极利用出口导向贸易战略的某些政策,最大限度地促进经济的发展。

从政策内容来看,混合型贸易战略在鼓励出口、利用市场机制、利用贸易的技术外溢促进产业升级等方面都与传统的进口替代不同。但从实质上讲,混合型贸易战略仍属于进口替代型战略,是改良的进口替代战略。因为混合型贸易战略仍然实行政府干预下的全面进口替代,仍然通过较高关税和非关税壁垒来排斥进口。在混合型贸易战略中,尽管贸易的作用有所加强,但仍然受到抑制。

改革开放以来,我国的外贸活动获得了突飞猛进的发展,可以说创造了一个经济奇迹。这表明,我国以往的有关思路和根本战略是行之有效的。但是,随着我国的人世和进一步完善社会主义市场经济体制目标的提出,转换外贸发展的基本思路可谓迫在眉睫。

长期以来,增强自身的经济实力和提高在世界经济中的地位一直是我国的当务之急,因此,我国的外贸发展始终单纯地服从于 GDP 增长的需要,被当作决定我国经济发展水平的一个十分重要的变量。很显然,整个外贸发展战略就是按照这样的基本定位加以制定和实施的。应该说,我国这个战略实施得相当成功,以至于我国的外贸额已稳居世界前五位,同时外贸依存度也超过了 50%。然而,随着经济实力的大幅上升和市场化程度的不断提高,在继续保持一定增长速度的基础上,协调发展已经取代单纯的经济增长成为我国政府和广大国民关注的中心问题。这意味着,在这样的经济背景下,我国的外经贸发展也被赋予了新的内涵和职能,同样需要在协调发展这个根本任务上发挥出自己独特而重要的作用。简言之,它今后必须立足于国内经济发展与对外开放的协调统一。这一来,有关的贸易战略和政策都需作相应的变动。

第一,对外经济活动的政策目标必须进行重大调整。必须指出,自改革开放以来,我国的外贸活动始终倾注全力去出口创汇和追求贸易顺差。制定和实施这种政策目标固然有其客观需要和一定的必然性,但是,从协调发展和获取经济福利的基本要求来看,它的缺陷却是相当明显的。为了推动更多的出口,人们可以不惜严重亏损甚至不计社会代价。其实,它多少还停留在数百年前重商主义政策思路的层面上。从长期来看,这种做法既会带来众多不必要的国际经济摩擦,又将大量物质财富让与外国人享受而只是换回一些用于国际清偿的手段,更可能由此导致国内外经济的严重失衡。

可见,这种偏重出口与贸易顺差的政策目标已经不能适应我国外贸发展的客观要求。这就是说,在新的经济背景下,从出口创汇转换为国际收支平衡,进而实现外部平衡与国内经济发展的协调统筹,应该成为我国外贸的基本政策目标。诺贝尔奖得主米德的重要理论贡献之一,就是论述了一个开放的经济体系应该实现内部(国内)与外部(国外)的双重均衡。

其中的外部均衡就是指国际收支的平衡。按照后来学者的阐述,这种均衡的实现是同采取比较中性(即不明显偏重出口)的贸易制度紧密相连的。应该说,我国目前的经济状况已大致奠定了推行这个政策目标的客观基础。

同样,我国原先引进外资的政策目标在于尽可能多地吸收外国直接投资。这样做,有效地解决了两个大问题:一是大大缓解了我国当时资本比较匮乏的局面,有利于我国经济的快速增长。二是由此迅速扩展我国的加工贸易和有关行业的经济规模,从而显著增加我国国民的就业机会和收入水平。

第二,相关政策手段应当进行大力变革。自改革开放以来,我国一直大力鼓励出口贸易,这本无可非议。然而,在出口创汇和获取较多贸易顺差这种指导思路的支配下,我国采取的不少政策手段却存在着明显的偏差或缺陷。

第三,外贸业务的目标函数需要重新确立。长期以来,在追求出口指标或外汇额这样指导思路的影响之下,我国具有多种所有制性质的出口企业或贸易公司,就有了五花八门的目标函数。例如,国有企业或公司的领导人有的是为了确保经济稳定以保持就业水平和基本收入,有的是在追求业绩以获取上级的青睐,有的立足于维持现状以求无过,有的甚至主要考虑的是个人或小集团的利益问题。他们中间很少有人能够去实现利润最大化或利益最大化的目标,且实际状况也不太允许他们这样做。相反,比较符合市场经济要求的外贸业务目标,则主要体现在部分民营或私营企业的贸易活动中,可它们的国际经济运作仍受到制度和政策的很大限制。更值得强调的是,由于我们原先着眼于大力鼓励出口额的增长,因此,政府有关的政策措施实质上一直在支持或默认这些大相径庭的企业目标函数。

【思考题】

1. 试论国际贸易政策的历史演变。

2. 自由贸易政策信奉者的主要论据是什么?

3. 为什么有的国家保护幼稚工业比较成功,促进了本国工业的成长壮大;而有的国家对本国幼稚工业长期实施保护政策,但本国工业始终未能发展起来?

4. 何谓国际贸易战略?它有哪几种类型?

5. 试比较分析进口替代贸易战略和出口导向贸易战略之间的区别与联系。

6. 我国宜采用什么样的外贸发展战略?试联系实际加以说明。

【本章推荐书目及期刊】

1. 夏秀瑞,孙玉琴.中国对外贸易史.第 1 册.北京:对外经济贸易大学出版社,2001.

2. 宋则行,樊亢.世界经济史.北京:经济科学出版社,1998.

3. 麦迪森.世界经济二百年回顾(1820—1992).李德伟,盖建玲译.北京:改革出版社,1997.

4. 罗塞·罗伯茨.抉择——关于自由贸易与贸易保护主义的寓言.刘琳娜,栾晔译.海闻校.北京:北京大学出版社、中国人民大学出版社,2002.

5. 克鲁格曼,奥伯斯法尔德.国际经济学.第 5 版.海闻等译.海闻校.北京:中国人民大学出版社,2002.

6. 保罗·克鲁格曼.战略性贸易政策与国际经济学.海闻等译.北京:中国人民大学出版社,2000.

7. 唐纳德·基辛.发展中国家的贸易政策.楼关德,吴德,刘兴银译.北京:中国财政经济出版社,1986.

8. 景一凡.从西方幼稚工业保护理论看我国幼稚产业的发展.商业时代,2008(29).

第8章 关税措施

【学习要点及目的】

通过本章的学习,掌握关税的概念和特点;理解关税的主要种类、实施方法和作用;掌握关税水平的计算;了解贸易谈判中关税减让谈判的相关知识。

【本章关键术语】

关税(Customs Duties;Tariff);反贴补税(Counter-Vailing Duty);反倾销税(Anti-Dumping Duty);差价税(Variable Levy);普遍优惠制度关税(Generalized System of Preference,GSP)

8.1 关税概述

关税是最传统的贸易政策工具。战后以来,关税在政策工具中的地位下降,但它仍然是市场经济条件下政府调节对外经济关系的有效手段。

8.1.1 关税的定义及起源

1. 关税的定义

关税是进出口货物经过一国关境(Customs Frontier)时,由政府所设置的海关(Customs House)向其进出口商所征收的一种税。关税与国家凭借政治权力规定的其他税赋一样,具有强制性、无偿性和固定性特征,即纳税人必须无条件服从;海关代表国家单方面从纳税人方面征收,而无须给予任何补偿;关税是根据预先规定的法律与规章加以征收,海关与纳税人双方都不得随意变动。关税的纳税人即税收主体,是本国进出口商,但最终是由国内外的消费者负担,它属于间接税的一种。进出口货物则是税收客体,即依法被征税的标的物。

海关是国家行政管理机构,受权于国家,行使国家权力,不仅对外代表国家行使主权,对内也代表国家即代表中央政府行使其对地方的权力。海关一般设置在沿海口岸和陆地边境。海关的基本职责是:对进出国境的货物、邮递物品、旅客行李和运输工具等进行监督管理;征收关税和法定由海关征收的其他税费;查禁走私等。

关境是海关设置的征收关税的领域。一般说来,一国的关境是与其国境相一致的,但是也有两者不一致的情况。当一些国家在国境以内设置自由港或自由贸易区等免税区域,这时关境范围小于国境;有些国家相互之间结成关税同盟,参加同盟的国家在领土基础上合成统一的关税，即对内免除相互间的关税，对外则统一关税，这时对某一个国家而言，关境范围就大于国境。随着国家对外开放程度的提高和经济区域化发展，关境与国境背离已成为较普遍的现象。

2. 关税的起源

关税的起源很早。随着社会生产力的发展，出现了商品的生产和交换。关税正是随着商品交换和商品流通领域的不断扩大，以及国际贸易的不断发展而产生和逐步发展的。

在古代，统治者在其领地内对流通中的商品征税，是取得财政收入的一种最方便的手段和财源。近代国家出现后，关税成为国家税收中的一个单独税种，形成了近代关税。其后，又发展成为现代各国所通行的现代关税。

在国外，关税是一种古老的税种，最早发生在欧洲。据《大英百科全书》对 customs 一词的来源解释，古时在商人进入市场交易时要向当地领主要交纳一种例行的、常规的入市税 Customary Tolls，后来就把 Customs 和 Customs Duty 作为海关和关税的英文名称。

希腊在公元前五世纪时，雅典成为地中海、爱琴海沿岸的强国。这个地区的经济在当时已比较发达，商品贸易往来很普遍，雅典成为当时的贸易中心。外国商人为取得在该地的贸易权利和受到保护，便向领主送（贡）礼。后来，雅典以使用港口的报酬为名，正式对输出入的货物征收 2%～5% 的使用费。其后，罗马帝国征服了欧、非、亚的大片领地，欧洲经济也有了进一步的发展，海上和陆地贸易昌盛，各地区之间和各省之间的商业往来发达。早在罗马王政时代，就对通过海港、道路、桥梁等的商品课税 2.5%，其后关税就作为一种正式的间接税征收，对进出境的一切贸易物品（帝国的信使除外）均须缴纳进出口税，正常税率是 12.5%，有的地区还按商品分类征税，对不同地区的进口货物税率也有差别。例如，针对来自印度和阿拉伯的货物，在红海口岸的征税高达 25%。罗马帝国境内曾形成很多关税势力圈，在各自边界上征税。另外，很多都市对食品还征收入市税。征税的目的主要是为了财政收入。

关税在英文中还有一个术语名称是 Tariff。据传说，在地中海西口，距直布罗陀 21 英里处，古时有一个海盗盘踞的港口名叫塔利法（Tariffa）。当时，进出地中海的商船为了避免被抢劫，被迫向塔利法港口的海盗缴纳一笔买路费。以后 Tariff 就成为关税的另一通用名称，泛指关税、关税税则或关税制度等义。

【专栏 8.1】

关税在我国的起源

在我国，西周时期（约公元前 11 世纪至公元前 771 年）就在边境设立关卡（最初主要是为了防卫）。《周礼·地官》中有了"关市之征"的记载，春秋时期以后，诸侯割据，纷纷在各自领地边界设立关卡，"关市之征"的记载也多起来。关税从其本来意义上是对进出关卡的物品征税；市税是在领地内商品聚散集市上对进出集市的商品征税。征税的目的是"关市之赋以待王之膳服"。据《周礼·天官》记载，周朝中央征收九种赋税，关市税是其中一种，直接归王室使用，关和市是相提并论的。边界关卡之处也可能是商品的交换集市。关税和市税都是对商品在流通环节中征税。《管子·问篇》曾提到"征于关者勿征于市，征于市者勿征于关"，对同一商品不主张重复征税，以减轻商人负担。关市之征是我国关税雏形，我国"关税"

的名称也是由此演进而来的。

秦统一天下以后，汉唐各代疆界不断扩大。在陆地边境关口和沿海港口征税，具有了边境关税的性质。但我国古代对外贸易虽有陆上和海上"丝绸之路"的贸易往来，但较之欧洲各国，发展不快，数量不大。边境关卡征税不是其主要任务。而在国内，关、津各卡征税以"供御府声色之费"，一直是官府收入的财源之一。如唐朝的"关市税"和明朝的"钞关税"主要是指在内地关卡征税。在沿海港口对进出港的货物征税，各朝代有不同的名称。如唐朝的"下碇税"、宋朝的"抽解"、明朝的"引税""船钞"等，由称为市舶司（使）的机关负责征税。到清朝康熙年间才在沿海设立粤、闽、浙、江四个"海关"，对进出口的货物征收船钞和货税。这时的关税概念仍包括内地关税和边境关税。直到鸦片战争后，受到西方国家的入侵，门户被迫开放，海关大权落入外人之手，尤其是英人一直统治着我国海关，引进了近代关税概念和关税制度，国境关税和内地关税才逐渐有所区别。到1931年取消了常关税、子口税、厘金税等国内税（转口税不久也取消），此后，我国的关税就只指进口税和出口税。对进出国境的货物只在进出境时征收关税。

新中国成立后，我国真正取得了关税自主权。但在新中国成立初期，由于发达资本主义国家对我封锁禁运等一些历史原因，我国关税工作比较简单，关税不被重视。自20世纪80年代实施对外开放政策后，国家间的经济贸易往来大量增多，经济改革使关税的作用日益受到重视，国家间的关税协定的有关关税的事务日益繁多，关税制度不断改革和完善，逐步实现了现代化和国际化。

资料来源：www.tbt-sps.gov.cn。

8.1.2 关税的特点

1. 纳税上的统一性和一次性

按照全国统一的进出口关税条例和税则征收关税，在征收一次性关税后，货物就可在整个关境内流通，不再另行征收关税。这与其他税种如增值税、营业税等流转税是不同的。

2. 征收上的过"关"性

是否征收关税，是以货物是否通过关境为标准。凡是进出关境的货物才征收关税；凡未进出关境的货物则不属于关税的征税对象。

3. 税率上的复式性

同一进口货物设置优惠税率和普通税率的复式税则制。优惠税率是一般的、正常的税率，适用于同我国订有贸易互利条约或协定的国家；普通税率适用于同我国没有签订贸易条约或协定的国家。这种复式税则充分反映了关税具有维护国家主权、平等互利发展国际贸易往来和经济技术合作的特点。

4. 征管上的权威性

关税是通过海关执行的。海关是设在关境上的国家行政管理机构，是贯彻执行本国有关进出口政策、法令和规章的重要工具。其任务是根据有关政策、法令和规章，对进出口货物、货币、金银、行李、邮件、运输工具等实行监督管理、征收关税、查禁走私货物、临时保管通关货物和统计进出口商品等。

5. 对进出口贸易的调节性

许多国家通过制定和调整关税税率来调节进出口贸易。在出口方面,通过低税、免税和退税来鼓励商品出口;在进口方面,通过税率的高低、减免调节商品的进口。关税对进口商品的调节作用,主要表现在以下几个方面:

(1)对于国内能大量生产或者暂时不能大量生产、但将来可能发展的产品,规定较高的进口关税,以削弱进口商品的竞争能力,保护国内同类产品的生产和发展。

(2)对于非必需品或奢侈品的进口,规定更高的关税,以达到限制甚至禁止进口的目的。

(3)对于本国不能生产或生产不足的原料、半成品、生活必需品或生产上急需的物资,规定较低税率或免税,以鼓励进口,满足国内的生产和生活需要。

(4)通过关税调整贸易差额,当贸易逆差过大时,提高关税或征收进口附加税,以限制商品进口,缩小贸易逆差;当贸易顺差过大时,通过减免关税,缩小贸易顺差,以减缓与有关国家的贸易摩擦与矛盾。

8.1.3　关税的作用

1. 维护国家主权和经济利益

对进出口货物征收关税,表面上看似乎只是一个与对外贸易相联系的税收问题,其实一国采取什么样的关税政策直接关系到国与国之间的主权和经济利益。历史发展到今天,关税已成为各国政府维护本国政治、经济权益,乃至进行国际经济斗争的一个重要武器。我国根据平等互利和对等原则,通过关税复式税则的运用等方式,争取国家间的关税互惠并反对他国对我国进行关税歧视,促进对外经济技术交往,扩大对外经济合作。

2. 保护和促进本国工农业生产的发展

一个国家采取什么样的关税政策,是实行自由贸易,还是采用保护关税政策,是由该国的经济发展水平、产业结构状况、国际贸易收支状况以及参与国际经济竞争的能力等多种因素决定的。国际上许多发展经济学家认为,自由贸易政策不适合发展中国家的情况。相反,这些国家为了顺利地发展民族经济,实现工业化,必须实行保护关税政策。我国作为发展中国家,一直十分重视利用关税保护本国的"幼稚工业",促进进口替代工业发展,关税在保护和促进本国工农业生产的发展方面发挥了重要作用。

3. 调节国民经济和对外贸易

关税是国家的重要经济杠杆,通过税率的高低和关税的减免,可以影响进出口规模,调节国民经济活动。如调节出口产品和出口产品生产企业的利润水平,有意识地引导各类产品的生产,调节进出口商品数量和结构,可促进国内市场商品的供需平衡,保护国内市场的物价稳定,等等。

4. 筹集国家财政收入

从世界大多数国家尤其是发达国家的税制结构分析,关税收入在整个财政收入中的比重不大,并呈下降趋势。但是,一些发展中国家,其中主要是那些国内工业不发达、工商税源有限、国民经济主要依赖于某种或某几种初级资源产品出口,以及国内许多消费品主要依赖于进口的国家,征收进出口关税仍然是他们取得财政收入的重要渠道之一。我国关税收入是财政收入的重要组成部分。新中国成立以来,关税为经济建设提供了可观的财政资金。目前,发挥关税在筹集建设资金方面的作用,仍然是我国关税政策的一项重要内容。

8.2 关税的主要种类

依据不同的标准,关税可以划分为不同的种类。

8.2.1 按商品流向分类

按征税商品的流向可分为进口税、出口税和过境税三类。

1. 进口税(Import Duties)

进口税,即进口国海关在外国商品输入时,对本国进口商所征收的关税。进口税是关税中最主要的税种,它一般是在外国商品(包括从自由港、自由贸易区或海关保税仓库等地提出,运往进口国国内市场的外国商品)进入关境、办理海关手续时征收。进口税可以是常规性的按海关税则征收的关税,也可以是临时加征的附加税。现今世界各国的关税,主要是征收进口税。征收进口税的目的在于保护本国市场和增加财政收入。

一般进口税主要分为最惠国税和普通税。前者适用于与该国签有最惠国待遇原则贸易条约(或协定)的国家(或地区)的进口商品;后者适用于与该国没有签订上述条约(或协定)的国家(或地区)的进口商品。最惠国税率比普通税率要低,税率差幅则往往很大。例如,美国对绸缎进口,最惠国税率为11%,普通税率为60%。第二次世界大战以后,大多数国家加入《关税及贸易总协定》或签订了双边贸易条约或贸易协定,相互提供最惠国待遇,享受最惠国税,因此,正常进口税通常就是指的最惠国税。所谓关税壁垒即高额进口税。在市场问题尖锐化的情况下,特别是在经济危机时期,许多国家竞相提高进口税,高筑关税壁垒,进行激烈的关税战。

征收进口税,可以增加进口货物成本,削弱其在进口国市场的竞争能力,保护进口国商品的生产和经济的发展。因而,在国际贸易竞争中,进口税一直被作为一个重要的和公认的保护手段。一方面它具有调节本国市场需求、调节市场价格和增加国家财政收入等作用;另一方面它也能成为关税壁垒,阻碍国际贸易的发展,以及使本国被保护的企业产品产生依赖性,缺乏在国际市场上的开拓和竞争能力。

2. 出口税(Export Duties)

出口税,是出口国海关在本国商品输出时对本国出口商所征收的关税。征收出口关税在17世纪、18世纪时曾是欧洲各国的重要财政来源。19世纪资本主义迅速发展后,各国认识到征收出口关税不利于该国的生产和经济发展。因为出口关税增加了出口货物的成本,会提高该国产品在国外的售价,从而降低了同外国产品的市场竞争能力,影响了该国产品的出口。因此,19世纪后期,各国相继取消了出口关税。但目前还有少数国家,主要是一些经济不发达的国家,还征收出口关税。

征收出口税的主要目的:(1)增加财政收入。(2)保护国内生产。一是针对某些出口的原料征收,以保证对国内相关产业的原材料资源供给;二是为了维护本国经济利益限制外国跨国公司在国内低价收购;三是防止无法再生的资源逐渐枯竭。(3)保障国内市场。即通过减少出口保障国内供给,抑制通货膨胀,稳定国内经济。(4)转嫁开发费用。为了转嫁开发和生产垄断产品所需的费用,同时又不影响该产品出口,对独占产品出口课征。

3. 过境税(Transit Duties)

过境税,也称通过税,是一国对于通过其领土(或关境)运往另一国的外国货物所征收的关税。过境税作为一种制度在重商主义时期得以确定。征税方可以凭借得天独厚的条件获取一定的收入,既可以充足国库,又可以转嫁国内的某些经济负担。由于运输业的发展及运输竞争的加剧,加上各国财政来源收入增加,从 19 世纪后半期开始,各国相继废止了过境税,代之以签证费、准许费、登记费、统计费、印花税等形式,鼓励过境货物增加,增加运费收入、保税仓库内加工费和仓储收入等。

8.2.2　按征税目的分类

1. 财政关税(Revenue Tariff,Revenue Customs Duties)

财政关税,又称收入关税。它以增加国家财政收入为主要目的而课征的关税。在历史上关税产生以后的一个很长时期内,征收关税的目的主要是为了统治阶级或国家的财政收入或宫廷享受。当时在交通孔道关卡、桥梁等处对往来客商征收关税是最方便而又充裕的税源。资本主义经济发展后,由于资本主义市场的激烈竞争,各国为了保护本国生产和经济的发展,利用关税作为保护手段才出现了保护关税,但财政关税仍然是国家财政收入的一个来源。17 世纪末欧洲各国的关税收入约占财政收入的 80% 以上。美国建国之初,关税是其最主要的财源,1902 年关税收入还占其政府税收总额的 47.4%。由于经济的发展,发达国家的财政收入改为以直接税为主,财政关税已很少使用。但一些发展中国家由于国内经济不发达,直接税源有限,关税在国家财政收入中仍占很大比重。因此,在关税及贸易总协定中对发展中国家的关税削减给予了一些例外的照顾。

财政关税制度有着自身的局限性,主要表现为进口税率过高,会形成关税壁垒,影响国家间的贸易关系;征收出口税,不利于提高本国产品的出口竞争能力。所以,进入 20 世纪后,一些主要工业化国家先后放弃了财政关税政策。

征收关税必然同时产生财政收入与保护的双重作用。因此,实行财政关税,增加税收收入,需要考虑两个因素:

(1)征收低税率进口税。低税率进口税有助于外国商品的输入,增加输入外国商品,是增加关税收入的基本途径之一。选择能够增加进口税收入的输入商品一般应满足两个条件:一是课税商品应是需要大量进口的消费品以及工业原材料等;二是上述课税商品应当是国内不能生产而且没有代用品,只能依靠进口或国内虽能生产,但不能满足需要的商品。进口上述商品越多,进口税收入额越大。凡实行财政关税的国家,均不把进口税税率定得过高,以降低进口商品成本,增加关税收入。

(2)征收出口税。征收出口税能够增加出口税收入的出口商品,一般应是生产技术水平高、工艺先进、价格低廉、质量好的产品,以及一国在国际贸易中拥有垄断地位的商品。对这些产品征收出口税有着较强的财政效应。

2. 保护关税(Protective customs Duties)

它是以保护本国经济发展为主要目的而课征的关税。保护关税主要是进口税,税率较高。有的高达百分之几百。通过征收高额进口税,使进口商品成本较高,从而削弱它在进口国市场的竞争能力,甚至阻碍其进口,以达到保护本国经济发展的目的。保护关税是实现一个国家对外贸易政策的重要措施之一。关税达到保护目的的条件是:(1)进口税必须高于国内的消费税,以提高进口品价格,从而保护国内工业;(2)进口量及进口消费下降,减少外国商品对本国生产的压力;(3)国内存在进口竞争产业。

【专栏 8.2】

保护关税的理论依据

系统的保护关税理论是在美国和德国产生的。18 世纪末,美国第一任财政部长 A. 汉密尔顿根据美国摆脱英国殖民经济统治、发展本国经济的需要,强调要用关税来保护本国幼稚工业的发展。在汉密尔顿的主持下,美国联邦政府于 1789 年首先颁布了保护关税税则。1841 年,德国历史学派先驱 G.F. 李斯特出版了《政治经济学的国民体系》一书,系统地论述了国家采取保护贸易政策和保护关税政策,以发展本国工业的理论。他站在德国工业资产阶级的立场上(当时德国的大工业落后于英国),针锋相对地反对英国古典经济学派代表 A. 斯密等人的自由贸易理论。李斯特认为,自由竞争只有当两个国家在工业发展上处于大体相当的地位时,才能对双方有利。在没有限制的竞争下,一个不发达的国家不论在生产上存在什么自然优势,如果不加以保护,工业就不会取得有效的发展和完全的独立,因此必须采取贸易保护政策,而关税是保护国内工业的主要手段。他从自己的生产力学说出发,反驳了自由贸易主义者认为关税会给国家带来损失的论点。他说:财富本身和财富的原因(生产力)不同,财富的生产力比之财富本身不知要重要多少倍。保护关税如果会使财富有所牺牲的话,它却使生产力有了增长,足以抵偿损失而有余。保护关税在初行时会使工业品价格提高,但是在国家建成了自己的充分发展的工业以后,这些商品由于国内生产成本较低,价格是会低落到国外进口产品以下的。李斯特还指出:由于各国在工业发展过程中所处地位不同,税率的修改必须逐步提高或降低。提高和降低到什么程度,要看落后国家与先进国家之间的具体情况。如果任何技术工业不能用原来 $40\% \sim 60\%$ 的保护税率建立起来,不能依靠在 $20\% \sim 30\%$ 的税率的不断保护下持久存在,这个国家就缺少这种工业力量的基本条件。他还进一步提出,在机器制造业比较落后的国家,对于复杂机器的进口应当允许免税,因为机器工业是工业的工业。

资料来源:百度百科,http://baike.baidu.com。

8.2.3 按征税待遇分类

1. 进口附加税(Import Surtax)

进口附加税是指对进口商品除了征收正常的进口关税以外,根据某种目的再加征的额外进口税。这类关税在海关税则中并不载明,并且是为特殊目的而设置的,因此,进口附加税也称特别关税。设置进口附加税的主要目的包括:(1)应付国际收支危机,维持进出口平衡;(2)抵制不公平贸易行为;(3)对实行歧视或报复的国家实施报复等。

根据不同的目的,进口附加税主要有反补贴税、反倾销税、报复关税等。

（1）反补贴税

反补贴税，又称抵消税或补偿税。它是对于直接或间接接受任何奖金或补贴的外国商品进口所征收的一种附加税。凡进口商品在生产、制造、加工、买卖、输出过程中所接受的直接或间接的奖金或补贴都构成征收反补贴税的条件，不论奖金或补贴来自政府或同业分会等。反补贴税的税额一般按奖金或补贴数额征收。

国际贸易中，一般认为对出口商品采取补贴方式是不合适而且是不公平的，它与国际贸易体系的自由竞争原则相违背。为此，反补贴税被视作是进口国抵御不公平贸易的正当措施。征收的目的在于抵销进口商品所享受的补贴金额，削弱其竞争能力，保护本国产业。

反补贴税的税额一般以"补贴数额"征收，目的在于增加进口商品的成本，抵消出口国对该项商品所做补贴的鼓励作用。

凡进口商品在生产、制造、加工、交易、运输过程中所接受的直接或间接的奖金或贴补都构成征收反补贴税的条件，不论奖金或补贴来自政府或同业分会等。其目的在于，通过征收反补贴税，增加进口商品的成本，以抵消进口商品所得到的补贴，从而削弱其竞争能力，保护国内生产和市场。反补贴税额一般与进口商品所得到的补贴额相等。

反补贴税是工业发达国家争夺国际市场的一个重要工具。WTO《补贴与反补贴措施协议》中，对国际货物贸易的补贴以及各成员方运用补贴与反补贴作了明确规定，其目的主要是有效约束和规范补贴的使用，防止补贴对竞争的扭曲；同时通过规范反补贴程序和标准，来防止成员方滥用反补贴措施，阻碍公平贸易。

根据《补贴与反补贴措施协议》的规定，如果某一缔约国输入另一缔约国的产品直接或间接地得到出口国的奖金或津贴，并对进口国某项已建立的工业造成重大损害或重大威胁，或严重阻碍该国某一工业的建立，则可以对其征收反补贴税。

协议还规定补贴税的征收不得超过"补贴数额"；对产品在原产国或输出国所征的捐税，在出口时退还或因出口而免税的，进口国对这种退税或免税不得征收反补贴税；对于受到补贴的商品，进口国不得同时对它既征收反倾销税又征收反补贴税。

以美国为例，确定和征收反倾销和反补贴税需要经过如下程序：

调查。虽然反倾销和反补贴税调查可以由商务部提起，但它们通常都由国内产业界或其他当事人（如工会或产业协会）提出。当事人必须同时（即同一天）向商务部和国际贸易委员会提出申诉。

如果各项要素已在申诉中体现，商务部和国际贸易委员会会分头发起调查。随后会有一系列的初步和最终裁决，并在适当的情况下形成"命令"和最终征收反倾销和反补贴税。以下的讨论基于需要确定损害的假设。如果不需要，考虑的结果完全基于商务部的裁决。

国际贸易委员会首先做出有关损害可能性的初步裁决。如果该裁决是否定性的，调查应予以终止。如果该裁决是肯定性的，商务部就对销售和补贴问题发布初步裁决。随后，基于进一步的审查和所取得的有关该案的意见，商务部将发布最终裁决。如果商务部裁决的任何一项是肯定性的，那么商务部就会命令海关中止所有有关进口货物的清关并要求提交数额相当于估算倾销幅度（合理市场价值和美国价格之间的差异）或净贴补的保证金或担保。

在商务部做出最终裁决后，国际贸易委员会应做出损害的裁决。如果国际贸易委员会的最终裁决也是肯定性的，商务部即发布反倾销税或反补贴税命令。此时，商务部就命令海关,除了极少数的最新到达的货物外,要求收取估算关税的保证金。商务部或国际贸易委员会的否定性最终裁决将终止调查。两个部门均应在《美国联邦政府公报》上公布其决定,包括命令和下述的行政审查结论。

行政审查/诉讼。在每一年发布命令的月份,利害关系当事人有机会请求对命令所涉及的单个生产商或销售商有关的命令进行审查。审查的阶段通常是该月前的 12 个月。但是,每一次审查的阶段还应包括正常 12 个月之前的任何要求中止清关的时期。如果不请求审查,商务部就应要求海关依据申报进口时提供的保证金或担保的数额征收关税,并要求依据该税率对未来进口的货物征收保证金。如果请求审查,商务部将进行类似于原调查的审查并发布修正后的征税和保证金税率。收到商务部的指令后,海关将对进口货物清关,并做出适当的退税或补税。

(2)反倾销税

反倾销税是对于实行商品倾销的进口货物所征收的一种进口附加税。其目的在于抵制商品倾销,保护本国的市场与工业。所谓倾销是指低于本国国内市场价格或低于正常价格在其他国家进行商品销售的行为。它使进口国厂商处于不平等竞争地位,造成冲击。进口国政府为了保护本国产业免受外国商品倾销的冲击,就有可能考虑对实施倾销的产品征收反倾销税。

通常,由受损害产业有关当事人提出出口国进行倾销的事实,请求本国政府机构征收反倾销税。政府机构对该项产品价格状况及产业受损害的事实与程度进行调查,确认出口国低价倾销时,即征收反倾销税。政府机构认为必要时,在调查期间,还可先对该项商品进口暂时收取相当于税额的保证金。如果调查结果倾销属实,即作为反倾销税予以征收;倾销不成立时,即予以退还。

为防止最终确定实际交税的时间拖得过长,《反倾销协议》规定,在提出要做出反倾销税最终估算的数额之后,通常在 12 个月内最长不超过 18 个月做出决定,而且如果追溯征税的税额超过了最终决定的倾销幅度,则自做出对反倾销税的最终决定之日起的 90 天内返还进口其超征的部分。

另一种是欧盟采取的"超前征税"做法,如果欧盟最终裁定对某公司产品征收 28% 的反倾销税,则自该决定之日起一年内,对该产品一律征收 28% 的反倾销税,而不管该产品的出口价格实际上是否提高或降低。这种超前征收的税额超过该进口产品的实际倾销幅度应在当事方提供了有力证据,并提出退款要求后的 12 个月内做出决定,最长不得超过 18 个月,而且被批准退款应在 90 天内完成。反倾销税不得超过倾销幅度,一旦征收的反倾销税超过了倾销幅度就产生了一个退款问题。《反倾销协议》对退款期限作了明确的规定,对于保障进口商的合法利益,是非常必要的。

反倾销税的征收必须同时符合三项基本条件:1)倾销存在,即产品出口价格低于其正常价格(国内销售价格或对第三国出口价格或其生产成本);2)损害存在,即进口国竞争产业受到严重损害或损害威胁,或者一项新产业的建立受到严重阻碍;3)损害与倾销之间存在因果关系,即进口竞争产业所受的损害是由倾销造成的。

但是,对于倾销的认定、"正常价值"的含义、反倾销的实施方式等,各个国家之间存在着一定的分歧;一些发达的国家则利用反倾销手段对来自低成本的发展中国家产品进口加以限制,反倾销扩大化的趋势明显,成为非关税壁垒的手段之一。

【专栏 8.3】

欧盟针对中国打火机实行的反倾销税

据中国之声《央广新闻》报道,欧盟 2012 年 12 月 12 日起取消对进口中国打火机征收反倾销特别关税,结束自 1991 年起针对中国打火机实行的反倾销税。

欧盟委员会在 2012 年 11 月 27 日做出决定,表示从 12 月 12 日开始,取消进口中国打火机征收反倾销的特别关税。这一项特别关税挡在中国打火机企业和欧盟市场之间已经有 20 年之久了。早在 1991 年,欧盟就曾经以阻止低端和不符合安全标准的打火机进入欧盟市场为由,开始针对中国出口的打火机征收反倾销税。2002—2003 年期间,宁波、温州等地的打火机厂商应诉欧盟反倾销案,最终欧盟给予了部分企业市场资格,撤回了诉讼,但是反倾销税一直没有完全取消。其中针对砂轮打火机,近年来还是一直在征收反倾销税,这一次欧盟取消反倾销税正是砂轮打火机。

2001 年,欧盟又计划推出儿童安全法案,由于该法案要求进口打火机必须有安装防止儿童开启的装置,欧盟借此为由,计划再次对中国进口的打火机进行限制,即温州打火机反倾销案。随即宁波、温州等地的打火机企业也是抱团应诉,最终欧盟在 2003 年给予了部分企业市场资格,但反倾销税并没有因此而结束,针对砂轮打火机的反倾销税近年来还一直在征收。随后温州打火机企业将出口中心转向日本等国,但日本也在 2011 年推出儿童安全法规,虽然没有将价格作为安全界线标准,但是却规定进口打火机必须要经过由日本委托的专业机构认证之后才能进入日本市场,这也对中国的打火机企业造成了很大的限制。

这一系列以反倾销为主的贸易壁垒对我国打火机企业的出口造成了严重的打击。在温州,打火机行业曾经是当地最风光的支柱产业,但多年遭遇的反倾销政策已经让它变成了现在最夕阳的产业。

鼎盛时期,温州曾经聚集着数千家打火机企业,而现在却只剩下 100 多家。当然除了国外的贸易壁垒,国内打火机的航空禁运生产成本上升以及经济危机导致国外市场萎缩,都是行业面临发展困境的原因。虽然业内认为,打火机并不会像火柴行业一样面临消亡,但如何开拓新的发展市场是行业目前面临的最主要问题。

资料来源:http://tax.tianhenet.com.cn/2012/1213/382907.shtm。

2. 差价税

差价税,又叫差额税,当某种本国生产的产品国内价格高于同类进口商品价格时,为了削弱进口商品的竞争能力,保护国内生产和国内市场,按国内价格与进口价格之间的差额征收关税,就叫差价税。

由于差价税是随着国内外价格差额的变动而变动的,因此它是一种滑动关税(Sliding Duty)。对于征收差价税的商品,有的规定按价格差额征收,有的规定在征收一般关税以外另行征收,这种差价税实际上属于进口附加税。差价税也是欧盟对从非成员方进口的农产品征收的一种进口关税。其税额是欧盟所规定的门槛价格与实际进口的货价加运保费(CIF)之间的差额。门槛价格是欧盟根据欧盟境内谷物最短缺地区公开市场上可能出售的价格(境内谷物最高价格)减去从进境地到达该地区市场的运费、保险费、杂费和销售费用后所规定的价格。门槛价格是计算差价税的基准价格,外国农产品抵达欧盟进境地的 CIF 价格低于此价时,即按其差额征税,使税后的外国农产品进入欧盟的市场价格不低于欧盟同类产品的价格。征收差价税是欧盟实施共同农业政策的一项主要措施。其主要目的是为了保护和促进欧盟内部的农业生产。所征差价税款作为农业发展资金,用于资助和扶持内部农业生产的发展。

3. 特惠关税(Preferential Duties)

特惠关税是一种特别优惠的关税,它是对特定的某一国家或地区进口的全部或部分商品,给予特别优惠的低关税或免税待遇。特惠关税最早实行于宗主国与殖民地之间,其目的是为了保持宗主国在殖民地市场上占据优势。最有名的特惠关税是英联邦帝国特惠制,它是在 1932 年,由英联邦国家在渥太华会议上建立,自 1973 年英国加入欧洲共同市场后,帝国特惠制也随之名存实亡。

现在实行特惠制的主要是欧盟(初创时欧洲共同体)向非洲、加勒比海和太平洋地区的发展中国家单方提供特惠的"洛美协定"。第一个"洛美协定"于 1975 年 2 月签订,第五个"洛美协定"于 2000 年 5 月 31 日正式签字,其有效期首次达 20 年。受惠的非加太国家或地区已从最初的 46 个增加到 86 个。洛美协定关于特惠税方面的规定主要有:欧洲共同市场国家将在免税、不限量的条件下,接受这些发展中国家全部工业品和 96% 农产品进入欧洲共同市场,而不要求这些发展中国家给予"反向优惠"(Reverse Preference)。又如,中国为扩大从非洲国家的进口,促进中非双边贸易的进一步发展,自 2005 年 1 月 1 日起,对贝宁、布隆迪、赞比亚等非洲 25 个最不发达国家的部分输华产品给予特惠关税待遇,对涉及水产品、农产品、药材、石材石料、矿产品、皮革、钻石等十多个大类的 190 种商品免征关税,其中宝石或半宝石制品的关税由 35% 降至零。2000 年 2 月,非加太集团和欧盟就第五期《洛美协定》达成协议,并于同年 6 月在科托努正式签署,称《科托努协定》。《洛美协定》就此宣告结束。经欧盟 15 国和非加太集团 76 国政府的正式批准,《科特努协定》自 2003 年 4 月 1 日起正式生效。

4. 普遍优惠制度关税

普遍优惠制度关税,简称普惠制,是工业发达国家承诺对来自发展中国家的某些商品,特别是制成品或半制成品给予普遍的关税减免优惠的制度。普遍性、非歧视性和非互惠性是普惠制的三项主要原则。普遍性是指所有发达国家对发展中国家出口的制成品和半制成品给予普遍的优惠;非歧视性是指所有发展中国家无例外地享受普遍优惠待遇;非互惠性是指发达国家单方面给予发展中国家关税优惠,而不要求发展中国家或地区提供反向优惠。

普惠制的目标是,扩大发展中国家对发达国家制成品和半制成品的出口,增加发展中国家的外汇收入;促进发展中国家的工业化,加速经济增长。普惠制的实行是发展中国家长期斗争的结果。1968 年联合国贸易与发展会议上,发展中国家团结一致,促使会上做出了普惠制决议。1971 年 7 月欧洲共同体首先制定普惠制方案,随之,28 个国家先后实行普惠制,其中市场经济国家 22 个,计划经济国家 6 个。享受普惠制待遇的发展中国家和地区达 170 多个国家和地区。

实施普惠制的国家都各自制定方案,在提供关税优惠待遇的同时,又规定了种种限制措施。各国的方案不尽相同,主要内容大致包括以下几个方面。

(1)受惠国或地区。普惠制原则上是无歧视的,但各给惠国从各自政治经济利益出发,对受惠国或地区进行限制。如美国公布的受惠国名单中,不包括:1)石油输出国;2)非市场经济的社会主义国家;3)贸易中与美国有歧视或敌对的国家等。

(2)受惠商品范围。一般对发展中国家或地区工业制成品和半制成品都列入受惠范围,但一些敏感性商品,如纺织品、服装、鞋类及皮革制品和石油制品常被排除在外,农产品受惠较少。

(3)减税幅度。受惠商品的减税幅度取决于最惠国税率和普惠制税率的差额,即普惠制的差幅。假设某一商品最惠国税率为 10%,普惠制税率为免税,其普惠制差幅为 10%。通常工业品的差幅较大,农产品的差幅较小。普惠制成为最惠国待遇的特例。

(4)保护措施。由于普惠制是一种单向的优惠,为了保护本国某些产品的生产和销售,给惠国一般都规定保护措施。内容包括:1)免责条款,即当受惠商品进口量增加对本国生产者造成或即将造成重大损害时,给惠国保留完全或部分取消关税优惠待遇的权利;2)预定限额,对给惠商品预先规定限额,超过限额的进口不予享受;3)竞争需要标准,即对来自受惠国的某种进口商品如超过当年所规定的限额,则取消下年度该种商品的关税优惠待遇。

(5)原产地规则(Rule of Origin)是普惠制的主要组成部分和核心。为了确保普惠制优惠的好处仅仅给予发展中国家生产和制造的产品,各给惠国都制定了详细的原产地规则。原产地规则一般包括原产地标准、直接运输规则和证明文件等三个部分。

原产地标准是普惠制产地证表格 A 第 8 栏的标题及其要求填写的内容。这是产地证书的核心部分。受惠国的签证机构必须按给惠国的原产地标准审核签发原产地证明书,作为享受优惠的凭证。

原产地标准通常采用整件生产标准和实质性改变标准两种形式。整件生产标准也称完全原产品,即产品完全在受惠国生产和制造,不含有进口原料和部件。实质性改变生产标准针对含有进口成分的产品,是对有两个或两个以上国家参与生产的产品确定其原产国的标准。其基本概念是货物必须在出口国经过最后一道的实质性加工或生产,使该产品得到其特有的性质或特征,该出口国才被认为是货物的原产地。实质性改变标准又可分为三种具体的规定:

1)最后改变标准。就是在原产地完成了成品的最后一道加工程序。这种加工实质上改变了原产品性质,使其具备了新产品的特征。但这种加工不是仅仅为了改变原产地以谋取关税的优惠。

2)加工标准。就是税则项目的改变,即如果原料(配件)经加工制造(装配)为成品后,税目发生了变化,即成品的税目已非所用原料的税目时,就可以认为进口的原料已经过了实质性的改变。但并不是所有的原料和部件到成品的税目变化,都会引起商品的性能和特征的变化。因此,一些给惠国把此种情况作为例外,并把这些例外分别列入加工清单 A 和清单 B 内。清单 A(list A)规定,虽然商品税目改变,但进口商品没有经过充分的加工,仍然不能享受普惠制待遇。给惠国制定合格加工清单,规定某些商品在原产地生产时必需的加工要求。清单 B(list B)则规定,虽然税目没有发生变化但仍有资格享受优惠待遇,如用进口玻璃纤维加工成纤维织品,虽然税目没有变化,但经过了复杂的加工过程,可以认作经过加工有了实质性改变。

3)百分比标准,也称增值标准,即出口产品在生产中所使用的非生产国原料或部件的价值,在该产品的出厂价格中所占的比例,不得超过一定的百分比,或规定该产品中生产国的本国原料和生产费用总和所占的比例,必须等于或超过一定的比例,该产品才被认为有了实质性的改变。通常产品中的进口国成分视作原产国成分。

(6)直接运输规则。指原产品必须从出口受惠国直接运至进口给惠国。这是一种必要的技术手段,以确保运至给惠国的产品就是出口受惠国发运的原产品。

有的普惠制方案还订有"毕业"条款,指发展中国家的一些新兴工业国家和地区随着它们的经济状况的改善,不能再享受特别的优惠待遇,而逐步从普惠制受益者身份毕业。有的方案实行受惠国整体毕业,有的则采用部分毕业,即哪些行业或产业已经发展起来了,那么就取消该行业或产业产品的普惠制待遇。

8.2.4 按计税标准分类

计税标准也即关税计征的方法或基础,按此分类主要有下述几种方法。

1. 从量税(Specific Duties)

从量税即以商品的重量、数量、长度、容积、面积等计量单位为标准计征的关税。从量税的税额是商品数量与单位从量税的乘积。征收从量税大都以商品的重量为单位,重量则有毛重、净重和公量三种计算方法。

从量税的特点是:(1)手续简便,无须审查货物的规格、价格和品质,费用成本低;(2)进口品价格跌落时,仍有适度保护;(3)可以防止进口商谎报价格。从量税的缺点是:(1)不能区别等级、品质及价格差异的货物,税负不合理;(2)税率固定,没有弹性,税额不能随物价涨落而增减,失却市场的价格机能;(3)对部分不能以数量计算的商品不能适用,如古董、字画、钟表、钻石等。从量税通常用于对付国外质量低次的廉价商品进口。发达国家使用从量税主要针对食品、饮料、动植物油等的进口。由于发展中国家出口以初级产品为主,从量税就使这类产品的税负相对较重。

2. 从价税(Ad Valorem Duties)

从价税是按进口商品的价格为标准计征的关税,其税率表现为货物价格的百分率。

从价税的优点:(1)税负合理。按货物的品质、价值等级比率课税,品质佳、价值高者,纳税较多,反之则较少;(2)税负明确,且便于各国关税率比较;(3)税负公平。税额随物价的涨落而增减,纳税人的负担可以按比例增减,可抑制过分利得,减轻过分损失;(4)进口物价上涨,数量不变时,财政收入增加。

从价税的缺点:(1)估价繁难。须有专门人才才能胜任,因此费用成本高;(2)通关不易。在估定货物价格时,海关与业者容易引起争议;(3)调节作用弱,保护性不强。税额随物价涨落而增减,对物价不能产生调节作用。另一方面保护作用则显不足。当国外市场价格上涨时,国内产业所需的保护要求降低,但实际上进口税额是随物价上涨而增加;反之,国外市场价格跌落时,国内生产所需的保护增强,但关税却随之减少。

从价税的一个关键问题是如何核定完税价格。完税价格是经海关审定作为计征关税依据的货物价格。由于完税价格标准的选择直接关系到对本国的保护程度,各国对此均十分重视。各国所采用的完税价格的依据各不相同,大体有三种:(1)以运、保费在内价(CIF)作为完税价格的基础;(2)以装运港船上交货价(FOB)为征税价格标准;(3)以法定价格或称进口国官定价格为征税价格标准。

完税价格的认定也即海关估价(Customs Value),是指出口货物的价格经货主(或申报人)向海关申报后,海关按本国关税法令规定的内容审查,估定其完税价格。在上述所依据的价格的基础上进行审查和调整后核定为完税价格。由于各国海关估价规定的内容不一,有些国家可以利用估价提高进口关税,形成税率以外的一种限制进口的非关税壁垒措施。

3. 混合税(Mixed or Compound Duties)

又称复合税,是对同一种商品,同时采用从量、从价两种标准征收关税的一种方法。按从量税和从价税在混合税中的主次关系不同,混合税有的是以从价税为主,另加征从量税;有的是以从量税为主,加征从价税。混合税率大多应用于耗用原材料较多的工业制成品。美国采用混合税较多,例如它对提琴除征收每把 21 美元的从量税外,加征 6.7% 的从价税。混合税兼有从价税和从量税的优点,增强了关税的保护程度。

4. 选择税(Alternative Duties)

是指对同一物品,同时订有从价税、从量税和混合税税率,征税时由海关选择,通常是按税额较高的一种征收。选择税具有灵活性的特点,可以根据不同时期经济条件的变化、政府征税目的以及国别政策进行选择。选择税的缺点是征税标准经常变化,令出口国难以预知,容易引起争议。

5. 滑动关税(Sliding Duty)

即根据商品的市场行情相应调整关税税率的一种方法。滑动关税的经济功能是通过关税水平的适时调节影响进出口价格水平,以适应现时国际、国内市场价格变动的基本走势,免受或少受国内外市场价格水平波动的冲击。滑动税包括滑动进口税和滑动出口税。滑动进口税根据同类商品国内市场价格水平确定该种进口商品的关税率。国际市场价格较高时,相应降低进口税率;国际市场价格较低时,相应提高进口税率,以保持国内外价格水平大致相等。

8.3　关税的征收与减免

8.3.1　海关税则

1. 海关税则的含义及其内容

海关税则(Customs Tariff)也称关税税则(Tariff Schedule),是国家根据其关税政策和总体经济政策,以一定的立法程序制定和颁布实施的应税商品和免税商品的种类划分及按商品类别排列的关税税率表,是海关凭以征收关税的依据,并具体表现一国的关税政策。

关税税则一般包括两个部分:一部分是海关课征关税的规章条例;另一部分是商品分类及关税税率一览表。关税税率表包括税则序列(Tariff No. 或 Heading No. 或 Tariff Item,简称税号)、货物分类目录(Description of Goods)和税率(Rate of Duty)三类。

2. 海关税则的货物分类

关税税则的货物分类主要是根据进出口货物的构成情况,对不同商品使用不同的税率以及便于贸易统计而进行系统的分类。各国关税税则分类不尽相同,主要有以下几种:1)按货物的自然属性分类:例如动物、植物、矿物等;2)按货物的加工程度或制造阶段分类,例如原料、半制成品和制成品等;3)按货物的成分分类或按同一工业部门的产品分类,例如钢铁制品、塑料制品、化工产品等;4)按货物的用途分类,例如食品、药品、染料、仪器、乐器等。为了统一各国的商品分类,减少税则分类的矛盾,曾先后形成三种商品分类目录。

(1)"关税合作理事会税则目录"(Customs Co-operation Council Nomenclature—CCCN),由欧洲关税同盟研究小组于1952年12月制定。因其在布鲁塞尔制定的,故又称"布鲁塞尔税则目录"(Brussels Tariff Nomenclature—BTN)。它的商品分类划分原则是以商品的自然属性为主,结合加工程度等,将全部商品分成21类(Section)、99章(Chapter)、101项税目号(Headings No.)。1—24章为农畜产品,25—99章为工业制成品。每项税目号都用四位数表示,中间用圆点隔开,前两位数字是税目所属的章号,后两位数是税目在这一章内排列的顺序号。如税目55.09(棉织)表示第55章内第09项目。

(2)国际贸易标准分类(Standard International Trade Classification,SITC)简称《标准分类》,1950年由联合国经社理事会下设的统计委员会编制并公布。主要用于贸易统计,它的商品分类主要为适应经济分析的需要,是按照商品的加工程度由低级到高级进行编排,同时也适当考虑商品的自然属性。许多国家的政府按《标准分类》编制国际贸易统计资料。《国际贸易统计年鉴》《商品贸易统计》《统计日报》《世界贸易年报》等都以《标准分类》发表统计资料。《标准分类》把所有的贸易商品划分为从0—9的十大类、63章、233组、766分组。其中435个分组又细分为1573个附属目,共有1924项基本统计项目。十类商品分别为:0)食品及主要供食用的活动物;1)饮料及烟类;2)燃料以外的非食用粗原料;3)矿物燃料、润滑油及有关原料;4)动植物油油脂;5)未列名化学品及有关产品;6)主要按原料分类的制成品;7)机械及运输设备;8)杂项制品;9)没有分类的其他商品。联合国在统计中,一般将0~4类商品列为初级产品,把5~8类列为制成品。

(3)协调商品名称和编码制度(The Harmonized Commodity Description and Coding System,HS)简称《协调制度》,它是在"海关合作理事会分类目录"和联合国"国际贸易标准分类"基础上编制的,是一种新型的、系统的、多用途的商品分类制度。于1988年1月1日正式生效。由于上述两种分类分别用于海关税则和贸易统计,海关合作理事会成立专门研究小组,研究并形成了能够满足海关、统计、运输、贸易等各个方面共同需要的商品编码协调制度。

协调制度的特点是:1)完整:贸易主要品种全部分类列出,任何商品都能找到自己位置;2)系统:分类原则科学,既按生产部类、自然属性、用途划分,又照顾商业习惯和操作可行性;3)通用:各国海关税则及贸易统计商品目录可以相互对应转换,具有可比性,用途广;4)准确:各项目范围清楚明了,绝不交叉重复。自1988年实施以来,大多数国家,包括原来单独使用分类的加拿大、美国等都广泛运用《协调制度》(HS)。中国也于1992年1月1日起按此制度进行关税税则分类。

《协调制度》目录分21类、97章(其中第77章是空章)共5019项商品组,每项以6位数编码的独立商品组组成。《协调制度》基本上是按社会生产的分工(或称生产部类)分类,按商品的属性或用途分章。1—83章(其中64—66章除外)按商品的自然属性(如动物、植物、矿物)为序;64—66章、84—86章按货物的用途或功能划分。税目排列一般也是按属性或加工程度排列,先原料后成品,先初级加工后深加工产品。

《协调制度》项目号列为四位数码,前两位是项目所在章,后两位是在有关章的排列次序,如 52.02 是废棉,52 表示在第 52 章,02 表明是该章的第 2 个项目。在项目下分为商品组,由 6 位数表示商品的编码(Code),如 5202.10 为废棉纱线;5202.91 为回收纤维;5202.99 为其他。

3. 海关税则制度

(1)单式税则和复式税则

1)单式税则(Single Tariff)又称一栏税则,是指对每一种应税商品不论产于何地,每个税则项号下都只规定一个税率。单一税则的特点是无歧视。

2)复式税则(Complex Tariff)又称多栏税则,指一个税目设有两个或两个以上的税率,以便对来自不同国家或地区的进口商品采用不同的税率。复式税则的特点是歧视性,对不同国家的同种商品实行有差别的待遇。为了发挥关税的综合作用,体现贸易政策的差别,世界上大多数国家相继实行了复式税则。

(2)自主税则和协定税则

根据各国税则制度制定方式的不同的类型有以下几种:

1)自主税则(Autonomous Tariff)又称国定税则(National tariff System)或通用税则(General Tariff System),是指一国立法机构根据本国经济发展状况,独立自主的关税税法和税则,它分为自主单一税则制度和自主复式税则制度。

自主单一税则(Automatic Single Tariff System)是由国家自主地以法律形式规定的单一税则。税率单一,适用于所有外国的输入品。

自主复式税则(Automatic Complex Tariff System)是一国政府自主地对每一税目的商品制订两种或两种以上税率的复式税则制度。自主复式税则制度相对于自主单一税则制度具有灵活性,不同的税率可分别适用于来自不同国家或地区的同一种商品,更能够适应当代国际经济贸易发展的特点。

最高和最低税则(Maximum and Minimum Tariff System)是自主复式税则的一种形式。即由国家立法机构自行制定最高与最低税率,在此范围内由管理当局斟酌决定。这种制度的最高税率可表示国家保护本国产业的最高限度;而最低税率是表示本国与外国订立条约时的最大限度的让步,也即本国产业可获得的最低限度的保护。

2)协定税则(Conventional Tariff)制度是指一国政府通过与其他国家订立贸易条约或协定的方式确定关税税率。这种税则是在本国原有的固定税则基础上,通过关税减让谈判,另行规定一种税率,不仅适用于该条约或协定的签字国,而且某些协定税率也适用于享有最惠国待遇的国家。协定税则制度分为双边协定、多边协定和片面协定税则制度三种形式。关税及贸易总协定是最典型的多边协定税则。片面协定税则是指国与国之间通过订立不平等的贸易条约或协定,使部分协定国单方面获得其他协定国关税优惠待遇的关税税则制度。第二次世界大战前,宗主国与殖民地国家之间,片面协定税则制度很普遍。

3)混合税则或称自主与协定税则(Automatic and Conventional Tariff)是指一国关税的制定同时采用自主税则和协定税则方式的税则制度。它兼具自主税则和协定税则的长处,被越来越多的国家采用。

8.3.2 关税的减免

关税的减免,是指由于进口国经济、政治等方面的原因和根据国际条约、惯例,需要免除某些纳税义务人或某些进出口应税货品的纳税义务。作为执行关税政策的一种灵活措施,关税减免构成各国关税制度中的一项不可或缺的要素。

为便于各国关税减免制度,特别是政策性关税减免的交流,海关合作理事会在《关于简化与协调海关业务制度的国际公约》中推荐和建议各国关税减免的范围、标准、管理制度和约束条件等。该公约关税减免的范围主要包括:有关国际协定中规定的商品;无商业价值的样品;人体治疗物质、血型鉴定和组织分类试剂;因迁居而进口的动产;遗产;赠送慈善机构的物品等不一而足,但并未涉及当今各国使用越来越广泛的,为达到奖出限入目的的各种关税减免的政策性优惠。

8.4 关税水平与关税减让

8.4.1 关税水平

关税水平是指一个国家进口税的平均税率,用以衡量或比较一个国家进口税的保护程度,在关税与贸易总协定的关税减让谈判中经常以关税的水平作为削减关税的指标。关税水平有不同的计算方法。

1. 算术平均法

算术平均法是最简单的一种算法,即根据一国税则所有税目中税率相加的总和被其所有税目的总数相除,求出其税率的平均值。公式是:

平均关税率=所有税率相加之和/所有税目数之和

这种计算方式因为有的税目税率很高,是禁止性的关税,实际很少进口;有些在贸易中的重要税目,如:汽车和不太重要的汽车座椅、安全带等,作为分量的两个计算,显然不太合理;而且从量税换成从价税率才能相加,如何折算也有困难,因此有一定缺点。

2. 加权平均法

即以进口商品的价值作为权数,进行平均,按一个时期内所征收的关税税款总金额占所有进口商品价值总额的百分比计算。由于统计的口径不同,进行比较的范围不同,又可以分为全部商品加权平均法、有税商品加权平均法和选择商品加权平均法几种计算方式。

(1)全部商品加权平均法

关税水平=进口税款总额/所有进口商品总价值(包括有税商品和免税商品)×100%

(2)有税商品加权平均法

关税水平=进口税款总额/有税进口商品总价值×100%

因为各国都有很多零税率或免税的进口商品,公式(2)要比公式(1)计算出来的百分比值高一些,而算术平均的百分比数值最高。

3. 选择商品加权平均法

某类商品的关税水平＝该类商品的关税总额/该类商品的进口总额×100％

在统计分析或对等谈判只对某大类商品或某个行业商品的关税水平进行比较,就要用到。选择商品加权平均法。

如果进行比较的不只是一类商品而是几个大类商品的平均税率,则可先计算出每类的关税水平之和(算术平均或加权平均之和),然后进行加权平均计算。有时要求比较精确的计算,把临时减免税税款也加在税款金额之中。在关贸总协定的 8 轮关税减免谈判后,各国的关税水平大大降低,发达国家的关税水平已由以前的 40％以上降低到 4％左右,发展中国家的关税水平仍比较高,大约在 13％～17％之间。

8.4.2 关税减让

关税减让是指成员方通过谈判,互相让步,承担减低关税的义务,特别指第二次世界大战后在关税及贸易总协定主持下,经由多方谈判所达成的关税减让。谈判在最惠国待遇原则下进行,列出减让税率表,所有成员一律享有。协议的减让税率对成员会具有约束力,称约束性税率,成员不得任意撤回或修改,并承担关税减让的法律义务,不得加征其他国内税、进口费、改变关税估价办法和对税目重新分类以及给予补贴等,以逃避、抵销减让。除规定减让税率直接减低关税外,还有以下减让形式:

(1)承诺现行税率不变;(2)在谈判期间不得提高现行税率,不得增减免税税目;(3)规定最高税率不得超过某一特定水平等。

关税及贸易总协定主持的关税减让谈判称"多边贸易谈判"(Multiple Trade Negotiation,MTN)。开始采取"逐项方式",由该商品的主要进出口国间逐项进行磋商,达成减让协议,适用于所有成员,后来改用"一揽子方式",即对各类商品按同一百分比减税,如一律减50％等,然后分年度分阶段实施。各国关税税率高低不同,按同一百分比减税,对高税国有利,对低税国不利。西欧国家主张改用高税国多减,低税国少减,即所谓"协调一致方式"。

1. 关税谈判的基础

关税谈判是对商品的关税税率进行减让谈判,因此进行谈判必须有两个基础:一是商品,基础即海关进出口税则;二是税率基础,即确定税率削减的基础。

(1)商品基础

现在关税谈判的商品基础是世界海关组织协调产生的国际上各国海关采用的《商品名称及编码协调制度》(简称《协调制度》或 HS)。《协调制度》是从 1992 年开始采用,在此之前采用《海关合作理事会商品目录》。《协调制度》对不同的商品进行了统一的编码,国际上通行的是 6 位编码。前 2 位是章,表示一类商品,第 3～4 位是将章表示的类细分,5～6 位是在 3～4 位的基础上进一步细分。各国在此基础上根据本国的情况再细化,形成各国的海关税则。各国在此基础上确定的编码即为某一商品或某一类商品的税号。某一税号确定的商品范围在一定程度上是一致的,因此用税号进行谈判时商品范围就已确定,谈判有一共同的语言,商品的税号是某一具体产品的谈判基础。如谈到税号 8704,即指小汽车,至于小汽车发动机的排量多大,就要再看具体税号。不管谈判方式如何,也不管谈判怎样进行,最后的结果都反映在具体的税号上。关税减让谈判均要以进口国的海关税则作为谈判的基础。

（2）税率基础

有商品基础的同时必须要有税率基础作为关税减让的起点。当然每一次谈判的税率基础是不同的，一般以上一次谈判后谈定的税率作为基础。这一谈判中谈定的税率也称为约束税率。对于没有约束税率的商品，谈判方要共同确定一个税率。如在乌拉圭回合谈判中，对于没有约束的工业品，以 1986 年 9 月关税与贸易总协定缔约方的实施税率作为乌拉圭回合关税谈判的基础税率。对于农产品，发展中国家对部分产品可以自己提出一个上限约束水平作为基础税率。对于加入世界贸易组织关税谈判中的基础税率，一般是申请方开始进行关税谈判时其实际在国内实施的税率。

2. 关税谈判原则

关税谈判的目的是为了消除贸易壁垒，不是要毁坏一国的工业。根据 GATT 1994 年第 28 条的规定，世界贸易组织成员应在互惠互利基础上进行谈判，实质性地削减关税和其他进口费用的总体水平，特别是削减甚至阻碍最低数量进口的高关税，并在谈判中适当注意本协定的目标和成员的不同需要。

（1）互惠

互惠是关税谈判的基本原则，它一方面表明各成员在关税谈判中相互之间应采取的基本立场，另一方面表明只有在互惠的基础上才能达成协议。互惠就是"双赢"。另外，互惠要从广义去理解，要从整个国家或地区的贸易发展来看，不能仅局限在关税谈判上，各方所得到的利益要大体相同。互惠并不意味着我减让 50 项产品，谈判对方也要减让 50 项产品。不是所有的关税谈判双方都要承诺减让。在加入谈判中，承诺减让的只有申请加入一方，只是单方承诺削减关税，此时的互惠不是体现在对方此次给你削减多少产品的关税，而是体现在申请加入方加入以后，可以从对方在多边框架下已做的承诺中得到多少利益。

（2）谈判要考虑对方的需要

GATT 第 28 条规定，谈判应充分考虑到各成员产业的需要，为帮助欠发达国家经济发展，要考虑到其更灵活地使用关税保护本国产业的需要，征收关税为增加财政收入的特殊需要，以及有关国家财政、发展、战略等其他需要。这就要求进行关税谈判在提出关税削减的要价时要考虑到对方的经济发展水平，不可漫天要价。

（3）保密

进行关税谈判时，一般一个成员要与若干个成员进行谈判，但谈判是在双边基础上进行的，没有第三者参加，即没有其他成员或世界贸易组织秘书处的人员参加。双方在谈判中的承诺只有谈判双方知道，不能告诉第三者，以避免互相攀比要价。只有所有双边谈判结束后，才可将汇总后的双边谈判结果多边化。让所有参加谈判的成员知晓。如果在谈判中谈判一方有意透露双边谈判的情况，则违反谈判原则，要受到谴责。

（4）最惠国待遇基础上实施

关税谈判之后达成的谈判结果，要在最惠国的基础上对所有世界贸易组织成员实施，这也是世界贸易组织基本原则的具体体现。

3. 确定谈判权的原则

进行关税谈判必须有参加方，但只有享有关税谈判权的成员才可参加谈判。确定谈判权时主要遵循以下原则。

(1)"主要供应国原则"

即谈判双方就某项产品进行谈判时,一方如果在另一方在某一时期的进口贸易中是该项产品的最大数额的出口国,即是该项产品的第一位或第二位或第三位供应国,该方有权向另一方提出关税谈判的要求,而其他出口国则无权申请进行关税谈判,这些第一位、第二位、第三位的供应国统称为主要供应国。与主供国进行谈判,才能较准确地对减让做评估。另外,对于一项产品,如某成员该产品的出口额占其总出口额的比率最高,则该成员虽不具有最初谈判权或主要供应利益,但应被视为具有主要供应利益。

(2)"实质利益"原则

所谓有"实质利益"的缔约方必须在某一时期在另一方的进口贸易中其出口值所占的比例在10%以上。有"实质利益"的缔约方也有权进行谈判。在实际谈判中,某一方对该项产品目前不是主供国,也没有实质利益,但这项产品在该缔约方已处于上升的发展阶段,今后可能成为主供国或有实质利益的产品或在世界其他国家(地区)是主供国,这类缔约方一般视为有"潜在利益",也有权要求进行关税谈判。是否与之进行谈判,进口国有权决定。

(3)最初谈判权

最初谈判权是指最初谈判取得对某产品的减让的缔约方享有的一种权利。当做出承诺的一方要修改或撤回这项减让时就必须要与享有最初谈判权的一方进行谈判。关税与贸易总协定规定最初谈判权的原意是要保持谈判双方之间的权利与义务平衡。最初参加谈判的缔约方一般都是主要供应国,但这些成员不一定要求最初谈判权。在双边谈判中,有些国家对某项产品并不是主供国或有实质利益的国家,但他们认为对该产品有潜在利益要求最初谈判权,谈判另一方不得拒绝,但产品的多少可以进行谈判。这种情况一般出现在加入时的关税谈判中。

4. 关税谈判的类型及谈判程序

关税谈判大体可分为三类,即多边关税谈判、加入时的关税谈判和修改或撤销减让表的关税谈判。不同的关税谈判有不同的程序,对于不同的谈判形式,享有谈判权的资格条件不同。

(1)多边关税谈判

多边关税谈判是指由所有关税与贸易总协定缔约方或世界贸易组织成员参加的,为进一步削减贸易壁垒而进行的关税谈判。这种谈判需要全体缔约方(或成员)同意才可发起,确定关税削减的最终目标。这类谈判是相互的,所有成员均有权向其他成员要价,也有义务对其他成员的要价做出还价,都要根据确定的规则做出对等的关税减让承诺。多边关税谈判可邀请非缔约方(或成员)参加。如关税与贸易总协定的前八轮多边贸易谈判中的关税谈判即为多边关税谈判。这类谈判的程序是:首先由全体缔约方(或成员)同意发起,并确定关税削减的最终目标;其次成立谈判委员会,根据削减的目标确定谈判方式,一般采用部门减让或线性减让与具体产品减让相结合的方式;最后将谈判结果汇总成为多边贸易谈判的一部分,参加方签字后生效。所有关税与贸易总协定缔约方或世界贸易组织成员都有权参加谈判,但就具体谈判而言,有资格进行谈判的国家主要是该项产品的主要供应国、对该项产品有实质利益以及已享有最初谈判权的国家。

(2)申请加入关税与贸易总协定/世界贸易组织的关税谈判

任何一个申请方都要与现有缔约方或成员为加入之目的而进行关税谈判,谈判的目的是为了削减并约束申请方的关税水平,即"入门费",作为加入后享受到多边利益的补偿。这种关税谈判是单方面的,任何成员有权向申请方提出关税减让的要求,申请方有义务做出减让承诺,无权向成员提出关税减让要求。这类谈判包括中国恢复关税与贸易总协定及加入世界贸易组织的谈判。这类谈判的程序首先是由申请方向世界贸易组织成员发出关税谈判邀请。其次,成员根据各自产品在申请方市场上面临的关税壁垒提出各自的关税要价单,一般是采用产品对产品的谈判方式。第三,谈判方根据对方的要价,并考虑本国产业情况进行出价,谈判双方进行讨价还价,这一过程要经过若干轮。第四,将双方签订的双边关税减让表,共签 3 份,谈判双方各一份,交秘书处一份。最后,将所有双边谈判的减让表汇总形成加入方的关税减让表,成为议定书的附件。任何成员均有权向申请方提出关税减让要求,是否与申请方进行谈判取决于各成员,要求谈判的成员也可对某些产品要求最初谈判权,对于这些要求申请方不得拒绝。对于加入时关税谈判一般不遵循"主要供应国"和"实质利益"等原则确定谈判资格。

(3)修改或撤回减让表的关税谈判

这类关税谈判是指某一成员对已做出承诺的关税减让结果,如果进行修改或撤回而进行的关税谈判。这种"修改或撤回"包括对税率的修改或撤回,也包括税号产品范围的变化,即税则归类的改变。如 1996 年将乌拉圭回合关税减让表转换成为实施 1996 年版《协调制度》减让表时,如涉及税则目录变化影响到已达成的协议,则要与有关成员进行谈判。申请修改或撤回的成员要与在该项商品上有利益的成员进行谈判,如果有关成员最终同意该成员的要求,该成员要在其他方面给予补偿,而不减损其他成员以前的利益。这类谈判也是单方进行。这类谈判程序为:第一,申请方要通知世界贸易组织货物贸易委员会,要求修改或撤回某项减让;第二,货物贸易理事会授权各成员进行谈判;第三,与有关成员进行谈判,这些成员包括有最初谈判权的、主要供应国、有实质利益;第四,谈判达成一致,将修改减让表;第五,如谈判达不成一致,申请方可自行采取行动,但其他有利益的成员可能会相应地撤回某些减让。对于修改或撤回减让的关税谈判,有资格进行谈判的成员主要是该项产品的主要供应国、对该项产品有实质利益以及已享有最初谈判权的成员。但获得补偿的成员不是所有有资格谈判的成员,而仅对主要供应国和有实质利益的成员给予一定的补偿。

5. 关税谈判方式

(1)关税减让

成员经过关税谈判将各自的全部或部分产品关税固定在某一水平,这一关税水平通常称为约束关税或协定关税。约束关税是关税减让的结果,承诺了约束的关税税率,不得单方面任意提高,如需提高要经过谈判,并给予有关成员适当的补偿。该成员只可在约束税率以下调整该产品的税率,如一产品的关税约束在 20%,成员的实施关税只能订在 20% 及以下。也就是说,关税谈判结果的税率与各成员实施的税率是不同的,谈判结果的税率是一种约束税率,而实施税率是成员公布的法定适用的税率,实施税率均不得高于约束税率。在关税与贸易总协定/世界贸易组织中,"减让"具有很广泛的意义。所谓减让有四种含义:一是削减关税并约束减让后的税率,如承诺将某产品的关税从 30% 减为 10% 并约束;二是约束现行的关税水平,如某一产品现行的实施关税为 10%,谈判中承诺今后约束在 10%;三是上限约束税率,即将关税约束在高于现行税率的某一特定水平,成员的实施税率不能超出这一水平,如智利、印尼上限分别约束 25％和 40％;四是约束低关税或零关税。这四种方式均视为关税减让。

(2)谈判方式

不论是哪种类型的关税谈判,其谈判方式主要有以下几种:

1)产品对产品谈判。产品对产品谈判,是关税与贸易总协定传统的谈判方式。世界贸易组织成员可通过此谈判方式解决其最关心的产品的问题。产品对产品谈判是某方根据对方的进口税则产品分类,向谈判对方提出自己具有利益产品的要价单,被要求减让一方根据主供国原则,对其提出的要价单按每一具体产品进行还价。提出要价单的一方一般称为索要方,索要方在提出的要价单中一般包括主供国产品、实质利益产品及潜在出口利益产品。索要的产品一般都是在谈判对方受到贸易壁垒的限制。谈判通常要进行若干轮才能最终达成一致。

2)公式减让谈判。公式减让一般适用于多边谈判,在谈判中对所有产品或所选定的产品,不论税率高低,按某一议定的百分比或按某一公式削减。如"肯尼迪回合"中,要求工业化国家对工业品削减 50％,乌拉圭回合中的农业关税谈判,全体 24％,每一产品不低于 10％;这一方式的缺点是等百分比削减,不利于削减关税高峰。在"东京回合"中采用了瑞士公式,即:谈判达成的最终税率＝$AX/(A+X)$,其中 X 代表原来税率,A 是系数。在谈判中,欧共体、北欧国家和澳大利亚使用的系数是 16,而美国、日本和瑞士使用的系数是 14。通过这一公式,可对高关税进行较大幅度削减,而低关税削减的幅度相对较小。

3)部门减让谈判。从乌拉圭回合多边谈判开始采用。关税与贸易总协定主要缔约方提出的减让方式,即对选定的产品部门的关税约束在某一水平,如对蒸馏酒、啤酒、家具、玩具、建筑机械、农业机械、钢材、药品、医疗机械、纸及制品等十个部门的关税约束为零,谈判中称为零关税部门。对化学品的原料、半制成品(中间体)、制成品上限关税税率分别约束在 0、5.5％、6.5％的水平,谈判中称为协调关税部门。乌拉圭回合之后达成的《信息技术协议》中的关税谈判。这类减让方式称为部门减让谈判。部门减让的产品范围一般按照《协调制度》的 6 位编码确定。

在实践中,乌拉圭回合谈判中以及在乌拉圭回合后的加入谈判中,这几种谈判方式交叉使用,没有固定的减让模式。通常是以部门减让及产品对产品谈判方式为主,通过部门减让解决缔约方大部分关心的产品,而通过产品对产品谈判解决个别重点产品。产品对产品谈判是在双边基础上进行,而公式减让及部门减让主要是在多边基础上进行,现在也用于双边谈判中。

6. 关税减让表

任何谈判最终都要有结果,关税谈判也不例外。关税谈判的结果一般有三种情况。一是谈判结果为所有成员接受并形成减让表,成员在最惠国待遇的基础上实施减让结果。如已完成的八轮多边关税谈判和蒙古等部分国家完成的加入世界贸易组织谈判。二是谈判结果为部分成员接受,其他成员不接受谈判结果,并退出减让,撤回已做出的承诺。谈判结果形成一诸边协议。接受的成员在最惠国待遇的基础上按做出的承诺实施减让。该诸边协议仍然开放,其他成员可以继续进行参加该协议的谈判。如世界贸易组织成立以后达成的《信息技术协议》,协议生效时只有不到一半的世界贸易组织成员,随后仍有国家加入该协议,现在希望加入《信息技术协议》的成员仍可进行加入谈判,最终成为《信息技术协议》的参加方。

三是谈判未达成一致,谈判失败。如在乌拉圭回合谈判中,谈判中希望对纺织品的纱线、织物和制品达成 5%、10% 和 17.5% 的协调关税,但此目标未能实现,各成员根据自己的情况削减了关税。

关税减让表是各成员关税减让结果的具体体现,减让结果要体现在税则中。在乌拉圭回合谈判后,各成员的减让表均作为附件列在乌拉圭回合最后文件中,是世界贸易组织协定的一部分。减让表也是一成员在加入世界贸易组织时作为议定书的附件。各成员按最惠国待遇原则实施减让表中承诺的约束税率。关税减让结果及实施不是一次完成,一般要逐步减让到位。各成员征收的关税水平均不得高于其在减让表中承诺的税率及逐步消减的水平。如要将某产品的关税税率提高到约束水平以上,或产品范围进行调整,即对减让表修改、撤销,均要按有关条款规定的程序进行谈判。主要有以下程序:1)通知世界贸易组织货物贸易理事会,要求修改或撤回某项产品的减让,理事会授权该成员启动关税谈判。2)要与有关成员进行谈判,这些成员包括:有最初谈判权的成员、主要供应国的成员、有实质利益的成员。3)与上述成员谈判确定,要求修改或撤回的减让的幅度,给予补偿的产品及关税减让水平等。一般来说,补偿的水平要与撤回的水平大体相同。对于有最初谈判权的成员,如果由于贸易的变化,在申请方提出申请时的某一特定时期,既不是主要供应国,也不是有实质利益的国家,虽然可以要求进行谈判,但申请方可以不给予补偿,理由是在这一特定的时期,该成员没有贸易利益。4)谈判达成一致,要将谈判的结果写入减让表,在最惠国待遇基础上实施。5)若未能达成一致,申请方可以单方采取行动,撤回减让,但其他有谈判权的成员可以采取相应的报复行动,撤回各自减让表中对申请方有利益的减让。

另外有两个问题值得注意:1)修改减让表不同于采取诸如保障措施、反倾销、反补贴等临时措施。修改减让表是要与有关成员进行谈判,经谈判确定的修改后的结果重新写入减让表。而临时措施是有时限的,并且只要损害消失,就要取消这些措施。但减让表中承诺未作更改。采取临时措施不需要与有关成员进行谈判,不必得到他们的认可。2)对于减让表中没有列入的其他税费,不得征收。各成员只能征收在减让表中列明的关税和其他税费,不包括增值税。

7. 关税减让水平的测算

各成员均要对关税减让水平进行测算,主要有三种方式:一是关税约束水平。约束关税可以使贸易具有稳定性和可预见性。乌拉圭回合谈判以前的关税约束水平很低。在乌拉圭回合谈判中,所有世界贸易组织成员全面约束了农产品的关税;对于非农产品世界贸易组织成员关税约束的比例有很大的提高,其中发达成员的约束比例从 78% 上升到 99%,发展中成员的约束比例从 21% 上升到 73%,过渡经济成员的约束比例从 73% 上升到 98%。承诺 100% 约束关税的发展中国家有智利、哥斯达黎加、萨尔瓦多、墨西哥、委内瑞拉、阿根廷、巴西、哥伦比亚、牙买加、秘鲁和乌拉圭以及世界贸易组织成立以后加入的蒙古、厄瓜多尔等。二是零关税所占的比例,包括零关税的税目在总税则税目中的比例以及零关税产品的进口值在总进口中的比例。乌拉圭回合谈判,这两个比例有很大的提高。三是关税水平和减让幅度。减让幅度大说明成员做出了较大的让步。

8.5 关税对国际贸易的影响

关税对国际贸易的影响主要有以下几个方面。

8.5.1 对世界贸易发展的影响

当世界上主要国家普遍提高关税和加强非关税壁垒时,不仅这些国家的进出口商品的数量要减少,而且由于相互影响、相互作用的结果,将进一步使进口商品的数量减少,影响国际贸易的发展。在其他条件不变的情况下,世界主要国家关税税率的增减程度或非关税壁垒的加强程度与国际贸易的发展速度成反比关系。

8.5.2 对商品结构与地理方向的影响

关税壁垒和非关税壁垒在一定程度上影响国际贸易商品结构和地理方向的变化。发达资本主义国家工业制成品进口关税下降幅度超过农产品,工业制成品受非关税壁垒的影响程度小于农产品;发达资本主义国家之间的关税下降幅度超过对发展中国家和社会主义国家的关税下降幅度;发展中国家和社会主义国家对外贸易受发达国家非关税壁垒的影响程度超过发达资本主义国家本身。这种差异是使战后制成品贸易的增长快于农产品贸易的增长、发达资本主义国家间贸易的增长超过它们与发展中国家和社会主义国家之间贸易的增长的重要原因。

8.5.3 对商品价格、生产和销售的影响

征收进口税对于进口国的影响主要表现在:

(1)引起商品价格上涨,使消费者蒙受损失。征收关税以后,进口商品的价格提高;而非关税措施限制进口,使进口商品的数量减少,在其他条件不变的情况下,也会引起进口商品的价格上涨。国内相同产品的价格也会随之提高,使消费者支出增加。

(2)增加国家的财政收入。不论是财政关税还是保护关税,都有增加国家财政收入的作用。关税收入在国家财政收入中的比重虽已大为降低,但它仍然是发展中国家财政收入的重要来源之一。

(3)保护国内的产业和市场。对进口商品征收关税后,加大了进口商品的成本,削弱了它与国内同类商品的竞争能力,影响了进口商品的销售,从而起到了保护国内产业和市场的作用。进口商品价格上涨,会带动国内同类产品价格的提高,给有关厂商带来更多的利润。

对出口国来说,进口国征收进口税,都会影响到出口商品、出口数量的减少和价格的下跌,使出口国遭受损失。

8.5.4 对贸易差额与国际收支的影响

当一国出现严重的贸易入超和国际收支逆差时,如果广泛采取提高进口关税等限制进口措施,可能会暂时抑制进口,缩小贸易逆差和改善国际收支。

【思考题】

1. 关税有哪些特点？
2. 实行财政关税要注意哪些问题？
3. 反倾销税的征收必须具备哪些条件？
4. 普惠制的主要原则是什么？
5. 什么是"毕业条款"？
6. 如何计算关税水平？
7. 关税对国际贸易会产生什么样的影响？

【本章推荐书目及网上资源】

1. 任烈.贸易保护理论与政策.上海:立信会计出版社,1997.
2. 朱立南.国际贸易政策学.北京:中国人民大学出版社,1996.
3. 佟家栋,周申.国际贸易学——理论与政策.北京:高等教育出版社,2007.
4. 彼得·罗布森.国际一体化经济学.戴炳然,等译.上海:上海译文出版社,2001.
5. 石广生.中国加入世界贸易组织知识读本.北京:人民出版社,2001.

第 9 章　非关税措施

【学习要点及目的】

通过本章的学习,掌握非关税措施的概念和特点;理解非关税措施的主要种类、实施方法和作用;了解非关税措施对国际贸易的影响。

【本章关键术语】

非关税壁垒(Non-tariff barrier);进口配额(Import Quota);进口许可证制(Import Licence System);外汇管制(Foreign Exchange Control);技术性贸易壁垒(Technical Barriers to Trade,TBT)

9.1　非关税概述

9.1.1　非关税措施的定义

非关税壁垒,又称非关税贸易壁垒,指一国政府采取除关税以外的各种办法,对本国的对外贸易活动进行调节、管理和控制的一切政策与手段的总和,其目的是试图在一定程度上限制进口,以保护国内市场和国内产业的发展。

非关税措施是当今各国保护国内市场的主要手段。进口非关税壁垒起源于 20 世纪 30 年代的世界经济大危机。50 年代以来,由关税及贸易总协定倡导的贸易自由化,使各国关税大幅度下降,约束性也越来越强。70 年代的世界经济危机又促发了新一轮保护主义浪潮,各国纷纷开始强化非关税措施的运用,并且不断创新,以避开关贸总协定的约束,致使进口非关税壁垒盛行。据统计,目前非关税壁垒措施可分为八大类七十五种,具体措施可达 3000 多种。

非关税壁垒大致可以分为直接的和间接的两大类:前者是由海关直接对进口商品的数量、品种加以限制,其主要措施有进口限额制、进口许可证制、"自动"出口限额制、出口许可证制等;后者是指进口国对进口商品制订严格的条例和标准,间接地限制商品进口,如进口押金制、苛刻的技术标准和卫生检验规定等。

【专栏 9.1】

欧盟修订 REACH 法规　提高多环芳烃检测要求

作为一部国际影响力和绿色标杆意义的化学品管理法案,REACH 法规的每一步行动都引起全球关注。近期,欧盟再次通过了修订 REACH 法规关于多环芳香烃的最终提案,数十类长期或短期重复接触皮肤或口腔的产品将受影响。

此前,REACH 法规对多环芳香烃的限制仅在一类产品,即轮胎填充油中的多环芳香烃含量,即规定从 2010 年 1 月 1 日起,若轮胎制造所使用的轮胎和油质中的苯并(a)芘、苯并(a)蒽(BaA)等 8 种多环芳香烃含量超过 10 毫克/千克,或苯并(a)芘含量超过 1 毫克/千克,将不得进行销售。

新提案则将涉及产品扩大至数十类,包括:电动工具、家用器具、手推车、步行支架、服装、鞋类、手套、表带、腕带、面具、头箍,还有自行车、高尔夫球杆、球拍等运动器材。

与原法规相比,限制的物质仍然为原有的 8 种多环芳香烃,但任意一种多环芳香烃的限量降低了 10 倍,从原来的 10 毫克/千克均降至 1 毫克/千克;玩具、儿童运动器材等儿童用品限值甚至降为 0.5 毫克/千克。

多环芳烃是一种具有强致癌性、致突变性及危害生殖系统的有机化合物,包括萘、蒽、菲、芘等 150 余种化合物,广泛存在于塑料橡胶、原油、润滑油、防锈油、脱膜剂、汽油阻凝剂、矿物油、柏油等石化产品中,还存在于农药、木炭、杀菌剂、蚊香等日常化学产品中。在电子电器制造业,多环芳烃常常用作脱模剂等塑料添加剂进入到生产过程中。

欧盟多环芳烃检测一直是我轮胎出口的一道"坎",此次 REACH 法规对管制产品范围的扩充无疑将进一步筑起多类产品的出口屏障,而由于工艺差距和研发能力缺乏,国内大多数企业还不能自主生产满足欧盟标准的芳烃油,不得不从欧美进口环保芳烃油产品,产品成本控制难度加大,出口不稳定因素大为增加。

检验检疫部门提醒,电动工具、服装鞋类、自行车等轻工纺织产品历来是我国出口的重头戏,随着欧盟法规生效日期的步步逼近,多环芳烃检测难关所造成的负面影响将进一步放大。为破解这一难题并提升出口的可持续能力,广大企业应高度重视,未雨绸缪。一是建立有效的风险预警和快速反应机制,建立原辅材料供应商审核评价制度,完善质量安全体系和精益控制管理。二是加强生产工序的控制和优化,加强设计、生产工艺过程控制和项目检测三个环节的严格把关,尤其应做好后期有毒有害物质的合格性测试工作,提高自检自控和安全风险的研究评估能力,谨防化学物质含量超标。三是在积极汲取国外先进技术的基础上,借助于研究机构和第三方平台的联动合力,在开发环保替代品中融入先进的生态设计理念,提升自主研发能力,确保输欧贸易顺利进行。

资料来源:www.tbt-sps.gov.cn。

9.1.2　非关税措施的特点

与关税措施相比,非关税措施主要具有下列三个明显的特点。

1. 非关税措施比关税具有更大的灵活性和针对性

关税的制定,往往要通过一定的立法程序,要调整或更改税率,也需要一定的法律程序和手续,因此关税具有一定的延续性。而非关税措施的制定与实施,则通常采用行政程序,制定起来比较迅速,程序也较简单,能随时针对某国和某种商品采取或更换相应的限制进口措施,从而较快地达到限制进口的目的。

2. 非关税措施的保护作用比关税更为强烈和直接

关税措施是通过征收关税来提高商品成本和价格,进而削弱其竞争能力的,因而其保护作用具有间接性。而一些非关税措施如进口配额,预先限定进口的数量和金额,超过限额就直接禁止进口,这样就能快速和直接地达到关税措施难以达到的目的。

3. 非关税措施比关税更具有隐蔽性和歧视性

关税措施,包括税率的确定和征收办法都是透明的,出口商可以比较容易地获得有关信息。另外,关税措施的歧视性也较低,它往往要受到双边关系和国际多边贸易协定的制约。但一些非关税措施则往往透明度差,隐蔽性强,而且有较强的针对性,容易对别的国家实施差别待遇。

9.1.3　非关税壁垒措施的发展

非关税措施的实施范围日益扩大。随着非关税措施种类的增加,其用于限制商品进口的范围也日益扩大,其中包括从手套到制衣,从钢铁到汽车等。据统计,世界货物贸易中受非关税限制的部分从 70 年代的 40％扩大到 1980 年的 48％。以 1966 年与 1988 年比较,受非关税限制的进口占总进口的比例,日本从 34％增至 50％,美国从 27％增至 57％,欧洲共同体则从 15％增至 58％,而整个经合组织国家总体则从 17％上升到 54％。越来越多的商品受双重甚至多重限制措施的影响。

非关税措施的歧视性增长。非关税措施是不公正的,歧视性越来越明显,它不是一视同仁,而是根据与不同国家的政治经济关系采取不同的或不同程度的措施。如欧洲共同体明确主张"有选择的限制",对中国的限制的歧视性尤为明显。欧洲共同体委员会也不得不承认,对中国的限额有三分之一是歧视性的。

非关税措施的种类日益繁杂。发达资本主义国家所采取的非关税措施的种类日益繁杂,手段不断创新,其中包括进口配额制、"自动"出口配额制、有秩序的销售安排、进口许可证制、外汇管制、进出口国家垄断、歧视性的政府采购政策、国内税收制度、进口押金制、最低限价制和繁杂的技术标准、卫生检疫、包装标签规定等,名目繁多,不胜枚举。如今劳工政策、环境保护等也成为贸易保护的政策手段。

9.2　非关税措施的主要种类

9.2.1　直接的非关税措施

非关税限制贸易的政策工具中,直接限制进口的"数量限制"的保护效果最大且直接,尤其是对缺乏需求弹性的商品如农产品等,其效果更为显著。数量限制作为一种行政手段使用最早,运用也较为广泛。所谓数量限制是指对某些特定的商品或劳务的贸易,在某一时期内严格限制在一定的价格或数量之内。数量限制的主要形式为三种,即进口配额制、进口许可证制以及自动出口限额等。

1. 进口配额制

(1)进口配额的含义及其作用

进口配额又称进口限额,是指一国政府在一定时期(如一季度、半年或一年)内,对于某些商品的进口数量或金额加以直接限制。在规定的期限内,配额以内的货物准予进口,超过配额的货物则不准进口,或加征较高的关税甚至罚款以后才准许进口。早在重商主义时代,进口配额就被采用,当时是以贸易出超、聚积金银为目的。在 20 世纪 30 年代世界经济恐慌时期,物价大幅下跌,各国保护国内物价的措施均告失效,为了减少失业、改善国际收支及防止本国货币贬值,主要资本主义国家相继采用进口配额制,使配额成为各国限制进口的主要手段。限制进口的种类方面有了扩大,主要针对某些"敏感性"或"半敏感性"商品,如纺织、服装、鞋类、钢材、汽车等。

(2)进口配额的分类

配额按其实施方式的不同可以分为两大类。

1)绝对配额(Absolute Quotas)指在一定时期内,对某些商品的进口数量或金额规定一个最高额度,达到了这个额度后,便不准进口。绝对配额在实施中又可以分为全球配额和国别配额。

①全球配额(global quota;unallocated quota)。即对某种商品的进口规定一个总的限额,对来自任何国家或地区的商品一律适用。主管当局通常按进口商的申请先后或过去某一时期内的进口实际额发放配额,直至总配额发完为止,超过总配额就不准进口。

②国别配额(country quota)。即政府不仅规定了一定时期内的进口总配额,而且将总配额在各出口国家和地区之间进行分配。因此,按国别配额进口时,进口商必须提供进口商品的原产地证明书。与全球配额不同的是,实行国别配额可以很方便地贯彻国别政策,具有很强的选择性和歧视性。进口国往往根据其与有关国家或地区的政治经济关系分别给予不同的额度。

国别配额的分配方式有自主配额和协议配额两种:自主配额(Autonomous Quotas)或称片面配额(Unilateral Import Quotas),即由进口国单方自主规定从某国或地区进口某种商品的数量,而不必征求出口国的同意。协议配额(Agreement Quotas)即由进口国和出口国通过协议所确定的配额。协议配额包括双边配额和多边协议配额。多边协议配额是两个以上的进出口国家或地区就某种商品的进口数量份额达成的协议。例如,多边纤维协定就是典型的多边协议配额。

2)关税配额(Tariff Quotas)是一种进口配额与关税相结合的形式。它是指在配额额度内进口,可以享受优惠关税或免税,超过额度按一般正常的税率计征关税。有的国家则对超额进口加征附加税甚至罚款。关税配额与绝对配额的主要区别在于:绝对配额规定一个最高进口数额,不能超过;关税配额则表现为,超过额度仍可进口,只是成本将增加。

优惠性关税配额,是对关税配额内进口的商品给予较大幅度的关税减让,甚至免税,超过配额的进口商品即征收原来的最惠国税率。欧共体(欧盟)在普惠制实施中所采取的关税配额就属此类。

非优惠性关税配额,是对关税配额内进口的商品征收原来正常的进口税,一般按最惠国税率征收,对超过关税配额的部分征收较高的进口附加税或罚款。例如,1974 年 12 月澳大利亚曾规定对除男衬衫、睡衣以外的各种服装,凡是超过配额的部分加征 175% 的进口附加税。如此高额的进口附加税,实际上起到禁止超过配额的商品进口的作用。

1. 进口许可证制

(1)进口许可证制的含义及其作用

进口许可证制是一种凭证进口的制度。为了限制商品进口,国家规定某些商品进口必须领取许可证,没有许可证一律不准进口。许可证制与进口配额制一样,也是一种进口数量限制,是运用行政管理措施直接干预贸易行为的手段。大多数国家将配额制和进口许可证制结合起来使用,即受配额限制进口的商品,进口商必须向有关部门申请进口许可证,政府发放进口配额许可证,进口商凭证进口。

实行进口许可证制,不仅可以在数量和金额以及商品性质上进行限制,而且可以控制来源国国别和地区。也可以对国内企业实施区别对待,有些国家在发放许可证时往往对垄断大公司予以照顾。有的国家将进口许可证的发放与出口联系起来,以达到促进出口的目的。如法国,那些经营出口业务的商人或企业家就较容易获得进口绸缎及绸缎服装的许可证。获得进口许可证的商人可以将其转移给服装的专业进口商,而获取 5%～15% 的佣金。

(2)进口许可证的分类

1)有定额与无定额进口许可证

①有定额的进口许可证,即与配额结合的许可证,管理当局预先规定有关商品的进口配额,然后在配额的限度内,根据进口商申请逐笔发放具有一定数量或金额的许可证,配额用完即停止发放。此类进口许可证一般由进口国当局颁发给本国提出申请的进口商,也有将此权限交给出口国方自行分配使用(通常是国别配额情况),又转化为出口国依据配额发放的出口许可证。有的国家则要求进口商用出口国签发的出口许可证来换取进口许可证,即所谓的“双重管理”。

②无定额的进口许可证。即政府管理当局发放有关商品的进口许可证只是在个别考虑的基础上进行,而没有公开的配额数量依据。由于此种许可证没有公开的标准,在执行上具有很大的灵活性,起到的限制作用更大。

2)公开一般许可证和特种许可证

①公开一般进口许可证(Open General Licence,OGL),又称公开进口许可证、一般进口许可证或自动进口许可证,是指对国别或地区没有限制的许可证。凡属公开一般许可证项下所列商品,进口商只要填写此许可证即可获准进口。此类商品实际上是“自由进口”的商品,填写许可证只是履行报关手续,供海关统计和监督需要。

②特种许可证(Special Licence,SL)又称非自动进口许可证,即进口商必须向有关当局提出申请,获准后才能进口。这种许可证适用于特殊商品以及特定的目的申请,如烟、酒、麻醉物品、军火武器或某些禁止进口物品。进口许可直接受管理当局控制,并用以贯彻国别地区政策。进口国定期公布须领取不同性质进口许可证的商品项目,并根据需要加以调整。

3.“自动”出口限制

(1)“自动”出口限制的含义

“自动”出口限制(Voluntary Restriction of Export)又称“自动”出口配额制(“Voluntary”Export Quotas),也是一种限制进口的手段。是指出口国家或地区在进口国的要求或压力下,“自动”规定某一时期内(一般为五年),某些商品对该国出口的数量或金额的限制,在限定的配额内自行控制出口,超过配额即禁止出口。其目的在于避免因这些商品出口过多而严重损害进口国生产者的利益,招致进口国采取严厉措施限制从该国的进口。"自动"出口限制最早出现于 20 世纪 30 年代的美日纺织品贸易中。到了六七十年代,"自动"出口限制被广泛采用,范围已从纺织、钢铁、小汽车扩大到彩电、电子元件和船舶等,甚至涉及一些农产品如奶酪、苹果、肉类等。

"自动"出口限制属于关贸总协定的"灰色区域"。所谓"灰色区域措施"(Gray Area Measures)是指关贸总协定中无明确适用条款,其法律地位不清楚,既不是合法的,也不是非法的贸易限制措施。"自动"出口限制就是利用总协定不明确、不全面性的特点,采取双边的和不透明的隐蔽形式实行贸易限制,以避免总协定的监督。它是一种求助于量的限制措施,具有选择性、双向性和隐蔽性的特点。

(2)"自动"出口限制的种类

"自动"出口限制一般采取两种形式:单方"自动"和协议"自动"。

1)单方"自动"出口限制。即由出口国单方面自行规定出口到某国的限额,以限制商品的出口。单方"自动"包括:①政府规定配额并予以公布,出口商必须向有关机构申请配额,领取出口授权或出口许可证才能输出;②出口国的出口厂商和同业公会根据政府的意图规定额度控制出口。单方"自动"形式上是出口国单方的自愿行为,但事实上总是受到进口国警告,或受到进口国的压力,才由出口国做出的。

2)协议"自动"出口限制。即由出口国与进口国通过谈判的方式签订"自限协定"(Self-restriction Agreement)或"有秩序的销售协定"(Orderly Marketing Agreement)。在协定的有效期内规定某些商品出口配额,出口国则根据此配额实行出口许可证制或出口配额签证制(Export Visa),自行限制出口,进口国则根据海关统计进行监督检查。协议自动限制是"自动"出口限制的主要形式。协议达成的谈判形式有:政府间的双边谈判;政府间的多边谈判;进口国政府与出口企业间的谈判;进出口国家的双边企业谈判。

(3)"自动"出口限制协定的内容

自动出口协定的内容日趋复杂,各种协定内容不尽相同。一般包括以下几个方面:

1)配额水平(Quota Level)。即规定有效期内各年度"自动"出口的限额。通常是以签约前一年的实际出口量为基础,商定协定第一年限额,并确定其他各年度的增长率。

2)"自动"限制出口的商品分类和细目。早期"自动"限制商品的品种较少,分类较笼统。20 世纪 70 年代以来,品种增多,分类也日趋复杂。如 1974—1977 年的日美纺织品协定中,将日输美的棉、化纤、毛三大类纺织品共分成六组 243 项,按组分别规定各自限额,对组内"特别项目"又规定个别限额。

3)限额的融通。即各种受限商品的限额相互之间适用的权限与数额问题。主要有两种融通做法:①水平融通。是指同一年度内组与组、项与项之间在一定百分率内的融通使用。这种替换率一般在 1%～15% 之间,有些品种禁止移用。②垂直融通。是指同组同项水平在上下年度间的融通,即在协定中规定留用额(Carry-over)和预用额(Carry-in)。留用额指当年未用完的配额拨入下年度使用的额度和权限,预用额是指当年配额不足而预先使用下年度的额度的权限。留用额和预用额的规定一般都有一些限制条件。例如,留用额不得超过实际余额,某些项目的留用额只限于同类项目使用,某些特定商品规定较低的留用额,甚至禁止使用留用额;预用额必须在下年度配额中扣除。预用额不得超过 5%。

4)保护条款。指协定规定进口国方面有权通过一定的程序,限制或停止进口某些造成"市场混乱"或使进口国市场厂商受损害的商品。这实际上扩大了进口国限制进口的权限。发达国家在对外签订"自动"限制协定时,都力求订入这项条款。

(4)多边纤维协定(Multi-fabric Agreement,MFA)

也称国际纺织品贸易协议,是关贸总协定下的一项多边纺织品和服装贸易协定,是世界主要的纺织品出口国与进口国就纺织品的贸易所达成的协议。通过协议由纺织品出口国自动地约束其纺织品的出口,以达到进口国的数量限制。因此,是一种数量控制措施的体现,却又以出口国"自动"限制的形式出现,它是多边协定配额的典型表现。MFA 的宗旨是,通过发达国家暂时地限制纺织品进口,或由发展中国家自动地限制其纺织品出口,为发达国家对其国内竞争力遭到削弱的纺织品进行调整提供机会,而作所谓有秩序的销售安排,以免"市场扰乱",其实质就是发达国家限制来自发展中国家的纺织品进口。

多种纤维协定于 1973 年 12 月由 42 个国家和地区订立,中国于 1984 年加入。它的实施,助长了西方新贸易保护主义的盛行,在数量限制的约束下,抑制了发展中国家的对外贸易。特别是在工业化初期的发展中国家,劳动密集的纺织服装往往是其走向国际市场的第一步。在发展中国家的强烈要求和共同努力下,纺织和服装终于被关贸总协定纳入"乌拉圭回合"的谈判议题。最终达成了用 10 年时间分三阶段逐步实现纺织品和服装贸易自由化的协议。到 2005 年,纺织品贸易结束了长达 30 多年的数量限制。

9.2.2　间接的非关税措施

除了传统的直接限制进口的数量限制措施以外,形形色色的间接限制进口措施被广泛运用,并且不断创新,主要的有以下几种。

1. 外汇管制

外汇管制(Foreign Exchange Control)是各国政府通过政府法令对国际结算和外国买卖加以管制以平衡国际收支,控制外汇的供给与需求,防止套汇、逃汇,维持本国货币本币币值稳定的一种管理措施。在外汇管制下,国家设立专门机构或专业银行进行管理。出口商必须把出口所得的外汇收入按规定卖给管理银行,进口商必须向外汇管理机构申请外汇才能向外购买。外汇管制从第一次世界大战期间开始出现,20 世纪 30 年代大多数资本主义国家采用这种手段管理国际收支。50 年代以来,随着资本主义国家经济的恢复和发展,国际收支状况改善,特别是国际货币基金组织的作用,大多数发达国家都不同程度地放宽了外汇管制。90 年代以来,一些发展中国家也逐渐放宽了外汇管制。

2. 贸易救济措施

贸易救济措施包括对进口产品实施的反倾销、反补贴和保障措施。不合理地使用或滥用这些救济措施,就会对进口产品形成贸易壁垒。

在反倾销、反补贴调查中,一些国家在倾销和补贴的调查及认定中,往往以所谓"非市场经济"问题歧视中国产品,有的进而在标准采用、替代国选择上采取更不合理的做法。在反倾销调查中,进口国还可采取反规避和反吸收措施;如这些措施被滥用,也会对进口产品构成不合理的障碍。

3. 对外贸易的国家垄断

对外贸易的国家垄断,是指国家指定的机构和组织集中管理、集中经营。在以私营经济为主体的西方国家,平时仅对少数商品如军火、烟酒和粮食等商品实施国家垄断,在战争或经济大萧条时期,范围有可能扩大。其目的在于,保证国内的供应和生产,防止国内市场的混乱;通过国家垄断,可以贯彻政府的意图,限制部分商品的进口。

4. 歧视性的政府采购政策

政府采购政策(Government Procurement)是指政府制定政策或通过制定购买本国货法(Buy National Act)规定,国家行政部门在采购时必须优先购买本国产品,从而形成了对外国产品的歧视,限制外国货的进口。美国政府施行此项政策最为典型。自 1938 年起,美国曾多次制定和修订"购买美国货法",以法律形式确保政府行政机关优先购买美国货,以歧视别国商品进入,并具体规定美国给予本国厂商 6% 的价格优惠。英国规定,使用通信设备必须是本国产品,此项规定对欧盟国家有重要的影响。

5. 最低限价和禁止进口

最低限价(Minimum Price)指进口国就某一商品进口时规定一个最低价格,进口时低于该价格就不准进口或征收附加税。附加税税额即是进口价格和最低价格之间的差额。进口国有时把最低限价定得很高,进口商若以最低限价进口,则无利可图。当数量限制或最低限价仍然不能达到目标时,一些国家往往颁布法令禁止某些商品的进口。

6. 国内税收和商业限制

某些国家特别是西欧国家广泛采用国内税收(Internal Taxes)制度来限制进口。即通过对进口货物和国内生产的货物实行差别税收,使进口商品的国内税收负担增加,包括消费税、增值税、临时附加税等。这种方法比关税更灵活更易于伪装,不受贸易条约或多边协定的约束。国内税收的制订和执行是属于本国政府机构,有时甚至是地方政府机构的权限。有的国家则通过复杂的国外商品难以适应的商业限制以达到对进口产品形成障碍。日本的有关商业规定令许多国家的商品难以进入,这使美国厂商深为不满,也成为日美贸易的争端之一。

7. 进口押金制度

进口押金制(Advanced Deposit)又称进口存款制,是一种通过支付制度限制进口的措施,进口商在进口货物运达以前,必须预先按进口金额的一定比率和规定的时间,在指定的银行无息存放一笔现金,方能获准报关进口,存款须经一定时期后才发还给进口商。其作用是政府可以从进口商那里获得一笔无息贷款,进口商则因周转资金减少并损失利息收入而减少进口,从而起到了限制进口的作用。第二次世界大战后意大利政府曾规定某些进口商品无论从任何一国进口,必须先向中央银行交纳相当于进口货值半数的现款押金,无息冻结6 个月。据估计,这项措施相当于征收 5% 以上的进口附加税。芬兰、新西兰、巴西等国也实行这种措施。巴西的进口押金制规定,进口商必须按进口商品船上交货价交纳与合同金额相等的为期 360 天的存款,方能进口。

8. 专断的海关估价制度

海关估价(Customs Valuation)是指一国在实施从价征收关税时,由海关根据国家的规定,确定进口商品完税价格,并以海关估定的完税价格作为计征关税的基础的一种制度。但是,海关估价若被滥用,人为地高估进口商品的价格,无疑就增加了进口商的税收负担,对商品进口形成了障碍。用专断的海关估价来限制商品的进口,以美国最为突出。

长期以来,美国海关是按照进口商品的外国价格(进口货在出口国国内销售市场的批发价)或出口价格(进口货在来源国市场供出口用的售价)两者之中较高的一种进行征税。这实际上提高了交纳关税的税额。

为防止外国商品与美国同类产品竞争,美国海关当局对煤焦油产品、胶底鞋类、蛤肉罐头、毛手套等商品,依"美国售价制"(American Selling Price System)这种特殊估价标准进行征税。这四种商品都是国内售价很高的商品,按照这种标准征税,使这些商品的进口税率大幅度地提高。例如,某种煤焦油产品的进口税率为从价20%,它的进口价格为每磅0.50美元,应缴进口税每磅0.10美元。而这种商品的"美国售价"每磅为1.00美元,按同样税率,每磅应缴进口税为0.20美元,其结果是实际的进口税率不是20%,而是40%,即增加了一倍。这就有效地限制了外国货的进口。

"美国售价制"引起了其他国家的强烈反对,直到"东京回合"签订了《海关估价守则》后,美国才不得不废除这种制度。

乌拉圭回合达成了《海关估价协议》,该协议修改了《海关估价守则》。《海关估价协议》正式名称为《关于实施关税与贸易总协定第七条的协议》(*Agreement on Implementation of Article Ⅷ of the General Agreement on Tariffs and Trade*)。此协议包括4个部分,共31条。其中有大量注释和一个议定书。它规定了主要以商品的成交价格为海关完税价格的新估价制度。其目的在于为签字国的海关提供一个公正、统一、中性的货物估价制度,不使海关估价成为国际贸易发展的障碍。这个协议规定了下列6种不同的依次采用的新估价法:

(1)进口商品的成交价格

根据协议的第一条规定,成交价格(Transaction Value)是指"商品销售出口运往进口国的实际已付或应付的价格",即进口商在正常情况下申报并在发票中所载明的价格。

如果海关不能按上述规定的成交价格确定商品海关估价,那就采用第二种办法。

(2)相同商品成交价格(Transaction Value of Identical Goods)

相同商品的成交价格又称为同类商品的成交价格,是指与应估商品同时或几乎同时出口到同一进口国销售的相同商品的成交价格。所谓相同商品,根据协议第15条第2款,其定义为:"它们在所有方面都相同,包括相同的性质、质量和信誉。如表面上具有微小差别的其他货物,不妨碍被认为符合相同货物的定义。"当发现两个以上相同商品的成交价格时,应采用其中最低者来确定应估商品的关税价格。

如按以上两种估价办法都不能确定,可采用以下第三种估价办法。

(3)类似商品的成交价格(Transaction Value of Similar Goods)

类似商品的成交价格是指与应估商品同时或几乎同时出口到同一进口国销售的类似商品的成交价格。所谓类似商品就是尽量与应估商品比较,各方面不完全相同,但它有相似的特征,使用同样的材料制造,具备同样的效用,在商业上可以互换的货物。在确定某一货物是否为类似货物时,应考虑的因素包括该货物的品质、信誉和现有的商标等等。

(4)倒扣法

倒扣法是以进口商品,或同类或类似进口商品在国内的销售价格为基础减去有关的税费后所得的价格。其倒扣的项目包括代销佣金、销售的利润和一般费用,进口国内的运费、保险金、进口关税和国内税等。

倒扣法主要适用于寄售、代销性质的进口商品。

(5)计算价格

计算价格(Computed Value)又称估算价格,是以制造该种进口商品的原材料、部件、生产费用、运输和保险费用等成本费以及销售进口商品所产生的利润和一般费用为基础进行估算的完税价格。这种方法必须以进口商能否提供有关资料和单据,并保存所有必要的账册等为条件,否则海关就不能采用这种办法确定其完税价格。这种估价方法一般适用于买卖双方有业务联系的进口商品。

根据协议规定,第4种和第5种办法可以根据进口商品要求进行调换使用。

(6)合理办法

如果上述各种办法都不能确定商品的海关估价,便使用第6种办法,这种办法未作具体规定。海关在确定应税商品的完税价格时,只要不违背本协议的估价原理和总协定第7条的规定,并根据进口商品的现有资料,任何视为合理的估价办法都可行。因此,这种办法称为合理法(Reasonable Means)。

9. 反倾销与反贴补措施

倾销和补贴在国际贸易中一般被视作不公平的竞争手段,为了避免外国商品倾销和受补贴商品进口对本国市场和生产造成重大伤害,进口国可对实施倾销和补贴的进口商品采取反倾销税和反贴补税等附加税,实行正当的保护措施。但是,反倾销和反贴补措施被进口国,特别是欧美等发达国家滥用的现象日益严重。有时,即使最终裁决倾销或补贴不成立,但仅反倾销和反贴补的立案和一系列程序就足以对进口商品形成障碍。为此,关贸总协定及世界贸易组织就有关反倾销和反贴补达成协定,试图制止这种变相的保护主义措施。但是这些协定的约束力是有限的,并且协定本身也仍然存在某些概念界定不明确的缺陷。

10. 进口商品征税的归类

进口商品的税额取决于进口商品的价格大小与税率高低。在海关税率已定的情况下,税额大小除取决于海关估价外,还取决于征税产品的归类。海关将进口商品归在哪一税号下征收关税,具有一定的灵活性。进口商品的具体税号必须在海关现场决定,在税率上一般就高不就低。这就增加了进口商品的税收负担和不确定性,从而起到限制进口的作用。例如,美国对一般打字机进口不征收关税,但如归为玩具打字机,则要征收35%的进口关税。

11. 通关环节壁垒

通关环节壁垒(Customs & Administrative Entry Procedures)通常表现在:进口国有关当局在进口商办理通关手续时,要求其提供非常复杂或难以获得的资料,甚至商业秘密资料,从而增加进口产品的成本,影响其顺利进入进口国市场;通关程序耗时冗长,使得应季的进口产品(如应季服装、农产品等)失去贸易机会;对进口产品征收不合理的海关税费。

12. 技术性贸易壁垒

技术性贸易壁垒(Technical Barriers to Trade, TBT)是非关税壁垒中发展最为广泛的一种形式,是指一国以维护国家安全、保护人类、动植物生命及健康、阻止欺诈、保护环境、保证质量为目的,或以贸易保护为目的所采取的技术性措施。这些措施在主观或客观上成为自由贸易的障碍。

技术性壁垒标准既包括决定一种商品特性的规格,如质地、纯度、营养价值、尺寸、用途等,也包括设计和说明、证书、标记、商标及检验程序等。这些标准不仅日益复杂,而且经常变化,手续繁杂,标准也不透明,使外国商品难以适应。这些规则的制订有其保护人民健康和安全,保护环境和维护消费者利益等完全合法的理由,其本身可能不是有意设置贸易壁垒,但这些规则往往可以产生贸易壁垒的作用,形成非关税壁垒。有些国家为了维护本国工业的利益,对进口品规定特殊的严格要求,实行双重标准。技术性贸易壁垒的主要措施如下。

(1)技术标准

即工业产品的技术标准(Technical Standards)日益复杂。由于各国工业化程度、科技发展水平的不同,导致各国技术法规和技术标准的差异,有些国家的厂商则有意识、有针对性地制定某些技术标准并通过法律的形式规定下来形成技术法规,把这些标准作为进口入门的通行证,成为贸易保护的工具,使得出口国特别是发展中国家难以适应而形成贸易障碍。例如,日本消费品安全法引用的强制实施的金属棒 JIS 标准,就长期把美国的铝制垒球球棒挡在了日本的国门之外。原联邦德国禁止在国内使用车门从前往后开的汽车,这种汽车正是意大利菲亚特 500 型汽车的式样。法国禁止含有红霉素(Ery Throcin)的糖果进口,从而有效地阻止了英国糖果的进口,因为英国的糖果制造是普遍使用红霉素染料染色的。法国还禁止含有葡萄糖果汁的食品进口,这些规定的意图就在于抵制美国的货物,因为在美国,食品类产品是经常加上这种附加物的。

这些技术标准不仅在条文本身上限制了外国产品的销售,而且在实施过程中为外国产品的销售设置了重重障碍。以英、日汽车争端为例。英国方面规定:日本输往英国的小汽车可由英国派人到日本进行检验,如发现有不符合英国的技术安全规定,可在日本检修或更换零件,比较方便。但日本方面规定:英国输往日本的小汽车运到日本后,必须由日本人进行检验,如不合规定,则要英方由日本雇员进行检修。这就费时费工,加上日本有关技术标准公布迟缓,给英国小汽车输往日本带来了更大的困难。

(2)卫生检疫措施(Health and Sanitary Regulation)和动植物卫生检疫措施

是指为保护人类、动植物的生命或健康而采取的措施。包括保护人类和动物的生命免受食品和饮料的添加剂、污染物、毒素及外来病虫害传入危害;保护植物的生命免受外来病虫传入的危害。但由于各国的文化背景、生活习惯、维护人生健康、安全及生活环境,特别是收入水平的差异,发展中国家的产品往往难以达到发达国家的近乎苛刻的要求。例如,花生:日本、加拿大、英国等要求花生黄曲霉素含量不超过百万分之二十,花生酱不超过百万分之十,超过者不准进口。茶叶:日本对茶叶农药残留量规定不超过百万分之零点二至零点五。陶瓷制品:美国、加拿大规定含铅量不得超过百万分之七,澳大利亚规定的含铅量不得超过百万分之二十。

美国规定,对其他国家或地区输往美国的食品、饮料、药品及化妆品必须符合美国的《联邦食品、药品及化妆品法》(*Federal Food, Drug and Cosmetic Act*),否则不准进口。

(3)商品包装和标签(Packaging and Labeling Regulation)规定

商品标记和包装要求也能成为贸易壁垒。许多发达国家对于在国内市场上销售的商品,规定了种种包装和标签条例。这些规定内容复杂,手续麻烦。进口商必须符合这些规定,否则不准进口或禁止在其市场上销售。许多外国产品为了符合有关国家的这些规定,不得不重新包装和改换商品标签,因而费时费工,增加了商品成本,削弱了商品竞争能力,影响了商品销路。如对包装物料要求,填充物不能用稻草、废棉絮等。美国对木质包装要求经过高温处理、熏蒸或防腐剂处理,这就大大增加了进口成本。

【专栏 9.2】

欧盟玩具安全指令讨论三个新修订 BPA、阻燃剂、镍

2014 年 2 月 18 日,欧盟玩具委员会就玩具安全指令中的部分新条款进行了讨论。会议主要包含三块内容:

1. 通过了玩具产品中双酚 A 的限量:0.1mg/l(迁移量)

2. 通过了对三种阻燃剂的限制条款,规定其限量为:5mg/kg

3. 新增玩具中镍的豁免条款:在浓度小于 1% 的情况下,允许其使用在电动玩具的电动功能部件中的双酚 A(BPA,CAS 号:80-05-7),常被广泛用于塑料、聚碳酸酯的制造,而这些产品常常用在许多消费品中,其中就包含了儿童玩具,在欧盟 CLP 法规中被列为 2 类物质。近年,其一直是关注焦点。今年 1 月,EFSA 提议降低其每日可容忍摄入量;2 月,美国亚利桑那州拟扩大双酚 A 在儿童产品中的管控年龄段;再早些时候,法国提交了热敏纸中双酚 A 的限制提案;在 2013 年的社区滚动计划(Corap)中也包含了其在玩具以及大型 PVC 产品中的潜在健康风险审查。

在此讨论会中,欧盟非政府妇女组织 WECF 发言人表示:考虑到儿童的行为方式,尤其是他们经常将玩具放入口中,通过迁移量来限制玩具中的双酚 A 表面上比较科学,但是目前双酚 A 的毒理学端点尚不清楚,假如考虑到公共健康安全,则应该直接禁止该物质的使用。此前,欧盟就禁止了奶瓶中的双酚 A。欧盟工业协会(TIE)对该限量则表示同意,并指出玩具行业早在十年前就对该物质进行了关注,并在 EN 71-9 中规定了其迁移限量为 0.1mg/l,此次的限量也使得玩具安全指令和 EN 71-9 实现了统一。

玩具安全委员会也通过了对三种阻燃剂的限制,规定其限量为 5mg/kg,该限值也为该物质的检出限。三种阻燃剂包括:TCEP、TCPP 以及 TDCP。该提案早在 2013 年 7 月(2013 年 7 月提案)就由欧盟委员会发布过。欧盟玩具行业表示,目前欧洲的制造商已经不再使用该种物质,且该物质也已经有比较完善的替代产品。但仍有含该类物质的儿童产品通过进口的方式进入,此次决定希望能有效控制欧盟玩具市场上的这三类化合物。

针对镍的限制,此次欲新增一条金属镍的豁免条款:在含量小于 1% 的情况下,允许其在"调整玩具电子功能的部件"中使用。

此次的三个提议基本都受到了玩具委员会的认可,三个提案将在后续详细修改后由欧盟委员会和议会正式通过。如果过程顺利,成员方将必须在提案正式发布(在欧盟官方公报,OJ 上发布)后的 3 个月实施相关条款。

资料来源:http://www.tbt-sps.gov.cn。

13. 绿色壁垒措施

绿色贸易壁垒是近年来出现的贸易保护措施,指各国为了保护本国市场,以保护环境和

国民健康为由,对进口商品提出带有歧视性、针对性的技术、安全和卫生标准,如不达标准,进口国有权扣留、退回、销毁和索赔等;一些发达国家通过国内立法实施种种环保贸易壁垒措施,诸如征收环保进口附加税、颁布保护特定物种的法律规章、限制或禁止与之有关的进口贸易、为进口产品确定硬性环保指标,对达不到该标准者限制或禁止进口;部分国家实行绿色标志、再生标志(即"绿色通行证")认证的市场准入制度等,如 ISO14000 标准。由于资源匮乏、生态环境恶化日益严峻,20 世纪 90 年代以后,国际贸易中绿色壁垒措施更为盛行。由于发达国家的环境标准普遍高于发展中国家,特别是少数发达国家对进口产品和本国产品采取不同的标准,使发展中国家的产品更难进入发达国家市场。绿色壁垒的主要形式有以下几种。

(1)环境许可证制度

要求在取得许可证的基础上才能进口或出口。即需取得"预先通知同意"。这种做法源于《濒危野生动植物物种国际公约》等国际绿色规范。

(2)禁止进口与环境贸易制裁

为绿色壁垒中最为严厉的措施。如 1991 年,美国宣布禁止从墨西哥进口金枪鱼,理由是墨西哥使用超过美国标准的大型渔网,在捕获金枪鱼时,也捕杀了应受保护的海豚。

(3)绿色补贴制度

主要因为治理污染费用高昂,一些企业难以承受投资于新的环保技术、设备或无力开发清洁技术产品时,政府采用环境补贴方式予以帮助。

14. 社会责任标准

20 世纪 90 年代以来欧美等发达国家又实行所谓社会责任标准,如美国经济优先准入权认证机构理事会制定的社会责任认证标准,简称 SA8000(Social Accountability 8000),用于向各国消费者标明生产商和经销商的生产和销售行为符合国际社会对其的社会责任要求,其所提供的相关产品需符合国际公认的最低劳工权利标准。其标准包括:不使用或支持使用童工;为劳工提供安全、健康的工作环境;尊重劳工的集体谈判权;遵守工作时间的规定;保证达到最低工资标准等。这项标准的实施无疑会增加广大发展中国家出口产品的成本。

SA8000 是继 ISO9000、ISO14000 之后出现的又一个重要的国际性标准。虽然目前它只涉及人身权益以及与健康、安全、机会平等等与核心要素有关的初始审核,但随着对其不断修订和完善,该标准最终可能发展成为一个覆盖道德、社会和环境等范围很广的国际性标准。

【专栏 9.3】

CSR 也需要经营

作为一个主营电子产品的企业,创新是三星得以不断持续发展并能取得成功的关键因素。三星的创新又不仅仅体现在产品上,在三星(中国)投资有限公司成立至今的 18 年间,中国三星一直进行着教育支援、残疾人支援等公益活动,履行自己的社会责任。在做社会公益、履行社会责任的过程中,中国三星也在不断探索新路径。

2013 年被中国三星定为自己的企业社会责任(CSR,Corporate Social Responsibility)

经营元年。这一年里,中国三星按照计划从共享企业社会责任资源和力量、摸索投资与社会责任并重的崭新的产业投资模式、全方位扩大社会公益事业以及用开放的心态积极与社会沟通等四方面全面开展了一系列工作。

不仅要创新,还要有自己的特色。中国三星坚持自己的公益要与其他企业有差别,金钱的、物质的支援是任何一家企业都可以很容易做到的,在硬件支援中要添加软件支援的部分。中国三星的公益活动不是简单的捐钱捐物,而是坚持员工亲自参与的原则。三星从多年的公益实践中发现,组织员工参与公益活动,不仅能够帮助受益者,还能够让员工获得成就感,从而对企业产生认同,更具凝聚力。中国三星认为,企业的社会公益活动不是单纯的慈善事业,而是有目的的活动。公益活动要能提高企业形象,构建人脉关系,效果极大化。

2013 年 9 月,中国三星与陕西省政府合作"社会责任示范区"项目。中国三星认为自己应该从过去的,投资局限在厂房建设、提供就业岗位、扩大税收、配套产业入驻等经济层面的传统模式中跳出来,通过向地区社会普及企业社会责任理念、创造共同参与的平台等措施,寻找一条崭新的经济投资与社会责任齐头并进的发展之路。

在为企业带去梦想和希望的同时,中国三星也希望在青年、青年教育方面能做全面的贡献。因为青年是社会的重点和社会的希望,是重中之重。在宣布 2013 年为"CSR 经营元年"时,中国三星就提到将在强化原有的农村支援、教育支援、社会福利、环境保护等 4 大公益项目基础上,开发针对青少年的新公益项目,给予重点扶植和培育。之后,多项新的青少年公益项目陆续开展。

2013 年"探知未来"(Solve For Tomorrow)全国青年科普创新实验大赛中,三星电子作为唯一受邀的企业单位,承办大赛,全程参与大赛的组织并为获胜的四支队伍提供了奖励基金和科研设备,获奖选手前往美国名校进行科技交流的经费也由三星电子出资。

"探知未来"(Solve For Tomorrow)全国青年科普创新实验大赛以"节能、环保和健康"为主题,根据主题设有数据传输、风能发电、安全保护三大命题。旨在激励全国高中生和大学生积极参与科普实践活动,提高广大青年学生的动手能力,并向全社会普及科学知识,倡导科学方法,传播科学思想,弘扬科学精神。比赛历时两个多月。比赛吸引了来自全国数百所学校、2700 多支队伍共万余名学生参加。

三星参加 SFT 项目是希望通过该项目为中国青少年搭建一个平台,鼓励他们提高科普创新意识和实践动手能力。在 SFT 项目中,三星发现很多中国青少年学生并不缺乏科学创新能力,缺乏的是一个鼓励其发扬创新意识和动手能力的平台。通过参加项目,三星更加了解了青少年群体的需求,这些经验和认知为以后继续开展同类项目提供了非常有价值的指导。更重要的是,"CSR 经营元年"实施各项活动对三星融入中国的社会环境起着非常积极的作用。

资料来源:www.douban.com。

9.3 非关税措施对国际贸易的影响

非关税壁垒名目繁多,涉及面广,所以,它对国际贸易和有关进出口国家的影响较难估计,但可以从以下几方面来看。

9.3.1　对国际贸易发展的影响

非关税壁垒对国际贸易发展起着很大的阻碍作用。在其他条件不变的情况下,世界性的非关税壁垒加强的程度与国际贸易增长的速度成反比关系。例如,在第二次世界大战后的 20 世纪 50 年代到 70 年代初,关税有了大幅度的下降,同时,各发达国家还大幅度地放宽和取消进口数量限制等非关税措施,因而在一定程度上促进了国际贸易的发展。从 1950 年到 1973 年间,世界贸易量年均增长率达到 7.2%。相反,在 70 年代中期后,许多国家采取了形形色色的非关税壁垒措施,影响了国际贸易的发展,从 1973 年到 1979 年,世界贸易量年均增长率为 4.5%,1980 年到 1985 年更降为 3%左右。

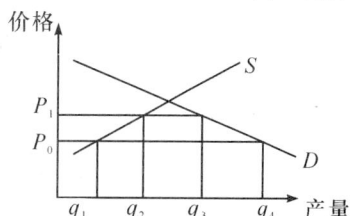

图 1　关税或非关税壁垒的变化对进口的影响

9.3.2　对商品结构和地理方向的影响

非关税壁垒还在一定程度上影响着国际贸易商品结构和地理方向的变比。第二次世界大战后,受非关税壁垒影响的产品的总趋势是:农产品贸易受影响的程度超过工业品,劳动密集型产品贸易受影响的程度超过技术密集型产品,而受影响国家则是发展中国家和社会主义国家比发达国家要多,程度也更严重。这些现象,都严重影响着国际贸易商品结构与地理方向的变化,使发展中国家和社会主义国家对外贸易的发展受到重大损害。

9.3.3　对进口国的影响

关税壁垒对进口国来说,可以限制进口,保护该国的市场和生产,但也会引起进口国国内市场价格上涨。例如,如果进口国采取直接的进口数量限制措施,则不论国外的价格上升或下降,也不论国内的需求多大,都不增加进口,这就会引起国内外之间的价格差异拉大,使进口国内价格上涨,从而保护了进口国同类产品的生产,这在一定条件下可以起到保护和促进该国有关产品的生产和发展的作用。

但是,非关税壁垒的加强会使进口国消费者付出巨大的代价,他们要付出更多的金钱去购买所需的商品,国内出口商品的成本与出口价格也会由于价格的上涨而提高,削弱出口商品的竞争能力。为了增加出口,政府只有采取出口补贴等措施,从而增加了国家预算支出和加重人民的税收负担。

9.3.4　对出口国的影响

进口国加强非关税壁垒措施,特别是实行直接的进口数量限制,固定了进口数量,将使出口国的商品出口数量和价格受到严重影响,造成出口商品增长率或出口数量的减少和出口价格下跌。一般来说,如果出口国的出口商品的供给弹性较大,则这些商品的价格受进口国的非关税壁垒影响而引起的价格下跌将较小;反之,如果出口国的出口商品的供给弹性较小,则这些商品的价格受进口国的非关税壁垒影响而引起的价格下跌将较大。由于大部分发展中国家的出口产品供给弹性较小,所以,世界性非关税壁垒的加强使发展中国家受到严重的损害。

【思考题】

1. 非关税有哪些特点?

2. 直接的非关税措施和间接的非关税措施主要有哪些?

3. 绝对配额和关税配额有什么不同?

4."自动"出口限制具有什么特点?

5. 为什么说专断的海关估价制度是一种非关税措施?

6.《海关估价守则》如何规定估价方法?

7. 技术性贸易壁垒有哪些形式?

8. 非关税措施对国际贸易会产生什么样的影响?

【本章推荐书目及网上资源】

1. 保罗·克鲁格曼.克鲁格曼国际贸易新理论.黄胜强,译.北京:中国社会科学出版社,2001.

2. 陈家勤.当代国际贸易新理论.北京:经济科学出版社,2000.

3. 尹翔硕.国际贸易教程.上海:复旦大学出版社,2001.

4. 朱仲棣,等.国际贸易学.上海:上海财经大学出版社,2005.

5. 中国国际贸易促进委员会网站,http://www.ccpit.org.

第 10 章　鼓励出口与出口管制措施

【学习要点及目的】

通过本章的学习,要求掌握鼓励出口措施的种类、运用方法、作用与影响;了解各类经济特区的特征;了解出口管制的原因、各类出口管制措施。

【本章关键术语】

出口信贷(Export Credit);出口信贷国家担保制(Export Credit Guarantee System);出口信用保险(Export Credit Insurance);商品倾销(Dumping);外汇倾销(Exchange Dumping);出口补贴(Export Subsidies);出口退税(Export Rebate);经济特区(Economic Zone);自由贸易区(Free Trade Zone);保税区(Bonded Area);出口加工区(Export Processing Zone);出口管制(Export Control)

作用于出口的贸易政策,大体上可以分为鼓励出口的贸易政策、出口限制或出口管制的贸易政策。鼓励出口的政策措施主要有出口补贴、生产补贴、出口信贷、出口信贷国家担保制、外汇倾销等。另外,设立经济特区也是政府促进出口的政策之一。出口限制或管制措施是各国政府作用于出口的另一种主要政策。出口国出于维持本国短缺商品的国内供给、限制或制裁对手国家而主动控制本国短缺商品、战略物资的出口。这些政策也会给出口国、进口国乃至整个世界的生产、消费、资源配置等各方面产生各种短期的或静态的、长期的或动态的影响。

10.1　鼓励出口的措施

鼓励出口的措施是指出口国政府通过经济、行政和组织等方面的措施,促进本国商品的出口,开拓和扩大国外市场。鼓励出口的政策一般也被视作保护贸易政策的一种表现,只是在干预形式上与进口限制有所不同,隐蔽性较强。在当今国际贸易中,各国鼓励出口的做法很多,涉及经济、政治、法律许多方面。运用财政、金融、汇率等经济手段和政策工具较为普遍。

10.1.1　出口信贷

出口信贷是一种国际信贷方式,它是一国政府为支持和扩大本国大型设备等产品的出口,增强国际竞争力,对出口产品给予利息补贴、提供出口信用保险及信贷担保,鼓励本国的银行或非银行金融机构对本国的出口商或外国的进口商(或其银行)提供利率较低的贷款，以解决本国出口商资金周转的困难，或满足国外进口商对本国出口商支付货款需要的一种国际信贷方式。出口信贷名称的由来就是因为这种贷款由出口方提供，并且以推动出口为目的。

出口信贷按时间长短分为：

(1)短期信贷(Short-term Credit)，一般指180天以内，主要适用于原料、消费品及小型机器设备的出口。

(2)中期信贷(Medium-term Credit)，为期1~5年，常用于中型机器设备出口。

(3)长期信贷(Long-term Credit)，通常是5~10年甚至更长时期，用于重型机器、成套设备、飞机、船舶等的出口。

按借贷关系划分，出口信贷可分为卖方信贷和买方信贷。

1. 卖方信贷(Supplier's Credit)

卖方信贷是指出口商所在国的银行对出口商提供的低利率优惠贷款，以使得进口商可以在贸易合同中得以采用延期付款的方式，从而达到支持出口的目的。

卖方信贷通常用于大型机械及成套设备、船舶等的出口。由于这些商品出口涉及的资金量较大、时间较长，进口商一般都要求采用延期付款的办法。出口商为了加速资金周转，往往需要取得银行的贷款。出口商付给银行的利息、费用有的包括在货价内，有的在货价外另加，但最后都转嫁给了进口商负担。实际上，卖方信贷是出口商通过将其货物买卖合同中远期收汇的权益抵押给贷款银行，从银行获取资金融通，以促进商品出口的一种方式。

在卖方信贷条件下，通常在签订买卖合同之后，进口商先支付货款10%~15%的定金，作为履约的保证金。其余85%~90%的款项在交货时支付，它可分若干年偿还，一般要求每6个月偿还一次，包括等额的本金再加上利息。出口商把所得款项与利息按照贷款协议的规定偿还给本国的贷款银行。所以，出口卖方信贷是出口商从贷款银行取得贷款，再向进口商提供延期付款。银行与出口商直接属于银行信用，出口商与进口商之间则是商业信用。

出口卖方信贷作为一种含有政府补贴、用于支持本国产品出口的融资方式，它的申请使用是有一定条件的。我国出口商申请卖方信贷一般应符合以下条件：(1)在本国注册的企业；(2)必须是机电产品或成套设备的出口；(3)最低出口合同金额为50万美元；(4)进口商现汇支付要有一定的比例，船舶出口不低于合同金额的20%，成套设备不低于15%；(5)要求出口商投保出口信用险。

然而，在卖方信贷的方式下，由于卖方承受较大的风险，因此在报价时，往往将贷款的利息、保险费、手续费等费用加到货价上，使得买方难以分清真实货价，而只能以比即期付款方式高得多的价格买进，这对进口商而言是不利的。

【专栏 10.1】

出口信贷君子协定

出口信贷君子协定(gentlemen's agreement on export financing)是美国、英国、法国、联邦德国、日本、意大利等六国于1975年在巴黎召开政府首脑会议，就出口信贷问题达成的一项协定。由于该协定只是各国之间的一项约定，不具备法律约束力。

协定最重要的内容是确定最低利率。经济合作与发展组织按人均国民生产总值将借款国家分为富裕国家、中等国家和贫穷国家三类,借款国的类别随一国经济条件变化不定期调整。根据不同国家类别,该组织对官方支持的出口信贷确定最低利率,通常称"经合发组织君子协定利率"。1983 年 10 月 15 日对最低利率作了新规定:①最低利率水平应与市场利率相联系,每半年调整一次(每年 1 月 15 日和 7 月 15 日);②对使用低利率贷款的发展中国家,如果其贷款期限低于 2 年半,则利率与商业贷款利率相近;③对国内商业利率低于最低利率的国家,规定了其出口信贷最低利率的水准基点,通常以商业参考利率为准,各国货币的商业参考利率通常是由该国政府 5 年期债券的收益率再加 1‰构成。

1. 人均国民生产总值在 3000 美元以上的富国,还款期 2～5 年的借款最低利率为 7.75％,5～8 年的为 8％;

2. 人均国民生产总值在 1000～3000 美元的中等收入国家,还款期 2～5 年的利率为 7.25％,5～8 年的为 7.75％;

3. 人均国民生产总值 1000 美元以下的国家,还款期 2～5 年的利率为 7.25％,5～8 年及 8～10 年的均为 7.5％。

这个协定的原则,后来为拥有 24 个成员方的经济合作与发展组织所接受,并在 1978 年对官方支持的出口信贷制订了一个指导原则,对贷款的商品种类、利率、还款期、每个合同的支付现款金额及其他信贷条件作了规定。后经几次修改,1982 年 11 月 16 日起重新予以调整,有效期至 1983 年 5 月 1 日。

1983 年 10 月,对"君子协定"再次作了修订,以后每年 1 月和 7 月,根据美元、英镑、联邦德国马克、法国法郎和日元面额的政府债券利率变化,自动进行调整。

资料来源:百度百科,http://baike.baidu.com。

2. 买方信贷(Buyer's Credit)

买方信贷是出口国银行直接向进口国银行或进口厂商(即买方)提供的贷款。帮助解决进口厂商资金不足,不能立即付款的困难,以刺激国外消费者购买大型机器设备或成套设备。买方信贷是一种约束性贷款(Tied Credit),即所贷款项必须用于购买债权国的商品,即贷款的提供与商品的出口是直接相联系的,因而可以起到促进出口的作用。

买方信贷在具体做法上又分为两种形式:

(1)由出口国银行向进口国银行提供贷款,再由进口国银行向进口商转贷,然后进口商用该笔贷款向出口商进行现汇支付。

这种出口买方信贷的做法是:出口商与进口商签订商务合同,出口国银行与认可的进口国银行签订贷款协议。通常是由买卖双方根据贷款银行的要求,先签署商务合同,贷款银行对商务合同审批同意后,才能对该合同提供融资。

另外,鉴于出口国银行是向海外借款人提供贷款,因此存在较大的政治和商业风险。国际惯例要求在出口买方信贷中,出口商必须自费为贷款银行投保出口信用险,如果国外借款人到期不能还本付息,保险公司将向贷款银行全额赔付贷款本息。

贷款银行提供的约束性贷款将通过进口国银行转贷给进口商,进口商用以即期向出口商支付货款。但值得注意的是,银行贷款实际上并未离开国境,在出口商每次发运货物时,贷款银行即将款项划拨给出口商,这相当于借款人已完成提款。

至于进口商与本国银行之间的债权债务关系,则按照双方商定的办法在其国内进行结算清偿。

(2)由出口国银行直接向进口商提供,进口商用之于购买出口商的商品,而进口商与出口商之间是以现汇结算。

在这种形式的买方信贷中,出口商与进口商签订即期付款的商务合同,出口国银行将贷款直接贷给进口商,因此由出口国银行与进口商直接签订贷款协议。这是一种商业信用,风险较大。如果出口国银行对买方的资信把握不准,就可能难以收回全部贷款。因此,它的利率相对较高。实际操作中为了规避风险,一般要求有认可的进口国银行提供还款担保,如果到时进口商不能还本付息,该银行将出面替进口商偿还贷款的本金和利息。该担保协议将作为贷款协议的一个附件。

出口商向保险公司投保出口信用险,受益人为贷款银行,届时如果借款人不能或无力偿还到期本金和利息,保险公司将负责全额赔付。

同样,虽然贷款银行将款项贷给进口商,但款项并未实际出境,出口商发运货物后,贷款银行将款项划拨给出口商,同时被视为进口商在贷款协议中的提款。

【专栏 10.2】

"新乐造船"试水宁波首例船舶出口买方信贷

2013 年 4 月,宁波新乐造船集团有限公司向欧洲客户交付了一条 7500 吨散货船。这条船总价值 750 万美元,中国银行宁波市分行为欧洲客户提供了 10 年期的中长期船舶融资,这是其能够顺利出口的重要原因。

宁波中行开展的业务称为"出口买方信贷",这是宁波市第一笔买方信贷项下的船舶融资业务,也是首笔由商业银行介入的出口买方信贷业务。

新乐造船与欧洲船东德高钢铁合作多年。2010 年底,因业务发展需要,德高钢铁提出增购两条 7500 吨散货船的需求。但受欧债危机影响,欧洲主要船舶融资银行均提高了授信门槛,船东在当地融资困难重重。在市外经贸局、宁波外汇管理局的支持下,今年初,中国银行宁波市分行、中国信保宁波分公司正式介入出口买方信贷市场,由银行向国外船东发放贷款。

船舶是宁波市的十大出口产品之一。2013 年前两个月,在出口买方信贷的金融支持下,宁波船舶出口额达 3.58 亿美元,同比增长 333.5%。

资料来源:中国宁波网,cnnb.com.cn。

3. 出口信贷的特点

(1)出口信贷必须联系出口项目,即贷款必须全部或大部分用于购买提供贷款国家的出口商品。

(2)出口信贷的利率低于国际金融市场贷款利率,其利差由出口国政府给予补贴。

(3)出口信贷的贷款金额通常只占买卖合同金额的 80%～85%,其余的 15%～20% 由进口商先用现汇支付。

(4)出口信贷的发放与出口信贷保险或担保相结合,以避免或减少信贷风险。

　　一般来讲,在一个国家出口信贷发展的起步阶段,出口信贷主要以卖方信贷为主。其原因主要是提供信贷的银行与申请信贷的出口商都在同一国度,操作起来比较方便。但随着出口信贷业务的发展,出口买方信贷渐渐以其优势占据了主要地位。根据有关资料表明,一些发达国家的出口信贷业务中,出口买方信贷的业务约占其业务量的90%以上。

　　买方信贷不仅使出口商可以较早地得到货款和减少风险,而且使进口商对货价以外的费用也比较清楚,便于其与出口商进行讨价还价。因此这种方式较为流行。此外,对于出口方银行来说,贷款给国外的买方银行,要比贷款给国内企业风险更小,因为银行的资信通常是高于企业的。

　　由于出口信贷能有力地扩大和促进出口,因此各国一般都设立专门银行来办理此项业务,如美国进出口银行、日本输出入银行、法国对外贸易银行、加拿大出口开发公司等。这些专门银行除对成套设备、大型交通工具的出口提供出口信贷外,还向本国私人商业银行提供低利率贷款或给予贷款补贴,以资助这些商业银行的出口信贷业务。

　　我国也于1994年7月1日正式成立了中国进出口银行。这是一家政策性银行,其资金来源除国家财政拨付外,主要是中国银行的再贷款、境内发行的金融债券和境外发行的有价证券,以及向外国金融机构筹措的资金等。其任务主要是对国内机电产品及成套设备等资本品货物的进出口给予必要的政策性金融支持,从根本上改善我国出口商品结构,以促进出口商品结构的升级换代。

　　我国买方信贷申请的条件为:(1)出口产品应是机电产品和成套设备;(2)贸易合同金额不少于100万美元;(3)中国境内制造成套设备和机电产品商品比例不少于70%,船舶不少于50%;(4)进口商现汇支付要有一定的比例,船舶出口不低于合同金额的20%,成套设备不低于15%;(5)要求出口商投保出口信用险。

【专栏 10.3】

中国进出口银行
THE EXPORT-IMPORT BANK OF CHINA

　　中国进出口银行成立于1994年,是直属国务院领导的、政府全资拥有的国家银行,其国际信用评级与国家主权评级一致。中国进出口银行总部设在北京。截至目前,在国内设有21家营业性分支机构;在境外设有东南非代表处、巴黎代表处和圣彼得堡代表处;与1000多家银行的总分支机构建立了代理行关系。

　　中国进出口银行的主要职责是为扩大我国机电产品、成套设备和高新技术产品进出口,推动有比较优势的企业开展对外承包工程和境外投资,促进对外关系发展和国际经贸合作,提供金融服务。

　　中国进出口银行的主要业务范围包括:办理出口信贷和进口信贷;办理对外承包工程和境外投资贷款;办理中国政府对外优惠贷款;提供对外担保;转贷外国政府和金融机构提供的贷款;办理本行贷款项下国际国内结算业务和企业存款业务;在境内外资本市场、货币市场筹集资金;办理国际银行间贷款,组织或参加国际、国内银团贷款;从事人民币同业拆借和债券回购;从事自营外汇资金交易和经批准的代客外汇资金交易;办理与本行业务相关的资信调查、咨询、评估和见证业务;经批准或受委托的其他业务。

　　资料来源:中国进出口银行官网,www.eximbank.gov.cn。

10.1.2 出口信贷国家担保制

出口信贷国家担保制就是国家为了扩大出口,对于本国出口厂商或商业银行向外国进口厂商或银行提供的信贷,由国家设立的专门机构出面担保,当外国债务人拒绝付款时,由其按照承保的数额给予补偿。

1. 国家担保机构担保的项目

出口信贷国家担保的业务项目,通常是商业保险公司不愿承保的出口风险项目。这类风险可以分为两类:

(1)政治风险(Politics Risk)。由于进口国发生政变、革命、暴乱、战争以及政府实行禁运、冻结资金或限制对外支付等政治原因所造成的损失,国家担保机构可以给予出口商或放贷银行补偿。这种风险的承保金额一般为合同金额的 85%～95%。

(2)经济风险(Economy Risk)。由于进口商或借款银行破产倒闭无力偿付、货币贬值或通货膨胀等一些经济原因造成的损失,国家担保机构可以给予出口商或放款银行补偿。担保金额一般为合同金额的 70%～80%。为了扩大出口,有时对于某些出口项目的承保金额达到 100%。

2. 出口信贷国家担保制所担保的对象

(1)对出口厂商的担保。出口厂商出口商品时提供的信贷可向国家担保机构申请担保。一些国家的担保机构本身不提供出口信贷,但是可以为出口厂商取得出口信贷提供一些便利条件。例如,有的国家采用保险金额的抵押方式,允许出口厂商所获得的承保权利,以"授权书"方式转移给供款银行而取得出口信贷,这种方式使银行提供的贷款得到安全保障,一旦债务人不能按期还本付息,银行可直接从担保机构得到补偿。

(2)对银行的直接担保。供款银行所提供的出口信贷均申请担保。它是国家担保机构直接对供款银行承担的一种责任。一些国家为了鼓励出口信贷业务的开展和保障贷款的安全,常常给银行极优惠的待遇。例如,英国出口信贷担保署(The Export Credit Guarantee Department)对商业银行向出口厂商提供的一些信贷,一旦出现过期不能付款时,该担保署可给予 100%的补偿,而不问清付的原因,但保留对出口商要求偿付的追索权。如果出口商不付款的原因超过其所承保风险之外,该署可要求出口商偿还。可见,出口信贷国家担保制能使银行减少或避免贷款不能收回而蒙受的损失,有利于银行扩大出口信贷业务,促进商品输出。这是一种提高商品非价格竞争力的重要手段。

3. 担保的期限与费用

根据出口信贷的期限,担保期限通常可分为短期、中期和长期。短期信贷担保期为 6 个月左右,承保范围往往包括出口商所有海外的短期信贷交易。有的国家为了简化手续,采取综合担保的方式,出口商只需要一年办理一次投保,便可承保这期间对海外的一切短期信贷交易。中长期信贷担保期通常为 2～15 年,最长可达 20 年。承包时间可从出口合同成立或货物装运出口时起直到最后一笔款项付清为止。由于时间长、金额大,多采用逐笔审批的特殊担保方式。

对出口信贷进行担保往往要承担很大的风险。由于该措施旨在为扩大出口提供服务,收费并不高,以免加重出口商和银行的负担。保险费根据出口担保的项目内容、金额大小、期限长短、输往国别或地区的不同而有所不同,各国对保险费率的规定也不一样。

由于上述特点,出口信贷国家担保往往会因保险费收入总额不抵偿付总额而发生亏损。例如,1986 年,英国出口信贷担保署亏损 11.99 亿美元,美国进出口银行亏损 3.33 亿美元,日本通产省出口担保课亏损 8.1 亿美元。严重的亏损情况使得私人保险公司不愿也无力经营,所以,对出口信贷进行担保只能由政府来经营和承担经济责任。目前,世界上有的发达国家和许多发展中国家都设立了国家担保机构,专门办理出口信贷保险业务。我国的中国进出口银行除了办理出口信贷业务外,也办理出口信用保险和信贷担保业务。

10.1.3　出口信用保险

出口信用保险是国家为了推动本国的出口贸易,保障出口企业的收汇安全,由国家财政提供保险准备金的非营利性的、政策性的保险业务。

出口信用保险承保的是被保险人在国际贸易中,因境外原因不能出口或货物发运后而收不回货款的风险。该风险有两种。

1. 政治风险

政治风险是指在国际经济活动中发生的,与国家主权行为相关的,超出债权人所能控制的范围,并给其造成经济损失的风险,如进出口外汇管制、战争、罢工、恐怖活动、关税提高、外交抵制等等。

2. 商业风险

商业风险又称买家风险,是指在国际经济活动中发生的与买家行为相关的,给债权人造成的经济损失的风险。其中包括:(1)买方宣告破产,或实际丧失偿付能力;(2)买方拖欠货款超过一定时间,通常规定为 4 个月或 6 个月;(3)买方在发货前单方终止合同或发生发货后不按合同规定提货付款或付款赎单;(4)因其他非常事件致使买方无力履约等。

出口信用保险是政府鼓励发展出口贸易的重要措施。因为上述这些风险都不是民间财力所能承担的。所以这种保险一般都由政府来经营;或者由政府委托民间保险公司代为承办,而后由政府予以全额再保险。

出口信用保险属于国家政策性保险,因此各国的出口信用保险法中皆有明文规定:凡商业性保险机构可予以承保的风险,均不在这种保险承保的范围之内。

出口信用保险属于非营利性保险。各国均有明文规定:出口信用保险不以营利为目的,而以收支平衡为原则;业务经营不亏损,政府应当尽量降低保险费率;在不影响出口商成本的原则下,合理收取保险费,以承担出口商因外销可能招致的政治和商业风险。

由此可见,出口信用保险是各国政府以国家财政为后盾,为本国企业在出口贸易、对外工程承包和对外投资等活动中提供风险保障的一种政策性支持措施。它以合理规避风险,保障企业出口收汇安全为目的。越是市场经济发达,出口信用保险越发达。目前,全球贸易额的 12%～15% 是在出口信用保险支持下实现的。

我国唯一承办出口信用保险业务的政策性保险公司是中国出口信用保险公司,简称中国信保,2001 年 12 月 18 日正式揭牌运营,公司资本来源由国家财政预算安排。中国信保的业务范围包括:中长期出口信用保险业务;海外投资保险业务;短期出口信用保险业务;国内信用保险业务;与出口信用保险相关的信用担保业务和再保险业务;应收账款管理、商账追收等出口信用保险服务及信息咨询业务;进口信用保险业务;保险资金运用业务;经批准的其他业务。凡出口企业通过银行以信用证、付款交单、承兑交单或赊账等商业信用方式结汇的出口货物均可适用办理出口信用保险。如果投保出口企业在出口后,由于发生买方破产、丧失偿付能力、拖欠货款等商业风险导致直接经济损失时,中国出口信用保险公司给予赔付;此外,由于发生买方、开证行或保兑行所在国家或地区因战争、汇兑限制、发布延期付款令、限制进口等政治风险而导致出口商的直接经济损失也可投保获得赔付。可以说,出口信用保险是出口企业规避商业风险和政治风险的保护伞。

【专栏 10.4】

出口信贷联合出口信用保险:博泵融资案例

(一)案例主体

本案例涉及三个案例主体,它们分别是:山东博泵科技股份有限公司(以下简称博泵),是一家山东省淄博市博山区有着 80 年水泵业历史的全国重点骨干企业;中国建设银行淄博市分行(以下简称淄博建行);中国出口信用保险公司淄博办事处(以下简称中国信保)。

(二)案例梗概

2005 年 4 月 13 日,博泵以其子公司——山东博泵机电进出口有限责任公司(以下简称博泵机电)名义与苏丹财政国民经济部签署了金额为 1153 万美元水泵机组合同。合同项下出口设备陆续交货完毕并于 2007 年 10 月取得验货证明。该合同具体支付方式为:预付款为出口货值的 10%,另包括相应的出口信用保险费,苏丹方面在收到农行博山区支行开立的预付款保函后于 2005 年 12 月汇出并收到;延期付款为出口货值的 90%,本金及相应延付利息从 2008 年 1 月 1 日开始,每半年一次偿还等额本金和相应利息,由苏丹中央银行提供还款担保。按延期付款约定,发货后博泵账面形成了高达 828.4 万美元 1~4 年期的应收账款。

巨额生意虽然成交,但由此而形成的高额应收账款也使博泵陷入进退两难的窘境:因资金吃紧,企业难以正常购进原料组织生产,如不能按期交货又将面临违约责任,影响商誉。正值博泵一筹莫展之际,淄博建行采取"引入第三方保险——出口信用保险"的方法,会同中国信保用买断应收账款偿还发放的出口卖方信贷方式,于 2008 年 5 月为其办理了该行首单金额为 828.4 万美元的出口信贷再融资业务,解决了企业的燃眉之急。

(三)操作方式

具体流程是:第一步,办理出口卖方信贷(发货前融资)。先由博泵以 828.4 万美元 1—4 年期的应收账款向中国信保投保买方信用险,以消除银行对高额放账风险的后顾之忧;再由淄博建行向博泵机电发放 4540 万元出口卖方信贷。第二步,办理出口信贷再融资(发货后融资)。先由淄博建行投保出口延付合同再融资保险,对原企业中长期出口信用保险进行置换;后由淄博建行在收到《出口延付合同再融资保险单》及《出口延付合同再融资保险责任生效通知书》后,再进行发货后融资产品置换,即为博泵办理出口信贷再融资并于结汇后全部归还建行淄博分行在企业发货前已经发放的出口卖方信贷。

在上述案例中,博泵损益表中计提坏账一度高达 3981 万元,大量应收账款、计提坏账准备金导致企业经营现金流为负数,特别是流动资金占用的不断扩大,对以单定产且生产资金占用大的博泵来说,无疑是雪上加霜。但在投保出口信用保险后,伴随着收汇风险的显著降低,银行提供资金融通的意愿将明显增强。一方面,通过投保,出口企业将收汇风险转嫁给出口信用保险机构,收汇安全大大提高,还贷能力相应增强;另一方面,通过将已投保的出口信用保险权转让,提供出口融资的银行收贷风险大大降低,伴随着出口企业在银行的信用等级提高,直接促成了银行为其提供利率优惠的出口贷款等金融服务。

资料来源:刘洁、张池云:《信贷联结出口信用保险:博泵融资案例》,《金融发展研究》2009 年第 6 期。

10.1.4 商品倾销和外汇倾销

1. 商品倾销

商品倾销是出口厂商以低于该商品国内市场出售的价格,在国外市场上出售商品,从而打开市场,战胜竞争对手,扩大销售或垄断市场的一种手段。

实行商品倾销的具体目的在不同情况下有所不同。有时是为了打击或摧毁竞争对手,以扩大和垄断其产品销路;有时是为了建立新的销售市场;有时是为了阻碍当地同种产品或类似产品的生产和发展,以继续维持其在当地市场上的垄断地位;有时是为了推销过剩产品,转嫁经济危机;有时是为了打击发展中国家的民族经济,以达到经济上、政治上控制的目的。

按照倾销的具体目的,商品倾销可分为三种:

(1)偶然性倾销(sporadic dumping)。这种倾销通常是因为销售旺季已过,或因公司改营其他业务,在国内市场上不能售出"剩余货物",而以较低的价格在国外市场上抛售。它对进口国的同类产品的生产当然会产生不利影响,但由于时间短暂,进口国通常较少采取反倾销措施。

(2)间歇性或掠夺性倾销(intermittent or predatory dumping)。这种倾销是以低于国内价格甚至低于生产成本的价格在国外市场销售商品,挤垮竞争对手后再以垄断力量提高价格,以获取高额利润。

(3)持续性倾销(persistent dumping),又称长期性倾销(long-run dumping)。这种倾销是较长时期内持续地以低于国内市场的价格在国外市场销售商品。

要使倾销达到促进出口的目的,出口国家应设法不使倾销的商品回流到本国市场,并设法不受到进口国家反倾销等措施的报复。

2. 外汇倾销

外汇倾销是指一国降低本国货币对外国货币的汇价,使本国货币对外贬值,从而达到提高出口商品价格竞争力和扩大出口的目的。

外汇倾销是向外倾销商品和争夺国外市场的一种特殊手段。以美元对日元的汇率变化为例。从 1985 年 2 月 26 日至 1995 年 10 月 10 日,美元与日元的比价从原来的 1 美元合 264 日元,跌至 100.43 日元,1995 年 4—5 月间还跌破 80 日元,美元贬值 62%。这意味着,一件 100 美元的美国商品 1985 年在日本的售价为 26400 日元,而 1995 年仅为 10043 日元,而一件 26400 日元的日本商品 1985 年在美国的售价为 100 美元,1995 年则为 263 美元。

由此可见,一国的货币(如美元)贬值即汇率下跌后,出口商品用外国货币(如日元)表示的价格降低,这就提高了该国(如美国)商品的价格竞争能力,从而有利于扩大出口。而同时,进入该国的外国商品(如日本货)以该国货币(如美元)表示的商品价格就会上涨,削弱了该外国商品的价格竞争力,从而又会限制进口。因此,实行外汇倾销会同时起到扩大出口和限制进口的双重作用。

外汇倾销不能无限制和无条件地进行,只有具备以下两个条件才能起到扩大出口的作用。

第一,本国货币对外贬值的幅度大于国内物价上涨的程度。本国货币对外贬值,必然引起进口原料和进口商品的价格上涨,由此带动国内物价普遍上涨,使出口商品的国内生产价格上涨。当出口商品价格上涨幅度与货币对外贬值幅度相抵时,因货币贬值而降低的出口商品外汇标价会被因生产成本增加引起的该商品的国内价格上涨所抵消。但是,国内价格和出口价格的上涨总是有一个过程,在一定时期内它总是落后于货币对外贬值的程度的,因此出口企业就可以获得外汇倾销的利益。

第二,其他国家不同时实行同等程度的货币贬值和采取其他报复性措施。如果别国也实行同等幅度的货币贬值,那么两国货币贬值幅度就会相互抵消。如果别国采取提高关税等其他限制进口的报复性措施,也会起到抵消作用。

10.1.5 出口补贴

出口补贴又称出口津贴,是一国政府为了降低出口商品的价格,加强其在国外市场上的竞争能力,在出口某种商品时给予出口商的现金补贴或财政上的优惠待遇。

补贴是当今国际贸易中运用最广泛的干预形式。鼓励出口的补贴的基本形式有两种。

1. 直接补贴(Direct Subsidies)

直接补贴是政府在本国商品出口时,直接付给出口商的现金补贴,主要来自财政拨款。

如每出口一数量单位或单位价值的商品,政府补贴多少现金,以此来促进出口。直接补贴也可采取补贴差价的方式。在一些国家出口产品的国内价格高于国际市场价格的情况下,按照国际市场价格出口就会出现亏损或少盈利,此时政府根据国际市场价格与本国出口产品价格的差价给予补贴,通过补贴使得本国产品获得与其他国家相同产品同样的价格竞争能力,并且能够保证正常的盈利。有时候,补贴金额还可能大大超过实际的差价或利差,这已包含出口奖励的意味,同一般的出口补助已不可同日而语了。

这种补贴方式以欧盟对农产品的出口补贴最为典型。欧盟国家的农产品由于生产成本较高,其国内价格一般高于国际市场价格。若按国际市场价格出口过剩的农产品,就会出现亏损。因此,政府对这种亏损或国内市场与国际市场的差价进行补贴。差价补贴的幅度和时间长短,往往随着国内市场与国际市场之间的差价的变化而变化。欧盟出口的农产品,包括小麦、面粉、大米、糖、脱脂奶粉、黄油、牛肉、猪肉、新鲜蔬菜和水果等,都接受了这种直接补贴。

【专栏 10.5】

欧盟的共同农业政策

欧盟在 20 世纪 70 年代主要农产品几乎都是净进口,80 年代成为主要小麦、糖、肉和奶制品净出口实体;2000—2002 年,欧盟农产品出口约占全球农产品出口总量的 17%。欧盟在扩大农业生产和出口方面取得了巨大成功,这在很大程度上归因于欧盟共同农业政策的实施。多年来,共同农业政策所使用的经费始终占据欧盟总预算的近 50%。

欧盟共同农业政策主要措施包括:①干预价格。干预价格是指农民出售粮食等农产品时的最低限价,也是欧盟内部市场价格波动的下限,其实质是一种支持价格或保护价格。确保农民收入。②直接补贴农民。即,对粮食生产者主要实行作物面积补贴和休耕面积补贴。作物面积补贴与基础面积和单产水平挂钩,休耕面积补贴是为了在过剩时期保护耕地和保持粮食综合生产能力。③环保补贴。出现粮食过剩后,采取补贴政策鼓励农民进行粗放式经营,自愿在粮食生产中减少化肥等化学药剂施用量而遭受损失的农民将给予补贴。共同农业政策刺激了生产,导致长期性农产品剩余,剩余农产品又在补贴帮助下出口(剩余农产品处理成本不断增长,欧盟多次发生财政危机)。1992 年,欧盟在内部财政限制和多边农业贸易谈判压力下调低了特定农产品支持价格;1999 年,"欧盟 2000 年议程"进一步降低特定农产品支持价格,以直接补贴形式补偿生产者。

2003 年 6 月决定,2005 年开始以"单一农场补贴"取代原与单产挂钩的补贴方式,直接补贴政策由"蓝箱"转向"绿箱"。欧盟共同农业政策改革新方案的措施包括:①降低农产品支持价格。继续降低特定农产品支持价格,但对糖、奶制品和牛肉的支持价格仍远高于世界水平。②设立单一农场补贴。各成员方必须在 2005—2007 年间用单一农场补贴替代直接补贴,补贴总额不得超过欧盟统一规定限制。③制定环境保护计划。农民享受单一农场补贴不受生产要求限制,但必须将土地保持在"良好的农业状况",遵守食品安全和动物健康与福利标准。④增加农村发展计划资金。明确要求各成员方必须降低大型农场补贴,将绝大多数节省下来的资金转入农村发展资金。⑤固定补贴率,确定不突破欧盟预算限制的财政纪律。⑥明确了新成员方补贴办法,达成地中海作物协议。

资料来源:王玉斌、陈慧萍、谭向勇:《中、美、欧、日粮食补贴保护政策比较》,《世界农业》2007 年第 2 期。

2. 间接补贴(Indirect Subsidies)

间接补贴是指政府对某些商品的出口给予财政上的优惠,以降低出口商品的成本,提高出口商品的竞争能力。

如政府对出口企业提供低息贷款,提供贷款利率补贴,或贷款担保;政府退还或减免出口商品所缴纳的销售税、消费税、增值税、所得税等国内税,对进口原料或半制成品加工再出口给予暂时免税或退还已缴纳的进口税,免征出口税;政府对企业开拓出口市场提供补贴,免费提供海外市场信息和咨询服务;政府以优惠的价格提供商品或服务,如水、电、运输等。

应当看到,出口补贴行为会扭曲商品在国际市场上的价格,会对进口国的商品或同类商品的生产造成损害,进口国政府往往采用反补贴以抵制和消除补贴。因此,补贴和反补贴已成为当今国际经济贸易关系中的一个突出问题。然而,对于经济落后的发展中国家来说,给予某些出口工业制成品以适度的补贴,仍然是非常必要的。而世界贸易组织在原则上反对出口补贴行为的同时,也允许某些发展中国家在特殊情况下可以适度运用这种做法。因此,我们应该正确对待和运用这种手段,既充分遵循国际规范,又不放弃可以增强本国出口制成品竞争力的时机。

【专栏 10.6】

美国农业的间接补贴

支持农业生产是美国的一项基本国策,美国国会每 5 年左右会制定一个农业法案,详细阐述对农业生产的补贴政策。其中间接补贴包括低息农业贷款和农业保险补贴项目。

低息农业贷款的核心原则是帮助创业农民或弱势农民从事农业生产,这个群体往往很难获得商业贷款,政府提供的低息农业贷款主要用于填补商业银行在这块市场的空白。

低息农业贷款由农场服务局负责,包括直接贷款项目和贷款担保项目两种形式。直接贷款的资金来源于国会拨款,利率一般低于商业贷款,随市场行情波动。贷款担保项目的资金和服务由商业银行系统提供,利率则由借款人与商业银行机构商定,农场服务局为贷款提供担保。对于突发重大自然灾害,农场服务局还提供低息紧急贷款,申请人受损必须超过往年利润的 30%。

农业保险是保障农业生产的最主要措施,也是政府农业扶持政策的核心。在艾奥瓦州经营着 3500 英亩农场的斯科特·洛维特指出,如今政府直接补贴占收入不到 5%,与之相比农业保险的作用更为关键。

美国农业保险由农业部风险管理局负责,农民自愿参与,联邦政府为参保农民提供保费补贴,但保险业务由私人商业保险公司承担。2011 年,美国联邦农作物保险项目为农民提供了 207 万份保单,补贴成本高达 68 亿美元。

美国联邦政府对农业保险的补贴主要分两部分:一是保费补贴,一是业务费用补贴。

在保费补贴方面,补贴比例与所保产出比重呈反比关系。具体而言,导致产出低于 50% 的巨灾保险保费由联邦政府 100% 补贴,此后随着农民选择的产出保险范围提高,联邦政府的补贴比例也逐渐下降。

在业务费用补贴方面,美国联邦农作物保险公司向承办联邦农作物保险项目的私营保险公司提供一定比例的管理与运营费用补贴。此外,美国还为私人农业保险公司提供三方面政策支持:一是通过联邦农作物保险公司向私人保险公司提供再保险;二是联邦政府、州政府及其他地方政府对农业保险免征一切税赋;三是联邦政府通过法律鼓励各州政府提供保费补贴,以进一步减轻农民负担,提高农业保险吸引力。

资料来源:《美国农业如何"补"?》,新华网,www.news.cn。

10.1.6 出口退税

出口退税是对报关出口货物退还其在国内各生产环节和流通环节实际缴纳的增值税、营业税和消费税(主要是增值税)。

出口货物退税制度,是一个国家税收的重要组成部分。出口退税主要是通过退还出口货物的国内已纳税款来平衡国内产品的税收负担,使本国产品以不含税成本进入国际市场,与国外产品在同等条件下进行竞争,从而增强竞争能力,扩大出口创汇。WTO 允许成员方采取出口退税的措施,规定只要出口退税额不超过出口商品实际所含税金,出口退税就不能被视为出口补贴。

各国对出口商品实行退税制度,这是国际贸易的通行惯例。WTO 在《补贴与反补贴协

议》中,允许其成员把如下的税收退还给出口厂商:

(1)对出口产品在制造过程中使用和消耗的生产投入物征收的关税和其他间接税。

(2)对出口产品征收的间接税。

(3)对出口产品在生产和流通过程中所征收的间接税,主要指对销售、执照、营业、增值、特许经营、印花、转让、库存和设备所征收的税费。

我国对出口商品实行退税制度。一般来说,我国出口退税制度的制定和实施依据以下四个原则,即公平税负原则、属地管理原则、征多少退多少原则、宏观调控原则。这与世界贸易组织对出口退税的要求是相符的。

【专栏 10.7】

我国出口退税政策的发展

一、我国出口退税政策模式的初期探索阶段(1985—1994)

我国的出口退税政策始自 1985 年,当时国务院批准了《关于进出口产品税或增值税的报告》,规定从 1985 年 4 月 1 日起实行对进口产品征税、对出口产品退税的管理办法,形成了我国出口退税制度的第一个带有基本法性质的文件。这时的退税率不是很高,平均出口退税率只有 11.2%。这段时间国内的出口量小,出口的产品单一,退税的产品较少,税制为产品税,且参与出口的一般为国有外贸公司。所以出口退税对我国经济的作用未能体现出来。

二、我国出口退税政策的重要发展阶段(1994—2002)

1994 年,我国进行了全面的税收体制改革,建立了以增值税、消费税制度为基础的出口退税制度。1994 年 2 月 18 日颁布了《出口货物(免)税管理办法》,它成为我国执行出口退税制度的"母法"。

1997 年下半年发生了亚洲金融危机,我国政府庄严承诺人民币不贬值,使我国的出口产品在价格竞争上处于明显的劣势。国务院在 1998 年两次对出口退税政策作了调整,对部分出口商品提高了两个以上百分点的退税率。此后,为尽快摆脱外贸出口的下滑局面,国务院 1999 年又两次宣布调高部分商品的出口退税率。

三、我国出口退税政策的基本定型阶段(2003 至今)

进入 21 世纪,我国外贸出口继续保持较好的增长势头。2006 年中央调整了部分商品的出口退税率,将重点转向限制"两高一资"(高耗能、高污染和资源性)产品出口。2007 年,为了缓解贸易顺差过大产生的突出矛盾,促进贸易平衡,引导产业结构和出口商品的结构优化升级,中央以"有保有压、区别对待"原则对出口退税政策进行调整,一共涉及 2831 项商品。2008—2011 年中央先后发出了调整出口退税政策的通知,频繁地调整出口退税是为了让国家经济发展适应国际新形势的变化。

四、我国现行出口退税政策的调整

2008 年金融危机开始时,出口退税率的调整频率和幅度都非常大。自 2008 年以来,出口退税税率 10 个月内经历 7 次上调。2009 年 6 月份最后一次调整之后,综合退税率已经由 12.4% 上升至 13.5%。金融危机后,我国先后七次调整出口退税率,涉及的商品税号超过 8000 个,其中已有 1971 个税号商品实现了出口全额退税。

2010 年 6 月 22 日,财政部、税务总局下发《关于取消部分商品出口退税的通知》,决定从 2010 年 7 月 15 日起取消部分钢材、有色金属加工材等 406 个税号的退税率。我国商品目前实行 5%～17% 不等的出口退税率。

资料来源：http://wenku.baidu.com。

10.1.7　促进出口的组织措施

第二次世界大战后，西方国家为了促进出口贸易的扩大，在制定一系列的鼓励出口政策的同时，还不断加强出口组织措施。这些措施有政府组织的，也有民间团体组织的，主要有以下方面。

1. 成立专门组织，研究与制定出口战略

例如，美国 1960 年成立了"扩大出口全国委员会"，其任务是向美国总统和商务部长提供有关改进和鼓励出口的各项措施的建议和资料；1978 年成立了"出口委员会"和"跨部门的出口扩张委员会"，附属于总统国际政策委员会；1979 年成立了"总统贸易委员会"，集中统一领导美国对外贸易工作；1992 年成立了国会的"贸易促进协调委员会"；1994 年 1 月又成立了第一批"美国出口援助中心"等。日本、欧盟国家也有类似的组织。

2. 建立商业情报网

加强国外市场情报工作，及时向出口商提供商业信息和资料。例如，英国的海外贸易委员会在 1970 年就设立出口信息服务部，该部门装备有计算机情报收集与传递系统。情报由英国 220 个驻外商务机构提供，由计算机进行分析，包括近 5000 种商品和 200 个地区或国别市场情况的资料，供有关出口厂商使用，以促进商品出口。又如日本政府出资设立的日本贸易振兴会（其前身是 1951 年设立的"海外市场调查部"），就是一个从事海外市场调查并向企业提供信息服务的机构。

3. 设立贸易中心，组织贸易博览会，以推销本国商品

贸易中心是永久性设施，可提供商品陈列展览场所、办公地点和咨询服务等，而贸易博览会是流动性的展出，这些工作可以使外国进口商更好地了解本国商品，从而起到促销的作用。例如，意大利对外贸易委员会对由其发起的展出支付 80% 的费用，对参加其他国际贸易展览会的公司也给予其费用 30%～35% 的补贴。

4. 组织贸易代表团出访和接待来访，以加强国家间经贸联系

许多国家为了推动和发展对外贸易，组织贸易代表团出访，其费用大部分由政府支付。加拿大就是一例。此外，许多国家还设立专门机构接待来访团体。例如，英国海外贸易委员会设立接待处，专门接待官方代表团，并协助本国公司、社会团体接待来访的外国工商界人士，以促进贸易。

5. 组织出口厂商的评奖活动，以形成出口光荣的社会风气

例如，英国从 1919 年起开始实行"女王陛下表彰出口有功企业的制度"，并规定受表彰的企业在五年之内可使用带有女王名字的奖状来对自己的产品进行宣传。日本政府把每年的 6 月 28 日定为贸易纪念日，每年的这一天，由通产大臣向出口成绩卓著的厂商颁发奖状。此外，有些国家对有突出贡献的出口商颁发总统奖章或授予荣誉称号，或者由总理亲笔写感

谢信。这样都能较有力地推动本国对外贸易的发展。

10.2　经济特区措施

经济特区,是指一个国家或地区在其关境以外划出一定的区域,建筑或扩建码头、仓库、厂房等基础设施,实行免除关税等特殊的经济政策,吸引外商从事贸易和出口加工等业务活动的区域。

各国设立经济特区的目的是为了促进对外贸易的发展,鼓励转口贸易和出口加工贸易,繁荣本地区和邻近地区的经济,增加财政收入和外汇收入。因此,建立经济特区是一国实行对外开放政策和鼓励扩大出口的一项重要政策。

经济特区的出现,距今已有 400 多年的历史,它与对外贸易的发展有着密切的联系。早期的经济特区主要是以开展自由贸易为主,现在的经济特区已发展成为贸易、生产、科技开发等多种类型。世界各类经济特区都离不开国际贸易,并直接或间接地推动和影响着国际贸易的发展。国际贸易中的大量货物是流经经济特区投向世界市场的。经济特区的设立,促进了设区国现代化工业的发展,传统工业的改造,出口商品结构也得到改变。它不仅推动了世界范围内的资金流动和技术转移,推动了南北经济合作和技术交流,推动了世界市场的发展,而且也加速了世界范围内的产业结构调整和国际分工的加深,促进了世界经济的发展。

经济特区有很多种类型,但一般都表现出以下特点:

(1)以扩大出口贸易、开发经济和提高技术水平为目的。各国建立经济特区,首要目的就是要扩大出口,增加外汇收入。在此基础上,通过发展出口加工业,吸收外资和引进先进技术设备,开发本地区和邻近地区的经济,提高国内生产的技术水平。

(2)有一个开放的投资环境。经济特区大都提供优惠待遇,同时,国家还采取财政措施等对特区的生产经营进行扶持,并简化各种行政手续,为外商投资提供方便。

(3)具有一定的基础设施。这些基础设施主要包括:水电设施,交通运输设施,仓储设施,通信邮电设施,生活文化设施等。

(4)具有良好的社会经济条件。一般来说,经济特区都有较丰富的劳动力资源,文化教育程度较高,技术力量和管理能力也较强。

(5)有良好的自然条件。经济特区大都设在地理位置和自然环境较好的地区,交通运输方便,资源丰富或易于获得,气候温和,风景秀丽。

经济特区的主要形式有:自由港、自由贸易区、出口加工区、自由边境区、过境区(又称直接转口港或转口区)、工业科技园区和综合型经济特区,等等。

10.2.1　自由港和自由贸易区

自由港(Free Port),也称为自由口岸。自由贸易区(Free Trade Zone)也称为对外贸易区、自由区、工商业自由贸易区等。无论自由港或自由贸易区,都是指划在关境以外,对进出口商品全部或大部分免征关税,并且准许在港内或区内开展商品自由存储、展览、拆散、改装、重新包装、调整、加工和制造等业务活动,以便于本地区的经济和对外贸易的发展,增加财政收入和外汇收入。

自由港或自由贸易区一般分两种:一种是包括了港口及其所在的城市,例如香港。香港就是典型的自由港。自由港在经济和贸易方面的基本特征是"自由",除了个别商品外,绝大多数商品可以自由进出,免征关税,甚至允许任何外国商人在那里兴办工厂或企业。自由港一般具有优越的地理位置和港口条件,其开发目标和营运功能与港口本身的集散作用密切结合,以吸引外国商品扩大转口。目前如德国的汉堡、不莱梅,丹麦的哥本哈根,意大利的热那亚和里雅斯特,法国的敦刻尔克,葡萄牙的波尔,以及新加坡和我国香港特区,都是世界著名的自由港。

另一种是把港口或设区的所在城市的一部分划为自由港或自由贸易区。如德国汉堡自由贸易区是汉堡市的一部分,占地仅5.6平方英里。外国商品只有运入这个区内才能享有免税等优惠待遇,不受海关监管。

设立自由港和自由贸易区的主要目的是为了方便转口和对进口货物进行简单加工,主要面向商业,并以转口邻近国家和地区为主要对象,多设在经济发达国家或地区。自由港以欧洲为最多,自由贸易区以美洲为最多。

各个国家对自由港和自由贸易区的管理规定主要有以下内容。

1. 关税方面的规定

对于允许自由进出自由港和自由贸易区的外国商品,不必办理报关手续,免征关税。少数已征收进口税的商品如烟、酒等的再出口,可退还进口税。但是,如果港内或区内的外国商品转运到所在国的国内市场上销售,则必须办理报关手续、缴纳进口税。这些报关的商品,可以是原来货物的全部,也可以是一部分;可以是原样,也可以是改样;可以是未加工的,也可以是加工品。

有些国家对在港内或区内进行加工的外国商品往往有特定的征税规定。例如,美国规定,用美国的零配件和外国的原材料装配或加工的产品,进入美国市场时,只对该产品所包含的外国原材料的数量或金额征收关税。同时对于该产品的增值部分也可免征关税。又如奥地利规定,外国商品在其自由贸易区内进行装配或加工后,商品增值在1/3以上者,即可取得奥地利原产地证书,可免税进入奥地利市场;商品增值1/2以上者,即可获取欧洲自由贸易联盟原产地证书,可免税进入奥地利市场和其他欧洲自由贸易联盟成员方的市场。

2. 业务活动的规定

对于允许进入自由港或自由贸易区的外国商品,可以储存、展览、拆散、分类、分级、修理、改装、重新包装、重新贴标签、清洗、整理、加工和制造、销毁、与外国的原材料或所在国的原材料混合、再出口或向所在国的国内市场出售。

由于各国情况不同,有些规定也有所不同。例如在加工和制造方面,瑞士规定储存在区内的外国商品不得进行加工和制造,如要从事这项业务,必须取得瑞士联邦海关厅的特别许可方可进行。但是,在第二次世界大战后,许多国家为了促进经济与对外贸易的发展,都在放宽或废除这类规定。

3. 禁止和特别限制的规定

许多国家通常对武器、弹药、爆炸品、毒品和其他危险品,以及国家专卖品如烟草、酒、盐等禁止输入或凭特种进口许可证才能输入自由港或自由贸易区。有些国家对少数消费品进口到自由港和自由贸易区要征收高关税。有些国家对某些生产资料在港内或区内使用也要征收关税，例如意大利规定在的里亚斯特自由贸易区内使用外国的建筑器材、生产资料等也包括在应征关税的商品之内。有些国家如西班牙，还禁止在区内零售商品。

【专栏 10.8】

上海自由贸易区

上海自由贸易区即中国(上海)自由贸易试验区，是中国政府设立在上海的区域性自由贸易园区，属中国自由贸易区范畴。该试验区于 2013 年 8 月 22 日经国务院正式批准设立，于 9 月 29 日上午 10 时正式挂牌开张。试验区总面积为 28.78 平方公里，相当于上海市面积的 1/226，范围涵盖上海市外高桥保税区、外高桥保税物流园区、洋山保税港区和上海浦东机场综合保税区等 4 个海关特殊监管区域。

上海自贸区所规划之主要扩大对外开放的政策如下。

金融、航运与商贸领域：金融领域的政策主要有，允许符合条件的外资金融机构设立外资银行，符合条件的民营资本与外资金融机构共同设立中外合资银行。在条件具备时，适时在试验区内试点设立有限牌照银行。在完善监管的同时，允许自贸区内符合条件的中资银行开办离岸业务；试点设立外资专业健康医疗保险机构；融资租赁公司在试验区内设立的单机、单船子公司不设最低注册资本限制；允许融资租赁公司兼营与主营业务有关的商业保理业务。上海自贸区执行宽进严管的管理思路，在自贸区内，1 元钱就可以创办公司且大大简化审批手续，一般 1 天就能完成申办材料的审批，但若发生违法行为将受到诸多限制。在船舶航运方面，开放政策主要包括：中外合资、中外合作国际船舶运输企业的外资股份比例限制被放宽，国务院交通运输主管部门将制定相关的规定加以有效管理；中国大陆资产的公司可以拥有或控股拥有的不悬挂五星红旗的船舶，对外贸进出口集装箱在国内沿海港口和上海港之间的沿海捎带业务执行先行先试。商贸领域政策主要有，允许外资企业经营特定形式的部分增值电信业务，允许外资企业从事游戏游艺设备的生产和销售，通过文化主管部门内容审查的游戏游艺设备可面向国内市场销售。

专业领域：允许设立外商投资资信调查公司；允许在试验区内注册的符合条件的中外合资旅行社从事出境旅游业务(中国台湾地区除外)；外资者可以拥有不超过 70% 的股权的方式设立中外合资人才中介机构；港澳地区投资方可以设立独资人才中介机构；外资人才中介机构最低注册资本金要求由 30 万美元降低至 12.5 万美元；自贸区内，取消上海市提供服务的外资工程设计(不包括工程勘察)企业的"首次申请资质时对投资者的工程设计业绩"之要求；自贸区内的外商独资建筑企业承揽上海市的中外联合建设项目，取消过去建设项目中外方投资比例限制。

文化与社会服务领域：取消外资演出经纪机构的股比限制，允许设立外商独资演出经纪机构，为上海市提供服务；允许设立外商独资的娱乐场所，在试验区内提供服务；允许举办中外合作经营性教育培训机构；允许举办中外合作经营性职业技能培训机构；允许设立外商独资医疗机构。

建设中国(上海)自由贸易试验区，是顺应全球经贸发展新趋势，实行更加积极主动开放战略的一项重大举措。主要任务是要探索我国对外开放的新路径和新模式，推动加快转变政府职能和行政体制改革，促进转变经济增长方式和优化经济结构，实现以开放促发展、促改革、促创新,形成可复制、可推广的经验,服务全国的发展。

资料来源:中国(上海)自由贸易试验区门户网站,www.ysftpa.gov.cn。

10.2.2 保税区

保税区(Bonded Area)又称保税仓库区(Bonded Warehouse),是由海关设置的或经海关批准设置的特定地区和仓库。它的功能基本类似于自由贸易区。进入保税区的外国商品可以暂不缴纳进口税,如再出口也不必缴纳出口税。进入区内的商品也可以进行储存、改装、分类、混合、展览、加工与制造等。保税区(仓库)的设立,有利于货主选择有利的时机交易,有利于贸易业务的顺利开展和促进转口贸易。但是,商品若从保税区内进入本国市场,则必须办理报关手续,交纳进口税。

保税区制度是一些国家在没有设立自由港或自由贸易区的情况下设立的,它实际上起到了类似自由港和自由贸易区的作用,只是其地理范围一般相对较小。

各个国家保税区的具体规定各有不同,做法上也有差异。日本则根据职能的不同将保税区分为以下五种形式。

1. 指定保税区

指定保税区(Designated Bonded Area)是为了在港口或国际机场能简便、迅速地办理报关手续,为国外货物提供装卸、搬运或暂时储存的场所。指定保税区是经大藏大臣的指定而设置的。在这个区内的土地、仓库与其他设施都属于国家所有,并由国家所设立的机构进行管理。因此,指定保税区是公营的。

指定保税区的主要目的在于使外国货物简便和迅速地办理报关手续。因此,在该区内储存的商品的期限较短、限制较严,运入的货物储存期不得超过1个月。

2. 保税货棚

保税货棚(Bonded Shed)是指经由海关批准,由私营企业设置的用于装卸、搬运或暂时储存进口货物的场所。其特点是私营。由于保税货棚是经由海关批准的,因此必须缴纳规定的批准手续费,储存的外国货物如有丢失必须缴纳关税。

3. 保税仓库

保税仓库(Bonded Warehouse)是经海关批准,外国货物可以不办理进口手续和连续长时间储存的场所。指定保税区和保税货棚,都是为了货物报关的方便和短期储存而设置的。而保税仓库却是为了使货物能在较长时间内储存和暂时不缴纳关税而建立的。若进口货物再出口则不必纳税,这就便于货主把握交易时机出售货物,有利于贸易业务的顺利进行和贸易的发展。在保税仓库内储存货物的期限为两年,如有特殊需要还可以延长。

4. 保税工厂

保税工厂(Bonded Factory)是经由海关批准,可以对外国货物进行加工、制造、分类以及检修等保税业务活动的场所。保税工厂和保税仓库都可以储存货物,但储存在保税工厂中的货物可作为原材料进行加工和制造,以适应市场的需要、符合进出口的规章或减少关税的负担。

外国货物储存在保税工厂的期限为两年,如有特殊需要可以延长。如有一部分外国货物需要在保税工厂以外进行加工制造,必须事先取得海关的批准和在不妨碍海关监督的情况下进行,提交保税工厂以外进行加工和制造的货物,由保税工厂负责。

5. 保税陈列场

保税陈列场(Bonded Exhibition)是经海关批准在一定期限内用于陈列外国货物进行展览的保税场所。这种保税场所通常设在本国政府或外国政府、本国企业组织或外国企业组织等直接举办或资助举办的博览会、展览会和样品陈列所中。保税陈列场除了具有保税货棚的职能外,还可以展览商品,加强广告宣传,促进交易的开展。

中国在 1984 年提出了设立保税区的设想。进入 20 世纪 90 年代,我国沿海地区逐步建立起保税区。1990 年我国决定开发上海浦东时,确定在上海外高桥设立保税区。1992 年又批准在大连、海南省的洋浦等地设立保税区。现在,我国的保税区有上海浦东新区的外高桥保税区、天津港保税区、深圳沙头保税区、深圳福田保税区、广州保税区、大连保税区、张家港保税区、海口保税区、厦门象屿保税区、福州保税区、宁波保税区、青岛保税区、汕头保税区、深圳盐田港保税区、珠海保税区等,它们在我国的对外经济贸易中发挥着重要的作用。

【专栏 10.9】

我国国家级保税区一览

序号	名称	批准设立时间	规划面积(平方公里)	开发面积(平方公里)
1	上海外高桥保税区	1990.6	10.00	10.00
2	天津港保税区	1991.5	5.00	8.90
3	深圳沙头角保税区	1991.5	0.37	0.27
4	深圳福田保税区	1991.5	1.68	1.35
5	大连保税区	1992.5	5.70	1.25
6	广州保税区	1992.5	2.00	1.40
7	海口保税区	1992.10	1.93	1.93
8	厦门象屿保税区	1992.10	0.63	2.00
9	张家港保税区	1992.10	4.10	2.00
10	宁波保税区	1992.11	2.30	2.30
11	福州保税区	1992.11	1.80	1.30
12	青岛保税区	1992.11	2.50	2.50
13	汕头保税区	1993.11	2.34	2.34
14	深圳盐田港保税区	1996.9	0.85	0.85
15	珠海保税区	1996.11	3.00	3.00

资料来源:钟坚:《中国经济特区创办与发展 30 年历史的回顾与总结》,《创新》2010 年第 6 期。

10.2.3　出口加工区

出口加工区是指一个国家或地区在其港口、机场附近交通便利的地方,划出一定区域范围,新建和扩建码头、车站、道路、仓库和厂房等基础设施,并提供减免关税和国内税等优惠待遇,鼓励外商在区内投资设厂,生产以出口为主的制成品。

出口加工区是 20 世纪六七十年代,在一些发展中国家和地区建立和发展起来的,其分布以非洲和亚洲为最多。出口加工区脱胎于自由港或自由贸易区,采用自由港或自由贸易区的一些做法,但它又与自由港或自由贸易区有所不同。出口加工区与自由贸易区相比,其主要特点是面向工业,以发展出口加工工业为主,而不是面向商业。出口加工区既提供了自由贸易区的某些优惠待遇,又提供了发展工业生产所必需的基础设施,是自由贸易区与工业区的一种结合体,即兼有工业生产与出口贸易两种功能的工业——贸易型经济特区。东道国设置出口加工区的主要目的是吸引外国投资,引进先进技术和设备,扩大出口加工工业和加工品的出口,增加外汇收入,促进本地区外向型经济的发展。

出口加工区的类型有综合性出口加工区和专业性出口加工区两种:

(1)综合性出口加工区在区内可经营多种出口加工工业,如菲律宾的巴丹出口加工区即属此类,区内所经营的项目包括服装、鞋类、电子或电器产品、食品生产、光学仪器和塑料产品等。目前世界各地的出口加工区大部分是综合性出口加工区。

(2)专业性出口加工区在区内只许经营某种特定的出口加工产品,如印度孟买的圣克鲁斯电子工业出口加工区,专业发展电子产品的生产和出口。

出口加工区的优惠政策措施主要包括两方面:

(1)提供工业化所必需的一般先决条件,如提供训练有素、工资水平与生产效率和技术熟练程度相适应的劳动力;提供良好的环境,如码头、水电供给、交通设施,国际机场及通信等基础设施;精简高效的行政机构和规章制度;政策的稳定和对外投资的法律保护。

(2)提供财政上的优惠和补贴,鼓励出口加工业务发展及吸引外国投资。包括:区内加工出口所需的各种进口设备、原材料一律免征进口税;加工产品出口一律免征出口税;区内外商投资企业可以减免部分国内税;按补贴性的收费率提供公用事业和基础设施服务以及工厂用地等;外商企业的经营所得的各种收入不受外汇管制的限制等。

一国为了达到其设立出口加工区的目的,除了要提供优惠待遇以吸引外国厂商投资设厂外,还应加强对外国投资者的引导和管理,如对外国投资者进行资格审核,限制投资项目,对产品的销售市场进行规定等。这样可以从客观上保证外商投资项目的技术先进性和适用性,或保证该项目能大批吸纳劳动力,解决部分就业问题,或者能大量采用区外原料,从而带动本地区的经济发展。此外,加强投资管理还可以避免区内工厂利用其优惠待遇与区外工厂争夺市场等事件的发生。

出口加工区与自由港、自由贸易区的重要区别是:其功能主要是开发外向型的加工或精加工业务,发展具有国际竞争能力的工业;其政策优惠主要是对经过加工后增值并最终产品是销往国外的厂商给予减免优惠。

10.2.4　科学工业园区

科学工业园区(Science-based Industrial Park)又称工业科学园、科研工业区、高技术园区(Hi-tech Park)等,是一种科技型经济特区。是以加速新技术研制及其成果应用,服务于本国或本地区工业的现代化,并便于开拓国际市场为目的,通过多种优惠措施和方便条件,将智力、资金高度集中用于高新技术研究、试验和生产。

科学工业园区最早形成于 20 世纪 50 年代末 60 年代初的美国,70 年代逐渐在世界范围内兴起,80 年代以后进入发展期,90 年代进入高峰期。科学工业园区主要分布在发达国家和新兴工业化国家,以美洲为最多。世界知名的科学工业园区有:美国的"硅谷"、英国的"剑桥科学园区"、新加坡的"肯特岗科学工业园区"、日本的"筑波科学城"、我国台湾的"新竹科学工业园区"等。

科学工业园区的主要特点是:有充足的科技和教育设施及高校、研究机构,以一系列企业组成的专业性企业群为依托,区内企业设施先进、资本雄厚、技术密集程度高,信息渠道畅通、交通发达、政策优惠,鼓励外商在区内进行高科技产业的开发,吸引和培养高级技术人才,研究和发展尖端技术和产品。与出口加工区侧重于扩大制成品加工出口不同,科学工业园区旨在扩大科技产品的出口和扶持本国技术的发展。

科学工业园区有自主型和引进型两类。前者主要靠自有先进技术、充裕资金及高级人才来促进本国高新技术产业的发展,发达国家所设园区多属此类;后者则采取引进外资、技术、信息和人才的办法来进行合作研究与开发,发展中国家和地区所设园区多属此类。

10.2.5　自由边境区

自由边境区(Free Perimeter)过去也称为自由贸易区,一般设在本国的一个省或几个省的边境地区,对于在区内使用的生产设备、原材料和消费品可以免税或减税进口,如从区内转运到本国其他地区出售,则须照章纳税,外国货物可在区内进行储存、展览、混合、加工和制造等业务活动,其目的在于利用外国投资开发边区的经济。

自由边境区与出口加工区的主要区别在于,自由边境区的进口商品加工后大多是在区内使用,只有少数是用于再出口。故建立自由边境区的目的是开发边区的经济,因此有些国家对优惠待遇规定了期限。当这些边区生产能力发展后,就逐渐取消某些商品的优惠待遇,直至废除自由边境区。例如墨西哥设立的一些自由边境区期限到期时,就取消了原有的优惠待遇。我国在中俄边境、中越边境也设立有自由边境区。

10.2.6　过境区

沿海国家为了便利内陆邻国的进出口货物,开辟某些海港、河港或过境城市作为货物过境区(Transit Zone)。过境区规定,对于过境货物,要简化海关手续,免征关税或只征小额的过境费用。过境货物一般可在过境区内短期储存,重新包装,但不得加工。

10.2.7　我国设立的经济特区

我国的经济性特区,是指在国内划出一定的范围,在对外经济活动中采取较国内其他地区更加开放和灵活的政策,以减免关税等优惠措施为手段,通过创造良好的投资环境,鼓励外商投资,引进先进技术和科学管理方法,以促进经济发展的特定区域。

经济特区是我国最早实行对外开放政策的地区,也是实行特殊优惠政策、集中吸收外资的重点地区。自 1979 年以来,我国先后设立了深圳、珠海、汕头、厦门和海南五个经济特区。

特区致力于发展以工业为主的外向型经济,在我国的现代化建设中发挥着技术窗口、管理窗口、知识窗口和对外政策窗口的作用。

我国的经济特区与出口加工区、自由贸易区的共同之处主要表现在:重视投资环境的建设,大力吸收国外投资,并对外来投资者实行减、免税优惠政策。在经济活动方面实行特殊的政策和规定,鼓励企业走向国际市场,参与国际竞争。

此外,我国具体国情使这些特区有其特征:其一,面积较大,人口众多,经营范围广泛,涵盖了第一、第二、第三产业各部门;其二,功能较多,不仅发挥对外开放的基地和窗口作用,而且发挥经济体制,改革试验场所的作用;其三,与国内其他区域的经济联系非常紧密。

【专栏 10.10】

我国五大经济特区的创办与发展

1979 年 1 月,国务院批准交通部香港招商局在深圳蛇口地区(当时属宝安县)创办出口工业区。邓小平当时认为,不仅宝安、珠海县可以搞,广东、福建的其他县也都可以搞。1979年 4 月,在中央工作会议上,广东省提出,在毗邻港澳的深圳、珠海以及属于重要侨乡的汕头,各划出一块地方,试办贸易合作区,单独进行管理,作为华侨港澳同胞和外商的投资场所。邓小平非常赞同这一建议,并说:"就叫特区嘛! 陕甘宁就是特区。中央没有钱,可以给些政策,你们自己去搞。""杀出一条血路来!"会议决定对广东、福建两省实行特殊政策、灵活措施,并在广东的深圳、珠海、汕头,福建的厦门等地试办出口特区。1979 年 6 月,广东省向中央提交了《关于发挥广东优越条件,扩大对外贸易,加快经济发展的报告》,福建省向中央提交了《关于利用侨资、外资,发展对外贸易,加速福建社会主义建设的请示报告》。1979年7 月,中央批转两省报告,指示:"出口特区"先在深圳、珠海两市试办,待取得经验后,再考虑在汕头、厦门设置。1980 年 5 月,中央把要办的特区正式定名为"经济特区"。1980 年 8 月26 日,第五届全国人大常委会第十五次会议,审议批准建立深圳、珠海、汕头、厦门四个经济特区,并通过《广东省经济特区条例》,决定"在广东省深圳、珠海、汕头三市分别划出 327.5平方公里、6.7 平方公里、1.67 平方公里区域,设置经济特区"。1980 年 10 月 7 日,国务院正式批准成立厦门经济特区,面积为 2.5 平方公里。至此,完成了经济特区设立的决策和立法程序,标志着我国经济特区正式诞生。

1983 年 6 月,国务院批准将珠海特区范围扩大为 15.16 平方公里。1984 年 11 月,经中央批准,汕头经济特区范围扩大为 52.6 平方公里。1985 年 6 月,中央批准厦门经济特区范围扩大到厦门全岛,面积为 131 平方公里,并逐步实行自由港的某些政策。随后,国务院相继批准厦门设立海沧、杏林、集美三个台商投资区,实行经济特区现行政策。1988 年 4 月,第七届全国人大常委会第一次会议通过《关于设立海南省的决定》和《关于建立海南经济特区的决议》,完成海南单独建省和建设经济特区的决策和立法程序。1989 年 4 月,中央批准珠海经济特区范围扩大为 121 平方公里。1991 年 4 月,中央批准汕头经济特区范围扩大到整个市区,面积 234 平方公里。

1992 年 2 月,全国人大授予深圳特区地方立法权。1994 年 3 月,全国人大授予厦门特区地方立法权。1996 年 3 月,全国人大授予珠海和汕头特区地方立法权。2009 年 8 月 14日,国务院正式批复《横琴总体发展规划》,将面积 106.46 平方公里的横琴新区纳入珠海经济特区范围,使珠海经济特区面积达到 228 平方公里。2010 年,国务院先后批准深圳、厦门、珠海、汕头等经济特区扩大到全市范围。五大经济特区占我国国土面积的 0.44%,却创造我国 4.04% 的国内生产总值和 16.57% 的进出口总额,特别是深圳已成为全国经济中心城市。

资料来源:钟坚:《中国经济特区创办与发展 30 年历史的回顾与总结》,《创新》2010 年第 6 期。

10.3　出口管制措施

出口管制,是指出口国政府通过各种经济和行政措施,对本国出口贸易实行管制的行为。

一般而言,各国都会努力扩大商品出口,积极参与国际贸易活动。然而,出于某些政治、军事和经济上的考虑,许多国家为了维护本国的经贸权益,增强可持续发展的能力和确立本国的政治经济地位,在鼓励出口的同时,也对某些产品的出口,特别是战略物资和高科技产品的出口实行管制,限制和禁止这些产品对某些国家的出口。

10.3.1　出口管制的对象

国家管制的出口商品一般包括如下内容:

(1)战略物资和先进技术资料,其中包括:军事设备、武器、军舰、飞机、先进的电子计算机和通信设备等。各国尤其是发达国家控制这类物资出口的措施十分严厉,主要是从所谓的“国家安全”和“军事防务”的需要出发,防止它们流入政治制度对立或政治关系紧张的国家。例如,美国对古巴实行禁运,给古巴经济造成了极为恶劣的影响。此外,从保持科技领先地位和经济优势的角度看,对一些最先进的机器设备及其技术资料也必须严格控制出口。

(2)国内的紧缺物资,即国内生产紧迫需要的原材料和半制成品,以及国内供应明显不足的商品。如西方各国往往对石油、煤炭等能源实行出口管制。这些商品在国内本来就比较稀缺,倘若允许自由流往国外,只能加剧国内的供给不足和市场失衡,严重阻碍经济发展。

【专栏 10.11】

俄罗斯对谷物出口实施禁运

2010 年俄罗斯遭遇了严重的干旱和火灾,谷物减产严重,导致国内谷物价格高涨。在这一背景下,俄罗斯总理普京于 2010 年 8 月 5 日颁布了俄小麦、混合麦、大麦、黑麦、玉米、小麦及黑麦面粉等谷物的出口禁令,有效期至 2010 年 12 月 31 日。之后,俄罗斯政府决定把这一出口禁令延长至 2011 年 7 月 1 日。

俄罗斯是世界五大粮食出口国(地区)之一,2008—2009 年粮食出口量在 2340 万吨,位居美国和欧盟之后。俄罗斯宣布谷物出口禁令后,欧洲证券市场和芝加哥商品交易所小麦价格一天之内回到 2008 年 4—8 月水平。当俄罗斯政府宣布出口禁令延长决定后,则再次引起小麦价格上涨 4.6%。专家认为,俄粮食禁止出口不会引起世界市场粮荒,也不会发生 2007—2008 年的粮食危机,但会对价格上涨产生明显影响。

此外,俄罗斯谷物出口商的小麦出口合同履行也大受影响。俄罗斯贸易公司与埃及有大约 48 万吨的小麦销售合同,为了赶在出口禁令实施前装运小麦,贸易公司一直竭尽全力地工作。但是对于剩下的小麦合同,出口商不得不宣布不可抗力。

资料来源:俄粮食禁运引发国际市场粮价上涨,新浪财经,http://finance.sina.com.cn/roll/20100907/14408617400.shtml。

3. 历史文物和艺术珍品

各国出于保护本国文化艺术遗产和弘扬民族精神的需要,一般都要禁止该类商品输出,即使可以输出的,也实行较严格的管理。

4. 需要"自动"限制出口的商品

这是为了缓和与进口国的贸易摩擦,在进口国的要求下或迫于对方的压力,不得不对某些具有很强国际竞争力的商品实行出口管制。如原"多种纤维协定"项下的出口纺织品,和某些双边"自限"商品,如日本按照与美国达成的"自限"协定,对美国出口的汽车、钢铁采取自我管制出口措施。

与上述几种情况不同,一旦对方的压力有所减缓或者基本放弃,本国政府自然会相应地放松管制措施。

5. 被列入对进口国或地区进行经济制裁范围的商品

如联合国成员对被联合国通过决议予以制裁的国家,要进行出口管制。

6. 需要"限产保价"的商品

此类商品一般是本国在国际市场上占主导地位的重要商品和出口额大的商品。如石油输出国组织(OPEC)对成员方的石油产量和出口量进行控制,以稳定石油价格。此外,对发展中国家来讲,这类商品实行出口管制尤为重要。因为发展中国家往往出口商品单一,出口市场集中,出口商品价格容易出现大起大落的波动。当国际市场价格下跌时,发展中国家应控制该商品的过多出口,从而促使这种商品国际市场价格提高,出口效益增加,以免加剧世界市场供大于求的不利形势而使本国遭受更大的经济损失。

7. 跨国公司的某些产品

跨国公司在发展中国家的大量投资,虽然会促进东道国经济的发展,但同时也可能利用国际贸易活动损害后者的对外贸易和经济利益。例如,跨国公司实施"转移定价"策略,就是一个典型的例子。因此,发展中国家有必要利用出口管制手段来制约跨国公司的这类行为,以维护自己的正当权益。

10.3.2 出口管制的形式

出口管制的形式主要有单方面出口管制和多边出口管制两种。

1. 单边出口管制

单边出口管制,即一国根据本国的出口管制法案实行的出口管制。其管制的办法是设立专门的执行机构,对本国某些商品的出口进行审批和颁发出口许可证。

例如,美国长期以来就推行这种出口管制战略。早在 1917 年,美国国会就通过了《1917 年与敌对国家贸易法案》,以禁止所有私人与美国敌人及其同盟者在战时或国家紧急时期进行财政金融和商业贸易上的交易。第二次世界大战结束后,为了对当时存在的社会主义国家(如苏联)进行禁运,又于 1949 年通过了《出口管制法案》,以禁止和削减全部商品和技术资料经由贸易渠道出口。这个法案以后几经修改,直至《1969 年出口管理法》出台才被取代。以后美国国会又颁布了《1979 年出口管理法》《出口管理法 1985 年修正案》等,这些法案或修正案一次比一次宽松,但主要规定不变。

1989 年冷战结束后,世界政治经济形势发生了巨大的变化,商业利益已越来越和国家安全利益并驾齐驱。一方面,冷战结束后威胁世界安全的军事存在并没有消除,因此有必要对出口技术和设备继续实施严格的单方面出口管制,以防止核子及生化武器的扩散。另一方面,由于出口管制,美国的出口商丧失了世界市场份额,而让外国竞争者乘虚而入。据估计,美国在制造业每年出口损失高达 300 亿美元,计算机业每年也不得不损失 102 亿美元的海外订单。比如,美国休斯敦公司曾试图与中国合作建造卫星项目,但终因美国政府对中国实行技术制裁而失掉数亿美元的生意。又比如,美国对中国实行高技术控制,迫使英特尔公司、美国电报电话公司、国际商用机器公司等只能将它们最好的技术束之高阁,眼睁睁地看着中国有关市场的贸易额每年以 30% 的高速度发展而一筹莫展。显然,这大大损害了美国的贸易和经济利益。在这种背景下,美国在 1995 年推出了新的出口控制法案,尽量使美国国家安全和出口商的商业利益达到更好的平衡。

【专栏 10.12】

美国出口管制国家分组

世界各国,尤其是政治经济大国,根据本国情况,对不同的国家予以不同的出口管制。美国在其出口管理条例中,曾按照宽严程度不同的国别政策,将加拿大以外的所有国家划分为如下 7 个国家组,进行区别对待。

Z 组:古巴、柬埔寨、朝鲜民主主义人民共和国、越南。

S 组:利比亚

Y 组:阿尔巴尼亚、保加利亚、捷克斯洛伐克、老挝、蒙古人民共和国、苏联。

W 组:匈牙利、波兰。

Q 组:罗马尼亚

T 组:北美、中美和南美国家、百慕大和加勒比国家,但古巴除外。

V 组:其他不在上列各组之内的所有国家。

美国对 Z 组国家管制最严。美国总的政策是拒绝向这些国家出口美国产的商品和技术。对 S 组国家,美国规定,除药品、医疗用品、食品和农产品以外的所有商品和技术实行全面管制。对 Y 组国家,允许非战略物资出口,凡被认为涉及与军事用途有关、有助于提高其军事实力、有损于美国国家安全的商品和技术都不允许出口。对 W 组国家,管制原则与 Y 组国家基本相同,但受限制程度略小于 Y 组国家。对 Q 组国家,所受限制略小于 W 组国家,其他规定基本相同。对 T 组国家的管制较松,对这类国家的总政策与对 V 组国家的总的政策基本相同。但对向该组任何国家出口用于犯罪管制和侦查设备、军用车辆和用于军事设备的某些专门设计的商品和技术,一律需要有效出口许可证。对 V 组国家的出口管制最松。但在具体执行其出口管制法规时,则实行差别待遇。

资料来源:薛荣久主编:《国际贸易》,对外经济贸易大学出版社 2006 年版,第 424—425 页。

2. 多边出口管制

一是通过国际性组织实施的多边管制,即几个国家政府,出于共同的政治和经济目的,通过一定的方式建立国际性的多边出口管制机构,商讨和编制多边出口管制货单和出口管制国别,规定出口管制的办法等,以协调彼此的出口管制政策和措施。然后由各参加国依据上述精神,自行办理出口商品的具体管制和出口申报手续。例如,过去的巴黎统筹委员会就是这样一个典型的国际性多边出口管制机构。

二是由联合国实施的多边管制,即当一个联合国成员违反联合国宪章,联合国通过决议对其进行制裁时,其余联合国成员为遵守决议,对其进行出口管制。例如伊拉克侵略科威特后,联合国对伊拉克实施的出口管制。

【专栏 10.13】

巴黎统筹委员会

巴黎统筹委员会是对社会主义国家实行禁运和贸易限制的国际组织,正式名称为输出管制统筹委员会(Coordinating Committee for Multilateral Export Controls—COCOM),简称巴统。1948 年由美国发起,1949 年 11 月正式成立,总部设在巴黎。会员国有美国、英国、法国、意大利、联邦德国、丹麦、挪威、荷兰、比利时、卢森堡、葡萄牙、加拿大、日本、希腊和土耳其。

巴统的组织机构有:①咨询小组。是巴统的决策机构,由各会员国派高级官员参加。②调整委员会。1950 年成立。是对苏联东欧国家实行禁运的执行机构。③中国委员会。1952 年成立。是对中国实行禁运的执行机构。巴统的宗旨是执行对社会主义国家的禁运政策。禁运产品有三大类,包括军事武器装备、尖端技术产品和战略产品。

禁运货单有 4 类。①I 号货单为绝对禁运者,如武器和原子能物质。②II 号货单属于数量管制。③III 号货单属于监视项目。④中国禁单,即对中国贸易的特别禁单,该禁单所包括的项目比苏联和东欧国家所适用的国际禁单项目多 500 余种。

巴统的禁运政策和货单常受国际形势变化影响,有时还把禁运限制同被禁运国家的社会制度、经济体制或人权联系一起。巴统带有强烈的冷战色彩和意识形态的目的。冷战结束后,西方国家认为,世界安全的主要威胁不再来自军事集团和东方社会主义国家,该委员会的宗旨和目的也与现实国际形势不相适应,1994 年 4 月 1 日宣布正式解散。

资料来源:百度百科,http://baike.baidu.com。

10.3.3　出口管制的措施

出口管制的手段包括直接的数量管制和间接的税率调节,既可以通过发放出口许可证来控制出口商品的品种和数量,也可以通过征收出口关税或对出口工业企业的生产增加税收来减少出口。

1. 出口许可证

一般而言,列入出口管制的商品,必须办理出口申报手续,获取出口许可证后方可出口。以美国为例,美国的出口许可证分为两种:

(1)一般许可证(general license),也称普通许可证。这种许可证的管理十分松动。一般而言,出口这类商品时,出口商在出口报关表上填清管制货单上这类商品的普通许可证编号,再经海关核实就算办妥出口许可证。

(2)特种许可证(validated license)。这种许可证必须向有关机构专门申请。出口商在许可证上要填清商品的名称、数量、管制编号以及输出用途,再附上有关交易的证明书和说明书,呈送有关机构审批,获准后才能出口商品。那些涉及所谓"国家安全"的商品,还要提交更高层的机构审批,如不予批准则禁止出口。可见,出口管制成了美国等西方国家对外实行政治歧视和贸易歧视的重要工具。

2. 出口关税

与进口关税正好相反,出口关税是针对某些特殊商品出口征收的税赋。出口关税限制产品出口,但同时会对本国的生产、消费和社会福利带来影响,其影响也会因各国在世界市场上地位的不同而不同。

3. 出口配额

实行出口配额是政府限制出口的又一种政策,即控制出口商品的数量。有些出口配额是本国政府主动设立的,也有的配额是应进口国政府要求而设立的,即"自愿出口限制"。如中国输往欧美的纺织品出口配额就是在欧美政府的要求下设置的,因此也叫被动配额。

4. 出口行业的生产税

如果政府不用贸易政策限制出口,既不征出口税也不使用出口配额,允许商品自由出口,但对单位产品生产征收与单位出口商品所征关税相同的生产税。

5. 禁止出口与贸易禁运

禁止出口一般是一国对其战略物资或急需的国内短缺物资进行严格控制的主要手段。而贸易禁运(trade embargo)则是一些国家为了制裁其敌对国家而实行的贸易控制措施。前者往往针对所有或多数贸易伙伴,禁止只涉及本国出口,并不限制进口。而贸易禁运往往只针对某个或某些目标国家,所禁止的不仅是出口,同时还禁止从这些国家进口。

【思考题】

1. 鼓励出口的措施主要有哪些?会对国际贸易产生怎样的作用?

2. 什么是出口信贷?出口信贷有哪些种类?

3. 为什么买方信贷要比卖方信贷使用普遍?

4. 按照倾销的具体目的和时间不同,商品倾销可分为几种?

5. 实现商品倾销和外汇倾销需要什么条件?

6. WTO 在《补贴与反补贴协议》中,允许其成员把哪些税收退还给出口厂商?

7. 出口补贴有哪些形式?

8. 出口信用保险承保的风险范围包括哪些?

9. 什么是经济特区？它有什么特点？

10. 出口管制的措施有哪些？主要原因是什么？

【本章推荐书目及网上资源】

1. 薛荣久.国际贸易.北京:对外经济贸易大学出版社,2005.

2. 余光亚.出口加工区与经济发展.南京:东南大学出版社,2006.

3. 穆林林.出口信贷与保险.北京:中国对外经济贸易出版社,1996.

4. 中国保税区出口加工区协会.中国保税区出口加工区年鉴 2012.北京:中国海关出版社,2012.

5. 中国(上海)自由贸易试验区网站,http://www.shftz.gov.cn.

6. 中国国际贸易促进委员会网站,http://www.ccpit.org.

第 11 章 区域经济一体化

【学习要点及目的】

通过本章的学习,要求重点掌握:国际经济一体化的概念和形式,第二次世界大战后国际经济一体化兴起的原因,国际经济一体化对世界经济贸易的影响,经济一体化的理论。

【本章关键术语】

区域经济一体化(regional economic integration);优惠贸易安排(Preferential Trade Arrangement);自由贸易区(Free Trade Area);关税同盟(Customs Union);共同市场(Common Market);经济联盟(Economic Union);完全经济一体化(Complete Economic Integration);贸易创造效应(Trade Creating Effect);贸易转移效应(Trade Diverting Effect);贸易扩大效应(Trade Expansion Effect);欧洲联盟(European Union);北美自由贸易区(NAFTA);亚太经合组织(APEC);东盟(ASEAN)

11.1 区域经济一体化概述

11.1.1 区域经济一体化的含义

1. 区域经济一体化的含义

一体化(Integration)的含义是把各个部分结合为一个有机的整体。自 20 世纪 50 年代初起,一体化被广泛应用于对国际经济活动的研究中,用来形容多个国家独立的经济活动融合为紧密相连的一个整体的经济活动。按照涉及的国家范围来划分,经济一体化可以分为区域性的经济一体化和世界性的经济一体化。就目前经济一体化的实践和理论来看,经济一体化主要是区域性的。

经济一体化的定义最早是由荷兰经济学家丁伯根在 1954 年提出的。他认为:"经济一体化就是将有关阻碍经济最有效运行的人为因素加以消除,通过相互协调与统一,创造最适宜的国际经济结构。"

关于经济一体化的另一最具代表性的定义是美国经济学家巴拉萨在 1961 年提出的。他说:"我们建议把经济一体化定义为既是一个过程,又是一种状态。就过程而言,它包括旨在消除各国经济单位之间差别待遇的种种举措;就状态而言,则表现为各国间各种形式的差别待遇的消失。"

综合众家之说,区域经济一体化的定义为:两个或两个以上的国家或地区,通过协商并缔结经济条约或协议,实施统一的经济政策和措施,消除商品、要素、金融等市场的人为分割和限制,以国际分工为基础来提高经济效率和获得更大经济效果,把各国或各地区的经济融合起来形成一个区域性经济联合体的过程。

区域经济一体化包含着两层含义:一层含义是指成员之间经济活动中各种人为限制和障碍逐步被消除,各国市场得以融合为一体,企业面临的市场得以扩大;另一层含义是指成员之间签订条约或协议,逐步统一经济政策和措施,甚至建立超国家的统一组织机构,并由该机构制定和实施统一的经济政策和措施。

区域经济一体化要求成员之间在经济政策上实现一定程度的统一,实质上是成员经济主权一定程度的限制和让渡。这种经济主权限制和让渡程度的区别,意味着成员之间经济结合程度的高低,从而可划分出不同层次和水平的区域经济一体化。此外,对成员经济主权限制和让渡出来的部分,需要有一个组织机构来管理及行使。因而在较高层次和水平的区域经济一体化中,一般都有一个根据条约或协议而组成的超国家机构,并赋予该超国家机构一定的权力和职能。随着经济一体化水平的提高,各成员逐步向该机构让渡更多的经济主权,由该超国家机构行使更多的共同内部经济政策和一致的对外经济政策。

2. 区域经济一体化的特征

区域经济一体化组织的特点有以下几点:

(1)成员资格的区域性。典型的区域经济一体化组织首先在相邻、相近国家或地区建立起来,然后不断向外拓展。后续加入的成员也多是同一地区地理位置邻近,或在贸易投资、经济体制、文化习俗等方面具有相似性的国家和地区。近年来,也出现了许多跨区域的区域经济一体化组织。

(2)内部的开放性。各种区域经济一体化组织虽然在合作形式、合作规模、合作程度、合作范围、合作机制等方面存在着差异性,但总是推行相互间全面降低关税,取消非关税壁垒,实现商品的自由流通,并放宽内部的投资限制,促进地区的资本和其他生产要素的自由流动,从而达到改善资源配置、降低生产成本、互相得益的目的。

(3)对外的排斥性。区域经济一体化组织建立的目标是形成一个超国家的经济集团,以集团的力量进入国际市场。它们对内开放的同时,对外实行各种关税和非关税壁垒,并利用各种有利条件,实施种种显性和隐性的贸易保护主义措施来约束、限制与集团外非成员经济关系的发展。

(4)利益的放大性。区域经济一体化的根本出发点是谋求每一成员方能获得比单边主义更大的利益。对每一成员而言,它们降低关税、削减非关税壁垒的目的不仅仅是顺应生产要素自由流动的内在要求,而且是按照规模经济原理,从最佳的国际生产分工出发,实现资源的优化配置,提高效率,增强与区域外国家或经济集团对抗的实力。

11.1.2 区域经济一体化的形式

区域经济一体化有不同的组织形式,反映经济一体化的不同发展进程,以及各成员之间经济干预和联合的深度与广度。按照组织性质和贸易壁垒的取消程度,区域经济一体化可以划分为优惠贸易安排、自由贸易区、关税同盟、共同市场、经济联盟和完全经济一体化等形式。

1. 优惠贸易安排

优惠贸易安排是区域经济一体化中最低级和最松散的组织形式。成员之间通过贸易条约或协议,规定了相互贸易中对全部商品或部分商品的关税优惠,对来自非成员方的进口商品,各成员按自己的关税政策实行进口限制。如第二次世界大战前建立的"英联邦特惠制"及战后建立的"东南亚国家联盟"等。

【专栏 11.1】

帝国特惠制

第二次世界大战后称"英联邦特惠制"(Commonwealth Preference)。是英帝国各成员方根据 1932 年渥太华协定确立的帝国内部普遍贸易优惠制度。主要内容有:(1)英国对从殖民地和自治领输入的商品给予减免关税优待:80%的商品免除关税,20%的商品只征收10%的低关税;(2)英国以征收高额关税的办法限制非成员方农产品输入,保证自治领和殖民地在英国市场上的销售数额,而英国工业品在自治领和殖民地也应享受减税优待;(3)帝国各成员方在制定关税政策时须接受英国建议,提高对非成员方的进口税,取消或降低成员方之间的贸易壁垒;(4)承认建立英镑区的必要性和重要性。帝国特惠制鼓励了英帝国成员方之间的贸易,一定程度上阻止英国和其他国家对英帝国市场的渗透,维持了英国的特殊地位,引起美国的强烈不满。1935 年和 1938 年,美国先后同加拿大和英国签订贸易协定,取消几种商品的优惠关税,从而在帝国特惠制中打开了第一个缺口。第二次世界大战以后,随着英帝国改为英联邦,帝国特惠制也改名为英联邦特惠制。战后美国利用其强大的经济实力,迫使英国缩小特惠制的适用范围。1947 年签订"关税和贸易总协定"时,英国及其自治领不得不取消几种商品的优惠关税,并答应不再实行新的优惠关税。1937 年,英国同英帝国其他成员方之间的贸易中约有 60%享受着比其他国家货物低 17%～20%的关税优惠。到 1959 年,双方只有不到 50%的贸易各享受 10%左右的关税优惠。1973 年英国加入欧洲共同体之后,从 1974 年 1 月到 1977 年 7 月逐步取消了这一制度。

资料来源:CNKI 学问,xuewen.cnki.net。

2. 自由贸易区

自由贸易区是指签订自由贸易协议的成员方相互彻底取消了在商品贸易中的关税和数量限制,使商品在各成员方之间可以自由流动。但是,成员方仍保持各自对来自非成员方进口商品的限制政策。最典型的自由贸易区是"北美自由贸易区"。

在世界上众多的自由贸易区中,自由贸易的商品范围是有所不同的。有的自由贸易区只对部分商品实行自由贸易,如在"欧洲自由贸易联盟"内,自由贸易的商品只限于工业品,而不包括农产品。这种自由贸易区也被称作"工业自由贸易区"。有的自由贸易区对全部商品实行自由贸易,如"拉丁美洲自由贸易协会"和"北美自由贸易区"对区内所有的工农业产品的贸易往来都免除关税和数量限制。

为了防止非成员方利用成员方关税税率的差别进入成员方市场,在自由贸易区内通常采取"原产地原则"。这一原则的基本内容是,只有产自成员方的商品才能享受自由贸易区免征进口关税的待遇。从理论上来讲,所谓原产地产品,是指成品价值的 50%以上是自由贸易区内各成员方生产的产品。有的自由贸易区组织对某些敏感产品的原产地的规定更加严格,要求产品价值的 60%,甚至 75% 以上产自成员方时才符合原产地规则的规定。

3. 关税同盟

关税同盟是指成员方之间彻底取消了在商品贸易中的关税和数量限制,使商品在各成员方之间可以自由流动。另外,成员方之间还规定对来自非成员方的进口商品采取统一的限制政策,关税同盟外的商品不论进入哪个同盟内的成员方都将被征收相同的关税。

关税同盟的构想最早是由 19 世纪德国经济学家李斯特提出的。1834 年建立并逐步发展扩大的德意志关税同盟是较早出现的关税同盟组织。此外还有早期的"欧洲经济共同体"和"东非共同体",等等。

关税同盟意味着撤除了成员方各自原有的关境,组成了共同的对外关境。这样使成员方的商品在区域内部自由流动的同时,排除了来自非成员方商品的竞争。关税同盟使成员方在商品贸易方面彻底形成了一体化。关税同盟开始具有超国家性质,是实现全面经济一体化的基础。

【专栏 11.2】

德意志关税同盟

19 世纪 20—30 年代,以普鲁士为首的德意志各邦国为扫除相互之间的贸易障碍而结成的同盟。19 世纪上半叶,德国处于分裂和割据状态。1815 年成立的德意志邦联,内部存在着各自为政的 38 个邦国和数百种地方性货币,境内税卡林立,商业法规和度量衡制度各不相同,严重阻碍了工商业的发展。当时最强大的邦国普鲁士积极促进关税的统一,率先于 1818 年废除境内关卡,取消消费税和国内关税的征收,实行商品自由流转。普鲁士这一举动对其他邦国产生很大影响。1828 年,在普鲁士带动下,北德 6 个邦国成立关税同盟,参加同盟的各邦国之间的关税被取消;巴伐利亚、符腾堡组成南德关税同盟,后来其他一些南德邦国也相继加入。在此基础上,1833 年合并成立包括 18 个邦国在内的德意志关税同盟,加入同盟的各邦国订立关税协定,协定自 1834 年 1 月 1 日起生效。其主要内容包括废除内地关税,同盟各邦国之间的贸易免税,对国外贸易统一关税制度和税率等。关税同盟还致力于统一货币、度量衡制度和商业法规。这一同盟以后又扩展为全德关税同盟。德意志关税同盟的建立是德国走向政治统一的一个重要步骤,对统一德国国内市场、促进德国产业革命的发展也起到了重要作用。

资料来源:CNKI 学问,xuewen. cnki. net。

4. 共同市场

共同市场是指成员方之间不仅在商品贸易方面废除了关税和数量限制,并对非成员方商品进口征收共同关税,另外还规定了生产要素(资本、劳动力等)也可在成员方间自由流动。例如,"欧洲共同体"在 1992 年底建成的统一大市场。其主要内容就是实现商品、人员、劳务、资本在成员方之间的自由流动。

资本的自由流动意味着成员方的资金可以在共同体内部自由流出和流入;劳动力的自由流动意味着成员方的人民可以在共同体内的任何国家自由寻找工作。为实现这些流动,各成员方之间要实施统一的技术标准、统一的间接税制度,还要协调各成员方同一产品的课税率,协调金融市场的管理法规及成员方之间相互承认学历。因此,它的建立需要成员方让渡更多方面的权利和更多的协调。

5. 经济联盟

经济联盟是指成员方之间除了商品与生产要素可以进行自由流动及建立共同对外关税之外,还要求成员方实施更多的统一的经济政策和社会政策,如财政政策、货币政策、产业政策、区域发展政策等。例如,"欧洲联盟"属于此类经济一体化组织。

经济联盟与共同市场最大的区别是各成员方必须把许多经济主权移交给超国家的机构统一管理,这意味着各成员方不仅让渡了建立共同市场所需让渡的权利,更重要的是成员方让渡了使用宏观经济政策干预本国经济运行的权利。这些政策制定权的让渡对共同体内部形成自由的市场经济,发挥"看不见的手"的作用是非常有意义的。

在理论上,应在多大的经济政策范围内实现统一才能称得上经济联盟,尚没有明确界定。但是,货币政策的统一作为一个重要标志是具有共识的,即成员方之间有统一的中央银行、单一的货币和共同的外汇储备。到目前为止,世界上也只有欧洲联盟达到这一阶段。

6. 完全经济一体化

完全经济一体化是经济一体化的最高级组织形式。区域内各成员方在经济联盟的基础上,全面实行统一的经济和社会政策,使各成员方在经济上形成单一的经济实体。而该经济实体的超国家机构拥有全部的经济政策制定和管理权。目前世界上尚无此类经济一体化组织,只有欧盟在为实现这一目标而努力。

上述六种形式的区域经济一体化组织是由低级到高级排列的。各种形式的一体化组织之所以可以分级排列是因为上一级形式的一体化组织包含下一级形式一体化组织的特点。但是,必须要指出的是,区域经济一体化组织形式的分级排列并不意味着一个区域性组织在向一体化深度发展时一定是由低级向高级逐级发展的。从区域经济一体化的实践来看,一体化的起点并非一定是优惠贸易安排;某个区域经济一体化组织也可能兼有两种组织形式的某些特点。区域经济一体化的组织在实践中也许会产生出更多的形式。

不同形式间的比较如表 11-1 所示。

表 11-1　区域经济一体化的形式

特征 类型	关税减让	货物自由贸易	统一对外关税	生产要素自由流动	经济政策协调	政治外交上的合作和协调
优惠贸易安排	✓					
自由贸易区	✓	✓				
关税同盟	✓	✓	✓			
共同市场	✓	✓	✓	✓		
经济联盟	✓	✓	✓	✓	✓	
完全经济一体化	✓	✓	✓	✓	✓	✓

11.1.3 第二次世界大战后区域经济一体化的发展历程

尽管区域经济一体化的雏形可以追溯到 1921 年成立的比利时和卢森堡经济同盟。但是,区域经济一体化真正形成并迅速发展,却是始于第二次世界大战后。第二次世界大战后,世界经济领域发生了一系列重大变化,世界政治经济发展不平衡,大批发展中国家出现,区域经济一体化组织出现第一次发展高潮。

1. 迅速发展阶段

战后初期至 20 世纪 70 年代初,随着世界政治经济发展不平衡和社会主义国家的崛起,区域经济一体化有了迅速发展。60 年代,全球共有 19 个区域经济一体化组织,到 70 年代增至 28 个。例如,欧洲经济共同体、欧洲自由贸易联盟、东南亚国家联盟、安第斯集团、西非国家经济共同体等都是这一时期的产物。

2. 停滞发展时期

20 世纪 70 年代中期至 80 年代,由于世界资本主义经济危机,西方国家经济处于"滞胀"状态,区域经济一体化也一度处于停滞不前的状态。在这一时期,欧洲经济共同体原定的一体化计划并未完全实现,而发展中国家的一体化尝试没有一个取得完全成功。以欧洲经济共同体为例,两次石油危机、布雷顿森林体系崩溃、全球经济衰退、日美贸易摩擦上升等因素使其成员方遭受巨大打击,各成员方纷纷实施非关税壁垒措施进行贸易保护,导致前一阶段关税同盟的效应几乎丧失殆尽,欧共体国家经济增长速度急剧下降。

3. 飞跃发展时期

20 世纪 80 年代中期以来,区域经济一体化迅猛发展。这一时期,国际政治趋向缓和,各国将更多的精力投入到经济建设当中。以欧共体为代表的区域经济一体化组织将国际竞争从国家间的竞争推向区域集团间的竞争,这使得未加入一体化组织的国家产生压力,一些崇尚自由贸易的国家也开始探索符合本国特色的一体化模式。这样,参与区域经济一体化的国家越来越多,经济一体化的层次也越来越高。区域经济一体化开始从简单的数量、规模的扩张迈向了内涵深化的新时期。

11.1.4 区域经济一体化迅速发展的原因

1. 谋求政治修好,缓解矛盾冲突,稳定地区局势,是区域经济一体化的直接动因

世界银行研究表明:区域贸易协议除了促进贸易流动,也对消除政治冲突起着显著的作用。欧洲一体化的初始动机和最终目标就是政治。经过两次世界大战的磨难,欧洲人意识到不能再发生战争,必须通过合作、一体化与联合,才能实现欧洲的长久稳定、安全和发展。时至今日,欧洲各国终于通过经济合作,为实现地区的和平与发展、实现大欧洲联合的梦想,奠定了坚实的基础。在亚洲,1999 年东亚领导人关于东亚合作的联合声明,明确提出了开展政治、安全对话与合作的议题。非洲一些国家政局长期不稳,大多数国家经济又不发达,这些因素促使非洲联盟于 2002 年问世,其目的是试图以政治和经济合作来推动地区稳定与发展。

2. 科学技术和社会生产力的高速发展,是区域经济一体化的客观基础

第二次世界大战后,以原子能、电子计算机和空间技术的发展和应用为标志的第三次科技革命的出现,极大地促进了生产力的发展。在战后新技术条件下,各国之间的分工与依赖日益加深,生产社会化、国际化程度不断提高,使各国的生产和流通及其经济活动进一步越出国界。这就必然要求消除阻碍经济国际化发展的市场和体制障碍。当今世界,越来越多的国家通过实践认识到,只有更好地融入国际分工中去,才能加快本国经济发展的速度、提高经济的运转效率和国际竞争力。这种趋势要求打破国家壁垒,在彼此之间进行经济协调和联合。

3. 维护民族经济利益及政治利益的需要

世界政治和经济正日益呈现出多元化的趋势。发达国家要维持或谋求其在世界经济和政治舞台上的主导地位,而发展中国家要谋求政治上的独立和经济上的发展。但任何国家仅仅依靠自身力量,不与其他国家进行经济技术协作与联合,其战略目标都是不可能实现的。于是,一些在国际经济、政治竞争中所处地位相近的国家,就会在共同利益的基础上结成一体化组织,以维护和谋求其经济和政治利益。

4. 区域经济一体化所带来的巨大经济利益是促使其发展的内在动力

区域经济一体化的建立会给成员方带来各种巨大的经济利益。如成员方之间取消或削减关税,降低非关税壁垒,这会使成员方之间产品的出口规模趋于扩大。而利用区域内市场扩大出口,拉动经济发展,对于那些国内市场相对狭小的国家来说尤其重要。区域内市场范围的扩大还为企业实现生产的规模经济创造了条件,并且可以进一步增强区内企业相对于非成员方企业的竞争力。此外,一体化所带来的好处还体现在有助于打破垄断,优化资源配置,提高外部投资吸引力,增强成员方集团的谈判能力,提高在世界经济中的地位,等等。

5. 世界贸易组织近年来多边贸易谈判受挫,刺激了区域经济一体化的发展

虽然世界贸易组织是推动贸易自由化和经济全球化的主要力量,但由于自身庞大,运作程序复杂,根据世贸组织"一揽子接受"方式,其成员对各项议题的谈判只有在一致同意的基础上才能进行,从而注定了短时间内所有成员达成共识和消除矛盾并非易事。2001 年 11月在多哈发起的首轮多边回合谈判一直举步维艰。多边贸易谈判前景的不可预测性,为双边和区域性贸易协议提供了发展空间与机遇,也为参与全球竞争多了一种选择。而且,区域经济一体化组织因其成员常常是地理位置相邻、社会政治制度相似、生产力发展水平相近、有类似的文化历史背景,因而具有开展经济合作的诸多优势。

11.1.5 区域经济一体化发展的新特点和趋势

进入 21 世纪以来,伴随着经济全球化的发展,区域经济一体化表现出一些新的特点和发展趋势。

1. 区域经济一体化与经济全球化并行发展

世界各国由于经济发展基础、区位条件、体制因素等,其参与全球经济分工的程度是不均衡的。在激烈的国际竞争中,地区国家之间需要通过联合发挥地缘优势,增强自己的经济实力,提高国际竞争能力和谈判能力。因此,经济全球化在各地区之间发展不平衡,从而产

生了经济区域化、集团化。区域经济一体化具有协调和化解因经济全球化带来的某些矛盾和问题的作用,是经济全球化不可或缺的重要补充。

2. 区域经济组织合作形式多样化,合作机制灵活化

一体化协议名称多样化,合作方式不断创新。虽然目前的区域经济合作组织安排以自由贸易协定的形式为主导,但是其他名称的区域经济组织不断出现。例如,新加坡和朝鲜签订的投资保障协议,泰国和巴基斯坦签订的紧密经济伙伴关系协议,韩国和印度签订的经济伙伴关系协定等。在合作方式上,亚太经济合作组织,以及 2003 年内地与香港和澳门建立的更紧密经贸关系的安排也是一种新的尝试。

一体化组织空间范围扩大,地区、跨洲的区域组织不断出现。传统的经济一体化组织要求各成员方地理位置接近,然而进入 21 世纪以来,区域合作打破了原来狭义的地域相邻概念要求。另外,部分区域经济一体化组织互相交叉重叠,大区域组织包含次区域组织,或者是一个国家或地区参加多个不同层次的区域经济一体化组织,相互关系错综复杂。

区域经济一体化在运作机制上更加灵活。制度性区域经济组织和功能性区域经济组织并存。制度性区域经济组织是指各成员方以贸易协定、条约等法律契约形式为基础,而功能性区域经济组织则是各成员方相互进行信息交流、经济联系、协调各方面贸易政策等提供一个舞台。虽然,在一定程度上制度性区域经济组织占据主导地位,但是功能性区域经济组织的出现给区域经济一体化的发展带来了新的活力。例如,亚太经济合作组织就是功能性区域经济组织的成功典范。

【专栏 11.3】

澜沧江—湄公河次区域合作

20 世纪 90 年代以来,澜沧江—湄公河流域国际区域合作引起了国际社会的广泛关注。自 20 世纪 90 年代初亚洲开发银行倡导大湄公河次区域合作(GMS)以来,日本、欧美、东盟及其他发达国家和国际组织也先后介入该地区,形成了几个较有影响的合作机制。其中,中国参与的主要是以下三大合作机制。

1. 大湄公河次区域经济合作(Great Mekong Subregion Cooperation,简称 GMS)

亚洲开发银行大湄公河次区域合作项目自 1992 年起开始实施,经过初期规划、项目选择,现已进入项目实施阶段。亚洲开发银行大湄公河次区域合作范围,包括湄公河流域老挝、缅甸、柬埔寨、泰国、越南五国和中国云南省,涉及 7 个合作领域,即:交通、能源、电讯、环境、旅游、人力资源开发以及贸易与投资。大湄公河次区域经济合作建立在平等、互信、互利的基础上,旨在通过加强各成员间的经济联系,促进次区域的经济和社会发展,是一个发展中国家互利合作、联合自强的机制,也是一个通过加强经济联系,促进次区域经济社会发展的务实的机制。

该合作机制分为两个层次,其一是部长级会议,自 1992 年起每年一次,至今已举行过 10 次。其二是司局级高官会议和各领域的论坛(交通、能源、电讯)和工作组会议(环境、旅游、贸易与投资),每年分别举行会议,并向部长级会议报告。

亚洲开发银行大湄公河次区域合作是湄公河开发三个国际合作机制中起步较早,并取得实质性进展的机制。自 1992 年迄今,亚洲开发银行为湄公河流域国家的基础设施建设累

计提供贷款 7.7 亿美元,帮助融资 2.3 亿美元,已经在运输和能源领域完成了 9 个项目。亚洲开发银行还向大湄公河次区域开发项目提供了 32 个、累计 2500 万美元的技术援助。亚行除向湄公河开发项目提供技术援助外,还利用自身的影响和担保作用,呼吁西方发达国家尤其是私人投资者为这些备选项目提供融资。湄公河沿岸各国政府也十分重视亚洲开发银行大湄公河次区域合作项目。目前亚洲开发银行大湄公河次区域合作的重点是加强次区域的基础设施建设和有关贸易投资政策等软环境建设。

2. 东盟——湄公河流域开发合作(Ascan-Mekong Basin Development Cooperation,简称 AMBDC)

东盟——湄公河流域开发合作于 1996 年 6 月在马来西亚首都吉隆坡举行首次部长级会议。根据会议通过的框架协定,部长级会议将至少每年举行一次,两次部长级会议期间由成员方选派司局级官员举行指导委员会会议,为部长级会议做准备并提供政策建议。同时确定了基础设施建设、投资贸易、农业、矿产资源开发、工业及中小企业发展、旅游、人力资源开发和科学技术等八大合作领域。东盟——湄公河流域开发合作第一次部长级会议确定了由东盟 7 国加湄公河沿岸国老挝、缅甸、柬埔寨和中国为该合作机制的核心国。随着老挝、缅甸和柬埔寨三国相继加入东盟,日本和韩国也应邀加入东盟——湄公河流域开发合作组织之后,东盟——湄公河流域开发合作组织核心实际上就是东盟 10 国加中、日、韩 3 国的区域合作格局。

3. 湄公河委员会(Mekong River Commission,简称 MRC)

新湄公河委员会(MRC)是在 1957 年成立的湄公河下游调查协调委员会(老湄公河委员会)的基础上产生的。1995 年 4 月,湄公河下游泰国、老挝、柬埔寨和越南四国在泰国清莱签署了《湄公河流域可持续发展合作协定》,承认"湄公河流域和相关的自然资源及环境,是沿岸所有国家争取经济和社会富足以及提高本国人民生活水平的具有巨大价值的自然资产。"四个国家决定在湄公河流域开发和管理的一切领域,包括河流资源、河上航运、洪水控制、渔业、农业、发电及环境保护等所有可能产生跨越国界影响的领域进行合作。

资料来源:《大湄公河次区域合作概况》,云南省电子政务网,xxcx. yn. gov. cn。

3. 区域经济组织合作程度更深、范围更广

新一轮的区域经济组织在合作程度上表现得更为深入,合作范围更为广泛。在合作程度上,传统的区域经济组织主要以货物贸易自由化为发展目标,而新形势下的区域经济组织合作程度不断加深,不仅包括货物贸易的自由化,而且还包括了服务业的投资、贸易争端解决机制、统一的竞争政策、共同的环境标准和劳工标准、知识产权保护标准、超国家制度安排等。

可以看出,新形势下的区域经济组织所涉及的自由化领域明显超出早期的区域贸易协定。在合作范围上,传统的区域经济组织要求成员方具备社会政治制度相似、经济发展水平相近以及具有共同的历史文化背景等同质性条件,而新一轮的区域经济组织已经拓宽了合作范围,混合型区域经济组织的不断出现表明全球区域经济合作正在步入一个新的发展阶段。另外,区域经济组织成员方不再单单追求在组织内部获得经济利益,国际区域经济合作中的非经济因素凸显。区域经济合作中的非经济因素主要表现为政治利益,新一轮区域组织的各成员方政治因素往往是其签订区域贸易协定的重要考虑因素,而且新时期的区域贸

易协定开始出现越来越多的政治条款。

4. 区域经济组织合作的开放性趋势日益加强

新一轮的区域经济组织摒弃了传统区域经济组织的封闭排他性,更强调组织的开放性,实行"开放的区域主义",并且认为多边贸易体制与区域经济一体化绝非对立和相互排斥,新时期下的区域经济组织内部不再仅仅局限于一地区少数国家的参与,区域经济组织间也并不存在单一的纯粹竞争,而是组织内部不断延伸和扩大组织的同时,努力寻求与区外经济组织之间的合作。区域经济组织间的竞争和合作,深化与开发是交织在一起的。随着国家分工的不断深化以及市场经济的深入发展,区域经济组织加快自身一体化进程以及增强对外开放的力度将成为新时期区域联合形态的主流。

5. 区域经济一体化组织的成员结构发生了变化

从理论上来说,区域经济集团成员经济水平越接近,消除市场障碍和实行专业化分工而带来的经济利益越均匀,越能产生共同的经济需求。否则,经济利益和需求差距悬殊,出现的矛盾和分歧不易协调。因此,过去都是发达国家之间或发展中国家之间各自组成区域经济组织,如早期的欧盟和南方共同市场。但是,由于国际市场竞争加剧和贸易保护主义上升,区域一体化出现了一种新现象,即经济发展水平悬殊的发达国家与发展中国家共同建立南北区域型经济合作组织。1993 年经济高度发达的美国和加拿大与经济水平相对落后的墨西哥签署了北美自由贸易协定,建立自由贸易区,从此开创了打破经济发展水平差异组建区域经济集团组织的先例。

11.2 区域经济一体化的影响

区域经济一体化对国际贸易的影响表现在区域集团内部和外部两个方面。

11.2.1 区域经济一体化的内部影响

区域经济一体化对内部成员方既有积极影响,也有消极影响。由于在集团内部取消了关税和其他贸易壁垒,其积极影响是主要的。

1. 促进了集团内部贸易的增长

区域经济一体化组织成立后,通过消除关税和非关税壁垒,形成了区域性的统一市场,使区域内的商品、劳务、技术和资本等生产要素实现了自由流动,从而加深了成员方之间的分工与合作,推动了集团内部贸易的发展。欧盟在 1958—1969 年建立关税同盟的时期,对外贸易总额平均增长了 11.5%,其中成员方间的内部贸易额年均增长 16.5%。20 世纪 70年代,共同体内部贸易额占对外贸易总额的比例提高到 50%。近年来,欧盟约 66.8% 的进出口贸易是在其内部市场完成的。其他区域性贸易集团的发展也不同程度地显示出内部贸易增长迅速这一典型事实。

2. 促进了集团内部分工的深化

区域经济一体化的建立,有助于加强成员方之间在生产、科技和其他诸多领域的广泛协调与合作。一些单纯依靠本国力量难以完成的重大科研项目,如原子能利用、航空航天技术、大型电子计算机等高精尖技术,在集团内的推动下能够得以实施和完成,这将有利于推动集团内社会生产力的发展和国际分工的深化,从而进一步推动集团内贸易的发展。

3. 促进了集团内部贸易的自由化

区域经济一体化建立的基本目标是,通过签订优惠的贸易协定,减免关税、削减非关税壁垒,取消各种数量限制,以及取消或放松外汇管制等措施来推动集团内贸易的增长,从而扩大贸易自由化。

4. 强化了集团内部市场的融合与竞争

区域经济一体化组织的建立,使集团内部的市场进一步统一和开放,这将有利于降低交易成本,提高企业的规模化生产水平。但同时,它也将加剧内部市场的竞争,在给企业带来更多商机的同时也带来了更大的挑战。

5. 增强和提高了集团内国家的整体贸易地位

区域经济一体化使得原来单个经济实力较弱的国家联合起来以集团的形式出现在世界经济舞台上,极大地增强了经济实力和在国际贸易谈判中的地位,从而有利于维护贸易集团和成员方的贸易利益。例如,在世界贸易组织的多边贸易谈判中,欧盟以集团身份与其他成员方谈判,不仅大大增强了自己的谈判实力,也敢于同任何一个大国或贸易集团抗衡,达到维护自己贸易利益的目的。

11.2.2 区域经济一体化的外部影响

区域经济一体化对外部非成员方的贸易也会产生一定的积极影响。区域经济一体化组织的成立加速了成员方贸易和经济的发展,扩大了成员方的对外需求,从而在一定程度上促进了世界贸易总量的增长。同时,区域经济一体化发展所导致的技术开发领域的新成果也会向外扩散,使得集团外国家也能受益。

然而,由于区域经济一体化组织对外实行保护贸易政策,它的各项政策对非成员方更多的是造成不利影响。

1. 恶化了非成员方的国际贸易环境

区域经济一体化组织对内取消关税,实际上是以牺牲集团外国家的部分贸易利益为代价来扩大内部贸易。随着一体化的深入和扩大,区内贸易的内向性加强,统一的技术、环境标准对外来商品形成了无形的壁垒,对区外商品需求相对减弱。发展中国家由于资金、技术的短缺,出口的产品更难打入集团内部市场,这对于以外向型发展战略为指导的发展中国家来说,无疑恶化了它们的贸易环境。发达国家为绕过区域经济一体化组织所设置的壁垒,常常采取在集团成员方内部投资设厂、就地生产、就地销售的办法,打开集团的市场。这样必然导致它们向发展中国家投资的减少,从而恶化发展中国家吸引国际资本的环境。

2. 改变了国际直接投资的地区流向

由于区域经济一体化组织对外实行歧视性的贸易政策,外国跨国公司将原先的对集团成员方的商品出口改为直接投资,以绕过进口国的关税与非关税壁垒。显然,流入成员方的外国直接投资是从世界其他地区潜在的投资转移过来的。因此,一体化区域内外国直接投资的增加,实际上意味着一体化区外投资的相应下降。这种国际直接投资地区流向的改变,主要是由于集团组织的歧视性政策造成的,而非世界市场竞争的结果,因而必然会存在低效率的现象。

3. 不利于多边贸易体系的改进和完善

区域经济一体化组织的建立实际上对非集团成员方构成了不平等待遇,违背了 WTO 的非歧视原则。在世界经济区域化、集团化的趋势下,将导致更多的实力相当或相近的区域经济集团出现在世界经济大舞台上,从而使集团之间的竞争更加激烈。与此同时,它也使国与国之间的协调转化为区域与区域之间的协调,成员方主权利益的存在,将使这种国际协调更加困难。这些都不利于世界多边贸易体系的改进和完善。

【专栏 11.4】

世贸组织法律框架中关于区域贸易协定的规定

世贸组织最基本的法律原则就是无条件的最惠国待遇原则,规定成员方在与其他成员方进行贸易往来时,必须给予一视同仁的贸易待遇。以关税税率为例,成员方将某产品的最低关税率用于某个世贸组织成员方时,也要将此优惠税率用于所有其他成员方,不得有所歧视。但是,在区域一体化组织中有关区域内成员方间的关税规定,则是违反世贸组织最惠国待遇原则的。对此,世贸组织有关协定采取"例外原则"来进行处理,条件是其在促进区域内贸易流动的同时不得提高对集团外部成员方的贸易壁垒。

世贸组织协定中有关区域贸易的内容体现在关税与贸易总协定第 24 条,服务贸易方面体现在服务贸易总协定第 5 条上。如关税与贸易总协定第 24 条中规定,在区域贸易集团条件下允许将最惠国待遇作为例外,并对这种例外附加了三个条件:第一,不能因签订自由贸易协定而提高对第三国的贸易壁垒;第二,自由贸易协定成员方间撤除关税贸易壁垒的范围应包括所有贸易领域;第三,自由贸易协定应该在适当期限(10 年)内完全形成。

同时,为了有效监督和评估区域经济合作组织对多边经济合作产生的影响,以及区域贸易协定与多边贸易体制的关系,1996 年 2 月 6 日,世界贸易组织总理事会专门设立了区域贸易协定委员会。

应该说,正是以世贸组织为代表的多边贸易体制在法律上的承认和允许,才使得目前区域经济一体化趋势得以迅速发展。

资料来源:曹建明、贺小勇:《世界贸易组织》,法律出版社 2007 年版;根据"WTO 与区域一体化"部分内容整理而成。

11.3　区域经济一体化理论

区域经济一体化的快速发展引起了国际经济学理论界的广泛关注,许多经济学家试图对区域经济一体化的形成机制、经济贸易效应等从理论上做出概括和解释,形成了一些理论。其中具有代表性的有关税同盟理论、大市场理论和协议性国际分工理论。

11.3.1　关税同盟理论

由于关税同盟是一体化中最基本的也是最重要的形式,除自由贸易区外,其他形式的区域经济一体化都是以关税同盟为基础逐步扩大其领域或内涵而形成的,因此,很多学者把关税同盟作为基本的研究对象。雅各布·维纳(Viner,Jacob)在 1950 年出版的《关税同盟问题》被公认为关税同盟理论的代表作。关税同盟理论主要研究关税同盟形成后,关税体制的变更对国际贸易的静态和动态效果。

【专栏 11.5】

雅各布·维纳

雅各布·维纳(Viner,Jacob,1892—1970),1892 年生于加拿大蒙特利尔,1914 年从加拿大麦吉尔大学毕业后移居美国,在哈佛大学师从著名国际经济与贸易学家陶西格(Frank W. Taussig),1922 年获哈佛大学博士学位,1925 年至 1946 年担任芝加哥大学教授,1946 年赴普林斯顿大学任教。维纳是芝加哥自由主义学派的代表人物,是凯恩斯主义革命的反对者,被罗宾斯喻为"他所处时代最杰出的教授"。

维纳的研究领域包括国际经济与贸易理论、微观经济学、经济思想史等,在这些领域中他都做出了卓越的贡献。他对成本理论和垄断竞争理论的研究都是开创性的,在经济思想史的研究中也造诣颇深。他影响最大的是关于成本理论的研究和成本曲线的图形表述,这些仍然是今天微观经济学中成本理论的重要内容。维纳还担任著名的《政治经济学杂志》主编 18 年之久。

1950 年,维纳在其代表性著作《关税同盟理论》中系统地阐述了关税同盟理论。传统理论认为,关税同盟一定可以增加成员方的福利。维纳指出这并不总是正确的,他将定量分析用于对关税同盟的经济效应的研究,提出了贸易创造和贸易转移或贸易转向概念,奠定了关税同盟理论的坚实基础。维纳以后,很多经济学家对关税同盟理论进行补充完善,使之成为一种较为成熟的经济理论。

资料来源:MBA 智库百科,http://wiki.mbalib.com。

1. 关税同盟的静态效果

静态效果是指在经济资源总量不变,技术条件没有改进的情况下关税同盟对区域内国家贸易、经济发展及物质福利的影响。主要体现在以下几个方面。

(1)贸易创造效应

贸易创造是指关税同盟实行自由贸易后,产品从成本较高的国内生产转向成本较低的成员方生产,从成员方进口商品,从而创造出过去所不可能发生的新的贸易。其效果是:

第一,由于取消关税,每一成员方从原来生产并消费本国的高成本、高价格产品,转向购买其他成员方的低成本、低价格产品,使消费者节省开支,提高福利。

第二,提高生产效率,降低生产成本。从每一成员方看,扩大的贸易取代了本国的低效率生产。从同盟整体看,生产从高成本的地方转向低成本的地方,同盟内的资源得以重新优化配置,提高了要素的利用效率。

可以看到,贸易创造从消费和生产两个方面提高了福利水平。

(2)贸易转移效应

贸易转移是指缔结关税同盟后,由于对内消除贸易壁垒,对外实行保护贸易,从而导致一国的进口从一个非同盟的低成本国家被另一关税同盟的高成本国家所代替,从而使得贸易对象发生了转移。其效果是:

第一,由于关税同盟阻止从外部低成本进口,而以高成本的供给来源代替低成本的供给来源,使消费者由原来购买外部的较低价格商品转向购买成员方的较高价格商品,增加了开支,造成了福利损失。

第二,从全世界的角度看,这种生产资料的重新配置导致了生产效率的降低和生产成本的提高。

由于这种转移有利于同盟内的低效率生产者,使资源不能有效地优化配置,结果使整个世界的福利水平都降低了。在关税同盟缔结之前,每一国对来自任何国家的同种产品征收同等税率的关税,因而世界范围内成本最低的国家就可获得贸易机会。而关税同盟建立后,则因受关税同盟制约,需首先转向同盟内成员进口,倘若该成员出口商品成本不是世界最低的,则不仅同盟内的进口利益受损,而且从世界范围看,也不利于生产要素和资源的优化配置,从而产生了消极的消费效应和消极的生产效应,导致福利水平下降。

(3)贸易扩大效应

贸易扩大是指成立关税同盟后,关税取消使成员方商品的进口价格下降,导致进出口量增加。

贸易创造效应和贸易转移效应是从生产方面考察关税同盟对贸易的影响,而贸易扩大效应则是从需求方面分析的。关税同盟无论是在贸易创造,还是在贸易转移的情况下,都会导致贸易量的增加。因此从这个意义上,关税同盟可以促进贸易的扩大。

(4)减少行政开支

关税同盟成立后,彼此之间废除关税,可以减少征收关税的行政支出。

(5)减少走私

关税同盟建立后,商品可以在同盟国间自由流动,消除了产品走私的根源。它不仅可以减少查禁走私的费用支出,还有助于提高社会的道德水准。

(6)增加同盟对外谈判力量

关税同盟建立后,整体经济实力增强,可以统一对外进行关税减让谈判,这有利于关税同盟国贸易地位的提高和贸易条件的改善。

2.关税同盟的动态效果

动态效果是指关税同盟对成员方经济结构带来的影响和对其经济发展的间接推动作用。

关税同盟不仅会给成员方带来静态效果,还会给他们带来某些动态效果。尽管这些动态效应不能如静态效应那样被准确地度量,但是从一定程度上说,这些动态效应比静态效应更为重要,对成员方的经济发展有非常重要的影响。

(1)规模经济效应

对那些国内市场狭小或严重依赖对外贸易的国家而言,建立关税同盟的最大效益是它能带来规模经济效应。关税同盟建立以后,在排斥第三国产品的同时,为成员方之间产品的相互出口创造了良好的条件。所有成员的市场组成一个统一的区域性市场,这种市场范围的扩大促进了企业生产的发展,使生产者可以不断扩大生产规模,降低成本,享受到规模经济的利益。当然,未加入关税同盟的小国通过向世界其他国家出口商品,也能克服国内市场狭小的缺点,获得规模经济的好处,但绝不会像加入关税同盟这样获得全方位的好处。

(2)竞争效应

关税同盟成立后,商品的自由流通可以加强竞争,打破垄断,从而提高经济福利。在不同的市场结构中,在其他条件不变的情况下,市场的竞争越强,专业化程度越深,导致的效率越高,资源配置越趋于合理。关税同盟的建立,摧毁了各国受关税保护的市场,使得成员间的竞争加强。

(3)投资促进效应

关税同盟建立后,可以从三个方面促进投资:第一,随着商品自由流通的范围扩大,市场的扩大,风险和不稳定性会降低,投资环境得到改善,会大大加强对成员方内部的投资者和非成员方投资者的吸引力,从而使企业的投资增加;第二,由于同行业竞争的加剧,为了提高竞争力,厂商必须增加投资,以扩大生产规模,增加产量以降低成本,更新设备,提高装备水平,改进产品质量,并研制新产品,以改善自己的竞争地位;第三,由于关税同盟成员方减少了从同盟外的进口,迫使非成员为了避免贸易转移的消极影响,绕到同盟国内部直接进行投资设厂,建立避税工厂。

(4)资源配置效应

关税同盟建立后,市场趋于统一,资本、劳动力、技术等生产要素可以在同盟国间自由流动,提高了要素的流动性。资源的优化配置还能促使企业家精神在同盟国之间传播和发扬,导致管理创新和制度创新。这些都将使生产要素配置更加合理,提高要素利用率,降低要素闲置的可能性,从而实现同盟内高效率的资源配置效应。

(5)技术进步效应

关税同盟建立后,同盟内贸易和投资的便利,使体现于其中的知识、技术在同盟内发生扩散,推动成员方的技术进步。同时,同盟内竞争的加剧,又促使成员方增加自主技术研究与开发的投资,进行自主技术知识创新,这些都推动了关税同盟国整体的技术进步。

11.3.2　大市场理论

大市场理论是从动态角度来分析区域经济一体化所取得的经济效应,是针对共同市场提出的,其代表人物为西托夫斯基(T. Scitovsky)和德纽(J. F. Deniau)。

当经济一体化演进到共同市场之后,区内不仅实现了贸易自由化,其要素可以在区内自由流动,从而形成一种超越国界的大市场。共同市场在一体化程度上比关税同盟又进了一步,它将那些被保护主义分割的小市场统一起来,结成大市场,然后通过大市场内激烈竞争,实现大批生产带来的大规模经济等方面的利益。

西托夫斯基认为一个封闭的国内市场会导致小市场和保守企业家态度的恶性循环。由于人们交往与狭隘的市场,竞争不激烈、市场停滞、新企业难以建立,并且由于垄断的存在,企业家比较容易获取高利润,从而失去进取的动力。企业不积极扩大生产、追求规模经济效应、降低生产成本,结果将形成一个不思进取,又能获得较高收益的环境。长此以往,在这种狭小的市场范围内,国家就会陷入高利润率、高价格、低资本周转率的恶性循环之中。能够打破这种恶性循环的办法就是建立共同市场或贸易自由化条件下的激烈竞争。如果竞争激化,价格下降,就会迫使企业家停止过去的小规模生产,转向大规模生产。同时,随着消费者实际收入的增加,消费水平会不断提高,市场规模会进一步扩大,从而使经济发展处于良性循环之中。

德纽认为,一定区域内的经济一体化有利于激化竞争、提高技术水平、扩大生产规模、实现规模经济,降低商品的价格,进而扩大对商品的需求。德纽对大市场带来的规模化生产进行了描述,最终得出结论:"这样一来,经济就会开始其滚雪球式的扩张。消费的扩大引起投资的增加,增加的投资又导致价格下降,工资提高,购买力的提高……只有市场规模迅速扩大,才能促进和刺激经济扩张。"

综合西托夫斯基和德纽的观点,大市场理论的核心是:通过建立共同市场,使得市场扩大,竞争加剧,会获得规模经济,从而实现更好的经济利益。

大市场理论分析了建立共同市场的意义和作用,但仍不十分完备,其缺陷主要体现在:(1)大市场理论无法解释国内市场存量相当大的国家也在同其他国家实行国际经济区域一体化。(2)根据大市场理论,建立共同市场是为了克服企业家的保守态度,但从国内经济政策入手,克服国内的行业垄断弊端,不一定建立共同市场,照样可使市场更具竞争力。(3)将竞争激化的规模经济作为共同市场产生的依据也有些勉强。

11.3.3 协议性国际分工理论

日本学者小岛清在考察经济一体化组织内部分工的理论基础以后,在其著作《对外贸易论》中,提出了协议性国际分工理论。

他认为,经济一体化组织内部如果仅仅依靠比较优势原理进行分工,不可能完全获得规模经济的好处,反而可能会导致各国企业的集中和垄断,影响经济一体化组织内部分工的发展和贸易的稳定。因此,必须实行协议性国际分工,使竞争性贸易的不稳定性尽可能保持稳定,并促进这种稳定。

所谓协议性国际分工,是指一国放弃某种商品的生产并把国内市场提供给另一国,而另一国则放弃另外一种商品的生产并把国内市场提供给对方,即两国达成相互提供市场的协议,实行协议性国际分工。协议性分工不能指望通过价格机制自动地实现,而必须通过当事国的某种协议来加以实现,也就是通过经济一体化的制度把协议性分工组织化。

为了相互获取规模经济的好处,实行协议性国际分工是非常有利的。但是要使协议性分工取得成功,必须满足三个条件:

(1)实行协议性分工的两个或多个国家的要素比率没有多大差别,工业化水平和经济发展水平相近,因而协议性分工对象的商品在各国都能进行生产。

(2)作为协议分工对象的商品,必须是能够获得规模经济的商品,一般是重工业、化学工业等产业的商品。

(3)不论对哪个国家,生产协议性分工的商品的利益都应该没有很大差别。也就是说,自己实行专业化的产业和让给对方的产业之间没有优劣之分,否则就不容易达成协议。

因此,成功的协议性分工必须在同等发展阶段的国家建立,而不能建立在工业国与初级产品生产国之间。同时,发达国家之间可进行协议性分工商品范围较广,因而利益也较大。

11.4 区域经济一体化实践

伴随着经济全球化浪潮,区域经济一体化异军突起,区域经济一体化组织遍布全球。在众多的区域经济一体化组织中,欧洲联盟、北美自由贸易区、亚太经济合作组织最具影响力,其中又以欧洲联盟的发展最为成熟。而在亚洲,东南亚国家联盟的发展和扩大,为亚洲国家间的区域性经济合作提供了舞台,发挥着越来越重要的作用。

11.4.1 欧洲联盟

欧洲联盟(European Union,EU),简称欧盟,总部设在比利时首都布鲁塞尔,是由欧洲共同体(European Community,又称欧洲共同市场)发展而来的,主要经历了三个阶段:荷卢比三国经济联盟—欧洲共同体—欧盟,是一个集政治实体和经济实体于一身、在世界上具有重要影响的区域一体化组织。1991 年 12 月,欧洲共同体马斯特里赫特首脑会议通过《欧洲联盟条约》,通称《马斯特里赫特条约》(简称《马约》)。1993 年 11 月 1 日,《马约》正式生效,欧盟正式诞生。

1. 欧盟扩张的历史

(1)欧共体成立前的准备孕育阶段(1946—1967)

第二次世界大战结束后,经过战争洗礼的欧洲百废待兴。昔日的一流世界帝国变成了屈居美、苏之后的二流国家。为了重新找回自己的大国地位,欧洲主要大国都有了重新联合在一起共同发展经济的思想。1946 年,英国首相丘吉尔率先提出需要建立起"某种类似于欧洲合众国的东西",这是欧洲一体化的最早构想。1950 年 5 月 9 日,法国外长舒曼发表声明(史称"舒曼计划"),建议法德两国建立煤钢共同体。1951 年 4 月 18 日,法国、联邦德国、意大利、荷兰、比利时和卢森堡在巴黎签订了建立欧洲煤钢共同体的条约,该条约于 1952 年 7 月 25 日生效。1957 年 3 月 25 日,这六个国家又签订了建立欧洲经济共同体条约和原子能共同体条约,统称《罗马条约》,该条约于 1958 年 1 月 1 日生效。欧洲经济共同体和欧洲原子能共同体是欧洲共同体的前身,也是欧共体成立的前期准备阶段。

(2)欧共体成立及其扩大阶段(1967—1993)

从 1967 年起,欧洲一体化的发展进程进入了一个新阶段,其标志是 1965 年 4 月 8 日,法国、联邦德国、意大利、荷兰、比利时和卢森堡签订了《布鲁塞尔条约》,决定将欧洲煤钢共同体、欧洲经济共同体和欧洲原子能共同体合并,统称为欧洲共同体。但《布鲁塞尔条约》于 1967 年 7 月 1 日才开始生效,欧共体才在真正意义上成立。在其成立以后到 1993 年,欧共体共经历了 3 次扩大。

第一次扩大:1972 年 1 月 22 日,欧共体迎来了第一批新成员,英国、丹麦、爱尔兰三国在布鲁塞尔签字加入,欧共体成员方增加到 9 个。

第二次扩大:1981 年,欧共体吸收希腊成为会员国,欧共体实现了成员方的第二次扩大。

第三次扩大:1986 年,西班牙及葡萄牙成为欧共体会员国,欧共体第三次扩大。同年,欧共体卢森堡首脑会议通过了《单一欧洲法令》作为《罗马条约》的附件。1991 年 12 月,欧共体与匈牙利、波兰和捷克斯洛伐克签署了"联系国"协议。三国获得了 10 年入围候补资格。

(3)欧洲联盟的成立及其扩大阶段(1993 年至今)

1991 年 12 月 9 日,在荷兰的马斯特里赫特举行了欧共体的第 46 次首脑会议,通过了《欧洲联盟条约》(简称《马约》),并于 1992 年 2 月 7 日由各成员方的外交与财政部长正式签署。《马约》的签署,把欧洲的一体化推向了一个新阶段,欧共体由一个经济实体向经济、政治、防务实体的方向发展,使欧洲一体化在深度和广度上发生了质的飞跃。因此它被认为是《罗马条约》签订以来欧共体一体化进程中的里程碑。然而,欧洲的一体化进程并非一帆风顺。《欧洲联盟条约》虽于 1992 年 2 月正式签署,但是直到 1993 年 11 月 1 日才开始正式生效,宣告欧洲联盟的正式成立。

欧盟成立后,其又经历了三次重要的扩大。

第四次扩大:1995 年 1 月 1 日,奥地利、瑞典和芬兰三国正式加入欧洲联盟,欧洲共同体成员方达到 15 个。1997 年 7 月 16 日,欧盟委员会又提出首批东扩名单,东扩的首批国家为:塞浦路斯、匈牙利、波兰、爱沙尼亚、捷克和斯洛文尼亚。1998 年,欧盟与以上 6 个国家开始入盟谈判。1999 年 1 月 1 日,欧洲统一货币——欧元启动,这再次表明欧盟扩大的趋势势不可挡。

第五次扩大:2002 年 10 月 9 日,欧盟委员会在布鲁塞尔正式公布 2004 年前欧盟东扩的 10 国名单——塞浦路斯、捷克、爱沙尼亚、匈牙利、拉脱维亚、立陶宛、马耳他、波兰、斯洛伐克和斯洛文尼亚。2004 年,欧盟完成了它的第五次扩大,成员方达到 25 个。

第六次扩大:2007 年 1 月 1 日,罗马尼亚、保加利亚加入欧盟。2013 年克罗地亚加入欧盟。欧盟成员方共达 28 个,已形成了人口 4.89 亿,面积 432.2 万平方公里的"大欧洲"。同时,欧盟已经开始与土耳其、塞尔维亚和黑山的入盟谈判。

伴随着欧盟的六次扩大,其成员方的不断增加,经济也不断地飞速发展,欧盟最终成为世界上最大的单一大市场,是经济区域化、集团化进程最快、范围最广、层次最高、成绩最大的区域组织。

除了欧盟内部成员的扩大之外,欧盟还不断与其他区域经济组织展开合作。1994 年,欧盟与欧洲自由贸易联盟共同建立了欧洲经济区;1995 年,欧盟宣布同地中海沿岸国家建立全面伙伴关系,建立"欧盟——地中海大自由贸易区";1999 年,欧盟与南方共同市场开始商讨在两集团间建立自由贸易区的问题;欧盟与中美洲六国和安第斯共同体也启动了自由贸易区的谈判。

2. 欧盟一体化的主要成果

(1)取消内部关税,建立关税同盟

取消内部关税,统一对外关税税率,取消数量限制和禁止与数量限制具有同等效力的措施。按照 1957 年签订的《罗马条约》的规定,成员方应分三个阶段逐步削减关税。在取消关税的同时,共同体原六国对非成员方工业品开始实行统一的关税,即以六国对外关税率的平均数作为共同的关税税率。1968 年 6 月 28 日,欧共体部长理事会以法规的形式通过了共同海关法则。同年 7 月 1 日,工业品的关税彻底取消,六国采取共同对外关税,完成关税同盟。英国、丹麦和爱尔兰从 1977 年 7 月 1 日起进入关税同盟。希腊、西班牙和葡萄牙分别从 1986—1993 年开始全面运用欧共体的统一对外关税。

此外,欧共体 1960 年 5 月决定,于 1961 年取消工业品进口限额,农产品数量限制改为共同体配额,适用于所有成员方,同时消除贸易的技术壁垒,协调间接税,简化边境海关监管手续等。

(2)实施共同农业政策

共同农业政策是欧共体的另一项重要政策。这方面的成果主要有:对非成员方的农产品进口征收差价税,即按非成员方农产品的进口到岸价格与共同体内同种农产品的最高市场价格的差额征收;统一农业政策和农产品价格,即成立各类农产品的共同市场组织,制定共同价格,使农产品在共同体内自由流通;对农产品出口实行补贴,即各成员方把征收的进口差价税上缴共同体,建立共同的农业基金以补贴农产品出口。

(3)建立欧洲统一大市场

为了进一步推进一体化的进程,建立起一个真正的共同市场,1985 年,欧共体发布了《关于完善内部市场的白皮书》和《欧洲一体化文件》,明确提出要在 1992 年 12 月 31 日前建立欧洲统一大市场,规定统一市场由一个没有内部边界的区域构成,在市场内部,商品、人员、劳务和资本可以自由流动。1993 年 1 月 1 日,欧洲统一大市场顺利启动,除了人员自由流动方面尚未实现外,商品、劳务和资本已基本实现自由流动。它标志着欧洲共同体一体化发展进入了一个新的阶段。

(4)建立欧洲统一货币体系

1979 年 3 月,在德国总理和法国总统的倡议下,当时欧共体的八个成员方(法国、德国、意大利、比利时、丹麦、爱尔兰、卢森堡和荷兰)决定建立欧洲货币体系(European Monetary System,EMS),它是为促进同盟内贸易,保证各成员方货币的相对稳定而建立的国家间的货币联合。其主要内容有:建立欧洲货币单位;建立联合汇率制度,成员方之间实行固定汇率,对外实行联合浮动体系,从而形成一个相对稳定的汇率制度;建立欧洲货币基金组织,向成员方提供中短期贷款,借以干预市场、稳定汇率、调节国际收支。

1993 年 11 月 1 日生效的《马斯特里赫特条约》为建立欧洲货币联盟规定了时间表和步骤。按照《马斯特里赫特条约》,货币联盟将分为三个阶段实施。经过欧洲各国的艰苦努力,货币联盟计划得以顺利进行。1999 年 1 月 1 日,划时代的欧洲统一货币——欧元(Euro)问世。德国、比利时、奥地利、荷兰、法国、意大利、葡萄牙、西班牙、卢森堡、爱尔兰和芬兰 11 个成员方,率先放弃了货币主权,共同采用统一货币欧元。希腊于 2001 年 1 月 1 日采用欧元,成为欧元区第 12 个成员方。2002 年 1 月 1 日零时,欧元正式流通。2002 年 7 月 1 日,欧元取代货币联盟成员方原货币,成为货币联盟内部的单一货币。

(5)建立共同的决策和执行机构,实施共同的外交和安全政策

欧盟拥有许多共同的决策机构和执行机构,以保证区域一体化的深入推进。主要包括如下机构:

理事会,包括欧盟理事会和欧洲理事会。欧盟理事会原称部长理事会,是欧盟的决策机构,拥有欧盟的绝大部分立法权。欧盟理事会分为总务理事会和专门理事会,前者由各国外长参加,后者由各国其他部长参加。欧洲理事会即欧盟成员方首脑会议,为欧盟内部建设和对外关系制定大政方针。欧洲理事会由各成员方国家元首或政府首脑,以及欧洲共同体委员会主席组成,每年至少举行两次会议。理事会主席由各成员方轮流担任,任期半年。

欧盟委员会。它是欧盟的常设执行机构,负责实施欧洲联盟条约和欧盟理事会做出的

决定,向理事会和欧洲议会提出报告和建议,处理欧盟日常事务,代表欧盟进行对外联系和贸易等方面的谈判。

欧洲议会。它是欧盟的监督、咨询机构。欧洲议会有部分预算决定权,并可以 2/3 多数弹劾欧盟委员会,迫其集体辞职。

欧洲法院。它是欧盟的仲裁机构。负责审理和裁决在执行欧盟条约和有关规定中发生的各种争执。

欧洲中央银行。负责制定货币政策和发行欧元。

2004 年 10 月,欧盟 25 个成员方的领导人在罗马签署了《欧盟宪法条约》,这是欧盟的首部宪法条约。2005 年 1 月,欧洲议会全会表决批准了《欧盟宪法条约》。但是,该条约随后在欧盟各成员方内进行公投时先后在法国和荷兰遭到否决。领导人宣布将深思投票结果,进入“思考期”。2007 年 12 月 13 日,欧盟 27 个成员方的领导人在葡萄牙里斯本签署《里斯本条约》,该长达 210 多页的《条约》在 2009 年 12 月 1 日起正式实施,为欧盟进一步统合奠定了基础。《里斯本条约》是在原《欧盟宪法条约》的基础上修改而成,被视为“简版”的《欧盟宪法条约》,《里斯本条约》的生效,标志着欧盟在推进政治一体化方面又迈出了重要的一步。

【专栏 11.6】

《里斯本条约》

《里斯本条约》,又称改革条约,是欧盟用以取代《欧盟宪法条约》的条约。里斯本条约已经在 2007 年 12 月 13 日为所有欧盟成员方签署,并于 2009 年 12 月 1 日正式生效。里斯本条约旨在调整当前极需变革的欧盟在全球的角色、人权保障、欧盟决策机构效率,并针对全球气候暖化、天然能源等政策,以提高欧盟全球竞争力和影响力。

《里斯本条约》的制定标志着欧盟正在向着政治一体化的阶段迈进。正因为该条约涉及了国家主权的核心——独立的外交和国防政策,因此,它的制定和通过过程都非常漫长。

《里斯本条约》主要内容包括以下几个方面。

1. 设立常任欧盟理事会主席职位,任期 2 年半,可以连任,以保持欧盟工作的连续性。将欧盟负责外交和安全政策的高级代表和欧盟委员会负责外交的委员这两个职权交叉的职务合并,设立欧盟外交和安全政策高级代表一职,全面负责欧盟对外政策。

2. 改革欧盟委员会,从 2014 年起,欧盟委员会的委员人数将从 27 名减至 18 名,委员会主席的作用将加强。

3. 增强欧洲议会的权力,增加欧洲议会同欧盟部长理事会在立法和预算方面进行共同决策的领域,赋予欧洲议会在欧洲理事会提名的前提下选举欧盟委员会主席的权利;同时议会的议席数从 785 席减至 750 席,一些国家所占议席数将根据其人口数量作出调整。

4. 简化决策过程,将更多政策领域划归到以“有效多数表决制”决策的范围。司法、内政等敏感领域的一些政策也将以“有效多数制”表决,成员方不再能“一票否决”。但在税收、社会保障、外交和防务等事关成员方主权的领域,仍采取一致通过原则。从 2014 年开始,以“双重多数表决制”取代目前的“有效多数表决制”,即有关决议必须至少获得 55% 的成员方和 65% 的欧盟人口的赞同,才算通过。

5. 成员方议会在欧盟决策过程中发挥更大作用。例如,如果一项欧盟立法草案遭到三分之一成员方议会的反对,将返回欧盟委员会重新考虑。

6. 欧洲法院被赋予更大权力,可以就各国司法和内政相关的法律是否与欧盟法律相冲突进行裁决。

7. 根据《里斯本条约》有关安全的共同防卫条款,任何欧盟成员方在受到攻击或面临其他灾难时,可以得到其他成员方的援助;欧盟及其成员方应一起行动,应对任何袭击、自然或人为的灾难;欧盟将扩大在自由、安全和司法方面的行动能力,加强其应对犯罪和反恐的能力。

资料来源:《里斯本条约》及批准进程,新华网,www.xinhuanet.com。

11.4.2 北美自由贸易区

1994 年 1 月 1 日由美国、加拿大、墨西哥 3 国共同签署的北美自由贸易协定正式生效,北美自由贸易区(North American Free Trade Area,NAFTA)宣告诞生。在成立之初,北美自由贸易区拥有 3.63 亿人口,面积 2130 多万平方公里,国内生产总值达 6.45 万亿美元,年出口总额近 6000 亿美元,进口总额约 7000 亿美元,其经济实力超过当时的欧共体。

为了广泛开展北美地区的自由贸易,逐步消除该地区各国间贸易关税,早在 1988 年美国就与加拿大订立了"美加自由贸易协定"。1990 年,美国和墨西哥开始探索订立双边自由贸易协定。此后,美加墨三国都认识到,共同订立一个三边协定对各方将更有利。于是三国首脑在 1991 年 2 月 5 日会晤后宣布,三国将就北美自由贸易协定进行谈判。1991 年 6 月谈判正式开始。经过一年多的讨价还价,谈判取得突破性进展。1992 年 8 月 12 日,北美三国就北美协定达成一致意见,宣布成立北美自由贸易区。同年 2 月 17 日,当时的美国总统布什和加拿大总理马尔罗尼以及墨西哥总统萨利纳斯,分别代表本国政府,在各自首都正式签署了北美自由贸易协定,为北美自由贸易区的建立奠定了法律基础。1993 年 11 月 24 日,美加墨三国议会分别完成了对该协定的批准手续。

北美自由贸易协定是北美自由贸易区建立的蓝本,其宗旨是:取消贸易壁垒,创造公平竞争的条件,增加投资机会,保护知识产权,建立执行协定和解决争端的有效机制,促进三边和多边合作。该协定将用 15 年的时间,分三个阶段取消关税及其他贸易壁垒,实现商品和劳务的自由流通,在三国 9000 多种产品中,立即取消 50% 的关税,15% 以上的产品在 5 年内取消关税,剩余的关税将在 6~15 年内取消。

北美自由贸易区是世界上第一个由最富裕的发达国家和发展中国家联合组成的贸易集团,成员方之间在经济上既有较大互补性和相互依存性,又有明显的不对称性。北美自由贸易区的建立,对北美、拉美,以至对世界经济格局的形成,都产生重大而深远的影响。

北美自由贸易区成立十多年来,虽然对其发展的成果评价不一,存在较大争议,但无论支持者和反对者,对自由贸易区建立后美、加、墨三国由于取消贸易壁垒和开放市场,实现了经济增长和生产力提高是基本肯定的。尤其是墨西哥的加入,使得北美自由贸易区成为十年来南北区域经济合作的成功范例,国际上对于发达国家和发展中国家能否通过自由贸易实现经济的共同增长、迈向经济一体化的疑问基本得到消除。

十多年来,北美自由贸易区取得的成果主要有:促进了地区贸易增长和增加了国际直接投资、发达国家保持经济强势地位、发展中国家受益明显、合作范围不断扩大等。

首先,促进了地区贸易增长和增加直接投资。北美自由贸易协定自生效以来,由于关税的减免,有力地促进了地区贸易的增长。此外,由于北美自由贸易区提供了一个强大、确定且透明的投资框架,确保了长期投资所需要的信心与稳定性,因而吸引了创纪录的直接投资。同时,从区域外国家吸引的投资也在增长。

其次,发达国家继续保持经济强势地位。自由贸易区内经济一体化加快了发达国家与发展中国家间的贸易交往和产业合作,强化了各国的产业分工和合作,资源配置更加合理,协议国之间的经济互补性提高了各国产业的竞争力。如墨西哥、加拿大的能源资源与美国互补,加强了墨西哥、加拿大能源生产能力。特别在制造业领域,墨西哥的人力资源与美国的技术资本互补,大大提高了美国制造业的竞争力,使美国将一些缺乏竞争性部门的工作转移到更有竞争性的部门,把低技术和低工资的工作转变为高技术和高工资的工作。在如汽车、电信设备等美国许多工业部门都可以看到这种就业转移的影响。

再则,发展中国家受益明显。加入北美自由贸易区以来,墨西哥与伙伴国的贸易一直增长迅速,变化最明显的是墨西哥在美国贸易中的比重不断上升。墨西哥在加入协定后,其进口关税大幅度下降,对外国金融实行全面开放,加上拥有的大量廉价劳动力,使大量外国资本流入墨西哥,经济得到快速发展。

【专栏 11.7】

墨西哥加入 NAFTA 的得失

一、北美自由贸易区带给墨西哥的利益

对于墨西哥而言,与美加两国加强经济合作是其经济革命的延续。自 20 世纪 80 年代后,墨西哥就开始进行一系列的经济改革,推动贸易自由化,藉以促进其商品出口。NAFTA 带给墨西哥的积极影响主要有:

1. 刺激了经济的增长。自 1995 年从金融危机中恢复以来,墨西哥经济增长率一直高于整个地区。

2. 促进了对外贸易的增长。经过 10 年的发展,NAFTA 成员方之间的货物贸易额迅速增长。变化最明显的是墨西哥在美国贸易中的比重从 9.0% 上升到 13.5%,墨对美出口额由 1994 年的 510.6 亿美元扩大到 2002 年的 1430 亿美元,增长了近 2 倍,占全美进口额的比重从 6.9% 上升到 11.0%。墨西哥对加拿大的出口亦有较大幅度增长。

3. 吸收大量外资。1994 年以来,墨西哥共获得 1240 亿美元的外国投资。平均每年吸纳 120 亿美元的外国直接投资。墨西哥总统福克斯在接受《商业周刊》采访时指出:"北美自由贸易区为我们的经济发展提供了强大的推动力,墨西哥目前经济规模达到 5940 亿美元,世界排名由 12 年前的第 12 位上升到现在的第 9 位。"

4. 北美贸易伙伴对墨西哥 FDI 流入的份额相应从 63.9% 增加到 68.3%。流入墨西哥的 FDI 主要是通过建立分公司进行生产和加工。这不仅可以利用当地廉价的劳动力,还可以节约由便利的运输和税收优惠带来的交易成本。

5. NAFTA 加强了美国和墨西哥之间生产和加工的一体化。不过迄今为止,美墨生产一体化的范围还是有限的,一体化的行业主要集中在电器、汽车和服装这几个行业。NAFTA 建立以后,由于墨的劳工便宜,对美出口税率又低,所以美国大公司纷纷将汽车、电器、纺织等需要大量劳工的加工环节搬到墨西哥,然后将产品返销美国。美墨生产一体化带有明显的垂直的产业内分工的特点。服装和汽车自建立贸易区后已经成为高度一体化的行业。这主要得益于 NAFTA 的"原产地规则"。

6. 农产品贸易总体上呈增长趋势。由于关税和非关税壁垒的减少,墨西哥农产品进出口增加。自贸易自由化以来,2001 年墨西哥进口比 1990 年增加了 154%,出口增加了 93%。

二、北美自由贸易区带给墨西哥的弊端

北美自由贸易区对墨西哥经济的推动作用毋庸置疑,但同时也给墨经济带来了不容忽视的负面影响。

首先,墨西哥农业受到相当程度的冲击。美国卡耐基国际和平慈善基金会公布的报告指出,正当自由贸易倡导者为墨西哥北部出口加工区 10 年间创 75 万个就业机会而欢呼的时候,享受高额补贴的美国农产品如潮水般涌入墨西哥,并在过去 10 年中导致 130 万墨西哥农民破产。墨西哥国立自治大学一项研究表明,自北美自由贸易协定生效至今,墨西哥农作物种植面积缩减了 400 万公顷,同期农业提供的就业机会减少了 10%;1500 万农业人口,其中多数是年轻人,迁移至城市或移民美国;农民人均收入也已下降至城市最低收入的 30%,而且这一状况正在随着农产品关税进一步降低而恶化。

其次,墨西哥民族工业受到冲击。在美加企业强大的竞争力下,大量墨西哥中小企业陷入困境。由于各种关税壁垒和非关税壁垒逐步消失,墨西哥国内市场门户大开,本国的民族工业因此受到了一定影响,许多企业无法维持下去,但只挣加工费的加工贸易企业发展却很迅猛。

再次,大量外资工厂的涌入对墨西哥生态环境造成了严重破坏。据美国 TUFTS 大学一项研究显示,北美自由贸易协定生效后,墨西哥制造业产生的空气污染程度比协定签署前增加了两倍,而政府并没有按照原来 NAFTA 的承诺提供足够的环保基建投资。

最后,墨西哥还面临更多的问题。当前,越来越多的美国投资者正在将目光转向投资环境更好的中国、印度等亚洲国家。此外,墨西哥出口加工业原材料国产化比例始终没有提高,跨国企业所需的原材料 98% 依赖进口;墨政府在技术转移上未对跨国公司做出更多的要求,这使得多数达成的技术转让项目只是生产商放弃多年的淘汰技术。

审视墨西哥在加入北美自由贸易协定以来的得失,我们可以看到,该协定在促进出口、吸引外资方面无疑是非常成功的,但发展中国家在与发达国家建立自由贸易区时,存在制度、管理和技术上的劣势,再加上墨西哥政府相关的体制改革和基础设施建设未能跟上,必然出现一系列负面效应。墨政府要想克服北美自由贸易协定带来的负面结果,同时又要保持其出口竞争力和投资吸引力,那么就必须加快国内体制改革,利用自由贸易带来的财富进行产业升级、追加教育、能源、环境等关系到可持续竞争力领域的再投资。北美自由贸易区究竟能否成为通过自由贸易实现发达国家与发展中国家优势互补的成功范例,现在下结论还为时尚早。墨西哥的经验教训可以给经历相同进程的发展中国家提供参考。

资料来源:张璟:《论墨西哥加入 NAFTA 的得失及对我国的启示——我国如何应对南北合作的区域经济一体化》,《今日南国》2009 年第 8 期。

11.4.3 亚太经济合作组织

亚太经济合作组织(Asia-Pacific Economic Cooperation)简称亚太经合组织(APEC),是亚太地区最高级别的政府间经济合作机制。它在推动区域贸易投资自由化,加强成员间经济技术合作等方面发挥了不可替代的作用。

1989年11月,澳大利亚、美国、日本、韩国、新西兰、加拿大及当时的东盟六国在澳大利亚首都堪培拉举行了亚太经合组织首届部长级会议,标志着这一组织的正式成立。1991年11月,亚太经合组织第三届部长级会议在韩国首都汉城(现称首尔)举行,会议通过《汉城宣言》,正式确立了这一组织的宗旨和目标,即"为本地区人民的共同利益保持经济的增长与发展;促进成员间经济的相互依存;加强开放的多边贸易体制;减少区域贸易和投资壁垒"。

1991年11月,中国以主权国家身份,中国台北和香港(1997年7月1日起改为"中国香港")以地区经济体名义正式加入亚太经合组织。目前,亚太经合组织共有21个成员经济体:澳大利亚、文莱、加拿大、智利、中国、中国香港、印度尼西亚、日本、韩国、马来西亚、墨西哥、新西兰、巴布亚新几内亚、秘鲁、菲律宾、俄罗斯、新加坡、中国台北、泰国、美国和越南。东盟秘书处、太平洋经济合作理事会和太平洋岛国论坛为该组织观察员,可参加亚太经合组织部长级及其以下各层次的会议和活动。

亚太经合组织采取自主自愿、协商一致的合作原则,所作决定必须经各成员一致同意认可。亚太经合组织的组织机构包括领导人非正式会议、部长级会议、高官会、委员会和专题工作组等。其中,领导人非正式会议是亚太经合组织最高级别的会议。

亚太经合组织涉及的地域广、业务领域多、活动内容丰富,拥有世界40%的人口、54%的经济总量、44%的贸易量,不仅在亚太地区有重要影响,在全球经济活动中也具有举足轻重的地位。自成立以来,亚太经合组织在推动区域和全球范围的贸易投资自由化和便利化、开展经济技术合作方面不断取得进展,为加强区域经济合作、促进亚太地区经济发展和共同繁荣做出了突出贡献。

亚太经合组织最初只是一个松散的经济合作论坛,经过20多年的发展,已经逐渐演进为开展实质性经济合作的组织形态。贸易投资自由化和便利化是亚太经合组织的长远目标,但由于亚太经合组织成员经济发展水平存在巨大差异,在实现自由化目标的具体步骤上,亚太经合组织采取了区别对待的方式,制定了两个时间表。1994年在印尼通过的《茂物宣言》确立了亚太经合组织实现亚太地区贸易投资自由化的原则和长远目标,确定了今后亚太地区经济合作与发展方向。其主要内容是:协调本区域与外界的经济关系,强化开放多边贸易体制,降低贸易和投资障碍;加强自由贸易和投资自由化,缩小经济差距,互惠互利,促进本区域的经济繁荣;简化贸易、投资和海关程序,消除障碍;加强人力资源开发、科学技术和经济基础设施建设;建立仲裁机构。发达成员不迟于2010年、发展中成员不迟于2020年实现贸易与投资自由化。而玩具、林产品、水产品、环保、医疗;能源、化工、珠宝、电讯、食品、民用航空器、橡胶、化肥、油脂、汽车等15个部门则在此基础之上提前实施自由化。此后亚太经合组织先后在1995年和1996年通过了实施《茂物宣言》的《大阪行动议程》和《马尼拉行动计划》,开始通过单边行动计划和集体行动计划两种途径,落实各成员对贸易投资自由化和便利化的承诺。自由化和便利化的15个具体领域是:关税、非关税措施、服务、投资、标准及合格认证、海关程序、知识产权、竞争政策、政府采购、放宽管制、原产地规则、争端调节、商业人员流动、乌拉圭回合结果的执行、信息收集与分析。如今，亚太经合组织的内容已涉及了亚太地区的贸易及投资自由化、贸易投资自由化时间表、促进技术经济合作、应对国际金融危机、转变经济发展方式、支持多边贸易体制、加快区域经济一体化和亚太经合组织未来发展等问题。

亚太经合组织的运行模式不同于其他区域经济一体化组织，在很多方面有其独到之处，如开放性、灵活性、多层次型和渐进性等。其中，单边行动计划在其实现贸易投资自由化和便利化过程中起着核心作用。

11.4.4　东南亚国家联盟

东南亚国家联盟的前身是由马来西亚、菲律宾和泰国 3 国于 1961 年 7 月 31 日在曼谷成立的东南亚联盟。1967 年 8 月 7 日至 8 日，印度尼西亚、新加坡、泰国、菲律宾四国外长和马来西亚副总理在泰国首都曼谷举行会议，发表了《东南亚国家联盟成立宣言》，即《曼谷宣言》，正式宣告东南亚国家联盟（简称东盟，Association of Southeast Asian Nations—ASEAN）的成立。东盟最初是政治性区域组织，但随着国际形势的变化，逐步转为以政治、经济合作为主的区域集团。现在有 10 个成员方，包括印度尼西亚、新加坡、泰国、菲律宾、马来西亚、文莱、缅甸、越南、老挝和柬埔寨。

东盟的宗旨和目标是本着平等与合作精神，共同促进本地区的经济增长、社会进步和文化发展，为建立一个繁荣、和平的东南亚国家共同体奠定基础，以促进本地区的和平与稳定。东盟主要机构有首脑会议、外长会议、常务委员会、经济部长会议、其他部长会议、秘书处、专门委员会以及民间和半官方机构。首脑会议是东盟最高决策机构，自 1995 年召开首次会议以来每年举行一次，已成为东盟国家商讨区域合作大计的最主要机制，主席由成员方轮流担任。

在 1992 年 1 月于新加坡举行的由印度尼西亚、马来西亚、菲律宾、新加坡、泰国、文莱等六国参加的东盟贸易部长会议上，决定从 1993 年起，逐步削减关税，在 15 年内，即 2008 年前建立东盟自由贸易区（ASEAN Free Trade Area，AFTA）。自由贸易区的目标是促进东盟成为一个具有竞争力的基地，以吸引外资；消除成员方之间关税与非关税障碍，促进本地区贸易自由化；扩大成员方之间互惠贸易的范围，促进区域内贸易；建立内部市场。经过近十年的努力，东盟自由贸易区于 2002 年 1 月 1 日正式启动。自由贸易区的目标是实现区域内贸易的零关税。文莱、印度尼西亚、马来西亚、菲律宾、新加坡和泰国六国已于 2002 年将绝大多数产品的关税降至 0～5％。越南、老挝、缅甸和柬埔寨四国将于 2015 年实现这一目标。

2009 年 8 月 15 日，中国和东盟签署了中国—东盟自由贸易区《投资协议》，这标志着中国—东盟自贸区的主要谈判已经完成，2010 年中国—东盟自贸区如期建成。中国—东盟自贸区是东盟作为整体对外商谈的第一个自由贸易区，是世界上人口最多的全球第三大自由贸易区，也是由发展中国家组成的最大自由贸易区。该自由贸易区启动之日起，中国和东盟六个老成员方之间有超过 90％的产品实行零关税，四个新成员方将在 2015 年实现 90％的产品零关税。

在经济全球化的压力下，东盟越来越感到有必要加速自身的一体化，近年来提出了建立"东盟共同体"的目标。2007 年 11 月，东盟十国领导人在东盟第 13 届首脑会议上签署了

《东盟宪章》,2008 年正式生效,明确东盟共同体将在 2015 年建成。2009 年 2 月在第 14 届东盟首脑会议上签署了《东盟共同体 2009——2015 年路线图宣言》,为在 2015 年建成东盟共同体勾画出完整的蓝图。东盟共同体将拥有"政治和安全共同体""经济共同体"和"社会文化共同体"三个支柱,东盟共同体建成后,东盟将"具有一个目标、一个身份和一个声音"。

11.4.5 中国参与区域经济一体化实践

1. 中国参与区域经济一体化的概况

2001 年 5 月 23 日,中国加入第一个区域性多边贸易组织,正式成为《曼谷协定》成员。2006 年中国商务部开始提出将发展自由贸易区提升至国家战略,并陆续展开相关研究。2007 年,党的十七大报告中正式提出要实施"自由贸易区战略"。

目前,中国在建自贸区 18 个,涉及 31 个国家和地区。其中,已签署自贸协定 12 个,涉及 20 个国家和地区,分别是中国与东盟、新加坡、巴基斯坦、新西兰、智利、秘鲁、哥斯达黎加、冰岛和瑞士的自贸协定,内地与香港、澳门的更紧密经贸关系安排(CEPA),以及大陆与台湾的海峡两岸经济合作框架协议(ECFA),除了与冰岛和瑞士的自贸协定还未生效外,其余均已实施;正在谈判的自贸协定 6 个,涉及 22 个国家,分别是中国与韩国、海湾合作委员会(GCC)、澳大利亚和挪威的自贸谈判,以及中日韩自贸区和《区域全面经济合作伙伴关系》(RCEP)协定谈判;中国还完成了与印度的区域贸易安排(RTA)联合研究;正与哥伦比亚等开展自贸区联合可行性研究;加入了《亚太贸易协定》。

此外,东亚自由贸易区(含 10+3,即东盟 10 国+中、日、韩 3 国,以及 10+6,即东盟+中、日、韩、澳大利亚、印度、新西兰 6 国两种设想),G20 自由贸易区(巴西、中国、印度等 20 个 WTO 发展中国家成员),亚太自由贸易区等概念也被政界提出并为学界热议。

2. 中国—东盟自由贸易区

在中国与东盟及其成员方的共同推动下,中国—东盟自由贸易区已走过了十多年的历程,其进程令世人瞩目。

2000 年 11 月,在新加坡召开的第 4 次中国—东盟领导人会议上,中国时任总理朱镕基提出建立中国—东盟自贸区的设想,得到了东盟各国领导人的积极响应。之后,双方成立了专家组进行可行性研究。研究结果表明:中国—东盟自贸区建成后,中国与东盟向对方市场出口均将有 50% 左右的增长,建区将带来双赢。

2001 年 11 月,在文莱首都斯里巴加湾召开的第 5 次中国—东盟领导人会议上,中国与东盟达成重大共识:共建涵盖 11 个国家所有消费者的自由贸易区。

2002 年 11 月,在柬埔寨首都金边召开的第 6 次中国—东盟领导人会议上,中国与东盟签署了《中国—东盟全面经济合作框架协议》,决定在 2010 年建成中国—东盟自贸区,并正式启动了自贸区建设的进程。2010 年 1 月 1 日,中国—东盟自贸区正式全面启动。

中国—东盟自贸区建设大致分为三个阶段。第一阶段(2002 年至 2010 年),启动并大幅下调关税阶段。自 2002 年 11 月双方签署以中国—东盟自贸区为主要内容的《中国—东盟全面经济合作框架协议》始,至 2010 年 1 月 1 日中国对东盟 93% 产品的贸易关税降为零。第二阶段(2011 年至 2015 年),全面建成自贸区阶段,即东盟越、老、柬、缅四国与中国贸易的绝大多数产品亦实现零关税,与此同时,双方实现更广泛深入的开放服务贸易市场和投资市场。第三阶段(2016 年之后),自贸区巩固完善阶段。

中国—东盟自贸区各方的具体开放承诺如下。

(1)"早期收获计划"

"早期收获计划"是中国—东盟自由贸易区建设的组成部分,是为了尽快使区域内消费者享受到自贸区带来的好处。根据双方确定的"早期收获计划",从 2004 年 1 月 1 日起对 500 多种产品实行降税,2006 年,这部分产品的关税降为零。

这部分产品主要是《海关税则》第一章至第八章的农产品,还包括少量其他章节的产品,主要是:活动物、肉及食用杂碎、鱼、乳品、其他动物产品、活树、食用蔬菜、食用水果及坚果,部分国家椰子油、棕榈油、植物油等也列入"早期收获计划"中。在"早期收获计划"中,中国与泰国先行一步,于 2003 年 10 月 1 日开放实施。

根据中国—东盟自由贸易区"早期收获计划"实施时间框架,中国和东盟六国(马来西亚、新加坡、印度尼西亚、菲律宾、泰国、文莱)关税削减和取消时间表是,最惠国关税税率高于 15% 的所有产品,2004 年 1 月降到 10%,2005 年 1 月降到 5%,2006 年 1 月降到零;最惠国关税税率在 5%~15% 之间的所有产品,2004 年 1 月降到 5%,2005 年 1 月降到零;最惠国关税税率低于 5% 的所有产品,2004 年 1 月降到零。

对于东盟新成员方(越南、老挝、缅甸、柬埔寨),最惠国关税税率高于 30%(含)的所有产品,2004 年 1 月降到 20%,以后每年降低 5 个百分点,2009 年降到零税率(柬埔寨 2010 年降到零);最惠国关税税率在 15%(含)~30%(不含)之间的所有产品,越南 2004 年 1 月降到 10%、2006 年 1 月降到 5%、2008 年降到零税率,其他新东盟国家 2006 年降到 10%、2008 年降到 5%;最惠国关税税率低于 15% 的所有产品,越南 2004 年 1 月降到 5%、2006 年 1 月降到零税率,其他新东盟国家 2006 年降到 5%、2008 年后降到零税率。

(2)货物贸易开放时间表

2005 年 7 月 20 日,中国—东盟自贸区降税进程全面启动,这标志着《货物贸易协议》正式进入了实施阶段,也标志着中国—东盟自由贸易区的建设全面拉开了帷幕。《货物贸易协议》规定,除早期收获产品(主要是农产品)外,其余产品分为正常产品和敏感产品两类。

1)正常产品

中国—东盟自贸区的货物贸易谈判采取的是"负面列表"(negative list)方式,凡是没有列入敏感产品清单的产品均视为正常产品。在正常产品中,产品又分为一轨产品和二轨产品两类。两者的共同点是最终税率均为零,区别是二轨产品在取消关税的时间上享有一定的灵活性。

正常产品的降税步骤如下:

中国和东盟六国(东盟老成员,即文莱、印度尼西亚、马来西亚、菲律宾、新加坡和泰国)的一轨产品自 2005 年 7 月起开始降税,2007 年 1 月 1 日和 2009 年 1 月 1 日各进行一次关税削减,2010 年 1 月 1 日将关税最终削减为零。二轨产品在 2012 年 1 月 1 日取消关税。

东盟新成员(老挝、缅甸、柬埔寨、越南)的一轨产品从 2005 年 7 月起开始降税,2006 年—2009 年每年 1 月 1 日均进行一次关税削减,2010 年不削减关税,2011 年起每两年削减一次关税,至 2015 年将关税降为零。二轨产品在 2018 年 1 月 1 日前最终取消关税。

2)敏感产品

敏感产品是各方出于国内产业发展考虑,需要进行保护的产品,因此其最终税率不为零。《货物贸易协议》规定:敏感产品按其敏感程度,分为一般敏感产品和高度敏感产品;中国对东盟十国提出一份敏感产品清单,同时适用于十国;东盟十国则分别针对中国提出各自敏感产品清单,其中所列的敏感产品只适用于中国。在中国—东盟自贸区中,各方按照其各自情况,分别提出了不同的敏感产品。中国提出的敏感产品主要包括大米、天然橡胶、棕榈油、部分化工品、数字电视、木材和纸制品等;东盟国家则提出了橡胶制品、塑料制品、陶瓷制品、部分纺织品和服装、钢材、部分家电、汽车、摩托车等敏感产品。

敏感产品的上限:敏感产品要受到两个指标,即税目数量和进口金额的限制。也就是说,敏感产品的数量不能超过一定税目,同时一方敏感产品所影响的进口额也不能超过该方进口总额的一定比例,但协议同时也对东盟的新成员做出了特殊安排。各国的敏感产品上限如下:

①中国与东盟老成员:不超过 400 个六位税目,进口额不超过进口总额的 10%(以 2001 年数据为基础)。

②柬埔寨、老挝和缅甸:不超过 500 个六位税目,不设进口额上限。

③越南:不超过 500 个六位税目,不设进口额上限,但越南应在规定时间内对敏感产品进行一定幅度的关税削减。

敏感产品的降税模式:一般敏感产品和高度敏感产品的降税模式有所不同,一般敏感产品由于敏感程度较低,其最终税率要低于高度敏感产品,但高度敏感产品的数量也要受到一定约束。

①一般敏感产品的降税模式。中国与东盟老成员:2012 年 1 月 1 日削减至 20%,2018 年 1 月 1 日进一步削减至 5% 以下。东盟新成员:2015 年 1 月 1 日削减至 20%,2020 年 1 月 1 日进一步削减至 5% 以下。

②高度敏感产品的降税模式:中国与东盟老成员应在 2015 年 1 月 1 日将高度敏感产品的关税削减至 50% 以下,但高度敏感产品的数量不应超过 100 个六位税目。东盟新成员应在 2018 年 1 月 1 日将高度敏感产品的关税削减至 50% 以下,但越南的高度敏感产品的数量不应超过 150 个六位税目,柬埔寨、老挝和缅甸不应超过 150 个六位税目。

(3)服务贸易开放时间表

2007 年 1 月,中国与东盟签署了自贸区《服务贸易协议》,并于 2007 年 7 月实施。各国以减让表的形式列出各自在服务部门的具体开放承诺。具体承诺是各国在其各自 WTO《服务贸易总协定》承诺基础上,做出的更高水平的开放承诺。

中国的承诺主要涵盖建筑、环保、运输、体育和商务服务(包括计算机、管理咨询、市场调研等)等 5 个服务部门的 26 个分部门,具体包括:进一步开放部分服务领域,允许设立独资企业,放宽设立公司的股比限制及允许享受国民待遇等。

东盟国家具体承诺的主要内容:

1)新加坡:在商务服务、分销、金融、医疗、娱乐和体育休闲服务、运输等部门做出了超越 WTO 的出价,并在银行、保险、工程、广告、非武装保安服务、药品和医疗用品佣金代理和零售、航空和公路运输服务等部门做出了高于其 WTO 新一轮谈判出价的承诺,在不同程度上放宽了市场准入限制,如在外资银行准入方面,取消了对新国内银行的外资参股股比在 40% 以内的限制。

2)马来西亚:在商务服务、建筑、金融、旅游和运输等部门做出了高于 WTO 水平的承诺。与其在 WTO 新一轮谈判中的出价相比,新增了会展、主题公园服务、海运、空运等部门的具体出价,并在金融、建筑及工程等领域做出了更高水平的开放承诺,如在保险领域,放宽了对外籍管理人员的市场准入限制。

　　3)泰国:在商务人员入境、建筑工程、中文教育、医疗、旅游餐饮和海运货物装卸等领域做出了高于 WTO 水平的承诺。

　　4)菲律宾:在能源、商务服务、建筑及工程、旅游等部门做出了高于 WTO 水平的承诺。与其在 WTO 新一轮谈判中的出价相比,在采矿和制造业建筑服务等我方较为关注的部门做出了进一步开放的承诺。

　　5)文莱:在旅游和运输等部门做出了高于 WTO 水平的承诺,特别是在运输服务方面,增加了海洋客运和货运服务、航空器的维护和修理服务等我方关注领域的市场开放承诺。

　　6)印度尼西亚:在建筑及工程、旅游和能源服务方面做出了高于 WTO 水平的承诺,特别是在民用工程、煤的液化和气化服务等我方关注领域做出了进一步开放的承诺。

　　7)越南、柬埔寨、缅甸:具体出价与其 WTO 的承诺基本一致,主要涵盖商务服务、电信、建筑、金融、旅游和运输等部门。

　　8)老挝:在银行、保险领域做出了具体开放承诺。

　　根据渐进自由化条款的规定,上述出价作为第一批市场准入承诺的减让表,同《服务贸易协议》一并签署。目前,双方正就第二批市场准入承诺进行谈判,在谈判结束后,将签署《议定书》,以将第二批减让表纳入《服务贸易协议》。同时,根据审议条款,未来双方可就服务贸易进一步开放问题进行磋商,实现服务贸易逐步自由化的目标。

　　3. 内地与港澳关于建立更紧密经贸关系安排

　　2003 年,内地与香港、澳门特区政府分别签署了内地与香港、澳门《关于建立更紧密经贸关系的安排》(简称"CEPA"),2004 年、2005 年、2006 年、2007 年、2008 年又分别签署了《补充协议》《补充协议二》《补充协议三》《补充协议四》和《补充协议五》。CEPA 的总体目标是:逐步减少或取消双方之间实质上所有货物贸易的关税和非关税壁垒;逐步实现服务贸易的自由化,减少或取消双方之间实质上所有歧视性的措施,促进贸易投资便利化。CEPA 是"一国两制"原则的成功实践,是内地与港澳制度性合作的新路径,是内地与港澳经贸交流与合作的重要里程碑,是我国家主体与香港、澳门单独关税区之间签署的自由贸易协议,也是内地第一个全面实施的自由贸易协议。

　　CEPA 内容丰富,领域广泛,涵盖内地与港澳经贸交流的各个方面。在货物贸易方面,核心是尽快实施零关税。从 2004 年 1 月 1 日起,对香港有较大实际利益的 273 个税号的香港原产货物进入内地市场实行零关税;其他香港原产货物不迟于 2006 年 1 月 1 日实施零关税。从 2004 年 1 月 1 日开始,将对澳门有较大实际利益的 273 个税目商品,包括部分化工产品、纸制品、纺织服装、首饰制品、医药产品、食品、电子及电子产品等,作为首批降税的产品,实行零关税;从 2006 年 1 月 1 日起,所有原产澳门的货物均可获内地零关税政策。

　　在服务贸易领域,内地对港澳做出了放宽股权限制、降低注册资本、资质条件等门槛,放宽地域、经营范围和自然人流动的条件等开放承诺。经过补充协议,使服务贸易总开放领域达到 40 个,如管理咨询、会议及展览、广告、会计、法律、仓储、医疗及牙医、物流、货物运输代理服务、分销、运输、旅游、建筑、视听、银行、保险、证券、电讯等。

　　在贸易投资便利化方面,对贸易投资促进、通关便利化、法律法规透明度、电子商务、商品检验检疫和质量认证、中小企业合作、产业合作等领域,简化手续,提供便利。

4. 参与区域经济一体化给中国带来的益处

(1)有利于促进中国对外贸易市场多元化

对外贸易市场多元化一直是中国对外贸易的发展战略之一,在积极参与国际区域经济一体化之前,中国的市场多元化战略进展较为缓慢,对外贸易市场长期集中在欧美等发达国家和地区。进入新世纪以来,虽然日本、美国、欧盟在中国对外贸易伙伴排行榜中仍轮流交替占据前列,但这三个贸易伙伴的贸易额在中国对外贸易总额中所占的比重已经有所下降;相比之下,韩国一直保持着中国第六大贸易伙伴的地位;原来排第五位的东盟于2010年取代日本成为中国第三大贸易伙伴;印度也成为中国十大贸易伙伴之一。对外贸易市场的多元化为分散风险提供了有力保障。

(2)有利于中国对外贸易平衡发展

由于多年的对外贸易发展导向所致,中国对外贸易顺差的增长迅速,贸易顺差的积累导致外汇储备大量增加。贸易顺差为中国经济发展做出很大贡献,但过度的积累也带来了内困外扰的经济问题与贸易摩擦。在与前述区域经济一体化伙伴国的对外贸易中,韩国、东盟一直是中国对外贸易逆差的主要来源地,在与秘鲁、智利的贸易中,中国也是处于逆差的地位。据不完全统计,2010年来自区域经济一体化伙伴国的贸易逆差近600亿美元,从总量上看,与区域经济一体化伙伴国的贸易逆差对中国对外贸易的平衡发展有很大帮助。

(3)有利于促进中国自身的经济发展

虽然扩大内需是当前中国促进经济平稳较快增长的重要途径,但经济的高速发展在事实上必然产生对两个市场、两种资源的依赖,走上发达国家曾经且正在走的经济发展道路。区域经济一体化合作伙伴国与中国之间在贸易上的互补成为双方合作的良好基础,自由贸易协定本身产生的贸易扩大与贸易转移效应可以促进包括中国在内的区域内(或双边)的竞争,提高市场效率,从而使合作各方都能获得经济增长的利益。2010年中国五矿类商品进口额为2585.1亿美元,占全国进口总额的18.5%,其中从前述区域经济一体化伙伴国进口矿产品超过400亿美元,从区域经济一体化伙伴国进口的矿产资源一定程度上满足了国内生产与建设的需要。

(4)有利于中国参与国际贸易新格局

世界贸易组织新一轮多边贸易谈判进展不利导致以美国为首的很多国家将推动贸易化自由的努力转向双边和多边的区域贸易协定,掀起了区域经济一体化合作的热潮。中国在这样的国际贸易发展形势下不能置身于外,而应该吸取20世纪"入世"艰难进程的教训,制订参加区域经济一体化合作的实施战略,通过参与双边和多边合作积极推动国际贸易新格局的构建,为中国贸易及经济的发展创造有利的国际环境,为构建公平、健全的国际贸易格局尽到与国力相符的应有责任。

【思考题】

1. 什么是区域经济一体化? 它有哪几种形式?
2. 促进区域经济一体化迅速发展的原因是什么?
3. 区域经济一体化对国际贸易产生哪些影响?
4. 试述关税同盟理论的静态效应和动态效应。

5. 大市场理论的主要观点是什么?

【本章推荐书目及网上资源】

1. 范家琛. 国际贸易学. 北京:中国铁道出版社,2013.

2. 冯跃,夏辉. 国际贸易:理论、政策与案例分析. 北京:北京大学出版社,2012.

3. 赵俊平,付会霞. 区域经济一体化理论与实践. 哈尔滨:黑龙江大学出版社,2012.

4. 兰天. 欧盟经济一体化模式. 北京:中国社会科学出版社,2006.

5. 张鸿. 区域经济一体化与东亚经济合作. 北京:人民出版社,2006.

6. 张彬. 国际区域经济一体化比较研究. 北京:人民出版社,2010.

7. 中国—东盟自由贸易区网站,http://www.cafta.gov.cn.

8. 中国自由贸易区服务网,http://fta.mofcom.gov.cn.

第 12 章　国际贸易条约与世界贸易组织

【学习要点及目的】

通过本章的学习,要求重点掌握:最惠国待遇原则的适用范围和不适用的例外,国民待遇原则的适用范围和不适用的例外,国际条约和协定的种类;关贸总协定的贡献,世界贸易组织的宗旨和原则,世贸组织的决策机制、争端解决机制、贸易政策审议机制,中国复关入世的历程。

【本章关键术语】

贸易条约(Commercial Treaty);贸易协定(Trade Agreement);贸易议定书(Trade Protocol);支付协定(Payment Agreement);国际商品协定(International Commodity Agreement);最惠国待遇原则(Most Favored Nation Treatment);国民待遇原则(Principle of National Treatment);关税与贸易总协定(General Agreement on Tariff and Trade,GATT);乌拉圭回合(Uruguay Round);世界贸易组织(World Trade Organization);争端解决机制(Dispute-Settlement Mechanism,DSM);贸易政策审议机制 (Trade Policy Review Mechanism,TPRM);贸易自由化原则;透明度原则;公平贸易原则

12.1　国际贸易条约与协定概述

随着科学技术和生产力的发展,各国的经济生活日益国际化。不同国家或地区在经济、政治、科技、文化等方面的联系越来越密切,一种真正意义的全球经济正在形成。任何国家要发展,就不可能闭关自守,必须重视同外界的联系。国际贸易条约与协定就是国与国之间经济贸易关系紧密联系的纽带。

贸易条约与协定的发展由来已久,随着国际贸易的发展,贸易条约与协定不仅在数量上大为增加,在内容上也越来越复杂,并且已成为各国加强同外界联系,扩大经济贸易的重要途径。

12.1.1　贸易条约与协定的概念及种类

1. 贸易条约与协定的概念

贸易条约与协定(Commercial Treaties and Agreements)是指两个或两个以上的主权国家为确定彼此间在经济、贸易关系方面的权利和义务而缔结的各种书面协议。

从历史上看,早在资本主义生产方式以前就有贸易条约与协定。在公元前 508 年,罗马

与迦太基所签订的条约中,就有贸易方面的条款。到公元 10 世纪时,俄罗斯公爵与拜占庭曾缔结过条约,这个条约中除了一般和平条款外,也有贸易方面的条款。

到了资本主义生产方式准备时期,欧洲新兴的资产阶级力图以国家权力保护本国工场手工业,为了限制进口和鼓励出口,就利用贸易条约和协定作为争夺市场和保障自己有利条件的手段。如英国在 1654 年与葡萄牙缔结了贸易条约,规定葡萄牙在其海上贸易中必须只租用英国船舶。1707 年英国又与葡萄牙缔结了麦图安贸易条约,规定葡萄牙许可英国呢绒进口,而英国则减低葡萄牙酒类进口税。

在资本主义自由竞争时期,随着国际贸易的发展,各国之间关于关税征收的税率、船舶往来各国口岸的待遇、一国商人在另一国经营贸易的待遇等方面的问题日益突出,需要通过一定的法律形式来加以调整和维护,这样,国家之间贸易条约的缔结就更为必要。因此,在资本主义自由竞争时期,国家之间的贸易条约不仅在数量上大为增加,并且在内容上也比以往复杂和翔实。

第二次世界大战后,许多发展中国家和地区为了维护国家主权和保护民族经济的发展,在平等互利的基础上与其他国家签订了一些贸易条约与协定。社会主义国家为了加强同世界各国的经济、贸易关系和各国人民的友好往来,促进社会主义经济建设和对外贸易的发展,在平等互利的基础上也与许多国家签订了贸易条约与协定。

随着经济全球化的加速发展,国家之间在经贸方面的相互依靠不断加强,国家之间的经贸利益需要不断协调,使得国家之间的贸易条约数量增多,所涉及的经贸内容更加广泛。

2. 贸易条约与协定的种类

贸易条约与协定按照参加缔约国家的多少,可分为双边贸易条约与协定和多边贸易条约与协定。前者是两个主权国家之间所缔结的贸易条约与协定,后者是两个以上主权国家共同缔结的贸易条约与协定。在国际经济关系中,由于各国的社会经济制度和政治经济实力对比关系的不同,它们之间所缔结的贸易条约与协定的内容和作用也有所不同。贸易条约与协定的条款,通常是在所谓"自由贸易、平等竞争"的形式上签订的,但事实上,缔约国在经济上的利益,往往是靠缔约国的政治、经济实力来保证的。因此,各缔约国之间从贸易条约与协定中得到的好处是不一样的。

贸易条约与协定按其内容与作用的不同,大致可以分成以下几类。

(1)贸易条约

贸易条约是全面规定缔约国之间经济和贸易关系的条约,包括很多,如"通商条约""友好通商条约""通商航海条约""友好通商航海条约"等。贸易条约的内容比较广泛,主要涉及如关税的征收及海关通关手续、缔约国双方公民和企业在对方国家所享有的经济权利、船舶航行和港口使用、知识产权的保护、铁路运输、转口和过境、进口商品的国内捐税、进出口数量限制以及仲裁裁决的执行等各方面问题。这种条约一般是由国家首脑或其特派的全权代表来签订,并经最高权力机关批准才能生效,其有效期也较长。

(2)贸易协定

贸易协定是缔约国家为调整和发展彼此之间的贸易关系而签订的一种书面协议。与贸易条约相比,贸易协定所涉及的面较窄,内容比较具体,具有可操作性,有效期较短,签订的程序也较简单,一般只需经签字国的行政首脑或其代表签署即可生效。

贸易协定正文的内容一般包括:最惠国待遇条款、进出口商品货单和贸易额、作价原则和使用的货币、支付和清偿的办法、关税优惠及其他事项的规定等。

（3）贸易议定书

贸易议定书是指缔约国就发展贸易关系中某项具体问题所达成的书面协议。在国际贸易中,贸易议定书一般是对已签订的贸易协定进行补充、解释或修改,也可在未签订贸易协定的情况下,先签订贸易议定书作为临时依据。

此外,在签订长期贸易协定时,每年往往还签订一个贸易议定书,来规定年度贸易的具体事项。

贸易议定书的签订程序和内容比贸易协定简单,一般经签署国有关行政部门的代表签署后即可生效。

（4）支付协定

支付协定也称清算协定（Clearing Agreement）,是缔约国之间关于贸易和其他方面债权、债务结算办法的一种书面协议。两国之间由于进出口贸易和其他经济往来所发生的债权债务,通过在两国中央银行或其指定银行开立的清算账户（Clearing Account）收付记账,不必逐笔支付外汇。

支付协定的主要内容包括:规定清算机构、开立清算账户、规定清算项目与范围、规定清算货币和清算方法以及清算账户的差额处理等。在支付协定中,协定双方的贸易或贸易从属费用结算通过清算账户办理,不必支付现汇。只有超过协定规定的信用摆动额的部分,或协定年度末的账户差额,或协定期满后的账户差额才以双方同意的现汇支付。

支付协定是外汇管制的产物,在实行外汇管制的条件下,一种货币往往不能自由兑换成另一种货币,对一国所拥有的债权不能用来抵偿对第三国的债务,结算只能在双边基础上进行,因而通过缔结支付协定来解决两国间的债权债务。这种支付清算协定有助于克服外汇短缺的困难,有利于双边贸易的发展。自 1929 年至 1933 年世界经济危机发生后,签订支付协定的国家日益增多,其中绝大部分是双边支付协定。但自 1958 年以来,主要发达国家相继实行货币自由兑换,放松外汇管制,双边支付清算逐渐为多边现汇支付结算所代替,已不再需要签订支付清算协定。至于一些仍然实行外汇管制的发展中国家,有时还需要通过支付协定来清算对外债权和债务。

（5）国际商品协定

两个以上国家或单独关税区签订的贸易条约与协定为多边的贸易条约与协定,如 1947 年关税与贸易总协定,WTO 所属的贸易协定与协议,商品生产国和消费国签订的商品协定。因前两者在本章后面小节论述,本节只论述国际商品协定。

国际商品协定是指某些初级产品的主要生产国（出口国）与消费国（进口国）为了稳定该项商品的经济收益、保证供销稳定和促使其发展等目的,就该项商品的价格、购销等问题,经过协商达成的政府间的多边贸易协定。

国际商品协定的主要对象是发展中国家的初级产品。由于这些产品受世界经济动荡不定、市场行情变化异常的影响,价格经常波动。发展中国家为保障它们的利益,希望通过协定维持合理的价格;而作为主要消费国的工业发达国家,希望通过协定保证价格不致涨得太高,并能保证供应。

第二次世界大战以前,签订的国际商品协定有小麦协定（1933 年签订）和糖协定（1937 年签订）。第二次世界大战后,随着殖民体系的瓦解和发展中国家的独立,为了稳定初级产品的经济收益,作为主要初级产品出口国的发展中国家与发达国家签订了更多的国际商品协定。到 20 世纪 90 年代,国际商品协定已经达到 8 个,包括:国际可可协定,国际咖啡协定,国际黄麻和黄麻产品协定,国际天然橡胶协定,国际橄榄油、食用橄榄油协定,国际热带木材协定,国际糖协定,国际谷物协定。

随着世界经济贸易的发展和国际社会对环境的关注,各种国际商品协定的关注重点有所不同,可把它们分为三类:

第一类是带有经济条款的国际商品协定,如国际可可和天然橡胶协定。它们把稳定市场和价格作为重点,还包括有稳定出口收益、增长和更长期的发展目标。

第二类是国际商品管理协定。这些协定的主要目标是:确保国际合作,提供国际咨询论坛,促进国际贸易的增加,作为信息收集、交换和发布的中心,促进研究,鼓励和增加商品的消费,但也考虑价格的稳定。这类国际商品协定包括:咖啡、糖和谷物的协定。

第三类国际商品协定是"发展型"的协定。这类协定的主要目标是:在生产者和消费者之间提供一个合作和咨询的机构;在诸如开发、贸易扩展、市场促销、降低成本和提供市场信息方面,缔约国进行合作和交流信息,也包括对环境的考虑。这类国际商品协定包括麻黄及其制品协定和热带木材协定。

国际商品协定主要通过以下这些经济条款来稳定价格:

第一,缓冲存货(Buffer Stock)的规定。协定的执行机构建立缓冲库存(包括存货与现金),并规定最高、最低价格。当市场价格涨到最高限价时,就利用缓冲库存抛出存货;当市场价格跌到最低限价时,则用现金在市场上收购,以达到稳定价格的目的。这种规定,必须由协定成员方提供大量资金和存货,否则难以起到应有的调节作用。主要采用缓冲存货规定的有国际锡协定和国际天然胶协定。

第二,多边合同(Multilateral Contracts)规定。这种条款规定,进口国在协定规定的价格幅度内,向各出口国购买一定数量的有关商品;出口国在规定的价格幅度内,向各进口国出售一定数量的有关商品。它实际上是一种多边性的商品合同。属于这种类型的有国际小麦协定。

第三,出口配额的规定。先规定一个基本的出口配额,再根据市场需求和价格变动情况作相应的增减来确定当年平均的年度出口配额。属于这种协定的有国际咖啡、糖的协定。

第四,出口配额和缓冲存货相结合的规定。协定规定最高和最低限价,然后通过出口配额和缓冲存货来调节价格,使价格恢复到最高限价和最低限价的幅度内。国际可可协定就是采用这种办法。除了价格原因外,有的是进口国为了保护国内市场而与出口国签订的,以便对某一时期某种商品的进出口数量做出安排。如国际多种纤维协定(MFA),就是在多边的基础上管理纺织品和服装的出口和限制这些商品的市场准入。

【专栏 12.1】

国际咖啡协定

新的国际咖啡协定于 1994 年签订,取代 1983 年的国际咖啡协定。拥有 63 个成员,其中出口成员 44 个,由 44 个发展中国家组成;进口成员 19 个,均为发达市场经济国家。

协定的目标是确保与世界咖啡经济有关的国际合作得到加强;为协定政府间的磋商和谈判提供论坛,讨论有关咖啡的问题,寻求世界咖啡供给与需求达到合理的平衡的方法;这种方法的基础应该是在对消费者公平、对生产者合理的价格水平上确保咖啡的充足供应,同时有助于生产和消费之间达到长期的均衡;通过收集、分析和发布有关咖啡生产、销售等方面的统计数字,公布指标价格和其他市场价格以利于国际咖啡贸易的扩大,同时提高世界咖啡经济的透明度;成为收集、交换和公布有关咖啡的经济信息和技术信息的中心;促进在咖啡领域的研究和调查;鼓励、增加对咖啡的消费。

国际咖啡组织是国际咖啡协定的执行和监督机构,总部设在英国伦敦。国际咖啡组织的职能包括:收集、交换和发布世界咖啡的生产、价格、进出口、分销和消费的统计信息;培育、加工和利用咖啡方面的技术信息交流;建立一个指标价格制度,公布每日综合指标价格,探讨谈判一个新的国际咖啡协定。

资料来源:薛荣久主编:《国际贸易》,对外经济贸易出版社2006年版,第463—464页。

12.1.2 贸易条约与协定所依据的主要法律原则

在国际上,贸易条约与协定中所依据的法律原则主要是:最惠国待遇原则和国民待遇原则。

1. 最惠国待遇原则

(1)最惠国待遇原则的含义

最惠国待遇原则是贸易条约与协定中的一项重要条款。其基本含义是:缔约国一方现在和将来所给予任何第三国的一切特权、优惠和豁免,必须同样给予缔约对方。

最惠国待遇原则按照有无条件,分为有条件和无条件两种:无条件最惠国待遇原则,即缔约国一方现在和将来所给予任何第三国的一切特权、优惠和豁免,立即无条件地、无补偿地、自动地适用于对方;有条件的最惠国待遇原则,即如果缔约国一方给予第三国的优惠是有条件的,那么另一方必须提供同样的条件,才能享受这些优惠待遇。现在的国际贸易条约与协定一般都是采用无条件的最惠国待遇原则。

在贸易条约与协定中有时还采用"无歧视待遇原则"。无歧视原则是要求缔约国之间在实施进口数量限制或其他限制及禁止措施时,不对缔约国对方实施歧视待遇。如果缔约国一方根据合法的理由而采用某种限制或禁止措施时,这些措施在同样情况下普遍实施于订有这项原则的所有缔约国,这就符合无歧视待遇原则。反之,如果这些措施单独对某缔约国实行,而对另一个缔约国不实行,这就违反了无歧视待遇原则。

(2)最惠国待遇原则适用的范围

最惠国待遇条款适用的范围有大有小,一般包括:1)有关进口、出口、过境商品的关税及其他捐税;2)商品进口、出口、过境、存仓和换船方面的有关海关规则、手续和费用;3)进出口许可证发放的行政手续。

在通商航海条约中,最惠国待遇条款适用的范围要大些,可把缔约国双方的船舶驶入、驶出和停泊时的各种税收、费用和手续等也包括在内。

在具体签订贸易条约与协定时,缔约双方可以根据两国的关系和发展贸易的需要,在最惠国待遇条款中具体确定其适用的范围。

在贸易条约与协定中,一般还规定有不适用最惠国待遇的例外条款。如缔约国一方给予邻国有关过境贸易的特别优惠待遇,缔约关税同盟国家之间或在特定国家之间的特惠待遇等,这些都是适用最惠国待遇的例外。

2. 国民待遇原则(Principle of National Treatment)

在国家间签订的贸易条约与协定中,时常规定缔约国双方相互给予国民待遇原则。所谓国民待遇原则,就是缔约国一方保证缔约国另一方的公民、企业和船舶在本国境内经济上享受与本国公民、企业和船舶同等的待遇。

国民待遇原则是法律待遇条款之一,一般适用于外国公民或企业经济权利。其范围主要包括:外国公民的私人经济权利(私人财产、所得、房产、股票)、外国产品应交的国内税、利用铁路运输和转口过境的条件、船舶在港口的待遇、商标注册、版权、专利权等等。但沿海贸易权、领海捕鱼权、土地购买权等均不包括在内。

12.2　关税与贸易总协定

关税与贸易总协定(General Agreement on Tariff and Trade,GATT),简称关贸总协定,是政府间缔结的协调和规范缔约方之间关税与贸易政策方面相互权利和义务的国际货物贸易多边协定。

关贸总协定对促进国际贸易自由化、取消歧视待遇、加强世界经济发展起到了重要作用。

12.2.1　关税与贸易总协定的产生

关贸总协定的产生可以一直追溯到 20 世纪 30 年代。随着世界经济陷入危机,资本主义国家之间爆发了激烈的"关税战"。1930 年美国总统签署通过了《1930 年霍利—斯穆特关税法》(The Hawley-Smoot Tariff Act of 1930),把进口关税提高到历史最高水平,当时的欧洲各国也纷纷效仿,制定自己的限制性关税政策来对美国进行报复。资本主义国家间的高关税阻碍了商品的国际流通,造成国际贸易额大幅度萎缩,整个世界经济陷入严重衰退。面对经济危机的严峻形势,为扭转困境,扩大国际市场,1934 年美国颁布了《互惠贸易协定法》(The Reciprocal Trade Agreement Act)。根据此法,美国与 21 个国家签订了一系列双边贸易协定,将关税水平降低 30%～50%,并根据最惠国待遇原则扩展到其他国家。关税的降低促进了国际商品流通,使经济危机有所缓解。

第二次世界大战使世界经济重陷困境。在二战临近结束时,各国开始探讨建立调节国家之间经济与贸易关系、重建战后经济秩序的国际经济组织。当时亟待解决的问题有三个:第一,建立新的汇率制度,促进国际货币合作;第二,促进国际资金合作,解决经济恢复和发展的资金来源;第三,减少和消除贸易障碍,重建国际贸易新秩序。1944 年 7 月,美、英等 44个国家在美国新罕布什尔州的布雷顿森林召开联合国货币与金融会议,成立了国际货币基金组织和国际复兴开发银行,解决了前两个问题。对第三个问题的解决办法是酝酿建立国际贸易组织。

1945 年 11 月,美国倡导组建"国际贸易组织"(International Trade Organization,ITO)以专门协调各国对外贸易政策和国际经济与贸易关系。1946 年 2 月,联合国经社理事会通过决议,决定召开"联合国贸易与就业会议",着手筹建国际贸易组织,并成立了筹备委员会。

同年 10 月,经社理事会在伦敦召开第一次筹委会,讨论美国提出的《国际贸易组织宪章》草案,并成立了起草委员会对草案进行修改。1947 年 4 月至 8 月,经社理事会在日内瓦召开了第二次筹委会,对《宪章》草案进行审议。在审议期间,考虑到短期内难以建立国际贸易组织,当时亟待解决的问题是各国的高关税,于是在美国积极策动下,包括美国、英国、法国、加拿大与中国在内的 23 个国家就具体产品的关税减让进行谈判,共达成 123 项双边关税减让协议,这次谈判后来被称为关贸总协定第一轮多边贸易谈判。23 国还将达成的双边关税减让协议与《宪章》草案中有关商业政策的部分加以合并,命名为《关税与贸易总协定》,并于1947 年 10 月 30 日在日内瓦签署了该协定。为尽快实施关税谈判的成果,美国联合英国、法国、比利时、荷兰、卢森堡、澳大利亚和加拿大等八国于 1947 年 11 月 15 日签署了《关税与贸易总协定临时适用议定书》,宣布从 1948 年 1 月 1 日起临时适用关贸总协定。1948 年又有 15 个国家签署该议定书,签署国达到 23 个,这 23 个国家就成为关贸总协定的创始缔约方。各缔约方还约定国际贸易组织成立后,以《宪章》的贸易规则部分取代关贸总协定的有关条款。

1948 年 3 月,在古巴哈瓦那召开的联合国贸易与就业会议上审议通过了经修改的《国际贸易组织宪章》即《哈瓦那宪章》(Havana Charter)。但后来由于美国国会认为《宪章》中许多规定与美国国内立法相抵触,限制了美国的立法主权,最终未予批准。受其影响,绝大多数国家没有批准《宪章》,建立国际贸易组织的计划因此夭折,关贸总协定一直以临时适用的多边协定形式存在,从 1948 年 1 月 1 日开始实施到 1995 年 1 月 1 日世贸组织正式运行后与之并行一年,共存续了 48 年。

12.2.2 关税与贸易总协定的历次多边贸易谈判

关贸总协定在 48 年中积极致力于国际贸易政策的协调,成功主持了八轮世界范围的多边关税与贸易谈判。谈判的具体时间、地点和主要成果见表 12-1。

表 12-1　关贸总协定的历次多边贸易谈判

轮次	谈判地点和时间	参加方	谈判主要成果
第一轮	瑞士日内瓦 1947 年 4 月—10 月	23	达成 45000 项商品的关税减让,使占应税进口值 54% 的商品平均降低关税 35%;关贸总协定于 1948 年 1 月 1 日生效。
第二轮	法国安纳西 1949 年 4 月—10 月	33	达成近 5000 项商品的关税减让,使占应税进口值 5.6% 的商品平均降低关税 35%。
第三轮	英国托奎 1950 年 9 月—1951 年 4 月	39	达成 8700 多项商品的关税减让,使占应税进口值 11.7% 的商品平均降低关税 6%。
第四轮	瑞士日内瓦 1956 年 1 月—5 月	28	达成近 3000 项商品的关税减让,使占应税进口值 16% 的商品平均降低关税 15%。
第五轮 狄龙回合	瑞士日内瓦 1960 年 9 月—1962 年 7 月	45	达成 4400 项商品的关税减让,使占应税进口值 20% 的商品平均降低关税 20%。
第六轮 肯尼迪回合	瑞士日内瓦 1964 年 5 月—1967 年 6 月	54	以关税统一减让方式就影响世界贸易额约 400 亿美元的商品达成关税减让,平均降低关税 35%;首次涉及非关税壁垒谈判,并通过了第一个反倾销协议。

轮次	谈判地点和时间	参加方	谈判主要成果
第七轮 东京回合	瑞士日内瓦 1973 年 9 月—1979 年 4 月	102	以一揽子关税减让方式就影响世界贸易额约 3000 亿美元的商品达成关税减让与约束,关税水平下降 35%；达成多项非关税壁垒协议和守则；通过了给予发展中国家优惠待遇的"授权条款"。
第八轮 乌拉圭回合	瑞士日内瓦 1986 年 9 月—1994 年 4 月	123	达成了 28 个内容广泛的协议；货物贸易减税幅度近 40%,减税商品涉及贸易额高达 1.2 万亿美元,近 20 个产品部门实行了零关税；农产品非关税措施实行关税化,纺织品的配额限制在 10 年内取消；GATT 扩大到服务贸易、知识产权和与贸易有关的投资措施协议；建立 WTO 取代 GATT。

关贸总协定第一轮至第五轮多边贸易谈判主要致力于关税的削减,使世界平均关税水平大幅度下降。而后面三轮谈判,即肯尼迪回合、东京回合和乌拉圭回合,在继续关税减让谈判的基础之上,还增加了许多其他重要的议题。

1. 肯尼迪回合

第六轮多边贸易谈判于 1964 年 5 月至 1967 年 6 月在日内瓦举行,共 54 个国家参加,而实际缔约方在该轮谈判结束时已经达到 74 个。由于是当时美国总统肯尼迪根据《1962年美国贸易扩大法》提议举行的,故称"肯尼迪回合"。

这一回合的关税减让谈判采取了"线性关税减让方式",即在经合组织成员间工业品一律平均削减 35% 的关税。决定从 1968 年 1 月 1 日起,每年降低 1/5,五年完成这一目标,包括了商品 6 万多种,涉及 400 亿美元的商品贸易额。

在这轮谈判时,发展中国家和最不发达国家缔约方占了大多数。因此,关贸总协定正式将给予发展中国家的优惠待遇纳入具体条款中,命名为"贸易与发展",旨在通过给予发展中国家一定的贸易优惠待遇而促进其贸易和经济的发展。

本轮谈判第一次涉及非关税措施,主要就美国的海关估价及各国的反倾销制度进行谈判。在海关估价制度方面,美国承诺废除以美国国内市场最高价格作为标准征收关税的制度。在反倾销措施方面,在吸收了各国反倾销立法的经验教训的基础上,美国、英国与日本等 21 个缔约方签署了第一个有关反倾销的协议,该协议于 1968 年 7 月 1 日生效。这为关贸总协定第六条反倾销规定的实施提供了坚实的基础。

2. 东京回合

第七轮谈判是 1973 年 9 月至 1979 年 4 月在瑞士日内瓦举行的,参加谈判的国家共 99个。因发动这轮谈判的贸易部长会议是在日本东京举行的,故称"东京回合"。

东京回合谈判的结果使关税进一步下降。将世界九个主要工业品市场的关税平均削减1/3,制成品的平均关税由总协定成立时的 40% 左右降至 4.7%,数以千计的工业品和农产品的关税得以削减,削减的结果在 8 年内实施。关贸总协定经过这前七轮的多边贸易谈判,使 20 世纪 30 年代大萧条时期筑起的高关税措施大为削减,为二战后国际贸易的迅速发展起到了至关重要的作用。

此外东京回合在限制非关税壁垒上进一步取得了成功,达成了只对签约方生效的一系列非关税措施协议,包括反倾销协议、反补贴协议、政府采购协议、海关估价守则、进口许可证程序协议、技术性贸易壁垒协议、牛肉协议、国际奶制品协议以及民用航空器贸易协议等。

这次谈判还通过了对发展中缔约方的授权条款,要求发达缔约方给予发展中缔约方优惠待遇,发展中缔约方可以在实施非关税措施协议方面享有差别和优惠待遇。

3. 乌拉圭回合

关贸总协定第八轮多边贸易谈判从 1986 年 9 月开始启动,到 1994 年 4 月签署最终协议,历时八年。这是关贸总协定的最后一轮谈判,因发动谈判的贸易部长会议在乌拉圭埃斯特角城举行,故称"乌拉圭回合"。

乌拉圭回合的谈判范围包括传统议题和新议题,其中传统议题涉及关税、非关税措施、热带产品、自然资源产品、纺织品与服装、农产品、保障条款、反补贴措施以及争端解决等;新议题涉及服务贸易、与贸易有关的投资措施以及与贸易有关的知识产权等。乌拉圭回合谈判在上述各项议题上达成了框架性协议,是关贸总协定所主持的历次多边关税与贸易谈判中涉及的范围和内容最广、参与谈判的国家和地区最多以及涉及全球贸易金额最多的一次谈判。

乌拉圭回合的成果主要有:

(1)在削减关税方面,发达国家工业制成品平均关税从 6.3% 降至 3.8%,发展中国家工业品平均关税从 20.5% 降至 14.4%。20 个产业部门实行了零关税。农产品和纺织品重新回到了关贸总协定贸易自由化的轨道。

(2)在降低非关税壁垒和限制不公平竞争方面达成了一系列协议,包括七项有关非关税壁垒的协议:《技术性贸易壁垒协议》《海关估价协议》《装运前检验协议》《原产地规则协议》《进口许可程序协议》《动植物检疫措施协议》《与贸易有关的投资措施协议》,及三项维护公平竞争的协议:《补贴与反补贴措施协议》《反倾销协议》《保障措施协议》。

(3)首次签订了《服务贸易总协定》,强调了服务贸易中非歧视性、透明度、市场准入等原则。在要求服务贸易自由化的过程中,也承认发达国家和发展中国家服务业发展的差距,允许发展中国家在开放服务业市场方面有更多的灵活性。

(4)首次将知识产权纳入多边贸易谈判中,并签署了《与贸易有关的知识产权协议》,明确了国际法律对知识产权保护的目标、范围、措施和处置,为保护知识产权,反对不公平竞争和维护正常贸易秩序制订了规则。

(5)建立世界贸易组织。建立世贸组织本不在乌拉圭回合的议题之中,但是谈判后来涉及的服务贸易和知识产权保护等已经远远超出了只管辖货物贸易的关贸总协定的职能范围。因此,建立一个更具广泛功能的更权威的国际贸易组织变得必要和迫切。1990 年,欧共体首先提出建立一个多边贸易组织的倡议,得到了其他国家的支持。1993 年,在美国的提议下,将多边贸易组织改成世界贸易组织。经过进一步的讨论谈判,乌拉圭回合的参与方于 1994 年 4 月 15 日在摩洛哥的马拉喀什通过了《建立世界贸易组织马拉喀什协议》,正式决定成立世贸组织。

12.2.3　关税与贸易总协定的作用

综观关贸总协定 48 年的存续期,正式缔约方从最初签署临时议定书的 23 个发展到1994 年底的共 128 个,缔约方的贸易量占到世界贸易总量的 90% 以上,充分体现了多边贸易体制的广泛性。它在推动国际贸易自由化,建立国际贸易新秩序上发挥了巨大的作用。

1. 形成了一套调整各国贸易行为的规则体系

关贸总协定规定了缔约方在国际贸易关系中必须遵循的若干基本原则,达成了许多协议,制订了一些具体守则和规章。各缔约方在其相互的贸易关系中都应遵守这些原则和协议,成为各方所共同接受的基本准则,这极大地促进了国际贸易的增长和发展。

2. 推进了战后贸易自由化,促进国际贸易规模的扩大

关贸总协定主持的多轮多边贸易谈判,使各缔约方的关税均有了大幅度的降低。关税的下降,无疑促进了缔约方之间贸易的自由化。在第七、八轮谈判中,对一些非关税措施的逐步取消达成了协议,也对促进国际贸易的发展做出了积极的贡献,国际贸易规模从 1950 年的 607 亿美元,增加至 1995 年的 43700 亿美元。

3. 对维护发展中国家利益起到了积极作用

随着发展中国家在关贸总协定中数量的增多,其贸易地位和利益日益引起总协定缔约方的关注,加上发展中国家的争取和斗争,关贸总协定采取了一些措施,以利于发展中国家对外贸易的发展。此外,关贸总协定也为发达国家与发展中国家在贸易上提供了对话的场所,为发展中国家维护自身利益和促进其对外贸易发展起到了积极作用。

4. 缓和了缔约方之间的贸易摩擦和矛盾

关贸总协定及其一系列协议是缔约方之间谈判和相互妥协的产物,协议执行产生的贸易纠纷可以通过协商、调解、仲裁方式解决,这为协调缔约方之间的贸易关系提供了场所和便利,使各缔约方有机会就贸易等问题进行及时的磋商和调解,使有关贸易分歧、争议能及时获得解决,以保障缔约方在关贸总协定中的权利与义务的平衡。

12.2.4　关税与贸易总协定的局限性

关贸总协定成立以来,促进了许多国家与地区的繁荣与发展,对战后世界经济与贸易的发展起到了积极的推动作用。但是,也必须看到,关贸总协定还存在着许多缺陷或局限性,到 20 世纪 80 年代已经远远不能适应经济全球化趋势的发展。这些局限性主要表现在以下几个方面。

1. 关贸总协定"临时适用"的法律地位

在法律地位上,关贸总协定仅仅是根据《关贸总协定临时适用议定书》生效的临时协议,并不是正式生效的国际条约。从组织结构上看,关贸总协定并不是联合国的专门机构,只能算是一个政府间的联系机构。因此,关贸总协定所设组织机构的法律地位始终是暧昧不清的。它设在日内瓦的总部和秘书处及有关人员,是由瑞士政府参照联合国正式机构授予外交特权和豁免的。

此外,由于其"临时适用"的法律地位,各缔约方同意"在不违背国内现行立法的最大限度内临时适用关贸总协定"。这使得一些国家按照各自的利益理解协定条文。一些国家以此为理由,在贸易立法或政策制定中时常偏离关贸总协定的基本义务,削弱关贸总协定的权威性,而关贸总协定又缺乏必要的核查和监督手段,导致规则执行难度大。

2. 管辖范围有限,不能适应形势要求

关贸总协定仅管辖货物贸易,并且农产品、纺织品与服装还不受关贸总协定约束。这与

世界性产业结构向服务业转变,国际服务贸易及投资迅速发展不相适应,也与与贸易有关的知识产权保护的要求不相适应。

3. 关贸总协定中存在大量的"灰色区域"

尽管关贸总协定在关税减让方面成绩显著,但由于总协定中存在着漏洞,许多缔约方便绕开关税采取非关税壁垒。而且由于关贸总协定原则的"例外"过多,导致许多原则不能得到很好的贯彻实施。一些国家利用"灰色区域"通过双边安排强迫别国接受某些产品的出口限制的事屡见不鲜,如"自动出口限制"。"灰色区域"的存在严重影响了关贸总协定的权威性和严肃性。

4. 争端解决机制缺乏效率

关贸总协定的争端解决机制在做出决策时要求所有缔约方"完全协商一致"做出决策,即只要有一个缔约方不同意专家小组的裁决,则该报告不能通过。对于裁决的执行也缺少法律约束性的强制手段,这就使一些重大国际贸易争端无法解决,极大地降低了关贸总协定的权威性。

作为各缔约方在经济贸易利益关系调整过程中妥协的产物,关贸总协定是由一系列原则和例外所组成的,先天的不足使关贸总协定的诸多职能在实施中困难重重,这就使一个正式的更加完善的国际贸易组织的建立成为必然趋势。

12.3 世界贸易组织

随着世界经济贸易关系的不断发展变化,建立国际贸易组织的问题引起了普遍的关注。终于在1995年建立了一个崭新的世界贸易组织,它更大地促进了世界贸易的增长,对经济全球化起到了不可估量的作用。

12.3.1 世界贸易组织的建立

1. 世界贸易组织的建立

世界贸易组织的建立是乌拉圭回合多边贸易谈判的一项重大意外成果。

1986年乌拉圭回合谈判启动时,拟订的15项谈判议题中没有涉及建立世贸组织的问题,只是设立了一个完善关贸总协定体制职能的谈判小组。但是由于乌拉圭回合谈判不仅包括传统的货物贸易议题,而且还涉及服务贸易、与贸易有关的知识产权以及与贸易有关的投资措施等新议题,这些新议题的谈判成果能否在关贸总协定的框架内付诸实施,关贸总协定能否有效地贯彻执行乌拉圭回合的各项协议就格外受到谈判各方的关注。关贸总协定虽然取得了巨大成就,但由于它毕竟只是一项临时性的多边协议,缺乏一定的组织框架,法律地位不明确,又缺乏强有力的约束机制,而且它对贸易争端的解决主要采用协商形式,因此规则并没有得到普遍遵守。由于这种先天不足,关贸总协定显然已无法适应日趋复杂的国际经济与贸易现实,在新的使命面前力不从心,因此有必要在其基础上建立一个正式的国际贸易组织来协调、监督和执行乌拉圭回合谈判的成果。

在此背景下,1990年初,当时任欧共体轮值主席国的意大利首先提出了建立一个多边贸易组织的倡议,同年 7 月欧共体把这一倡议以 12 个成员方的名义向乌拉圭回合体制职能谈判小组提出。随后加拿大、瑞士与美国也分别向关贸总协定体制职能小组提出设立一个体制机构的设想,这些设想从不同的角度提出未来国际贸易组织机构的职责及性质。联合国贸发会议也认为加强多边贸易领域的国际组织是联合国有效实现世界经济持续发展目标的重要组成部分。经过反复磋商,1990 年 12 月,布鲁塞尔贸易部长会议决定责成关贸总协定体制职能小组负责"多边贸易组织协议"的谈判。经过历时一年的紧张谈判,该小组于1991 年 12 月形成"关于建立多边贸易组织协议"草案。时任关贸总协定总干事阿瑟·邓克尔将该草案和其他议题的案文汇总,形成"邓克尔最后案文"。后又经过两年的修改、完善和磋商,最终于 1993 年 11 月形成了"多边贸易组织协议"。

1993 年 12 月 15 日,根据美国的建议,"多边贸易组织"更名为"世界贸易组织"。1994年 4 月 15 日,在摩洛哥马拉喀什部长会议上,104 个缔约方政府代表(包括中国政府)通过并签署了《建立世界贸易组织的马拉喀什协定》(简称《建立世界贸易组织的协定》),它与其他附件协议和部长宣言及决定共同构成了乌拉圭回合多边贸易谈判的一揽子成果。根据该协定,世界贸易组织于 1995 年 1 月 1 日正式成立,在与关贸总协定并存一年后,自 1996 年 1月 1 日起完全担当起全球经济与贸易组织管理者的角色。

《建立世界贸易组织的马拉喀什协定》由正文六个条文和四个附件组成。其本身的条文内容很短,主要是就 WTO 的建立、职能、结构、适用范围、加入与退出等组织问题作了规定,而没有涉及任何具有实质意义的贸易政策义务的内容。但各成员的具体贸易政策义务及其承诺表都作为该协定的附件,表现在四个附件中。这些附件作为协定的有机组成部分,对所有成员都产生效力,受 WTO 管辖,如图 12-1 所示。

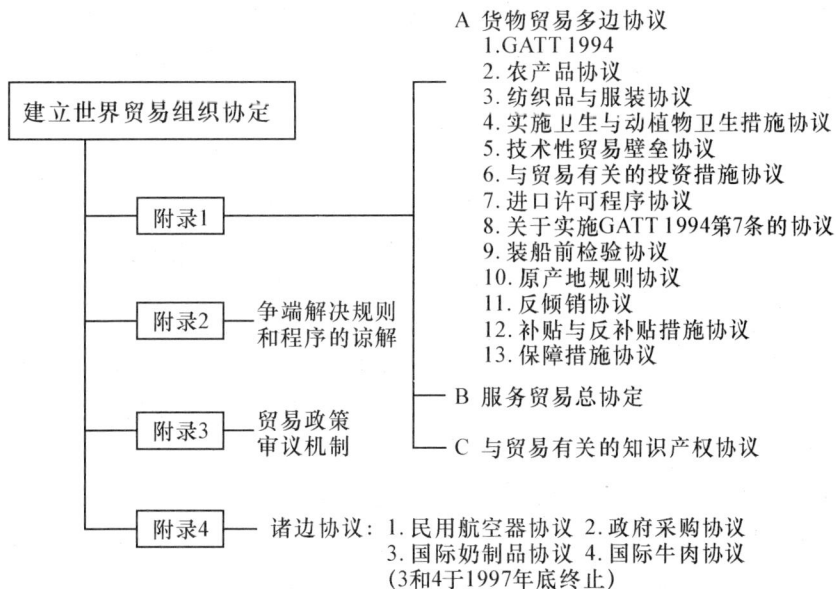

图 12-1 《建立世界贸易组织的协定》文件组成

2. 世界贸易组织建立的意义

世界贸易组织与关贸总协定相比,克服了关贸总协定的局限性,它的建立对世界经济贸易产生了重要的影响,对遏制贸易保护主义的蔓延,促进贸易和投资自由化,从而加速国际货物贸易、服务贸易和国际投资的增长,并推进世界经济全球化的进程意义重大。

(1)遏制贸易保护主义蔓延

世界贸易组织成立之后,关税进一步下降,非关税壁垒有所削减。参加世贸组织成员数目的增多,特别是中国的加入,促使贸易自由化向纵深发展,有利于世界经济贸易的发展。

(2)促进国际服务贸易和国际投资加速发展

随着服务贸易和投资措施自由化的加强,国际投资增长将继续快于国际商品贸易,国际服务贸易的增长速度仍继续高于国际商品贸易增长速度。

(3)促进世界经济和世界市场全球化的进一步发展

由于绝大多数国家或地区都加入了世贸组织,并接受其各种法规的管辖,这势必增加市场准入,促进各国各地区之间的经济互相渗透、相互依存和互为市场的发展,提高世界经济和世界市场的融合度,从而有利于世界经济和世界市场的全球化进展。

(4)全球范围内的经济贸易竞争更趋激烈

随着世界贸易自由化向多层次发展,各国之间,特别是贸易大国之间的竞争将更加趋于尖锐化。服务贸易和高科技领域将成为竞争的热点。竞争压力将迫使各国加速产业结构的优化,加强研发能力。

(5)跨国公司的经营范围将继续扩大

跨国公司经营的主要范围是货物贸易、直接投资和技术转让,乌拉圭回合最后文件的生效和执行,为跨国公司的经营活动开辟了更为广阔的空间,可以推进货物、服务贸易与投资自由化和技术转让的发展。

同时,世贸组织协议还特别强调了环境保护、可持续发展和发展中国家的发展问题,这对于解决世界所面临的环境污染、能源危机、南北矛盾,促进世界经济的协调发展和可持续发展具有重要的意义。

3. 世界贸易组织的宗旨

世贸组织的宗旨是对关贸总协定的继承和发展。《建立世界贸易组织的协定》序言中阐明了世贸组织的宗旨:提高生活水平,保证充分就业,大幅度和稳定地增加实际收入和有效需求;扩大货物和服务的生产与贸易;按照可持续发展的目的,最优运用资源,寻求对环境的保护和维护,并以不同经济发展水平下各自需要的方式,加强采取各种相应措施;积极努力确保发展中国家,尤其是最不发达国家在国际贸易增长中的份额,与其经济发展需要相称。

世贸组织的宗旨不仅重申了关贸总协定的目标,而且根据形势发展作了以下三点补充:一是将服务业的发展纳入世贸组织体系;二是提出了环境保护和可持续发展问题;三是要考虑到各国经济发展水平的需要,要确保发展中国家尤其是最不发达国家在国际贸易增长中获得与其经济发展相适应的份额。

12.3.2 世界贸易组织的运行机制

1. 决策机制

世贸组织在决策时,主要遵循"协商一致"原则,只有在无法协商一致时才通过投票表决进行决策。

（1）协商一致规则

协商一致规则（Principle of Consultation and Consensus），是关贸总协定和世贸组织及其法律制度运作的一项基本准则。即只要出席会议的成员方对拟通过的决议不正式提出反对就视为同意，包括保持沉默、弃权或进行一般的评论等均不能构成反对意见。下列事项的决策一般应实行协商一致规则通过才有法律效力，除非有特殊规定：1）对《世界贸易组织协定》和多边贸易协定的修改，有特殊规定的除外。2）下列豁免成员方的义务：①豁免决定所涉及的是某一成员方在有关期限内履行过渡期或分阶段实施期的任期任何义务；②某项有关世贸组织章程的豁免请示且在提交部长会议 90 天内。3）对世贸组织协定附件 4 诸边贸易协议的增加。4）争端解决机构按照《关于争端处理规则和程序的谅解》做出决定时，需一致同意。

（2）简单多数规则

对于世贸组织一般的决议如果不能达到一致同意，则采用简单多数规则，但《世界贸易组织协定》另有规定的除外。

（3）2/3 多数通过规则

下列事项采用 2/3 多数通过：第一，对《世界贸易组织协定》附件 1 中的多边货物贸易协定和与贸易有关的知识产权协定的修改建议；第二，对《服务贸易总协定》一至三部分以及附件的修改建议；第三，对《世界贸易组织协定》和多边贸易协定的某些条款修改意见提交成员方接受的决议；第四，新成员方加入世贸组织；第五，财务和年度预算决议。

（4）3/4 通过规则

对于非常重大的事项，如果成员方不能达成一致同意，则采用 3/4 多数通过，包括：对条款的解释，各项协定的修改，成员义务的豁免。

（5）反向协商一致规则

即只要不是有权投票者全体一致对有关事项提出反对，则视为全体一致同意。这是世贸组织一个重大的创新。该规则主要体现在争端解决程序之中。

（6）必须接受规则

世贸组织的有些决议通过后只有经过所有成员方的接受才具有法律效力。下列决策采用必须接受规则：第一，对世界贸易组织决策制度（投票程序）的修改；第二，对《GATT1994》第一条款（最惠国待遇）和第二条款（关税减让）的修改；第三，对《服务贸易总协定》第二条款（最惠国待遇）的修改；第四，对《与贸易有关的知识产权协定》第四条款（最惠国待遇）的修改。

2. 争端解决机制

世贸组织的争端解决机构是总理事会，履行成员方之间争端解决的职责。根据世贸组织成员的承诺，在发生贸易争端时，当事各方不应采取单边行动对抗，而是应该通过争端解决机制寻求救济并遵守其规则及其所做出的裁决。

世贸组织争端解决的基本程序包括磋商、专家组审理、上诉机构审理、裁决的执行及监督等。此外，在当事方自愿的基础上，也可采用仲裁、调解、调停和斡旋等方式解决争端。

（1）磋商

磋商是争端解决的第一个程序阶段，是指两个或两个以上成员为使相互间的争议问题得到解决或达成谅解而进行国际交涉的一种方式。由于磋商解决争端问题是争端各当事方在协商一致的基础上达成一致意见,有利于所达成协议的执行,因此这一阶段是争端解决的必经阶段,也是世界贸易组织所提供的争端解决方式。

某一成员方提出磋商请求后,接到请求的成员方应自收到请求的 10 日内对该请求作出答复,并在收到请求后 30 日内开始进行磋商。如果接到请求的成员方未在自收到请求之日起 10 天内作出答复,或者在收到请求后 30 日内未开始进入磋商程序,则提出请求的成员方可直接请求设立一个专家小组,以便直接进入争端解决的专家小组阶段。磋商应在保密状态下进行。

(2)专家组程序

专家组程序是世贸组织争端解决机制的核心阶段。当申诉方提出建立专家组的请求,则最迟应在此请求列入争端解决机构会议议程之后的下次会议上设立专家组,除非一致决定不成立。由于只对不设专家组的决定需要一致同意,因此可以说,只要一经请求专家组即可成立,拖延和否决几乎不可能发生。专家组通常将由 3 名成员组成,成员以个人身份(不代表政府或任何组织)工作。

专家组的职能是协助争端解决机构履行其依照《争端解决谅解》和各适用协定承担的职责,因此专家组应对提交给它的事项进行客观评价,做出调查报告以协助争端解决机构做出建议或裁决。报告应在争端当事方不出席的情况下依据所提供的资料和陈述拟订。

专家组一旦设立,一般应在 1 周内确定工作进程时间表,6 个月内(在紧急情况下 3 个月)完成工作,如果无法在此期间内提交报告,则应书面通知争端解决机构延误的原因以及将提交报告的预计时间。但无论如何,从专家组的设立到向各成员方提交报告的时间不应超过 9 个月。在报告提交各成员方 20 天后,争端解决机构才可考虑审议通过报告,以让成员方考虑该报告,但在提交各成员方后的 60 天内,除非争端一方通知其上诉决定或争端解决机构一致决定不通过该报告,该报告应在争端解决机构会议上予以通过。报告通过后,其建议和裁决就成为争端解决机构的建议或裁决。

(3)上诉机构审理

常设上诉机构的设立和上诉审查程序是世贸组织的最重大创新之一。对专家组报告的上诉由常设上诉机构受理,只有争端当事方才有权提出上诉,上诉的范围仅限于专家组报告所涉及的法律问题及专家小组所做的法律解释,对事实问题不得上诉。

上诉机构程序,自争端一方通知其上诉决定之日起到上诉机关散发其报告之日止,不得超过 60 天。上诉机构如不能在 60 天内提出报告,则应书面通知争端解决机构延误原因及将提交报告的预计时间,但在任何情况下上诉程序不得超过 90 天。经过审查,上诉机构应当做出报告并提交争端解决机构,该报告可以维持、修订或推翻专家小组在法律方面的调查结果以及结论。在向各成员方散发上诉机构报告后 30 天内,争端解决机构应通过该报告,除非一致决定不通过。

(4)对建议或裁决执行的监督

迅速执行争端解决机构的建议或裁决,是确保有效解决争端的必要条件,《争端解决谅解》为此制定了保证执行的一套综合规则。

在专家组/上诉机构的报告被通过的 30 天内举行的争端解决机构会议上,有关成员方应通知争端解决机构其履行建议或裁决的意愿。如不能立即履行,该成员方应当确定一个履行的合理时间,原则上该时间不得超过专家组或上诉机构报告通过之后的 15 个月。而且争端解决机构应对执行进行持续监督,在执行问题最终解决之前,有关成员方应至少在每次议程含有该问题的争端解决机构会议召开 10 天前向机构提供关于执行的书面进展报告。

3. 贸易政策审议机制

贸易政策审议机制(Trade Policy Review Mechanism,TPRM)是世贸组织为增强多边贸易体制透明度的一项重要机制。

(1)贸易政策审议机制的目标和作用

贸易政策审议机制的目标是通过对成员贸易政策进行连续性的审议,促进世贸组织成员对贸易政策的集体评价。

贸易政策审议具有双重目的。首先,了解成员在多大程度上遵守和实施多边协议的纪律和承诺。通过定期审议,世贸组织作为监督者,要确保其规则的实施,以避免贸易摩擦。其次,提供更大的透明度,更好地了解成员的贸易政策与实践,并且对新开放的贸易与投资机遇提供信息。

世贸组织的贸易政策审议机制的作用是增加多边贸易体制的有效性,其实现的途径是通过改善贸易政策的透明度和坚持多边贸易体制的规则、纪律和承诺。

(2)审议范围

审议的范围包括所有的产业部门,与贸易有关的知识产权和与贸易有关的投资措施等。与贸易有关的政策广义上应包括:影响进口、出口和生产有关的措施,例如关税、非关税措施以及国内方面的安排等。国内方面的安排包括政府奖励、税收减让、营业许可及竞争政策、外汇与投资体制、国内机构安排、政府宏观与微观经济政策变化之间的联系等。

(3)审议频率

世贸组织对每个成员的贸易政策进行定期审议。贸易政策审议的频率取决于该成员对多边贸易体制的影响程度,确定这种影响程度的主要依据,是成员在世界贸易中所占的比重。成员方占世界贸易的份额越大,接受审议的间隔时间越短,次数越频繁。对在世界贸易额中排名前 4 位的成员每两年审议一次,对其后的 16 个成员每四年审议一次,对余下的成员每六年审议一次,对最不发达成员的审议间隔时间更长。

(4)审议过程

①审议机构。对世贸组织成员贸易政策的审议是通过贸易政策审议机构(Trade Policy Review Body,TPRB)进行的。贸易政策审议机构在形式上是总理事会,由世贸组织全部成员组成,并召集贸易政策审议会议。通常在第一次该年度会议上,从成员代表中选出会议主席,任期一年。审议计划是在前一年的中期宣布。

②审议会议。一般要从成员中选出两位讨论者,但他们不是作为其政府的代表履行义务,而是由其自行发表意见,以便活跃贸易政策审议会议的气氛。他们可在秘书处的协助下,起草审议会议上所要提出的主要议题大纲,并在会议开始一周前发给参加会议的成员,但对接受审议的成员而言,获得批准的书面发言只要在会议前交给各成员即可。

另外,根据贸易政策审议机构的程序,以世贸组织三种工作语言写成的秘书处报告和接受审议方政府的发言,至少在审议会四周前发到各成员,并鼓励各成员向接受审议的成员提出书面问题,但必须在会议一周前提交,以便给接受审议的成员足够的准备时间。

审议会议采取问与答的方式。第一次会议首先由接受审议的成员政府官员发言,限时15 分钟。他应对该成员的贸易状况做概括性的介绍,着重介绍秘书处报告和政府文件完成之后所发生的新变化。接受审议的成员发言之后是两个讨论者的发言,每个讨论者的发言不应超过15分钟,然后由来自参加会议的各成员发言与评论。第一次会议后,主持会议的主席需列出主要议题的大纲,并与接受审议的成员协商后,要求讨论者、秘书处和与会者按照列出的主要议题发言。

第二次会议的讨论,包括接受审议成员的答复在内,均须按照第一次会议列出的主要议题进行讨论,以便使讨论可以有层次、有秩序地进行。

③会议主席的总结性短评。评审会议结束后,会议主席在秘书处的协助下,向新闻界发布会议的新闻摘要,并将总结性短评和秘书处审议结果对外公布。

12.3.3 世界贸易组织的基本原则

世贸组织的基本原则是各成员方公认的、具有普遍意义的适用于世贸组织全部规则体系一切效力范围的,并构成该规则体系基础的最高共同准则。具体原则如下。

1. 非歧视原则

非歧视原则,又称不歧视待遇或无差别待遇原则,是世贸组织全部规则体系的基础,它充分体现了平等精神,完全符合各国主权平等的国际法原则。非歧视原则规定:成员方在实施某种优惠或限制措施时,不得对其他成员方采取歧视待遇。该原则主要通过关贸总协定中的最惠国待遇条款和国民待遇条款予以体现。

(1)最惠国待遇原则

最惠国待遇原则是世界多边贸易体系的核心,是世贸组织赖以生存的基石。它的含义是,一成员现在和将来给予任何第三方的优惠、特权和豁免,都应立即无条件地给予其他成员方,否则就构成差别待遇或者歧视。也就是说,成员方可以不直接就每个商品项目同其他成员方谈判就可以享受任何成员方通过谈判达成的所有优惠待遇。可见,通过最惠国待遇,世贸组织将双边互惠推广到了多边,这种多边无条件最惠国待遇使成员方享受到比双边协议中更为稳定的最惠国待遇。

最惠国待遇适用于进出口商品的关税和费用的征收、征收方式以及进出口规章手续等方面。世界贸易组织还规定了最惠国待遇的例外,主要是边境贸易、关税同盟和自由贸易区以及关贸总协定的一般例外和安全例外等。

【专栏 12.2】

中美最惠国待遇问题

1979年中国和美国正式建交,并于1980年2月签订了中美贸易关系协定。该协定规定:在平等互利和非歧视待遇原则的基础上,对相互进口或出口的产品在关税、手续和费用方面,相互给予最惠国待遇。

然而在美国的1974年贸易法中著名的"402条款"却规定:对限制移民的非市场经济国家,不得给予最惠国待遇。但是总统有权根据该国移民情况,决定是否给其以最惠国待遇。总统可向国会建议,将给予该国的最惠国待遇延长一年,到底能否延长,则取决于国会多数票通过的决议。按照"402条款",美国给予中国的最惠国待遇每年都需复议延长。

1989年以前,美国对华最惠国待遇的年度审查并没有遇到什么问题,每年都是自动延长(1982 年和 1983 年,有些国会议员两次提出取消中国最惠国待遇的提案,但都未获成功)。但是 20 世纪 80 年代末 90 年代初,苏联解体、东欧剧变,世界格局的重大变化使得中国在美国全球战略中所处的地位下降,美国对中国的态度发生了变化。

到了 1990 年 5 月,布什总统宣布他将继续延长对华最惠国待遇时,美国国会有些人动议,总统在决定是否延长中国的最惠国待遇时,应考虑"全面的重要问题",包括人权、贸易做法和武器扩散等,他们还要求中国加强保护知识产权,停止不公平的贸易做法,以及在导弹技术、核武器、生物武器和化学武器方面停止"与国际控制标准不符的"活动。可以看出,他们是想把中美政治、经济中的所有问题都与最惠国待遇挂起钩来,从而离美国此项立法的最初目标越来越远了。1990—1992 年,布什总统否决国会的提案,始终坚持给中国以"无条件最惠国待遇"。1993 年,克林顿入主白宫,他在 4 月 19 日宣布延长下一年度的对华最惠国待遇,但是附加了条件,即如果中国在 1994 年 6 月以前在人权、武器扩散等问题上没有显著进步,则将不再延长这一待遇。这一决定宣布之后,800 多家美国公司和协会联名上书克林顿总统,强烈要求延长对华最惠国待遇,并把人权与最惠国待遇分开。106 名众议员发表了公开信,呼吁总统延长对华最惠国待遇。在这种形势下,到了 1995 年,美国总统宣布,延长 1994 年至 1995 年度对华最惠国待遇,并在以后年度审议时将人权问题与最惠国待遇脱钩。

最惠国待遇的延长和人权问题脱钩后,中美之间的这一争议稍见平缓。但在年度审查中,国会仍然有人提出撤销对华最惠国待遇的议案,给中美经贸关系增加了不稳定的因素。美国总统也承认,最惠国待遇的年度审查,对美中关系是有腐蚀作用的。

1998 年 7 月,克林顿总统签署了一项法案,将"最惠国待遇"的提法正式改为"正常贸易关系"。在 1999 年 11 月中美达成中国入世协议时,美国政府承诺给予中国永久性正常贸易关系。2000 年 5 月 24 日,美国国会众议院以 237 票对 197 票,表决通过了"对中华人民共和国正常贸易关系"法案。根据该法案的规定,总统有权在中国加入 WTO 后,决定"402 条款"不适用于中国(即取消对是否给予中国正常贸易关系待遇的年度审查),并且宣布对来自中国的产品给予非歧视待遇(正常贸易关系待遇)。

资料来源:中美"最惠国待遇"之争始末,凤凰网,http://phtv.ifeng.com/program/tfzg/200812/1209_2950_913962_1.shtml。

(2)国民待遇原则

国民待遇是指在成员方之间相互保证给予另一方的自然人、法人和船舶在本国境内享受不低于本国自然人、法人和船舶的待遇。

国民待遇原则是最惠国待遇原则的有益补充。最惠国待遇原则的适用,使关税减让结果适用于 WTO 各成员方,从而达到进口关税降低的目的。但成员方仍可用国内立法的手段对已进口的产品施以歧视,从而减弱外国产品对本国产品的竞争力。国民待遇原则正是在这一点上做了补充,防止了消极结果的出现。国民待遇要求在国内税费和规章等政府管理措施方面,进口商品与本国商品享受同等待遇。这一原则保证了进口商品和本国商品能在同等条件下竞争,避免成员方利用征收国内税费的办法保护国内产业、抵消关税减让效果。

但是,国民待遇义务并不适用于有关政府采购的法令、规章和条例。当然,这里的政府采购专指日用品采购而非商业用途的采购。

至于服务贸易,由于它的特殊性,《服务贸易总协定》中采用了具体承诺的方式,国民待遇并未成为普遍义务。《服务贸易总协定》中明确了享受国民待遇的范围,即在各成员方"列入其承诺表的部门中"。对于没有列入成员方承诺表中的部门,成员方不具有国民待遇的义务。

【专栏 12.3】

服务贸易领域的国民待遇问题
——土耳其电影征税案例

土耳其根据《土耳其市税收法》,对播放原产于外国的电影所得的收入征收 25% 的市政税,但对原产于国内的电影则没有加征类似税收。1996 年 6 月 12 日,美国向世贸组织争端解决机构提出磋商申请,要求与土耳其按照《关于争端解决规则与程序的谅解》及 GATT1994 第 22 条的规定进行磋商。1996 年 7 月双方进行磋商,但最终并未在争端解决上达成一致。1997 年 1 月,美国请求成立专家小组对该争端进行审查。1997 年 7 月 14 日,美国与土耳其经过磋商达成协议,依据该协议,土耳其应根据 GATT1994 第 3 条规定的义务,即国民待遇原则,尽快同意对播放国内电影和进口电影所得收入以同等待遇征收税收。

资料来源:李秀香:《WTO 规则解读与运用》,东北财经大学出版社 2012 年版,第 18 页。

总之,最惠国待遇和国民待遇都体现了非歧视原则。二者的区别在于:最惠国待遇强调一国不得针对不同进口来源的商品实行歧视待遇,而国民待遇则强调一国不得在进口商品与本国商品之间实行歧视待遇;最惠国待遇的目的是使来自不同国家的进口商品在成员方市场上处于同等竞争地位,不受歧视,而国民待遇的目的是使进口商品在成员方的国内市场上与其本国商品处于同等竞争地位,不受歧视。

2. 贸易自由化原则

所谓贸易自由化是指各成员方通过多边贸易谈判降低和约束关税,取消其他贸易壁垒,消除国际贸易中的歧视待遇,扩大本国市场准入。贸易自由化原则是达到世界贸易组织所设定目标的一个重要手段。

贸易自由化原则包含五个要点:(1)以贸易规则为基础。成员方要根据世贸组织负责实施管理的贸易协定与协议,进行贸易自由化。(2)以多边谈判为手段。成员方以多边贸易谈判中做出的承诺,推进贸易自由化。货物贸易方面的自由化表现为逐步削减关税和减少非关税贸易壁垒,服务贸易方面的自由化表现为不断增加开放的服务部门,减少对服务提供方式的限制。(3)以争端解决为保障。世贸组织的争端解决机制具有强制性,如某成员被诉违反承诺,并经争端解决机制裁决认定,则该成员方就应执行该裁决,否则,世贸组织可以授权申诉方采取贸易报复措施。(4)以例外条款进行救济。世贸组织成员可通过援用例外条款或保障措施等救济措施,消除、减轻和化解贸易自由化带来的负面后果。(5)过渡期限不一。世贸组织承认不同成员之间经济发展水平的差异,通常允许发展中成员履行义务有更长的过渡期。

贸易自由化原则主要通过削减关税和一般取消数量限制体现出来。

（1）削减关税

关税对进出口商品价格有直接影响,特别是高关税,是制约货物在国家间自由流动的重要壁垒。因此,世贸组织允许成员使用关税进行保护,但要求成员逐渐下调关税水平并加以约束。如需要提高关税约束水平,须同其他成员方进行谈判。

鉴于关税保护的透明度高,世贸组织允许各成员方主要通过关税来保护国内产业和市场。也就是说,关税是唯一合法的保护手段。这是因为关税措施的保护程度显而易见,并且各成员方之间容易就关税措施的使用进行谈判。关税保护原则在肯定关税保护是合法手段,限制、取消或禁止使用各种非关税措施的同时,要求各成员方在互惠基础上通过多边谈判削减关税,各成员方政府不得征收高于它在关税减让表中所承诺的税率。因此关税保护的原则不是提倡用关税进行保护,而是只允许采用关税这种透明的保护措施而不是非关税壁垒,而且在原则上税率应当不断降低。

（2）一般取消数量限制

同时,世贸组织提出一般取消数量限制的原则。取消数量限制原则是指在商品的进出口贸易中不允许用数量限制(如配额、许可证)的方法进行管理。数量限制是通过规定进出口数量来管制进出口贸易的一种行政方法,其保护效果难以估量,并带有很大的隐蔽性,容易使贸易发生扭曲,使企业缺乏正确的国际市场导向,不利于市场经济的发展。同时,数量限制滞缓贸易自由化的进程,使谈判复杂化,还易导致出口国遭受歧视性待遇,与世贸组织的精神相悖。

世贸组织在取消数量限制方面的进展包括:采取逐步回退的办法逐步减少配额和许可证的使用,如长期游离于多边贸易体制之外的纺织品和服装贸易通过该方法逐步取消了配额和减少许可证的使用,逐步实现自由化;把一般取消数量限制原则扩大到货物贸易之外的领域,如服务贸易总协定在市场准入部分规定,不应限制服务提供者的数量,不应采取数量限制的办法限制服务总量。

3. 互惠贸易原则

互惠互利是世贸组织成员方之间利益、优惠或特权的相应让与,是成员方之间确定贸易关系的基础,也是多边贸易谈判的行为规范。互惠贸易原则要求成员方在互惠互利基础上通过多边谈判进行关税或非关税措施的削减,对等地向其他成员方开放本国市场,以获得本国产品或服务进入其他成员方市场的机会。此外,当新成员加入时,要求申请加入方保证通过关税及其他事项的谈判做出一定的互惠承诺,以此作为享受其他成员方给予优惠的先决条件。

互惠原则的例外主要体现在世贸组织允许成员方在某些特殊情况下可以援引"免责条款"撤销已做出的关税减让,例如当发展中国家出现严重的国际收支困难时可暂时免除互惠义务。

4. 透明度原则

透明度原则要求各成员方正式实施的有关进出口贸易的所有法律、法规、条例以及与其他成员方达成的所有影响贸易政策的条约与协定等都必须事先正式公布,否则不得实施。

《1994 年关税与贸易总协定》对有关公布和实施的具体规定为:(1)成员方在互惠基础上迅速公布现行有效的有关贸易法律、法规、条例以及条约与协定等;(2)成员方采取的按既定统一办法提高进口货物关税或其他税费的征收率或者对进口货物及其支付实施新的或更严格的规定、限制或禁止的普遍适用的措施,非经正式公布不得实施;(3)成员方应以统一、公正和合理的方式实施所有应予公布的法律、法规、条例等。

透明度原则的目的是为了保证各成员方在货物贸易、服务贸易和知识产权保护方面的贸易政策实现最大限度的透明。透明度原则不要求成员方公布那些可能会影响到法令的贯彻执行、会违反公共利益或损害某一公私企业正常商业利益的机密资料。

【专栏 12.4】

欧盟提高贸易救济调查程序透明度

2009 年 7 月,欧盟理事会通过了欧委会提交的《加强贸易救济调查透明度》改革方案,表示将在欧盟反倾销等贸易救济调查中进行改革,完善调查制度,提高透明度。具体包括:1. 改进非保密文件披露形式,扩大非保密文件涵盖范围;2. 更新贸易救济司网站,增加案件进展相关信息;3. 加强咨询服务,为中小企业参与调查程序提供便利;4. 简化调查问卷,鼓励更多利害关系方参与调查;5. 修改裁决披露程序,提高披露文件质量;6. 逐步完善"独立听证官"制度,更好地发挥其监督作用。上述措施于 2009 年 7 月 1 日起实施。欧盟此次贸易救济领域改革,为我国企业参与反倾销案件应诉提供一定便利,并在一定程度上解决了我国企业在调查程序方面的关注,对我国企业加强法律抗辩、争取更好的应诉结果较为有利。

资料来源:中华人民共和国商务部网站,http://www.mofcom.gov.cn/aarticle/i/jyjl/m/200907/20090706378440.html。

5. 公平贸易原则

公平贸易原则也称公平竞争原则,是指各国在国际贸易中不应采用不公正的贸易手段进行竞争,尤其是不应以倾销或补贴方式出口商品,创造和维护公开、公平、公正的市场环境。

进口国如果遇到其他国家出口商以倾销或补贴方式出口商品,就可以采取反倾销或反补贴措施来抵制不公平竞争,维护公平竞争的贸易环境。为防止滥用反倾销和反补贴措施达到贸易保护主义目的,世贸组织对反倾销和反补贴规定了严格的程序和标准,授权成员方在其国内产业由于倾销或补贴而受到严重损害或严重损害威胁时,可征收反倾销税或反补贴税来进行救济。

公平贸易原则包括三个要点:(1)公平竞争原则体现在货物贸易、服务贸易和知识产权贸易领域;(2)公平竞争原则既涉及成员的政府行为,也涉及成员的企业行为;(3)公平竞争原则要求成员维护货物、服务或服务提供者以及知识产权所有者或持有者在本国市场的公平竞争,不论他们来自本国或其他任何成员。

6. 允许地区性贸易安排原则

地区性贸易安排是指一些国家通过协议组成经贸集团,成员内部相互废除或减少进口贸易壁垒。世贸组织认为,通过更自由的贸易使成员方经济更趋一体化,有其一定的价值。其形式是关税同盟和自由贸易区的形式。在自由贸易区内,每个成员可以保留各自的对外贸易政策;而关税同盟则对非成员实行统一的关税。但其贸易上的关税和规章,都不能比经贸集团建立以前更高和更加苛刻。

在《GATT1994》中,对成员方成立自由贸易区和关税同盟提出了约束条件和具体要求。

第一,确定关税同盟或自由贸易区临时协定的"合理期间"一般为十年,如超过十年,则要向世贸组织的货物贸易理事会做出解释。第二,两者成立的所有通知要接受世贸组织工作组的检查。第三,两者要定期向世贸组织理事会做出活动报告。

12.3.4 世界贸易组织的组织机构

世贸组织的机构主要有部长级会议、总理事会、委员会、总干事和秘书处等。

1. 部长级会议

部长级会议是世贸组织的最高决策机构,由所有成员主管外经贸的部长、副部长级官员或其全权代表组成,至少每两年举行一次,有权就任何多边贸易协议的任何问题做出决定。

部长级会议主要具有以下职能:(1)立法权:对其协定协议做出修改和权威性的解释;(2)准司法权:对其成员之间所发生的争议或其贸易政策是否与世贸组织规则相一致等问题做出裁决;(3)豁免某个成员在特定情况下的义务;(4)批准非成员方所提出的加入或取得世贸组织观察员资格申请的请示。

世贸组织成立后又举行了六届部长级会议,在经济贸易的发展以及全球化的扩大方面取得了巨大的成就,并在 2001 年多哈部长级会议上决定启动新一轮多边贸易谈判。世贸组织成立后举行的部长级会议以及具体内容见表 12-2。

表 12-2 WTO 部长级会议

顺序	会议名称	日期	内容
第 1 次	新加坡 (Singapore)	1996.12.9—1996.12.13	1. WTO 成立最初两年的成果评价 2. WTO 协定的实施问题 3. 投资、竞争等新课题的讨论 4. 信息技术产品(IT)关税削减宣言
第 2 次	日内瓦 (Geneva)	1998.5.18—1998.5.20	1. GATT 设立 50 周年纪念 2. 电子商品贸易宣言
第 3 次	西雅图 (Seattle)	1999.11.30—1999.11.14	开始新回合的谈判失败
第 4 次	多哈 (Doha)	2001.11.9—2001.11.14	1. 同意开始新回合的谈判 2. 中国以及台湾地区加盟 3. 欧共体及 ACP 诸国间 Cotonou Agreement 义务豁免
第 5 次	坎昆 (Cancun)	2003.9.10—2003.9.14	对新加坡议题进行深入讨论,由于发达国家和发展中国家对农业以及非农产品市场准入问题分歧太大,会议无果而终
第 6 次	香港 (Hongkong)	2005.12.13—2005.12.18	1. 公布了部长宣言,在农产品贸易、非农产品市场准入、服务业和发展议题等方面取得实质成果 2. 发达缔约方将在 2013 年全面取消所有形式农产品出口补贴,发达成员和部分发展中成员 2008 年起向最不发达国家所有产品提供免关税、免配额的市场准入;发达缔约方 2006 年取消棉花的出口补贴;并在大幅度降低农产品国内支持方面取得共识

2. 总理事会

总理事会由所有成员组成,在部长级会议休会期间行使部长理事会的职能。此外,它还履行《WTO 协定》所赋予的职能。主要包括:(1)代表部长级会议开展日常工作;(2)作为争端解决机构审查争端解决程序;(3)作为贸易政策评审机构审查各成员的贸易政策。

总理事会将职权分授给三个理事会,负责监督三个不同领域的谈判和协议的执行。它们在总理事会监督下运作。(1)货物贸易理事会。负责监督实施货物贸易多边协定,即《1994 年关税与贸易总协定》及其他有关货物贸易的协议和决定的实施与运作,下设机构向货物贸易理事会负责。(2)服务贸易理事会。负责《服务贸易总协定》的实施和运作,下设机构向货物贸易理事会负责。(3)与贸易有关的知识产权理事会。负责《与贸易有关的知识产权协定》的实施与运作,其中包括关于冒牌货的贸易和任何其他由理事会所赋予的职责。

3. 贸易政策审议与争端解决机构

它们隶属于部长级会议,与总理事会平行,为第二层机构。前者职责在于定期审议各成员的贸易政策、法律与各项具体措施,是否与各项协定与协议符合。后者主要职责在于解决成员间的所有贸易争端。其下设有"争端解决专家小组"和"上诉机构"。

4. 各专门委员会和临时机构

在部长级会议和总理事会下设立一些专门委员会,在总理事会的执掌下,处理相关事务。它们分别是:贸易与发展委员会、贸易与环境委员会、国际收支限制委员会、区域贸易协议委员会、预算财务与行政委员会。

临时性机构,通常称为工作组,其任务是研究和报告有关专门事项,并最终提交相关理事会做出决定,如加入 WTO 工作组、专业服务工作组等。

5. 总干事领导下的秘书处

世贸组织设立秘书处,由部长级会议任命总干事,是日常办事机构,总部设在日内瓦。

秘书处工作人员由总干事指派,并按照部长级会议通过的规则决定他们的职责和服务条件。秘书处的主要职责为:为世贸组织机构进行谈判和执行协议提供行政和技术支持;为发展中国家,特别是不发达国家提供技术援助;对贸易实绩和贸易政策进行分析;处理新成员的加入谈判,为准备加入的成员提供咨询。总干事的主要职责为:最大限度地向各成员施加影响,要求它们遵守世贸组织规则;考虑和预见世贸组织的最佳发展方针并进行相应的引导;帮助各成员解决它们之间所发生的争议;负责秘书处的工作,管理预算及其他有关的行政事务;主持协商和非正式谈判,避免争议。

总干事和秘书处职员的职责纯属国际性质。在履行职责时不得寻求或接受任何政府或任何其他权力机关的指示,他们应避免任何可能对其国际官员身份产生不利影响的行动。第一任总干事为意大利前外贸部长鲁杰罗,第二任为新西兰前总理穆尔,第三任为泰国原副总理素帕猜,第四任为法国人前欧盟贸易委员帕斯卡尔·拉米,现任总干事为巴西人罗伯托·阿泽维多。

【专栏 12.5】

罗伯托·阿泽维多

罗伯托·阿泽维多,男,生于 1958 年,巴西驻世贸组织大使,2013 年 5 月 7 日当选为世界贸易组织的新一任总干事。阿泽维多于 2013 年 9 月 1 日正式就任。

阿泽维多是一位职业外交官,有 20 多年处理经贸事务经验,外界认为他上任后将要面临重启全球贸易谈判的任务,在 2013 年 12 月于印尼巴厘举行的世贸两年一度的部长会议,是他的首个考验。

阿泽维多 1983 年入职巴西外交部。此后,他曾先后在巴西驻华盛顿使馆、巴西驻乌拉圭蒙得维的亚使馆工作。他 1997 年至 2001 年作为巴西驻联合国代表在日内瓦工作,并曾代表巴西在世界知识产权组织、联合国贸易发展委员会以及国际电信联盟等机构中任职。

阿泽维多 2005 至 2006 年作为巴西代表团团长参加多哈回合谈判,自 2008 年起担任巴西常驻世贸组织代表,直接参与推动全球自由贸易的多哈回合谈判,在推动多哈回合谈判、维护发展目标等方面发挥过建设性作用。阿泽维多还曾负责多起涉及巴西的世贸争端案件,被认为是巴西外交界最了解国际贸易的专家。由于长期从事国际贸易和经济事务,阿泽维多谙熟多边贸易事务,在谈判和协调各方争议方面颇有经验,是化解争议能手。

资料来源:百度百科,http://baike.baidu.com。

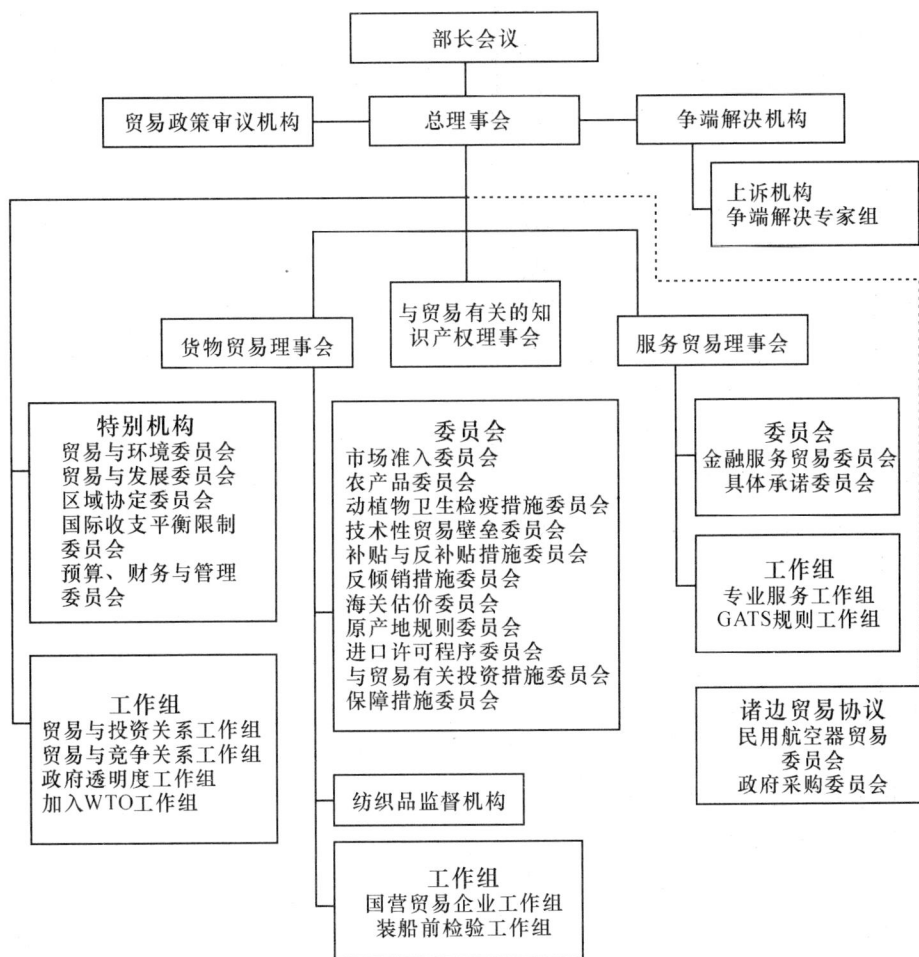

图 12-1　WTO 的组织结构

12.4　中国与世界贸易组织

12.4.1　中国加入世界贸易组织的历程

中国是关贸总协定的 23 个创始缔约国之一。1950 年台湾当局以"中华民国"的名义退出了关贸总协定。1949 年中华人民共和国成立后到 1978 年改革开放前,都没有与关贸总协定接触。20 世纪 80 年代初期,随着我国改革开放的发展,中国开始与关贸总协定进行联络,并提出恢复关贸总协定缔约方地位的申请(以下简称复关)。1995 年后,申请加入世界贸易组织(以下简称入世)。2001 年 12 月中国成为世贸组织的第 143 个成员。

中国从复关到入世长达 15 年,大致经历了以下四个阶段。

1. 第一阶段:20 世纪 80 年代初到 1986 年 7 月,准备复关

1971 年,中国恢复在联合国的合法席位后,1978 年改革开放成为国策,1980 年成为国际货币基金组织和世界银行的成员。20 世纪 80 年代,开始与关贸总协定进行联系,1982 年,中国成为关贸总协定的观察员,并第一次派代表团列席了关贸总协定第 38 届缔约方大会。

1986 年 7 月 10 日,中国驻日内瓦常驻代表正式向关贸总协定总干事提交了中国政府关于申请恢复在总协定的缔约方地位的照会。同年 9 月,中国政府应邀出席了乌拉圭回合的开幕式,并全面取得了这一新回合谈判的资格。

2. 第二阶段:1987 年 2 月到 1992 年 10 月,审议中国经贸体制

1987 年 2 月 13 日,中国政府向总协定正式递交了《中国对外贸易管理备忘录》;1987 年 6 月,关贸总协定成立"中国的缔约方地位工作组"(简称中国工作组),由瑞士大使吉拉德担任主席。从此,正式开始了中国的复关谈判。工作组首先对中国的对外经济贸易制度进行了全面审议,中国派出的代表团以口头和书面的形式回答审议中提出的各种问题。在 1992 年 10 月第 11 次中国工作组会议上,正式结束了长达 6 年的贸易政策审议。中国工作组从单纯审议外贸制度进入到谈判起草加入议定书和双边关税减让谈判双轨进行的阶段。

3. 第三阶段:1992 年 10 月到 2001 年 9 月,议定书内容谈判

1994 年 4 月,关贸总协定部长级会议在摩洛哥的马拉喀什举行,乌拉圭回合谈判结束,中国政府与乌拉圭回合谈判的全部参加方一起签署了《乌拉圭回合谈判结果最后文件》,成为新的世贸组织的实际创造者。随后,中国呈交了包含改进的关税、农产品和服务贸易三个内容的一揽子减让表,作为最后的出价。但因与主要西方国家的谈判差距过大,到 1994 年底仍未能达成中国复关的协议,中国进行复关谈判的努力也没有取得成功。

1995 年 11 月,应中国政府要求,中国复关谈判工作组更名为中国入世工作组,中国从复关谈判转变成入世谈判。中国开始就中国入世议定书的内容,与工作组的 37 个成员进行双边谈判。1999 年 11 月,中美终于达成关于中国入世的双边协定,这意味着中国入世道路上的最大困难被克服。到 2001 年 9 月 30 日,中国入世双边谈判终于完成。

4. 第四阶段:2001 年 9 月到 2001 年 11 月,完成入世程序

双边谈判结束后,开始起草中国入世的法律文件。法律文件主要包括《中华人民共和国加入议定书》和《中国加入工作组报告书》。

2001 年 11 月 30 日,在卡塔尔首都多哈举行的 WTO 第四次部长级会议上,审议通过了《关于中华人民共和国加入的决定》和《中华人民共和国加入议定书》。11 日晚,原外经贸部部长石广生代表中国政府签署了《中华人民共和国加入议定书》,并向 WTO 秘书处递交了中华人民共和国主席签署的批准书,完成中国加入 WTO 的所有法律程序。2001 年 12 月 11 日,中国正式成为 WTO 成员。

中国从复关到入世,历时 15 年,创下了多边贸易体制加入史上的空前纪录。工作组前后共进行了 38 次会议。中美双边谈判举行了 25 轮,中欧双边谈判举行了 15 轮。在整个谈判过程中,中国代表团换了四任团长,美国和欧盟分别换了五位和四位首席谈判代表。中国作为最大的发展中国家,最终加入世界贸易组织,使 WTO 接近了名副其实的含义。

12.4.2　中国加入世界贸易组织后的权利与义务

1. 中国加入世界贸易组织所享有的权利

中国加入世界贸易组织后的基本权利如下。

(1)全面参与世界贸易体制

其中包括:全面参与 WTO 各理事会和委员会的所有正式和非正式会议;全面参与贸易政策审议;在其他 WTO 成员对中国采取反倾销、反补贴和保障措施时,可以在多边框架体制下进行双边磋商;充分利用 WTO 争端解决机制解决双边贸易争端;全面参与新一轮多边贸易谈判,参与制定多边贸易规则;对于现在或将来与中国有重要贸易关系的申请加入方,将要求与其进行双边谈判,并通过多边谈判解决一些双边贸易中的问题,从而为中国产品和服务扩大出口创造更多的机会。

(2)享受非歧视待遇

入世后,中国能够充分享受多边无条件的最惠国待遇和国民待遇,即非歧视待遇。加入前在双边贸易中受到的一些不公正的待遇将会被取消或逐步取消。其中包括:美国国会通过永久正常贸易关系(PNTR)法案,结束对华正常贸易关系的年度审议;根据 WTO《纺织品与服装协议》的规定,发达国家的纺织品配额在 2005 年 1 月 1 日取消,中国可享受 WTO 纺织品一体化的成果;美国、欧盟等在反倾销问题上对中国使用的"非市场经济国家"标准将在规定期限(15 年)内取消等。

(3)享受发展中国家权利

除一般 WTO 成员所能享受的权利外,中国作为发展中国家还将享受 WTO 各项协定规定的特殊和差别待遇。其中包括:中国经过谈判,获得了对农业提供占农业生产总值 8.5%"黄箱补贴"的权利;在涉及补贴与反补贴措施、保障措施等问题时,享有协定规定的发展中国家待遇;在争端解决中,有权要求 WTO 秘书处提供法律援助;在采用技术性贸易壁垒采用国际标准方面,可以根据经济发展水平拥有一定的灵活性等。

(4)获得市场开放和法规修改的过渡期

为使中国相关产业在加入 WTO 后获得调整和适应的时间和缓冲期,并对有关的法律

和法规进行必要的调整,经过谈判,中国在市场开放和遵守规则方面获得了过渡期。例如:在放开贸易权的问题上,享有 3 年的过渡期;关税减让的实施期最长可到 2008 年;逐步取消 400 多项产品的数量限制,最迟可在 2005 年 1 月 1 日取消;服务贸易的市场开放在加入后 1 至 6 年内逐步实施;在纠正一些与国民待遇不相符的措施方面,包括针对进口药品、酒类、化学品的规定,将保留 1 年的过渡期,以修改相关法规;对于进口香烟实施特殊许可证方面,将有 2 年的过渡期修改相关法规,以实行国民待遇。

(5)保留国营贸易体制

WTO 允许通过谈判保留进口国营贸易。为使中国在加入 WTO 后保留对进口的合法调控手段,中国在谈判中要求对重要商品的进口继续实行国营贸易管理。经过谈判,中国保留了对粮食、棉花、植物油、食糖、原油、成品油、化肥和烟草等 8 种关系国计民生的大宗产品的进口实行国营贸易管理(即由中国政府指定的少数公司专营)。保留了对茶、大米、玉米、大豆、钨及钨制品、煤炭、原油、成品油、丝、棉花等的出口实行国营贸易管理的权利。同时,参照中国目前实际进出口情况,对非国营贸易企业进出口的比例作了规定。

(6)对国内产业提供必要的支持

其中包括:地方预算提供给某些亏损国有企业的补贴;经济特区的优惠政策;经济技术开发区的优惠政策;上海浦东经济特区的优惠政策;外资企业优惠政策;国家政策性银行贷款;用于扶贫的财政补贴;技术革新和研发基金;用于水利和防洪项目的基础设施基金;出口产品的关税和国内税退税;进口税减免;对特殊产业部门提供的低价投入物;对某些林业企业的补贴;高科技企业优惠所得税待遇;对废物利用企业优惠所得税待遇;贫困地区企业优惠所得税待遇;技术转让企业优惠所得税待遇;受灾企业优惠所得税待遇;为失业者提供就业机会的企业的优惠所得税待遇等补贴项目。

(7)维持国家定价

中国保留了对重要产品及服务实行政府定价和政府指导价的权利。其中包括:对烟草、食盐、药品等产品,民用煤气、自来水、电力、热力、灌溉用水等公用事业以及邮电、旅游景点门票、教育等服务保留政府定价的权利;对粮食、植物油、成品油、化肥、蚕茧、棉花等产品以及运输、专业服务、服务代理、银行结算、清算和传输、住宅销售和租用、医疗等服务保留政府指导价的权利;在向世贸组织秘书处做出通报后,可以增加政府定价和政府指导价的产品和服务。

(8)保留征收出口税的权利

中国保留对鳗鱼苗、铅、锌、锑、锰铁、铬铁、铜、镍等共 84 个税号的资源性产品征收出口税的权利。

(9)保留对进出口商品进行法定检验的权利

(10)有条件、有步骤地开放服务贸易领域并进行管理和审批

中国在谈判中保留了对服务贸易领域进行有条件、分步骤、自主开放的权利,特别是对核心服务贸易部门的控制权,在维护国家经济安全的前提下,依法进行管理和审批。例如,关于电信业,只允许合资形式,外方不得控股,开放时间和开放地域上享有一定的过渡期;关于银行业,在加入后 5 年允许外资银行向中国企业和个人提供人民币业务,这 5 年过渡期有利于中资银行做出必要的调整。

2. 中国加入世界贸易组织应履行的基本义务

中国加入世界贸易组织后的基本义务如下。

(1)关于遵守 WTO 基本原则的义务

WTO 基本原则包括国民待遇原则、最惠国待遇原则、透明度原则等。中国承诺这方面的义务如下。

1)遵守非歧视原则

中国承诺在进口货物、关税、国内税等方面,给予外国产品的待遇不低于给予国产同类产品的待遇,并对目前仍在实施的与国民待遇原则不符的做法和政策进行必要的修改和调整。

2)统一实施贸易政策

承诺在整个中国关境内,包括民族自治地方、经济特区、沿海开放城市以及经济技术开发区等统一实施贸易政策。世贸组织成员的个人和企业可以就贸易政策未统一实施的情况提请中国中央政府注意,有关情况将迅速反映给主管机关,如反映的问题属实,主管机关将依据中国法律可获得的补救,对此迅速予以处理,处理情况将书面通知有关当事人。

3)确保贸易政策的透明度

承诺公布所有涉外经贸法律和部门规章,未经公布的不予执行。设立"WTO 咨询点",在对外经贸法律、法规及其他措施实施前,提供草案,并允许提出意见。咨询点对有关成员咨询的答复应该完整,并代表中国政府的权威观点,对企业和个人也将提供准确、可靠的贸易政策信息。

4)为当事人提供司法审议的机会

承诺在与中国《行政诉讼法》不冲突的情况下,在有关法律、法规、司法决定和行政决定方面,为当事人提供司法审查的机会。包括最初向行政机关提出上诉的当事人有向司法机关上诉的选择权。

5)不再实行出口补贴

中国承诺遵照 WTO《补贴与反补贴措施协议》的规定,取消协议禁止的出口补贴,通知协议允许的其他补贴项目。

6)接受过渡性审议

在中国加入 WTO 后 8 年内,WTO 相关委员会将对中国和成员履行 WTO 义务和实施加入 WTO 谈判所作承诺的情况进行年度审议;在第 10 年完全终止审议。

(2)关于货物贸易领域承诺的义务

1)逐步放开外贸经营权

承诺在加入 WTO 后 3 年内取消外贸经营审批权,已享有部分进出口权的外资企业将逐步享有完全的贸易权。在中国的所有企业在登记后都有权经营除国营贸易产品外的所有产品。贸易权仅指货物贸易方面进口和出口的权利,不包括在国内市场的销售权,不同产品的国内市场销售权取决于中国在服务贸易方面做出的承诺。

2)逐步减让关税和取消非关税措施

承诺在入世后关税总体水平由入世前的 14% 降到 2005 年的 10%。其中工业品由 13% 降至 9.3%,农产品由 19.9% 降至 15.5%。自加入起即加入《信息技术协定》,2005 年前逐步取消所有信息技术产品的关税。

加入 WTO 后,将已有 400 多项产品实施的非关税措施(配额、许可证、机电产品特定招标)在 2005 年 1 月 1 日之前取消,并承诺今后除非符合 WTO 规定,否则不再增加或实施任何新的非关税措施。

3)接受特殊保障条款

在中国加入 WTO 后 12 年内,如中国出口产品激增造成 WTO 成员方市场扰乱,双方应磋商解决。在磋商中,双方一致认为应采取必要行动时,中国应采取补救行动。如磋商未果,该 WTO 成员只能在补救冲击所必需的范围内,对中方撤销减让或限制进口。此外,在 2005 年至 2008 年期间,如果中国的某一类纺织品对 WTO 成员方出口激增,造成市场扰乱,WTO 成员方可对中国纺织品实施临时限制,但 4 年内对一种产品只能使用一次限制措施。

4)以折中方式处理反倾销、反补贴条款的可比价格

在中国加入 WTO 后 15 年内,在采取可比价格时,如中国企业能明确证明该产品是在市场经济条件下生产的,可以该产品的国内价格作为依据,否则,将找替代价格作为可比价格。该规定也适用于反补贴措施。

(3)关于服务贸易领域承诺的义务

根据中国加入 WTO 工作组报告书中的规定,自加入时起,中国将在官方刊物上公布所有与服务贸易有关的许可程序和条件,并将保证中国的许可程序和条件不构成市场准入壁垒,且对贸易的限制作用不超过必要的限度。

开放服务市场的承诺主要涉及电信、银行、保险、证券、音像、分销等部门。主要承诺如下。

1)电信

承诺逐步允许外资进入,但在增值和寻呼方面,外方最终股比不超过 50%,不承诺外商拥有管理控制权;在基础电信中的固定电话和移动电话服务方面,外方最终股比不得超过 49%。

2)银行

承诺在加入 2 年后允许外资银行在已开放的城市内向中国企业提供本币服务,加入 5 年后允许其向所有中国个人提供本币服务。

3)保险

在寿险方面,承诺允许外资进入,但坚持外资股比不超过 50%,不承诺外资拥有管理控制权;承诺 3 年内逐步放开地域限制。

4)证券

A 股和 B 股不合并,不开放 A 股市场,即不开放资本市场。

5)音像

承诺开放录音和音像制品的分销,但不包括出版和制作,电影院的建设不允许外资控股,音像领域只允许根据中国的法律设立中外合作企业,同时音像制品的输入和分销必须按中国国内法律法规进行审查。

6)电影

承诺加入后每年允许进口 20 部电影。

(4)关于与贸易有关的知识产权保护

承诺自加入之日起,全面实施 WTO 的《与贸易有关的知识产权协议》。

(5)关于与贸易有关的投资措施

承诺加入 WTO 后实施《与贸易有关的投资措施协议》,取消贸易和外汇平衡要求、当地含量要求、技术转让要求等与贸易有关的投资措施。根据大多数 WTO 成员的通行做法,承诺在法律、法规和部门规章中不强制规定出口实绩要求和技术转让要求,由投资双方通过谈判议定。

【思考题】

1. 什么是国际贸易条约与协定?

2. 双边的贸易条约与协定分为哪几类?

3. 关税与贸易总协定及世界贸易组织是如何产生的?

4. 试述关贸总协定的历次多边贸易谈判及其成果。

5. 世界贸易组织的宗旨是什么?

6. 世贸组织的基本原则有哪些?

7. 结合实际论述加入世贸组织给中国带来的机遇和挑战。

【本章推荐书目及网上资源】

1. 薛荣久,陈泰锋.世界贸易组织概论.北京:高等教育出版社,2011.

2. 曹建明,贺小勇.世界贸易组织.北京:法律出版社,2007.

3. 李秀香.WTO 规则解读与运用.大连:东北财经大学出版社,2012.

4. 世界贸易组织官网,http://www.wto.org.

5. 中国 WTO/TBT-SPS 通报咨询网,http://www.tbt-sps.gov.cn/Pages/home.aspx.

6. 中华人民共和国商务部世界贸易组织司(中国政府世界贸易组织通报咨询局),http://sms.mofcom.gov.cn.

7. WTO 经济导刊,http://www.wtoguide.net/index.html.

参考文献

[1] 保罗·克鲁格曼.克鲁格曼国际贸易新理论[M].黄胜强译.北京:中国社会科学出版社,2001.

[2] 彼得·罗布森.国际一体化经济学[M].戴炳然,等译.上海:上海译文出版社,2001.

[3] 陈家勤.当代国际贸易新理论[M].北京:经济科学出版社,2000.

[4] 崔日明,徐春祥.跨国公司经营与管理[M].北京:机械工业出版社,2006.

[5] 大卫·李嘉图.政治经济学及赋税原理[M].郭大力译.北京:商务印书馆,1979.

[6] 董瑾.国际贸易理论与实务[M].北京:北京理工大学出版社,2005.

[7] 范家骧.国际贸易理论[M].北京:人民出版社,1985.

[8] 海闻,P.林德特,王新奎.国际贸易[M].上海:上海人民出版社,2003.

[9] 李左东.国际贸易理论与实务[M].北京:高等教育出版社,2002.

[10] 罗绍彦.国际贸易原理[M].北京:清华大学出版社,1995.

[11] 迈克尔·波特.竞争战略[M].陈小悦译.北京:华夏出版社,1997.

[12] 任烈.贸易保护理论与政策[M].上海:立信会计出版社,1997.

[13] 石广生.中国加入世界贸易组织知识读本[M].北京:人民出版社,2001.

[14] 唐海燕.国际贸易学[M]上海:立信会计出版社,2001.

[15] 佟家栋,周申.国际贸易学——理论与政策[M].北京:高等教育出版社,2007.

[16] 托马斯·孟.英国得自对外贸易的财富[M].袁南宇译.北京:商务印书馆,1959.

[17] 小岛清.对外贸易论[M].周宝廉译.天津:南开大学出版社,1987.

[18] 薛荣久.国际贸易(新编本)[M].北京:对外经济贸易大学出版社,1997.

[19] 薛荣久.世界贸易组织教程[M].北京:对外经济贸易大学出版社,2003.

[20] 亚当·斯密.国民财富的性质和原因的研究[M].郭大力,王亚南译.北京:商务印书馆,1997.

[21] 姚曾荫.国际贸易概论[M].北京:人民出版社,1987.

[22] 尹翔硕.国际贸易教程[M].上海:复旦大学出版社,2001.

[23] 赵春明.国际贸易学[M].北京:石油工业出版社,2003.

[24] 朱立南.国际贸易政策学[M].北京:中国人民大学出版社,1996.

[25] 朱仲棣,等.国际贸易学[M].上海:上海财经大学出版社,2005.

图书在版编目(CIP)数据

国际贸易原理 / 许蔚主编. —杭州：浙江大学
出版社,2015.6(2019.2 重印)
ISBN 978-7-308-14738-5

Ⅰ.①国… Ⅱ.①许… Ⅲ.①国际贸易理论—高等学
校—教材 Ⅳ.①F740

中国版本图书馆 CIP 数据核字(2015)第 112546 号

国际贸易原理

许　蔚　主编

责任编辑	吴伟伟 weiweiwu@zju.edu.cn
文字编辑	刘姗姗
封面设计	春天书装
出版发行	浙江大学出版社
	(杭州市天目山路 148 号　邮政编码 310007)
	(网址:http://www.zjupress.com)
排　　版	浙江时代出版服务有限公司
印　　刷	杭州杭新印务有限公司
开　　本	787mm×1092mm　1/16
印　　张	19.5
字　　数	487 千
版 印 次	2015 年 6 月第 1 版　2019 年 2 月第 3 次印刷
书　　号	ISBN 978-7-308-14738-5
定　　价	39.00 元